2025년 첫 시행

정보보호 위험관리사

과목별 **핵심정리** + 과목별 **실력점검문제** + **최종 점검 모의고사**

김동환, 김택현, 박현우, 양환근, 오경준, 윤재국, 이수지, 임동훈, 최민규 지음

BM (주)도서출판 성안당

■ 도서 A/S 안내

성안당에서 발행하는 모든 도서는 저자와 출판사, 그리고 독자가 함께 만들어 나갑니다.

좋은 책을 펴내기 위해 많은 노력을 기울이고 있습니다. 혹시라도 내용상의 오류나 오탈자 등이 발견되면 **"좋은 책은 나라의 보배"**로서 우리 모두가 함께 만들어 간다는 마음으로 연락주시기 바랍니다. 수정 보완하여 더 나은 책이 되도록 최선을 다하겠습니다.

성안당은 늘 독자 여러분들의 소중한 의견을 기다리고 있습니다. 좋은 의견을 보내주시는 분께는 성안당 쇼핑몰의 포인트(3,000포인트)를 적립해 드립니다.

잘못 만들어진 책이나 부록 등이 파손된 경우에는 교환해 드립니다.

저자 문의 카페 : https://cafe.naver.com/limbestboan

본서 기획자 e-mail : coh@cyber.co.kr(최옥현)

홈페이지 : http://www.cyber.co.kr 전화 : 031) 950-6300

머리말

"디지털 시대의 필수 역량, 정보보호 위험관리"

현대 사회는 디지털 기술의 발전과 함께 엄청난 양의 정보가 실시간으로 생성되어 유통되고 있습니다. 이에 따라 정보의 유출, 변조, 파괴 등의 위험도 그 어느 때보다 다양하고 정교해지고 있으며, 이러한 보안 위협에 대응하는 정보보호의 중요성은 날로 커지고 있습니다. 그 중심에 바로 정보보호위험관리사가 있습니다.

이 책은 정보보호위험관리사 자격증 취득을 준비하는 수험생은 물론, 정보보호 실무자로서 체계적인 위험관리 역량을 키우고자 하는 분들을 위한 길잡이입니다. 방대한 정보보호 이론과 실무를 체계적으로 정리하고, 관련 법령 및 국제 표준, 최신 동향까지 아우르며 독자 여러분이 실무적 감각과 자격증이라는 두 마리 토끼를 잡을 수 있도록 구성했습니다.

정보보호는 단순히 기술적 조치만으로는 해결되지 않습니다. 조직의 전략, 정책, 인식 수준과도 깊은 관련이 있으며, 이를 종합적으로 이해하고 조율할 수 있는 전문가가 필요합니다. 본서는 그러한 전문가로 거듭날 수 있도록 돕기 위한 실천적 지식을 담았습니다.

끝으로, 이 책이 정보보호를 향한 여러분의 첫걸음에 든든한 디딤돌이 되기를 바라며, 바쁜 일상에서도 한 걸음 한 걸음 나아가는 모든 분께 깊은 응원의 마음을 전합니다.

정보보호는 선택이 아닌 필수입니다.

그 필수의 시작을 이 책과 함께하시기를 바랍니다.

저자 일동

시험안내 | 정보보호위험관리사(ISRM)

1 검정 기준 및 직무 내용

① 정보보호위험관리사로서 갖추어야 할 전문지식과 실무 적용 능력 평가

② 조직이 수행하는 모든 정보보호 업무 수행과 관련된 조직의 특성 및 대내외 환경변화 등을 고려하여 관리적, 기술적, 물리적, 법적 분야 등의 위험을 사전에 식별하고 이에 적합한 보호대책 수립 및 (개인)정보보호 법규 준수 여부를 판단하는 등의 위험관리 업무를 수행할 수 있다.

2 응시 자격

4년제 대학 졸업(예정)자 및 이에 상응하는 조건

※ 학과와 직무 분야 구분 없음(모든 분야 응시 가능)

3 검정 방법 및 합격 기준

구분	내용
검정 과목 및 방법	필기 검정 5과목, 100점 만점, 객관식 ① 정보보호 위험관리 계획 ② 정보보호 위험 평가 ③ 정보보호 위험 대응 ④ 정보보호 관리체계 운영 ⑤ 정보보호 위험대책 관리 ※ 실기 검정 없음
시험시간	90분
합격기준	• 과목별 점수 40점 이상 • 과목별 평균 점수 60점 이상

4 출제 기준

필기 과목명	문제 수	주요 항목	세부 항목
1. 정보보호 위험관리 계획 – 일반	20	1. 정보보호 관리의 이해	1. 정보보호의 정의 및 이해(목적 및 특성) 2. 조직의 법적 준수해야 할 보호대상 선정 3. 보호대상의 정보보호 요구사항 파악
		2. 정보보호 위험관리 거버넌스	1. 정보보호 CISO, CPO의 지정과 역할 2. CISO, CPO의 의사결정(예산, 조직) 체계 수립 3. 정보보호 계획, 위험관리, 보호대책 수립
		3. 정보보호 관리체계(생명주기) 수립	1. 조직의 정보보호 정책 및 관련 시행 규정 수립 2. 임직원 정보보호 교육 3. 정보보호 조직(CISO, CPO, 위원회, 보안팀) 구성 4. 정보보호 법규, 정책 준수 여부 점검
2. 정보보호 위험 평가 – 일반	20	1. 위험관리 평가 방법론 선정 및 준비	1. 위험 평가 방법의 정의, 분류 및 선정 – 베이스라인 접근법, 상세위험 분석법, 복합 접근법, 위협 및 시나리오 방법 등 2. 위험 평가 관리계획(절차) 수립 – 수행인력, 기간, 대상, 방법, 수행 예산, R&R 등
		2. 정보보호 위험 평가	1. 정보자산 식별 및 중요도 평가 2. 위협 분류, 식별 및 발생 가능성 등 평가 3. 취약점 식별 및 평가 4. 법적 준거성 식별 및 평가 5. 종합 위험 평가 및 목표 위험수준 평가

필기 과목명	문제 수	주요 항목	세부 항목
3. 정보보호 위험 대응 – 일반	20	1. 보호대책 구현	1. 식별된 위험에 대한 처리 전략 및 보호대책 수립 – 처리 전략(위험 감소, 위험 회피, 위험 전가, 위험 수용) 2. 보호대책 구현 시 고려사항 – 고려사항(일정, 구현 담당부서 및 담당자 지정, R&R, 고려사항 공유/교육, 의사결정, 예산 등) 3. 보호대책 구현 완료 후 이행점검
		2. 정보통신서비스 제공자 적용 보호대책	1. 정보통신서비스제공자 적용 법률 및 제도 개요 – 정보통신망법, 정보통신기반보호법 등 2. 정보통신서비스제공자 준수 법률 요구사항 3. 정보통신서비스제공자 준수 제도 – ISMS-P, 관리등급제, 본인확인기관, 국내대리인제도, 불법촬영물 방지, 정보보호최고책임자 지정, 정보보호 사전점검, 집적정보통신시설, 영리목적 광고성 정보, 주요정보통신 기반시설, 정보공유분석센터 등
		3. 개인정보처리자/신용정보업자 적용 보호대책	1. 개인정보처리자/신용정보업자 적용 법률 및 제도 개요 – 개인정보보호법, 신용정보보호법 2. 개인정보처리자/신용정보업자 준수 법률 요구사항 3. 개인정보처리자/신용정보업자 준수 제도 – ISMS-P, 개인정보처리방침평가제도, 개인정보보호 책임자 지정, 국내 대리인 지정, 개인정보영향평가, 개인정보관리 전문기관, 손해배상 책임, 공공기관 개인정보 수준 진단 등

필기 과목명	문제 수	주요 항목	세부 항목
3. 정보보호 위험 대응 – 일반	20	4. 정보보호산업 적용 보호대책	1. 정보보호산업 적용 법률 및 제도 개요 – 정보보호산업 진흥법, 정보보호산업법 2. 정보보호 산업 준수 법률 요구사항 3. 정보보호산업 준수 제도 – 정보보호 공시 제도, 우수 정보보호 기술 지정 제도, 정보보호 전문서비스 기업, 기업관제 전문기업 지정제도 등
4. 정보보호 관리체계 운영 – 심화	10	1. 정보보호 위험 관리 계획	1. 정보보호 관리의 이해 2. 정보보호 위험 관리 거버넌스 3. 정보보호 관리체계(생명주기) 수립
		2. 정보보호 위험 평가	1. 위험관리 평가 방법론 선정 및 준비 2. 정보보호 위험 평가
5. 정보보호 위험대책 관리 – 심화	10	1. 정보보호 위험 대응	1. 보호대책 구현 2. 정보통신서비스제공자 적용 보호대책 3. 개인정보처리자/신용정보업자 적용 보호대책 4. 정보보호산업 적용 보호대책

독자 문의&답변 및 자격증 시험 대비 정보 제공

- 최적합 정보보안위험관리사 수험서로 시험을 준비하는 응시생들에게 정보를 제공하기 위해 네이버 카페를 이용한 커뮤니티를 제공합니다.
- 임베스트 정보보안기사(https://cafe.naver.com/limbestboan) 카페에 접속한 후 [정보보호위험관리사(ISRM)] 카테고리에서 문의하시거나 시험 관련 자료를 학습할 수 있습니다.

목차

PART 01 정보보호 위험관리 계획

PART 02 정보보호 위험 평가

PART 03 정보보호 위험 대응

PART 04 실력점검문제

PART 05 최종 점검 모의고사

PART 01

정보보호 위험관리 계획

INFORMATION SECURITY RISK MANAGER

CHAPTER 1
INFORMATION SECURITY RISK MANAGER

정보보호 관리의 이해

01 정보보호 정의 및 이해(목적 및 특성)

1) 정보보호 관리의 정의

정보보호 관리는 조직의 정보자산을 잠재적인 위협과 취약성으로부터 보호하기 위한 체계적인 프로세스이다. 조직은 이러한 정보보호 관리시스템(ISMS)을 구축하여 업무 절차를 체계화하고 문서화한다. 정보보호 관리체계(ISMS)는 조직의 정보보호 요소들을 통합하여 정책, 절차, 목표를 수립한다. 정보보호 관리는 내부 정책과 외부 규제 요구사항을 반영하여 수립하며 조직의 정보 자산을 보호하고 사업의 연속성을 확보하는 필수 요소이다.

2) 정보보호 관리의 목적

정보보호 관리는 다음과 같은 목적을 기반으로 수행한다.

① 정보의 기밀성, 무결성, 가용성 보호

② 조직의 데이터와 자산을 잠재적 위협으로부터 보호

③ 정보 위험을 식별, 평가, 관리

Tip

1. 정보보호의 기본 목표(CIA)
- 기밀성(Confidentiality): 정보에 대한 접근은 권한이 있는 사용자만 가능하도록 보장
- 무결성(Integrity): 데이터가 원래 상태를 유지하며, 비인가 된 변경이나 손상을 방지
- 가용성(Availability): 필요할 때 정보와 시스템에 접근할 수 있도록 보장

2. 정보보호의 부가적인 목표
- 인증(Authentication): 사용자나 시스템의 신원을 확인하여 신뢰성을 확보
- 부인방지(Non-repudiation): 특정 행위나 거래를 수행한 사실을 부인할 수 없도록 보장
- 책임추적성(Accountability): 시스템 내에서 누가 어떤 행동을 했는지 추적 가능하도록 기록

3) 정보보호 관리의 주요 구성 요소

정보보호 관리의 주요 구성 요소 및 세부 활동은 다음과 같다.

표 1-1 정보보호 관리의 주요 구성 요소 및 활동

구성 요소	세부 내용
정보보호 정책 수립 및 관리	• 조직의 비즈니스 목표와 정보보호 목표를 연계한 정책 수립 • 정보보호 정책의 주기적인 검토 및 개정 • 정책의 효과적인 홍보 및 임직원 인식 제고
정보보호 조직 구성 및 운영	• 정보보호 최고책임자(CISO: Chief Information Security Officer) 지정 • 정보보호 전담 조직 구성 • 정보보호위원회 운영 • 부서별 정보보호 담당자 지정 및 역할 부여
정보자산 관리	• 정보자산 식별 및 분류 • 정보자산 목록 작성 및 관리 • 정보자산의 중요도 평가 • 자산별 책임자 및 관리자 지정
위험 관리	• 위험 평가 방법론 수립 • 정기적인 위험 평가 수행 • 위험 처리 계획 수립 및 이행 • 잔여 위험 관리
보안통제 구현 및 운영	• 접근 통제 • 암호화 적용 • 네트워크 보안 • 시스템 보안 • 애플리케이션 보안 • 물리적 보안
인적 보안	• 임직원 보안 교육 및 훈련 • 보안 인식 제고 프로그램 운영 • 퇴직자 및 직무 변경자 관리 • 제3자(협력업체 및 외부인력 등) 보안 관리
사고 대응 및 업무 연속성 관리	• 보안사고 대응 체계 구축 • 사고 대응 절차 수립 및 훈련 • 업무 연속성 계획 수립 • 재해복구 계획 수립 및 훈련
준거성 관리	• 관련 법규 및 규제 요구사항 식별 • 정보보호 관련 법규 준수 현황 점검 • 개인정보보호법 등 특정 법규에 대한 대응 체계 구축
모니터링 및 검사	• 보안 로그 수집 및 분석 • 정보보호 통제의 효과성 모니터링 • 정기적인 내부 감사 수행 • 외부 감사 대응
지속적 개선	• 정보보호 관리체계의 성과 측정 • 개선 기회 식별 및 이행 • 새로운 위협 및 기술 동향 모니터링 • 정보보호 관리체계의 주기적인 검토 및 개선

구성 요소	세부 내용
보고 및 의사소통	• 경영진에 대한 정기 보고 • 부서 간 정보보호 관련 의사소통 체계 구축 • 외부 이해 관계자와의 정보보호 관련 커뮤니케이션 관리

4) 정보보호 관리체계 운영

정보보호 관리체계를 보다 효과적으로 운영 및 관리하기 위해서는 다음과 같은 방안에 대한 체계적인 적용과 지속적인 관리 및 개선이 필요하다.

가. 경영진의 적극적인 참여와 지원

① 정보보호 활동에 대한 보고 및 의사결정 체계를 수립하고 운영

② 주요 정보보호 활동에 대한 경영진 정기 보고 및 의사결정 참여

③ 정보보호 정책 및 계획에 대한 경영진 검토 및 승인 절차

나. 체계적인 위험 관리

① 정보자산을 식별하고 현황 및 흐름을 분석

② 위험을 평가하고 적절한 보호대책을 선정하여 구현

③ 위험 관리 절차를 문서화하고 정기적으로 수행

다. 정책 및 절차의 수립과 이행

① 조직의 특성에 맞는 정보보호 정책과 지침을 수립

② 수립된 정책과 절차를 전 직원이 이해하고 준수하도록 교육 및 인식 제고 활동 수행

라. 지속적인 모니터링 및 개선

① 정보보호 관리체계 운영 현황을 지속적으로 모니터링

② 주기적인 내부 감사 및 관리체계 점검 실시

③ 문제점 발견 시 신속한 개선 조치 수행

마. 전담 조직 구성 및 자원 할당

① 정보보호 전담 조직을 구성하고 적절한 권한과 책임 부여

② 정보보호 활동에 필요한 예산, 인력 등 자원을 적절히 할당

바. 법적 요구사항 준수

① 관련 법규 및 규제 요구사항을 지속적으로 모니터링하고 준수

② 개인정보보호를 위한 별도의 관리체계 구축 및 운영

02 조직이 법적으로 준수해야 할 보호대상 선정

정보보호 관리체계에 따라 조직이 법적으로 준수해야 할 주요 보호대상과 보호대상 선정 프로세스는 다음과 같다.

1) 법적으로 준수해야 할 보호 대상

① 개인 정보

- 정보통신망법 및 개인정보보호법에 따라 보호해야 하는 정보

  예 이름, 주민등록번호, 주소, 전화번호, 이메일 주소 등

② 주요 정보통신 기반시설

- 정보통신기반보호법에 따라 보호해야 하는 시설

  예 통신망, 주요 정보시스템, 제어시스템 등

③ 기업의 영업비밀

- 부정경쟁방지법에 따라 보호해야 하는 정보

  예 기술정보, 경영정보, 고객정보 등

④ 국가기밀정보

- 보안업무규정에 따라 보호해야 하는 정보

  예 국가안보 관련 정보, 외교 관련 정보 등

2) 보호대상 선정 프로세스

① 정보자산 식별

- 조직 내 모든 정보자산을 식별하고 목록화
- 정보시스템, 네트워크 장비, 응용 프로그램, 데이터베이스 등 포함

② 법적 요구사항 파악

- 조직이 준수해야 할 관련 법규 식별
- 정보통신망법, 개인정보보호법, 전자금융거래법 등 검토

③ 보안 요구사항 분석

- 기밀성, 무결성, 가용성 등 보안 목표 구체화
- 위험 평가를 통한 자산별 중요도 평가

④ 보호대상 선정 기준 수립

- 법적 요구사항, 사업 영향도, 위험 수준 등을 고려한 선정 기준 마련

  예 개인정보 처리 시스템, 연간 매출 100억 이상 관련 시스템 등

⑤ 보호대상 선정

- 수립된 기준에 따라 핵심 보호대상 선정
- 선정 결과에 대한 경영진 승인 획득

⑥ 보호대상 목록 관리

- 선정된 보호대상 목록 작성 및 주기적 갱신
- 자산 소유자, 책임자 지정

03 보호대상의 정보보호 요구사항 파악

보호대상의 정보보호 요구사항 파악은 효과적인 정보보호 관리체계 구축을 위한 핵심 단계이다. 이 과정은 다음과 같은 과정을 통해 진행된다.

1) 보호대상 식별

① 정보자산 식별

- 조직의 중요 정보자산을 식별하고 목록화한다.
- 정보자산 목록에는 자산의 관리 책임자, 형태, 업무상 가치를 포함한다.
- 서버, 네트워크 장비, 애플리케이션, 데이터베이스 등 모든 유형의 자산을 고려한다.

② 범위 설정

- 관리체계 적용 범위를 명확히 정의한다.
- 제공하는 정보통신서비스를 분류하고, 해당 서비스를 위한 자산 및 조직을 모두 식별한다.
- ISMS-P 인증 의무대상자의 경우 법적 요구사항에 따른 정보통신서비스 및 관련 정보자산은 의무적으로 포함되도록 범위를 설정한다.

2) 보안 요구사항 분석

① 법적 요구사항 파악

- 정보통신망법, 개인정보보호법 등 조직이 준수해야 할 관련 법규를 식별한다.
- ISMS-P 인증 기준에 따른 법적 요구사항 준수 검토를 수행한다.
- 법규 변경사항을 주기적으로 모니터링하고 조직에 미치는 영향을 분석한다.

② 보안 목표 식별

- 기밀성, 무결성, 가용성 등 보호해야 할 대상에 대한 보안 목표를 구체화한다.
- 각 자산별로 요구되는 보안 수준을 정의한다.

③ 위험 평가

- 식별된 자산에 대한 위험을 평가한다.
- 위협, 취약점, 자산 가치 등을 고려하여 위험 수준을 산정한다.

3) 보안 요구사항 정의

① 보안 정책 수립

- 조직의 정보보호 목표에 맞는 정보보호 정책과 시행 문서를 작성한다.
- 개인정보 처리 시 개인정보보호법에 따른 내부관리계획을 수립한다.

② 보안 요구사항 도출

- 수립한 보안 목표(기밀성/무결성/가용성)를 만족하는 필요 조치(보안 정책/매커니즘)를 도출한다.
- 인증, 권한부여, 암호화, 전자서명 등의 보안 매커니즘을 고려한다.
- 정보시스템 도입 · 개발 · 변경 시 적용할 보안 요구사항을 정의한다.

③ 보안 요구사항 검토 기준 수립

- 법적 요구사항 준수, 최신 보안 취약점 점검, 안전한 코딩 구현, 개인정보 영향평가 등의 검토 기준과 절차를 수립한다.

4) 지속적인 관리 및 개선

① 보안 요구사항 이행 검토

- 사전 정의된 보안 요구사항에 따라 정보시스템이 도입 또는 구현되었는지 검토한다.
- 정기적인 보안 감사를 통해 요구사항 준수 여부를 확인한다.

② 개선 조치

- 검토 과정에서 발견된 문제점에 대한 개선조치를 수행한다.
- 새로운 위협이나 취약점에 대응하여 보안 요구사항을 지속적으로 업데이트한다.

③ 주기적 점검 및 개선

- 관리체계를 주기적으로 점검하고 개선한다.
- 연 1회 이상 법적 요구사항 준수 여부를 검토한다.

이러한 과정을 통해 조직은 체계적으로 보호대상의 정보보호 요구사항을 파악하고, 효과적인 정보보호 관리체계를 구축할 수 있다. 또한, 지속적인 모니터링과 개선을 통해 변화하는 보안 환경에 대응할 수 있다.

CHAPTER 2

INFORMATION SECURITY RISK MANAGER

정보보호 위험 관리 거버넌스

1) 정의

정보보호 위험 관리 거버넌스는 조직의 정보자산을 보호하고 위험을 관리하기 위한 체계적인 접근 방식이다.

2) 정보보호 거버넌스의 목표

정보보호 거버넌스의 주요 목표는 책임성, 비즈니스 연계성, 준거성 3가지로 요약할 수 있다.

① 책임성(Accountability)

- 정보보호 활동의 성과에 대해 누가 책임을 지는지를 명확히 구분
- 조직 내 의사결정, 문제 발생 시 책임에 관한 목표를 수립
- 조직원의 역할과 지위, 책임을 명확히 정의하여 자율적이고 적극적인 통제 환경 구축

② 비즈니스 연계성(Business Alignment)

- 정보보호 활동이 기업의 비즈니스 목표 달성에 기여
- 정보보호 정책과 활동이 비즈니스 목표 및 방향성과 일치
- 정보보호 전략과 비즈니스 목표를 전략적으로 연계시켜 정보보호의 비즈니스 가치를 극대화

③ 준거성(Compliance)

- 정보보호 활동이 원칙과 기준(법제도, 기업 내부의 규정 등)에 따라 수행되는지 확인
- 정보보호 활동이 법과 각종 규제에 따라 이행되고 있는지 점검
- 관련 법규 및 규제 요구사항을 준수하도록 보장

위 목표들은 서로 연계되어 정보보호 거버넌스가 조직의 전반적인 목표와 부합하면서도 효과적으로 운영될 수 있도록 한다. 이를 통해 조직은 정보보호를 단순한 기술적 문제가 아닌 비즈니스 이슈로 인식하고, 최고 경영층의 리더십과 책임 하에 체계적으로 관리할 수 있게 된다.

3) 정보보호 거버넌스의 실행체계

정보보호 거버넌스의 실행체계는 조직의 정보보호를 체계적으로 관리하고 목표를 달성하기 위해 다음과 같은 주요 구성 요소로 이루어진다.

4) 조직

정보보호 거버넌스 활동의 주체인 의사결정권자의 권한과 책임을 명확히 정의한다.

성공적인 실행을 위해 최고경영진과 이사회가 적극적으로 참여하며, 정보보호책임자 및 관련 부서의 역할을 명확히 배분한다.

표 1-2 정보보호 거버넌스 조직 구성 및 역할

조직 구분	역할
최고 경영진	• 정보보호를 위한 총괄 책임 • 보안 정책과 절차에 대한 방향 설정 • 보안 활동을 위한 자원 제공 • 책임 할당을 지휘하고 우선순위 결정 • 위험관리 문화 조성 • 내외부 감사를 통한 보증 활동 수행 • 보안 프로그램의 효과성 감독
경영진	• 정보보안 거버넌스 이행 • 비즈니스를 고려하여 보안정책 개발 • 책임 및 역할을 정의하고 이에 대한 의사소통 진행 • 위협과 취약점 식별 • 보안 인프라 구축 • 보안 정책에 대한 통제 프레임워크 구축
정보보안 책임자 (CISO / CPO)	• 정보보안 정책에 대한 실무적 개발과 보증을 담당 • 보안 자원에 대한 모니터링 실무 • 정책, 표준, 대책, 실무 절차를 설계, 구현, 관리 조사
기타 구성원	• 데이터 관리자: 데이터 정확성과 무결성 유지 • 프로세서 관리자: 정보보호 정책에 따라 적절한 보안 보증 • 기술지원 인력: 보안대책의 구현에 대해 조언 • 사용자: 수립된 절차를 준수 • 정보시스템 감사자: 독립적인 입장에서 관리자에게 보증

01 정보보호 CISO, CPO의 지정과 역할

CISO(Chief Information Security Officer, 정보보호 최고책임자)와 CPO(Chief Privacy Officer, 개인정보 보호책임자)는 조직의 정보보안과 개인정보보호를 책임지는 최고책임자를 의미한다.

1) CISO(정보보호 최고책임자)

정보보호 최고책임자(CISO)는 기업의 정보통신시스템 등에 대한 보안 및 정보의 안전한 관리 등에 대하여 정보보호 업무를 총괄하는 최고책임자를 의미한다(정보통신망법 제45조의 3 제4항에 따라 정보보호 관련 업무에 대한 최종 결정권 및 책임, 정보보호 업무 관련 예산 및 인사에 대한 직접적인 권한을 가짐).

조직의 정보 및 데이터 보안을 총괄하는 임원급 책임자의 자격 요건은 일반 자격 요건과 특별 자격 요건으로 분류할 수 있으며, 해당 내용은 다음과 같다.

① 일반 자격 요건(다음 요건 중 1가지 이상 충족 필요)

- 정보보호 또는 정보기술 분야의 석사학위 이상 취득
- 정보보호 또는 정보기술 분야의 학사학위 취득 후 3년 이상 관련 업무 경력
- 정보보호 또는 정보기술 분야의 전문학사학위 취득 후 5년 이상 관련 업무 경력
- 정보보호 또는 정보기술 분야에서 10년 이상 업무 경력
- 정보보호 관리체계 인증심사원 자격 취득
- 해당 정보통신서비스 제공자의 소속으로 정보보호 관련 업무를 담당하는 부서의 장으로 1년 이상 근무 경력

② 특수 자격 요건(겸직 제한 대상 기업에만 해당함)

- 정보보호 분야의 업무를 4년 이상 수행한 경력
- 정보보호 분야와 정보기술 분야의 업무 경력 합산 5년 이상(2년 이상은 정보보호 분야 필요)
- 상근직으로 근무

정보보호 최고책임자의 역할과 책임은 다음과 같다.

① 정보보호 계획 수립 및 시행

- 조직의 정보보호 전략 및 정책 수립
- 정보보호 프로그램 개발 및 구현

② 위험 관리
- 정보보호 위험의 식별, 평가 및 대책 마련
- 보안 취약점 분석 및 개선

③ 보안 정책 및 절차 관리
- 보안 정책 및 지침 수립
- 정보보호 실태와 관행의 정기적 감사 및 개선

④ 사고 대응 및 복구
- 침해사고 대응 계획 수립 및 관리
- 사고 발생 시 대응 및 복구 조치 총괄

⑤ 교육 및 인식 제고
- 임직원 대상 정보보호 교육 계획 수립 및 시행
- 보안 인식 제고 프로그램 운영

⑥ 규정 준수 관리
- 정보보호 관련 법규 및 규제 준수 확인
- 정보보호 관리체계 인증 관리

⑦ 최고 경영진과의 소통
- 정보보호 현황 및 이슈에 대해 경영진 보고
- 정보보호 예산 및 자원 확보

⑧ 외부 협력 관리
- 외부 보안 전문가 및 기관과의 협력 관계 구축
- 정보보호 관련 최신 동향 파악 및 대응

2) CPO(개인정보 보호책임자)

개인정보 보호책임자(CPO)는 기업의 개인정보 처리에 관한 업무를 총괄하는 보호책임자를 의미한다. 개인정보 처리에 관한 전반적인 사항을 결정하기에 조직 내에서 어느 정도 독자적인 의사결정을 할 수 있는 지위에 있는 자여야 한다(개인정보보호법 제31조의 제6항에 따라 개인정보 보호책임자가 업무를 독립적으로 수행할 수 있도록 보장해야 함).

① 일반 자격 요건(다음 요건 중 1가지 이상 충족 필요)
- (공공기관) 최소 4급 이상 공무원 또는 개인정보 처리 관련 업무를 담당하는 부서의 장

• (공공기관 이외) 사업주 또는 대표자나 임원으로 지정(임원이 없는 경우: 개인정보 처리 관련 업무를 담당하는 부서의 장)

② 전문 개인정보 보호책임자(CPO) 자격 요건

대규모 또는 민감한 개인정보를 처리하는 기관의 경우, 다음과 같은 더 엄격한 자격 요건이 추가 적용된다.

• 개인정보보호, 정보보호, 정보기술 경력을 합하여 총 4년 이상 보유
• 그중 개인정보보호 경력을 2년 이상 필수로 보유

개인정보 보호책임자(CPO)의 역할과 책임은 다음과 같다.

① 개인정보보호 계획 수립 및 시행

• 조직의 개인정보보호 전략 및 정책 수립
• 개인정보보호 프로그램 개발 및 구현

② 위험 관리

• 개인정보 관련 위험의 식별, 평가 및 대책 마련
• 취약점 분석 및 개선

③ 정책 및 절차 관리

• 개인정보보호 정책 및 지침 수립
• 개인정보 처리 실태와 관행의 정기적 감사 및 개선

④ 사고 대응 및 복구

• 개인정보 유출 사고 대응 계획 수립 및 관리
• 사고 발생 시 대응 및 복구 조치 총괄

⑤ 교육 및 인식 제고

• 임직원 대상 개인정보보호 교육 계획 수립 및 시행
• 개인정보보호 인식 제고 프로그램 운영

⑥ 규정 준수 관리

• 개인정보보호 관련 법규 및 규제 준수 확인
• 개인정보보호 관리체계 인증 관리

⑦ 최고 경영진과의 소통

• 개인정보보호 현황 및 이슈에 대해 경영진 보고
• 개인정보보호 예산 및 자원 확보

⑧ 외부 협력 관리

- 외부 개인정보보호 전문가 및 기관과의 협력 관계 구축
- 개인정보보호 관련 최신 동향 파악 및 대응

3) CISO(정보보호 최고책임자)와 CPO(개인정보 보호책임자)의 특이사항

① 정보보호 최고책임자(CISO)는 경우에 따라 CPO(개인정보 보호책임자)를 겸직할 수 있다.

② 정보보호 최고책임자(CISO)는 임원급으로 선임을 하며, CPO(개인정보 보호책임자)는 팀장급으로 선임이 가능하다.

③ 정보보호 최고책임자(CISO)와 CPO(개인정보 보호책임자)의 차이점

- 업무 영역: CISO는 기술적 보호조치에, CPO는 관리적 보호조치에 더 집중한다.
- 법적 근거: CISO는 정보통신망법, CPO는 개인정보보호법에 근거한다.
- 책임 범위: CPO는 개인정보 처리에 대한 법적 책임을 더 강하게 가진다.

02 CISO, CPO의 의사결정 (예산, 조직) 체계 수립

CISO(정보보호 최고책임자)와 CPO(개인정보 보호책임자)의 효과적인 의사결정 체계 수립은 조직의 정보보호 및 개인정보보호 관리체계의 핵심이다. 의사결정 체계 수립을 위한 주요 내용은 다음과 같다.

① 공식적인 지위 부여

- CISO와 CPO를 임원급으로 지정하여 예산과 인력 등 자원을 할당할 수 있는 권한 부여
- 인사발령 등의 공식적인 지정 절차를 통해 임명

② 독립적인 조직 구성

- 정보보호 및 개인정보보호 조직을 독립적으로 운영
- CIO나 CTO 등 개발조직 리더의 하위가 아닌 독립적인 위치에 배치

③ 보고 체계 확립

- CISO와 CPO가 직접 최고경영자(CEO)에게 보고할 수 있는 체계 구축
- 정기적인 보고 일정 수립 및 긴급 사안에 대한 즉시 보고 체계 마련

④ 위원회 구성 및 운영

- 정보보호위원회 구성: CISO를 위원장으로, 각 부서 업무팀장을 위원으로 구성
- 정기적인 위원회 개최를 통해 중요 의사결정 진행

⑤ 예산 수립 및 집행 권한

- 연간 정보보호 및 개인정보보호 예산 수립 권한 부여
- 예산 집행에 대한 독립적인 결정권 확보

⑥ 인력 운용 권한

- 정보보호 및 개인정보보호 조직의 인력 채용, 평가, 교육에 대한 권한 부여
- 필요시 외부 전문가 영입 결정 권한 확보

⑦ 정책 수립 및 이행 권한

- 전사적 정보보호 및 개인정보보호 정책 수립 권한
- 정책 이행을 위한 지침 및 절차 수립 권한

⑧ 위험 관리 체계 구축

- 정보보호 및 개인정보보호 관련 위험 평가 및 대응 체계 수립
- 위험 대응을 위한 의사결정 프로세스 확립

⑨ 성과 평가 및 개선

- 정보보호 및 개인정보보호 활동에 대한 성과 평가 체계 구축
- 평가 결과를 바탕으로 한 개선 활동 수행 권한 부여

⑩ 외부 협력 체계

- 유관 기관, 협력사, 전문가 그룹과의 협력 관계 구축 및 의사결정 권한 부여

이러한 의사결정 체계를 통해 CISO와 CPO는 조직의 정보보호 및 개인정보보호 수준을 효과적으로 향상시킬 수 있다. 또한, 경영진의 적극적인 지원과 참여가 이러한 체계의 성공적인 운영에 필수적이다.

03 정보보호 계획, 위험관리, 보호 대책 수립

1) 정보보호 절차

정보보호 거버넌스의 주요 절차는 다음과 같다.

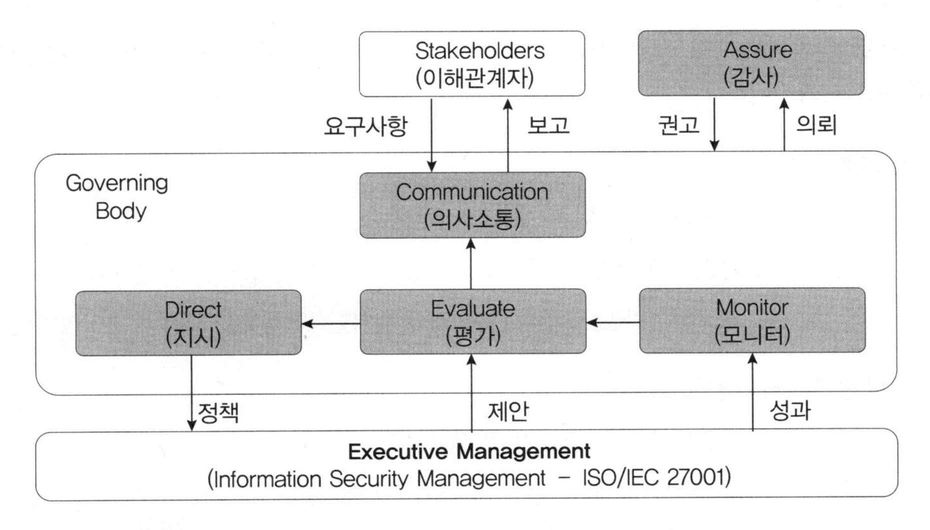

그림 1-1 ISO/IEC 27001 기반 정보보호 관리체계 프로세스 (출처: https://itwiki.kr)

가. 평가(Evaluate)

① 조직의 정보보호 목표 달성을 위해 필요한 조정 사항을 계획하고 변경한다.

② 현재 프로세스나 구성요소의 상태를 면밀히 검토하여 문제점과 개선사항을 파악한다.

나. 지시(Direct)

① 조직의 정보보호 목적과 전략 달성에 필요한 사항과 추진 방향을 제시한다.

② 보안 정책과 절차를 수립하고 검토하며, 직원들의 규정 준수 여부를 평가한다.

다. 모니터링(Monitor)

① 보안 활동을 진단하고, 요구사항을 반영하며, 성과 지표를 관리한다.

② 지속적으로 프로세스를 모니터링하고 주요 지표를 통해 정량적 목표 달성 여부를 확인한다.

라. 의사소통(Communicate)

① 보안 관련 내용을 조직 내에서 공유한다.

② 정보보호 활동과 결과에 대해 이해관계자들과 효과적으로 소통한다.

마. 감사(Assure)

① 정보보호 목표와 실제 행동을 확인하고 검증한다.

② 내부 및 외부 감사를 통해 정보보호 활동의 적절성과 효과성을 평가한다.

2) 자원 관리

정보보호 거버넌스의 자원 관리는 조직의 정보보호를 위한 인적, 물적 자원을 최적화하여 활용하는 과정이다.

가. 인력 관리

① 보안 직무에 대한 적정 인력 규모를 산정한다.

② 정보보호 관련 이해관계자들의 핵심 역량을 제고하는 방안을 마련한다.

③ 정보보호 최고책임자(CISO)와 관련 부서의 역할 및 책임을 명확히 정의한다.

나. 예산 및 자원 할당

① 정보보호를 위한 적절한 예산을 책정하고 할당한다.

② 중복 투자를 방지하고 자원 활용의 효율성을 높인다.

③ 보안 활동의 우선순위를 결정하여 자원을 효과적으로 분배한다.

다. 기술 및 인프라 관리

① 전사적 보안 아키텍처(ESA: Enterprise Security Architecture)를 개발하여 체계적인 보안 인프라를 구축한다.

② 정보보호를 위한 기술적 도구와 시스템을 효율적으로 운영한다.

표 1-3 정보보호를 위한 기술적 보안

구분	세부 내용
접근 통제	• 사용자 인증 및 권한 관리 시스템 구축 • 다중 인증(multi-factor authentication) 구현 • 역할 기반 접근 제어(RBAC) 적용
암호화	• 데이터 전송 및 저장 시 암호화 기술 적용 • 암호키 관리 체계 수립
네트워크 보안	• 방화벽, 침입탐지/방지 시스템(IDS/IPS) 구축 • 가상사설망(VPN) 구현 • 네트워크 세그멘테이션

구분	세부 내용
시스템 보안	• 운영체제 및 애플리케이션의 보안 패치 관리 • 악성코드 탐지 및 차단 솔루션 도입 • 로그 관리 및 모니터링 시스템 구축
데이터 보안	• 데이터 분류 체계 수립 및 관리 • 데이터 유출 방지(DLP) 솔루션 도입 • 백업 및 복구 시스템 구축
보안 모니터링	• 보안정보 이벤트 관리(SIEM) 시스템 구축 • 실시간 위협 탐지 및 대응 체계 수립

라. 지식 및 정보 관리

① 조직의 정보보안 인프라와 지식을 효과적으로 관리한다.

② 보안 관련 정보와 지식을 조직 내에서 공유하고 활용한다.

마. 성과 측정 및 개선

① 정보보호 활동의 효과성을 평가하기 위한 성과 측정 기준을 설정한다.

② 자원 활용에 대한 주기적인 검토와 평가를 통해 지속적인 개선을 추구한다.

3) 성과 측정 및 개선

정보보호 거버넌스의 실행체계에서 성과 측정 및 개선은 매우 중요한 요소이다. 이는 조직의 정보보호 활동의 효과성을 평가하고 지속적인 개선을 위한 기반을 제공한다.

가. 성과 측정의 중요성

성과 측정은 "측정할 수 없다면 관리할 수도 없다"는 원칙에 기반한다.

정보보호 거버넌스의 성과를 객관적으로 측정함으로써,

① 현재의 정보보호 수준을 정확히 파악할 수 있다.

② 개선이 필요한 영역을 식별할 수 있다.

③ 정보보호 활동의 효과성을 입증할 수 있다.

나. 성과 측정 방법

① 균형성과표(BSC: Balanced Score Card) 활용

BSC는 정보보호 성과를 다양한 관점에서 균형 있게 평가할 수 있는 도구이다. BSC의 4가지 관점은 다음과 같다.

표 1-4 균형성과표(BSC) 4가지 관점 및 내용

관점	특징
학습과 성장 (조직의 무형 자산)	• 인적 자본, 정보 자본, 조직 자본 대상 • 가치 창출 내부 프로세스를 지원하는 데 필요한 내부 기술과 역량 개발 • 직원 개발 프로그램 구현, 기업 문화 변화, 새로운 기술 도입 등의 목표 포함
내부 프로세스 (조직의 운영 효율성)	• "우리가 잘하는 것은 무엇인가?"라는 주제 제시 • 마케팅 전략 수립 및 혁신 추진 기여 • 고객 요구를 충족시키는 새롭고 개선된 방법 개발
고객 (고객에게 가치 제공 방식 모니터링)	• 고객 만족도 측정 및 평가 • 회사의 평판과 경쟁사 대비 위치 고려 • 고객 경험에 가치를 더하는 방법 식별
재무 (조직의 재무적 건전성과 성과)	• 수익 성장, 수익성, 투자수익률(ROI), 현금흐름 등의 핵심성과지표(KPI)를 포함 • 새로운 수익원 개발, 수익성 개선 등의 목표를 추적하고 평가 • 주주 가치 창출과 재무적 지속가능성 평가

이 4가지 관점은 서로 밀접하게 연관되어 있으며, 조직의 전략적 목표 달성을 위해 통합적으로 작용한다. BSC를 통해 조직은 이러한 다양한 관점에서 성과를 균형 있게 평가하고 개선할 수 있다.

② 핵심성과지표(KPI) 설정

각 관점에 대해 다음과 같이 구체적이고 측정 가능한 KPI를 설정한다.

- 정보보안 관련 이벤트 탐지 및 보고 시간
- 미보고된 이벤트 건수 및 빈도
- 업무연속성계획(BCP)/재해복구계획(DRP) 테스트 결과
- 유사조직 벤치마킹 결과 등

③ 다양한 지표 활용

성과 측정을 위해 다음과 같은 지표들을 활용할 수 있다.

- 성과지표: 정보보호 업무의 효율성 및 이행 정도 측정
- 위험지표: 조직이 직면한 보안 위험의 수준 평가
- 수준지표: 전반적인 정보보호 수준 평가

다. 개선 프로세스

성과 측정 결과를 바탕으로 다음과 같은 개선 활동을 수행한다.

① 측정 결과 분석: 성과가 목표에 미치지 못하는 영역 식별

② 원인 파악: 성과 부진의 근본 원인 분석

③ 개선 계획 수립: 식별된 문제점을 해결하기 위한 구체적인 계획 수립

④ 실행: 개선 계획의 체계적인 실행

⑤ 모니터링: 개선 활동의 효과성 지속적 모니터링

라. 지속적 개선을 위한 제언

① 정기적인 성과 리뷰 회의 개최

② 경영진에 대한 정기적인 보고 및 피드백 수렴

③ 새로운 위협과 기술 변화를 반영한 KPI 및 측정 방법의 주기적 업데이트

④ 정보보호 성과와 비즈니스 목표의 연계성 강화

정보보호 거버넌스의 성과 측정 및 개선 프로세스를 통해 조직은 정보보호 활동의 효과성을 지속적으로 향상시키고, 변화하는 위협 환경에 더욱 효과적으로 대응할 수 있다.

CHAPTER 3

INFORMATION SECURITY RISK MANAGER

정보보호 관리체계(생명주기) 수립

01 조직의 정보보호 정책 및 관련 시행 규정 수립

조직의 정보보호 정책 및 시행 규정은 기업의 정보 자산을 보호하고, 사이버 위협으로부터 조직의 운영을 안전하게 유지하기 위한 핵심적인 기틀이다. 이러한 정책은 조직의 비즈니스 목표를 지원하는 동시에 정보의 기밀성, 무결성, 가용성을 보장하는 데 중점을 둔다.

1) 정보보호 정책의 정의와 수립 필요성

가. 정보보호 정책의 정의

정보보호 정책은 조직의 정보 자산 보호를 위해 수립되는 공식 문서로, 조직 내 모든 구성원이 준수해야 하는 보안 요구사항과 지침을 정의한다. 이는 기술적 보호뿐만 아니라 관리적, 물리적, 인적 보호를 포괄하며, 다양한 정보보호 활동의 기준점으로 작용한다.

나. 정보보호 정책 수립의 필요성

① 법적 및 규제 준수

개인정보보호법, ISO 27001, GDPR 등 다양한 법률과 규정을 준수하는 데 필요한 지침을 제공한다.

② 보안 사고 예방 및 대응

조직의 정보 자산을 보호하기 위한 예방적 조치를 강화하고, 사고 발생 시 신속히 대응할 수 있는 체계를 마련한다.

③ 신뢰도 향상

고객, 파트너, 내부 이해관계자에게 조직의 보안 수준을 증명하며 신뢰를 제공한다.

④ 비즈니스 연속성 보장

정보 유출, 시스템 중단 등의 위험으로부터 조직 운영의 연속성을 확보한다.

⑤ 전사적 보안 문화 정착

모든 직원이 정보보호의 중요성을 이해하고 책임감을 가지도록 유도한다.

2) 정보보호 정책 수립 과정

가. 현재 보안 상태 분석

① 정보 자산 파악: 조직의 중요한 데이터, 시스템, 네트워크를 식별하고 이를 분류한다.

② 위험 평가: 보안 위협, 취약점, 사고 가능성을 평가하고 우선순위를 정한다.

③ 법적 요구사항 분석: 관련 법률, 규정 및 표준을 검토하여 준수해야 할 사항을 명확히 한다.

나. 정책 목적 및 범위 설정

① 목적 정의: 정보 기밀성, 무결성, 가용성의 보장을 정책의 핵심 목표로 설정한다.

② 적용 범위: 정책이 적용될 조직의 부서, 자산, 인력, 지역을 구체적으로 명시한다.

③ 정책 원칙: 최소 권한 원칙, 암호화 사용, 물리적 보안 강화 등의 기본 원칙을 수립한다.

다. 세부 내용 작성

① 관리적 통제: 보안 책임, 권한, 조직 구조 및 보고 체계를 정의한다.

② 기술적 통제: 방화벽, 침입 탐지 시스템, 데이터 암호화, 패치 관리 등의 기술 도입을 포함한다.

③ 물리적 통제: 데이터센터 접근 통제, CCTV 설치, 장비 보안 관리 등을 포함한다.

④ 교육 및 인식: 전 직원이 보안 정책을 이해하고 준수할 수 있도록 교육 프로그램을 포함한다.

라. 정책 승인 및 배포

① 승인 절차: 최고경영진 또는 정보보호위원회의 검토와 승인을 받아야 정책의 신뢰성을 확보할 수 있다.

② 배포 및 공지: 전 직원에게 정책 내용을 명확히 전달하고, 관련된 문서를 쉽게 접근할 수 있도록 한다.

마. 지속적인 유지 및 개선

① 정기 검토: 정책은 최소 연 1회 검토하고, 조직의 변화와 새로운 보안 위협에 따라 업데이트 한다.

② 감사 및 평가: 정책 준수 여부를 점검하고 효과성을 평가한다.

3) 정보보호 정책의 핵심 구성요소

가. 조직의 보안 목표와 책임

① 보안 목표

- 조직의 정보보호 정책이 달성하고자 하는 최종 목표를 명확히 기술한다.

  예 "모든 데이터는 무단 액세스로부터 보호되며, 인증된 사용자만이 접근 가능하다."

② 보안 책임

- 각 부서 및 직원의 보안 역할과 책임을 구체적으로 명시한다.
- 보안 책임자는 정책 이행 상황을 모니터링하고 보고해야 한다.

나. 사용자 접근 통제

① 최소 권한 원칙: 직원들이 업무에 필요한 최소한의 데이터와 시스템만 접근하도록 권한을 부여한다.

② 인증 관리: 사용자 계정 생성, 비밀번호 관리, 다중 인증(MFA) 적용을 포함한다.

③ 접근 기록: 누가 언제 어디에 접근했는지를 기록하고 정기적으로 점검한다.

다. 데이터 보호 및 암호화

① 데이터 분류: 민감 정보, 일반 정보 등을 분류하고, 이에 따라 보호 수준을 다르게 설정한다.

② 암호화: 저장 데이터 및 전송 데이터를 암호화하여 보안을 강화한다.

③ 백업 정책: 중요한 데이터의 정기 백업 및 복구 테스트를 실시한다.

라. 보안 사고 대응

① 침해사고 대응 계획(IRP): 사고 발생 시의 대응 절차를 상세히 기술한다.

② 보고 체계: 사고 발생 시 누구에게, 어떤 절차로 보고해야 하는지 명확히 한다.

③ 사고 복구: 사고로 인해 손상된 데이터를 복구하고, 원인을 분석하여 재발 방지 대책을 수립한다.

4) 정보보호 시행 규정 수립 및 운영 전략

가. 시행 규정의 정의

시행 규정은 정보보호 정책을 구체적으로 실행하기 위한 절차와 지침을 정의한 세부 문서이다. 이는 정책을 실질적으로 구현하기 위해 조직 내 구성원들이 따라야 하는 규칙을 명시한다.

나. 시행 규정의 주요 항목

① 업무별 보안 절차

- 각 부서 및 직무별로 준수해야 할 보안 절차를 명확히 명시한다.

  예 인사 부서는 신규 직원 계정 생성 시 정해진 인증 절차를 수행해야 한다.

② 시스템 운영 지침

- IT 시스템 관리자가 따라야 할 운영 가이드라인을 제공한다.

  예 패치 적용 주기, 로그 분석 절차

③ 물리적 보안 규정

- 데이터센터, 사무실, IT 장비 보안을 위한 세부적인 지침을 포함한다.

  예 출입 통제 카드 관리, 보안 카메라 운영

④ 교육 및 인식 프로그램

- 직원 교육, 보안 캠페인, 정기적인 테스트 등을 통해 보안 인식을 제고한다.

5) 정보보호 정책 및 시행규정 유지와 평가

① 정기 점검

정책 및 규정이 제대로 실행되고 있는지, 새로운 보안 위협에 대응하고 있는지 정기적으로 점검한다.

② 내부 감사

내부 감사팀을 통해 정책 준수 여부를 주기적으로 평가하고, 문제점을 발견하여 개선한다.

③ 외부 인증 및 평가

ISMS-P, ISO 27001 등 외부 인증을 통해 정책의 신뢰도를 높이고, 국제적 표준을 준수한다.

④ 직원 피드백 수집

정책이 현장에서 어떻게 적용되고 있는지 직원들의 의견을 수렴하여 현실성을 반영한다.

02 임직원 정보보호 교육

조직의 정보보호 수준은 기술적 보안 장치만큼이나 임직원의 보안 인식과 행동에 크게 의존한다. 임직원 정보보호 교육은 보안 위협을 사전에 방지하고, 정보 유출과 같은 사고를 예방하기 위한 핵심적인 방법이다. 또한, 이를 통해 조직의 전반적인 보안 문화를 강화할 수 있다. 정보보호 교육의 필요성, 효과적인 교육 프로그램 구성 방법, 그리고 교육의 지속성을 보장하기 위한 전략은 다음과 같다.

1) 임직원 정보보호 교육의 중요성

가. 정보보호 교육의 정의

임직원 정보보호 교육은 조직 구성원들이 정보보호의 중요성을 이해하고, 보안 정책과 절차를 준수하며, 보안 사고 발생 시 적절히 대응할 수 있도록 지식과 기술을 학습하는 과정이다.

나. 임직원 정보보호 교육이 중요한 이유

① 내부 보안 위협 예방

많은 보안 사고가 직원의 실수, 부주의, 사회 공학적 공격(예 피싱) 등 내부 요인으로 발생한다. 이를 사전에 방지하기 위해 정보보호 교육이 필수적이다.

② 사이버 공격 대응 능력 향상

직원들이 보안 위협을 인지하고 초기에 대응하는 방법을 익히면, 사고 확산을 최소화할 수 있다.

③ 법적 및 규제 준수

개인정보보호법, ISO 27001, GDPR 등에서는 임직원 정보보호 교육을 요구하며, 이를 준수하지 않을 경우 벌금이나 제재를 받을 수 있다.

④ 조직의 신뢰성 강화

체계적인 보안 교육은 고객과 파트너에게 조직의 신뢰도를 증명하는 중요한 요소이다.

⑤ 보안 문화 정착

임직원 모두가 보안 의식을 가지면 조직 전체에 강력한 보안 문화가 자리잡게 된다.

2) 직원 정보보호 교육 프로그램 구성 방법

가. 교육 대상 및 목표 설정

① 대상자별 맞춤형 교육

교육 대상자의 직무와 역할에 따라 내용이 달라져야 한다.

- 일반 직원: 기본적인 보안 의식과 행동 수칙
- IT 부서: 고급 기술적 보안 지식과 시스템 보호
- 경영진: 정보보호 전략 및 책임

② 교육 목표 설정

구체적인 학습 목표를 설정하여 교육 효과를 극대화한다.

예 "직원들이 피싱 이메일을 90% 이상 식별할 수 있도록 한다."

③ 교육 내용 설계

효과적인 정보보호 교육은 아래의 핵심 내용을 포함해야 한다.

- 기본 정보보호 개념
  - 정보 기밀성, 무결성, 가용성의 중요성
  - 주요 보안 위협과 사고 사례
- 사회 공학 공격 예방
  - 피싱 이메일, 스피어 피싱, 스미싱 등의 예시와 대응 방법
  - 악성 링크와 파일 다운로드 주의법
- 비밀번호 관리
  - 강력한 비밀번호 생성 원칙
  - 정기적인 비밀번호 변경의 필요성
- 데이터 보호와 개인정보 처리
  - 민감 정보와 일반 데이터의 차이
  - 데이터를 저장, 공유, 삭제하는 올바른 방법
- 기술적 보안 준수
  - 회사 시스템 접속 시 VPN 사용법
  - 멀티팩터 인증(MFA) 활성화
- 사고 보고 및 대응 절차
  - 보안 사고 발생 시 보고 체계
  - 사고 초동 조치 방법

• 보안 정책 준수
  – 회사 내부 보안 규정과 정책 설명
  – 위반 시 발생할 수 있는 결과

나. 교육 방식 선택

① 온라인 교육

비용 절감과 편리성을 위해 동영상 강의, 퀴즈, 시뮬레이션 훈련 등을 제공한다.

② 오프라인 교육

워크숍, 세미나, 전문가 초청 강연 등 대면 교육으로 깊이 있는 학습이 가능하다.

③ 실습 기반 교육

실제 해킹 시뮬레이션, 피싱 이메일 테스트 등으로 실무 역량을 강화한다.

다. 교육 빈도와 일정

① 정기 교육: 최소 연 1회 정기적으로 실시하여 지속적인 학습을 지원한다.

② 추가 교육: 새로운 보안 위협이나 정책 변화가 발생할 때마다 실시한다.

③ 사고 후 교육: 보안 사고 발생 시 전사적인 교육을 통해 재발 방지를 도모한다.

라. 임직원 정보보호 교육을 위한 전략

① 흥미로운 콘텐츠 제작

사례 중심의 스토리텔링, 애니메이션, 게임화(Gamification) 기법을 활용하여 학습 흥미를 높인다.

② 인센티브 제공

교육을 완료한 직원에게 보상(예 수료증, 소정의 상품)을 제공한다.

③ 실시간 피드백 제공

퀴즈나 실습 결과에 대해 즉각적인 피드백을 제공하여 학습 동기를 유지한다.

④ 경영진의 참여

경영진이 교육에 직접 참여하거나 강조하면 직원들의 동참 의지가 높아진다.

마. 교육 효과 평가 및 피드백 수집

① 사전 · 사후 테스트

교육 전후의 보안 지식 수준을 비교하여 효과를 확인한다.

② 참여도 분석

교육 참여율, 퀴즈 점수, 과제 수행률 등을 통해 교육의 효과성을 평가한다.

③ 설문조사 실시

교육 내용, 방식, 강사의 역량 등에 대한 피드백을 수집하여 개선한다.

바. 교육 후 연계 활동

① 보안 캠페인

포스터, 이메일, 인트라넷 공지를 통해 교육 내용을 지속적으로 상기시킨다.

② 시뮬레이션 테스트

피싱 이메일 모의 훈련을 정기적으로 실시하여 실제 대응 능력을 점검한다.

③ 보안 서약서 서명

교육 후 직원들이 보안 규정을 준수하겠다는 서약서를 작성하게 한다.

3) 임직원 정보보호 교육의 지속 가능성 확보

① 교육과 조직 문화의 통합

정보보호 교육을 일회성으로 끝내지 않고, 조직 문화에 통합하여 지속적인 학습 환경을 조성한다.

② 최신 보안 트렌드 반영

교육 자료와 내용을 정기적으로 업데이트하여 최신 보안 위협과 기술 변화에 대응한다.

③ 관리자의 적극적 지원

관리자들이 직원들에게 보안 교육의 중요성을 강조하고, 이를 직접 실천하도록 유도한다.

03 정보보호 조직(CISO, CPO, 위원회, 보안팀) 구성

조직의 정보보호 체계를 강화하고 데이터 유출과 같은 보안 사고를 예방하려면 효과적인 정보보호 조직을 구축하는 것이 중요하다. 정보보호 조직은 책임자와 팀으로 구성되며, 각자의 역할과 책임을 명확히 정의해야 안정적이고 효율적인 운영이 가능하다.
CISO(정보보호 최고책임자), CPO(개인정보 보호책임자), 정보보호위원회, 그리고 보안팀이 정보보호 조직의 핵심 구성 요소로 작동한다.

1) 정보보호 조직의 필요성과 구성 원칙

가. 정보보호 조직이 필요한 이유

① 법적 및 규제 준수

국내외 개인정보보호법, GDPR, ISO 27001 등 규정 준수를 위해 명확한 정보보호 조직이 필요하다.

② 보안 사고 예방

체계적인 역할 분담과 책임을 통해 보안 사고를 사전에 방지할 수 있다.

③ 조직 신뢰도 향상

보안 전문가들로 구성된 체계적인 조직은 고객, 파트너, 이해관계자에게 신뢰를 제공한다.

④ 비즈니스 연속성 보장

정보보호 조직은 위협에 대응하고 조직 운영의 연속성을 확보하는 데 중요한 역할을 한다.

나. 정보보호 조직 구성 원칙

① 역할과 책임 명확화: 각 구성원이 수행해야 할 업무와 보고 체계를 명확히 정의한다.

② 전문성 강화: 정보보호와 관련된 기술적, 법적, 관리적 전문성을 갖춘 인력을 배치한다.

③ 효율적 커뮤니케이션: 정보보호와 관련된 의사소통을 원활히 할 수 있는 구조를 만든다.

④ 조직 규모에 따른 유연성: 대기업과 중소기업의 요구사항에 맞게 유연하게 구성한다.

2) 정보보호 조직의 주요 구성요소

가. CISO(정보보호 최고책임자)

CISO(Chief Information Security Officer)는 조직의 정보보호 전반을 책임지는 최고책임자로, 보안 전략 수립부터 실행까지를 총괄한다.

① 역할과 책임

- 정보보호 전략 수립
  - 조직의 비즈니스 목표에 맞춘 장기적 보안 전략과 정책을 수립한다.
- 보안 관리 체계 운영
  - ISMS(정보보호 관리체계) 인증과 같은 관리 체계를 도입하고 운영한다.

- 보안 사고 대응 및 복구
  - 사고 발생 시 초동 조치를 지휘하고, 사고 후 복구 계획을 실행한다.
- 법적 및 규제 준수
  - 개인정보보호법, GDPR, ISO 27001 등 관련 법률 준수를 감독한다.
- 경영진 및 이해관계자 보고
  - 경영진에게 보안 상태와 주요 이슈를 보고하고, 필요시 추가 지원을 요청한다.

② 필요 역량

- 보안 정책과 기술에 대한 이해
- 법적 요구사항 및 규제 준수 경험
- 경영진과 효과적으로 소통할 수 있는 리더십

나. CPO(개인정보 보호책임자)

CPO(Chief Privacy Officer)는 조직의 개인정보보호와 관련된 모든 활동을 총괄한다. CISO와 차이점은 CISO가 정보보호 전반을 책임지고 있다면, CPO는 개인정보보호에 중점을 둔다. 두 역할을 한 사람이 겸직하는 경우도 많다.

① 역할과 책임

- 개인정보보호 정책 수립 및 시행
  - 개인정보 처리 및 보호를 위한 정책과 절차를 정의한다.
- 데이터 보호법 준수
  - 개인정보보호법, GDPR 등 국내외 데이터 보호법을 준수한다.
- 개인정보 처리 점검
  - 데이터 수집, 저장, 처리, 삭제 등 전 과정에서 개인정보보호를 점검한다.
- 침해 사고 대응
  - 개인정보 유출 사고 발생 시 대응 계획을 수립하고, 피해를 최소화한다.
- 사내 교육과 감사
  - 직원들에게 개인정보보호의 중요성을 교육하고, 정기적으로 감사 활동을 수행한다.

② 필요 역량

- 개인정보보호법 및 규제 이해
- 데이터 관리와 보안 기술에 대한 이해
- 커뮤니케이션 능력과 법적 지식

다. 정보보호위원회

정보보호위원회는 조직의 정보보호와 관련된 의사결정을 지원하는 자문 및 의사결정 기구이다. 정보보호 정책 검토, 보안 투자 승인, 주요 보안 사고 논의 등 전략적 의사결정을 지원한다.

① 주요 역할

- 정보보호 정책 검토
  - CISO 및 CPO가 제안한 정책과 전략을 검토하고 승인한다.
- 보안 투자 계획 승인
  - 보안 기술, 인력, 교육 등에 필요한 예산을 승인한다.
- 중요 보안 이슈 논의
  - 보안 사고 발생 시 대응 방안을 논의하고 의사결정을 내린다.
- 내부 감사 결과 검토
  - 정보보호 감사 결과를 검토하고, 개선 방안을 도출한다.

② 구성원

- CEO 및 경영진
- CISO와 CPO
- 주요 부서 책임자(IT, HR, 법무 등)

라. 정보보안팀

정보보안팀은 조직의 실무적인 보안 활동을 담당하는 팀이다. 이 팀은 기술적 보안 운영, 모니터링, 침해사고 대응 등을 수행한다.

① 주요 역할

- 보안 시스템 운영 및 관리
  방화벽, IDS/IPS, SIEM 등 보안 장비와 솔루션을 관리한다.
- 보안 모니터링
  실시간으로 시스템과 네트워크를 모니터링하여 이상 징후를 탐지한다.
- 취약점 점검 및 개선
  시스템과 애플리케이션의 취약점을 정기적으로 점검하고 수정한다.
- 침해사고 대응
  보안 사고 발생 시 초동 대응을 수행하고, CISO와 협력하여 문제를 해결한다.

• 보안 교육 및 인식 제고

임직원 대상으로 보안 교육을 주기적으로 실시한다.

② 필요 인력

• 보안 엔지니어

• 침해사고 대응 전문가

• 네트워크 및 시스템 관리자

마. 정보보호 조직 구성 예시

① 대기업

• CISO: 정보보호 전략 수립 및 보고

• CPO: 개인정보보호 정책 및 규제 준수 담당

• 정보보호위원회: CEO, CFO, CISO, CPO, IT 책임자 등으로 구성

• 보안팀: 보안 엔지니어 10명 이상, 실시간 모니터링과 사고 대응 팀 별도 구성

② 중소기업

• CISO/CPO 겸직: 정보보호와 개인정보보호를 한 사람이 관리

• 보안팀: 보안 담당자 1~2명 배치

• 정보보호위원회: 경영진과 IT 담당자로 간소화

3) 정보보호 조직의 운영 방안

① 역할과 책임 명확화

각 구성원의 업무 범위를 명확히 정의하고, 책임 소재를 분명히 해야 효율적으로 운영된다.

② 정기적인 회의와 보고

정보보호위원회는 최소 분기 1회 회의를 개최하고, CISO와 CPO는 정기적으로 경영진에게 보고한다.

③ 보안 기술 및 인력 투자

최신 보안 기술과 도구를 도입하고, 보안 담당자들의 역량을 지속적으로 강화한다.

④ 보안 문화 확립

조직 내 모든 직원이 정보보호의 중요성을 이해하고, 적극 참여하도록 유도한다.

⑤ 외부 전문가 활용

보안 컨설팅, 모의 해킹, 보안 감사 등 외부 전문가를 활용하여 조직의 보안 수준을 점검한다.

04 정보보호 법규, 정책 준수 여부 점검

정보보호 법규와 정책 준수는 조직의 신뢰성을 높이고 법적 리스크를 최소화하는 중요한 활동이다. 기업이나 기관이 정보보호 관련 법규를 준수하고 있는지 점검하는 것은 필수적이며, 체계적인 점검을 통해 조직의 안정성을 유지할 수 있다. 이를 통해 기업은 현 상태를 점검하고 부족한 부분을 보완하여 보다 강력한 정보보호 체계를 구축할 수 있다.

정보보호 법규 준수는 단순히 법적 의무를 지키는 것 이상의 의미를 가진다. 데이터 유출, 해킹, 정보 오·남용 등의 사고가 발생하면 경제적 손실뿐만 아니라 기업의 평판에도 심각한 타격을 줄 수 있다. 따라서 체계적인 법규 준수 점검은 단기적인 보안 강화뿐만 아니라 장기적인 비즈니스 안정성에도 기여한다.

1) 정보보호 법규와 정책의 주요 개요

기업이나 기관이 준수해야 할 정보보호 법규와 정책은 일반적으로 국제적인 규정과 주요 정보보호 관련 법률이 있다.

① 개인정보보호법

개인정보보호법은 개인의 식별 가능한 정보를 보호하기 위해 제정된 법이다. 개인정보의 수집, 이용, 제공, 파기 등 처리 절차를 규정하고, 개인정보 처리방침 수립 및 공시, 개인정보 유출 대응에 대해 의무화하는 법률이다. 여기서 개인정보는 생존하는 개인에 관한 정보로, 이름, 주민등록번호, 전화번호와 같이 개인을 직접 식별할 수 있는 정보와 특정 정보와 결합했을 때 개인을 식별할 수 있는 간접적인 정보를 말한다. 정보주체란 개인정보의 당사자를 의미하며, 자신의 개인정보에 대한 관리 권한을 가진 사람을 뜻한다. 정보주체의 개인정보를 수집, 보유, 이용, 제공하는 모든 기관, 단체 또는 개인을 개인정보 처리자라고 한다.

② 정보통신망 이용촉진 및 정보보호 등에 관한 법률(정보통신망법)

정보통신망법은 정보통신망을 안전하게 이용하고, 개인정보와 데이터를 보호하며, 이를 통해 정보통신의 건전한 발전을 도모하기 위한 법이다. 법의 주요 목적은 정보통신망을 이용하는 과정에서 개인의 정보와 권리를 보호하고, 공정하고 투명한 데이터 활용 환경을 조성하는 것이다. 이는 이용자의 권리를 보호하고, 기업이 합법적인 데이터 처리 방식을 채택하도록 강제하는 장치로 작용한다.

이 법은 정보통신망을 이용하는 모든 사용자와 이를 관리 · 운영하는 사업자를 대상으로 하며, 주요 목적은 정보통신망의 안정성과 신뢰성 확보, 개인정보보호 및 불법정보 유통 방지, 정보통신망 이용 촉진과 공정한 경쟁 도모 등이다.

③ 전자금융거래법

전자금융거래법은 전자금융거래의 안정성과 신뢰성을 확보하여 금융거래와 관련된 사고나 분쟁을 최소화하는 데 있다. 여기서 전자금융거래란 정보통신기술을 이용하여 금융 상품이나 서비스를 제공하거나 이용하는 모든 행위를 말한다. 인터넷뱅킹, 모바일뱅킹, 전자지갑 서비스, 카드 결제 및 전자결제 등이 여기에 해당한다.

전자금융거래법은 금융 거래의 안전성 보장과 전자적 방식의 금융거래 과정에서 발생할 수 있는 사고를 예방하고, 전자금융거래 이용자의 권리와 책임을 명확히 규정한다. 또한, 금융서비스에 전자금융 기술을 도입함으로써 금융서비스 활성화를 장려하고 있다.

④ 국가정보화기본법 및 국가사이버안전관리규정

국가정보화기본법은 정보화를 체계적이고 효율적으로 추진하기 위해 제정된 법률이다. 이 법은 정보통신기술(ICT)의 발전과 활용을 촉진하고, 정보화 사회에서 발생할 수 있는 여러 문제를 예방 및 해결하기 위한 기본적인 틀을 제공한다. 주로 국가와 지방자치단체가 정보화를 추진할 때 필요한 기본 사항을 규정하고 있다.

국가사이버안전관리규정은 주요 공공기관과 국가기관이 사이버 위협으로부터 정보시스템과 데이터를 보호하기 위해 제정된 규정이다. 이 규정은 국가 차원의 사이버 안전성을 강화하고, 체계적인 보안 관리 체계를 구축하며, 긴급 상황 발생 시 대응 체계를 마련하는 것을 목적으로 한다.

⑤ GDPR

유럽연합의 일반 개인정보보호법(GDPR: General Data Protection Regulation)은 전 세계적으로 개인의 데이터를 처리하고 보유하는 모든 기업에 큰 영향을 미치고 있다. 특히 데이터 보호의 중요성이 대두되며, GDPR은 소비자와 기업 모두에게 책임과 권리를 부여하고 있다. 기업은 데이터 관리 시스템을 재정비해야 했으며, 개인은 자신의 데이터에 대한 더 강력한 통제권을 갖게 되었다.

GDPR의 원칙은 데이터 보호의 기본 틀을 제공한다. 이는 모든 데이터 처리 활동이 법적으로 허용되고 투명해야 한다는 것을 보장하며, 개인의 권리를 보호하기 위해 설계되었다. 주요 원칙으로는 합법성, 공정성 및 투명성, 목적 제한, 개인정보 최소 처리, 정확성, 보유기간 제한, 무결성 및 기밀성, 책임성 등이 있다.

⑥ ISO 27001

ISO 27001은 국제적으로 인정받는 정보 보안 관리 시스템(ISMS: Information Security Management System) 표준을 제공한다. 이 표준은 조직이 정보 보안 위험을 평가하고, 이를 체계적으로 관리하여 민감한 데이터를 보호할 수 있도록 한다. 특히, 데이터 유출 사고와 사이버 공격이 증가하는 오늘날, ISO 27001은 기업 신뢰도 향상과 법적 규제 준수에서 중요한 역할을 한다.

ISO 27001은 정보 보안 관리 시스템의 설계, 구현, 운영, 모니터링 및 지속적 개선을 위한 요구사항을 정의한 국제 표준이다. 이는 조직의 모든 데이터 처리 과정을 체계적으로 관리하도록 돕는다.

ISO 27001은 Annex A라는 부록에서 14개의 보안 도메인과 114개의 통제 항목을 다룬다. 주요 도메인은 정보 보안 정책, 조직 내 정보 보안, 인적 자원 보안, 자산 관리, 접근 통제, 암호화, 물리적 및 환경적 보안, 운영 보안, 네트워크 보안, 사고 대응, 비즈니스 연속성 관리, 준법성(Compliance)이 있다.

2) 정보보호 법규 준수 점검의 필요성

정보보호 법규 준수 점검은 법적 요구사항을 충족하는 데 있어 핵심적인 역할을 한다. 이는 단순히 법률을 준수하기 위한 절차가 아니라, 정보보호와 데이터 관리의 전반적인 개선을 목적으로 한다.

① 법적 위험 완화

법규 위반 시 조직은 막대한 벌금과 법적 제재를 받을 수 있다. 예를 들어, GDPR 위반 시 최대 매출의 4% 또는 2천만 유로에 달하는 벌금이 부과될 수 있다. 점검을 통해 이러한 위험을 사전에 방지할 수 있다.

② 고객 신뢰 구축

개인의 데이터는 민감한 정보이며, 이를 보호하는 것은 고객과 조직 간의 신뢰를 강화하는 중요한 요인이다. 법규 준수를 통해 고객의 데이터를 안전하게 관리하고 있다는 신뢰를 제공할 수 있다.

③ 규제 환경 적응

정보보호 관련 법률과 규정은 빠르게 변화하고 있다. 법규 준수 점검은 조직이 최신 규제 요구사항에 적응하고, 이를 운영에 통합하도록 돕는다.

④ 데이터 보호 수준 향상

점검을 통해 조직의 데이터 보호 상태를 평가하고, 보안 위협을 사전에 발견하여 예방할 수 있다. 이는 조직 전반의 정보보호 수준을 향상시키는 데 기여한다.

⑤ 경쟁력 확보

법규 준수는 단순히 의무가 아니라, 시장에서 경쟁 우위를 확보할 수 있는 전략적인 자산이다. 인증과 규제 준수는 고객과 파트너에게 긍정적인 이미지를 제공하며, 비즈니스 기회를 확대할 수 있다.

3) 정보보호 법규 준수 여부 점검 단계

정보보호 법규 준수는 기업 및 조직이 법적, 윤리적 책임을 이행하며 신뢰를 구축하는 중요한 과정이다. 개인정보보호법, 정보통신망법, GDPR(유럽 일반 개인정보보호법) 등 다양한 법률이 제정됨에 따라 이를 준수하기 위한 체계적인 점검이 필요하다. 하지만 단순히 규정을 읽고 따르는 것만으로는 부족하다 할 수 있다. 각 조직은 체계적인 절차를 통해 준수 여부를 검토하고 관리해야 하며, 이를 통해 법적 리스크를 줄이고 보안 수준을 강화할 수 있다.

가. 정보보호 법규 준수 점검 단계

① 법적 요구사항 파악

첫번째 단계는 해당 조직이 준수해야 할 법적 요구사항을 명확히 이해하는 단계이다.

- 관련 법규 목록화: 조직의 산업군 및 활동 범위에 따라 적용되는 법률과 규제를 식별한다. 예를 들어, 금융기관은 전자금융거래법, 병원은 의료법을 포함하여 특정 법률을 추가로 확인한다.
- 핵심 요구사항 정리: 법률에서 요구하는 개인정보보호 의무, 보안조치, 위반 시 제재사항 등을 정리한다.
- 국내외 규제 검토: 글로벌 시장을 타깃으로 하는 경우 GDPR, CCPA(캘리포니아 소비자 프라이버시법) 등 국제 규제를 함께 검토한다.

② 현재 상황 분석

조직 내부에서 정보보호와 관련된 현재 운영 상태를 점검한다.

- 자산 파악: 개인정보가 포함된 데이터, 시스템, 네트워크를 목록화한다.
- 운영 현황 평가: 현재 보안 정책, 프로세스, 기술적 보호조치를 점검하여 준수 수준을 평가한다.
- 갭 분석: 법적 요구사항과 현재 운영 상황 간의 차이를 확인하고 우선순위를 지정한다.

③ 정책 및 절차 수립

법적 요구사항을 충족하기 위한 명확한 정책과 절차를 수립한다.

- 정보보호 정책 개발: 보안 원칙과 규정 준수 방안을 명시한 정책을 작성한다.

• 표준 운영 절차(SOP) 작성: 데이터 처리, 접근 관리, 기록 보관 등 세부 절차를 정의한다.
• 임직원 역할과 책임 규정: 정보보호 관련 책임과 의무를 명확히 분배한다.

④ 기술적 보호조치 도입

기술적 조치를 통해 정보보호의 실질적 실행력을 강화한다.

• 접근 제어: 사용자 인증, 권한 부여, 로그 기록 등을 통해 접근을 제한한다.
• 데이터 암호화: 저장 및 전송 중 데이터에 대한 암호화를 적용한다.
• 침입 탐지 및 방지: 네트워크 보안 시스템을 도입하여 외부 위협을 차단한다.

⑤ 교육 및 인식 제고

임직원의 정보보호 인식을 강화하여 규정 준수를 실질적으로 이행한다.

• 교육 프로그램 시행: 개인정보보호와 보안 정책에 대한 정기적인 교육을 진행한다.
• 내부 캠페인 운영: 포스터, 이메일 등을 통해 직원들에게 정보를 지속적으로 알린다.
• 테스트와 평가: 피싱 메일 훈련 등으로 직원들의 보안 대응력을 점검한다.

⑥ 준수 여부 감사

외부 또는 내부 감사 프로세스를 통해 규정 준수 상태를 정기적으로 확인한다.

• 내부 감사: 감사팀 또는 정보보호 담당자가 정기적으로 내부 점검을 수행한다.
• 외부 감사: 전문 감사기관에 의뢰하여 독립적인 시각에서 평가를 받는다.
• 보고서 작성: 감사 결과와 개선 방안을 문서화하여 경영진에 보고한다.

⑦ 개선 조치 실행

감사 결과에서 도출된 미비점을 해결하기 위한 개선 조치를 실행한다.

• 우선순위 설정: 리스크 크기와 법적 영향에 따라 개선 작업의 순서를 정한다.
• 프로세스 개선: 정책 및 절차를 업데이트하여 미비점을 보완한다.
• 재점검 실시: 개선 조치 완료 후 재점검을 통해 실행 결과를 확인한다.

⑧ 지속적인 모니터링

정보보호 환경은 변화가 빠르기 때문에 지속적인 모니터링이 필요하다.

• 실시간 위협 탐지: 시스템 및 네트워크를 모니터링하여 이상 징후를 조기에 발견한다.
• 정기 점검: 연례 또는 분기별로 정책과 프로세스의 유효성을 평가한다.
• 법적 변화 추적: 새로운 규제나 법 개정사항을 즉시 반영한다.

⑨ 문서화 및 증빙 관리

규정 준수의 증거를 체계적으로 문서화하여 필요시 법적 증빙으로 활용한다.

- 정책 및 절차 기록: 모든 정책과 절차를 문서화하고 최신 상태로 유지한다.
- 활동 기록 보관: 점검, 감사, 교육 등의 활동 내역을 저장한다.
- 증빙 자료 관리: 준수 여부를 입증할 수 있는 자료를 체계적으로 보관한다.

⑩ 외부 커뮤니케이션

법규 준수 상태를 외부 이해관계자와 명확히 소통한다.

- 고객 대상 공지: 개인정보 처리방침을 통해 고객들에게 정보보호 조치를 알린다.
- 파트너와의 협력: 법적 준수를 위해 파트너사와 협약을 체결하고 관리한다.
- 규제 기관 대응: 요청 시 규제 기관에 관련 문서와 보고서를 제공한다.

PART
02

정보보호 위험 평가

INFORMATION SECURITY RISK MANAGER

CHAPTER 1

INFORMATION SECURITY RISK MANAGER

위험관리 평가 방법론 선정 및 준비

01 위험분석 접근 방법

대표적으로 국제 표준 지침인 ISO/IEC 13335-1에 기반하여 위험분석 접근 방법을 크게 4가지로 나눈다.

- 베이스라인 접근법(Baseline Approach)
- 비정형 접근법(Informal Approach)
- 상세위험분석(Detailed Risk Analysis)
- 복합 접근법(Combined Approach)

1) 베이스라인 접근법(Baseline Approach)

베이스라인 접근법은 정보보안 위험평가에서 조직의 최소 보안 요구사항을 기준으로 위험을 평가하는 기본적인 방법이다. 이 접근법은 모든 시스템에 대해 표준화된 보안대책 목록을 제공하며, 체크리스트를 통해 현재 구현된 보안대책과 미비한 부분을 식별하는 데 활용된다. 주로 보안 표준, 모범 사례, 산업 규제 등을 기반으로 최소한의 보안 상태를 확인하는 데 초점을 둔다.

표 2-1 베이스라인 접근법

구분	베이스라인 접근법
특징	• 조직의 특수한 환경보다는 일반적으로 통용 가능한 보안 기준을 일괄적으로 적용하여 간소화된 평가를 제공한다. • 간단한 절차로 구성되어 보안 전문 지식이 부족한 조직에서도 쉽게 사용할 수 있다. 소규모 조직이나 자원이 제한된 상황에서 특히 유용하다. • 조직의 독특한 위협 환경이나 복잡한 요구사항을 충분히 반영하기 어렵고, 표준화된 체크리스트만으로는 개별적 특성을 고려하기 어렵다. • 모든 시스템에 대해 표준화된 보안 대책 세트를 체크리스트로 제공한다. 예 BS 7799, ISO 17992를 활용한 갭 분석 • 체크리스트에 있는 보안 대책이 구현되어 있는지를 판단하고, 없는 것은 구현한다.

구분	베이스라인 접근법
장점	• 분석에 소요되는 비용과 시간을 줄이고, 조직의 기본적인 보안 상태를 빠르게 파악할 수 있다. • 산업 규제나 법적 요구사항에 대한 준수 여부를 확인하고 점검하는 데 효과적이다. • 세부적인 분석이 필요한 이전 단계에서 초기 위험 진단 및 기본적인 보안 상태 점검 도구로 활용될 수 있다. • 비용과 시간이 매우 크게 절약된다.
단점	• 체크리스트가 최신 상태로 유지되지 않을 경우, 새로운 위협이나 조직의 환경 변화가 반영되지 않을 위험이 있다. • 최소 기준만을 충족하는 방식으로 인해 고도화된 위협 대응이나 높은 수준의 보안 성취에는 한계가 존재한다. • 체크리스트 결과에 집중하게 되어 보안요구사항의 우선순위보다는 구현의 용이성에 따라 보안대책이 결정되는 경향이 생길 수 있다.

2) 비정형 접근법(Informal Approach)

비정형 접근법은 정해진 기준이나 표준 절차를 따르지 않고, 전문가의 경험과 직관에 기반하여 조직의 위험을 평가하는 방법이다. 고정된 프로세스 없이 주관적인 판단과 질적인 분석을 통해 위험을 식별하며, 새로운 위협이나 기존 방법으로 다루기 어려운 요소를 평가하는 데 적합하다.

표 2-2 비정형 접근법

구분	비정형 접근법
특징	• 위험 평가가 전문가의 경험과 판단에 의존하며, 정량적 데이터보다는 직관적이고 경험적인 방식으로 이루어진다. • 고정된 틀 없이 상황과 필요에 맞게 조정할 수 있어, 조직의 환경 변화나 독특한 요구에 적합하게 대응할 수 있다. • 특정 환경이나 기술적 요건을 고려하여 평가를 수행하며, 표준화된 방법론으로는 다루기 어려운 상황에서도 활용될 수 있다. • 경험자의 지식을 사용하여 분석을 수행한다.
장점	• 구조화된 절차 없이 빠르게 위험 평가를 수행할 수 있어 긴급한 상황에 적합하다. • 기존 평가 방식으로는 다루기 힘든 새로운 위협이나 알려지지 않은 위험을 포착하는 데 유리하다. • 고정관념에 얽매이지 않아 다양한 아이디어를 도출하고 창의적인 해결책을 모색할 수 있다. • 간단한 방식으로 진행되므로, 자원 투입을 최소화하면서도 기본적인 위험 평가를 수행할 수 있다. • 빠르고 비용이 저렴하여 작은 규모 조직에 적합하다.

구분	비정형 접근법
단점	• 결과가 평가자의 주관에 크게 의존하기 때문에, 경험 부족이나 편향이 있는 경우 신뢰성에 한계가 있을 수 있다. • 명확한 기준 없이 진행되므로, 평가 결과가 모호하거나 구체성이 떨어질 수 있다. • 구조적인 분석 없이 진행되기 때문에 중요한 위험 요소를 놓칠 가능성이 있다. • 다른 조직이나 상황과의 비교가 어렵고, 동일한 환경에서도 평가 결과가 일관되지 않을 수 있다. • 검토자의 경험과 전문성에 크게 의존하여 경험이 적은 위험 영역을 놓칠 수 있다.

3) 상세 위험분석(Detailed Risk Analysis)

① 상세 위험분석은 자산 분석, 위협 평가, 취약성 평가, 기존에 설치된 정보보호대책 평가를 통해 남아 있는 잔존 위험을 평가하는 단계로 나눠진다. 이를 통해 위험 요소를 세부적으로 파악하고 조직에 미치는 영향을 철저히 분석하여, 효과적인 대응 전략을 수립한다.

표 2-3 상세 위험분석

구분	상세 위험분석
특징	• 정량적 분석으로 위험의 발생 가능성과 영향을 수치화하고, 정성적 분석을 통해 위험의 특성과 영향을 전문가의 직관과 판단으로 평가한다. • 위험 요소를 세부적으로 분석해 각 요소의 발생 가능성과 영향을 독립적으로 평가한다. 이를 통해 조직이 직면한 위험을 명확히 이해하고 대응 방안을 구체화할 수 있다. • 위험의 크기와 중요도에 따라 우선순위를 정해, 자원을 효율적으로 배분하고 중요한 위험에 우선적으로 대응할 수 있도록 한다. • 식별된 위험에 대한 예방, 완화, 전가, 수용 등의 전략을 설계하여 조직의 상황에 최적화된 대응 방안을 마련한다. • 잘 정립된 모델에 기초해 자산, 위협, 취약성 분석의 각 단계를 수행 및 위험을 평가한다.
장점	• 조직이 직면한 위험의 원인과 영향을 상세히 파악하여 보다 정교한 대응 방안을 설계할 수 있다. • 위험 우선순위를 통해 가장 중요한 문제에 자원을 집중함으로써 관리 효율성을 높인다. • 위험이 현실화되기 전에 효과적으로 대응할 수 있는 기회를 제공한다. • 데이터 기반의 분석을 통해 조직의 의사결정을 돕고, 신뢰성 있는 정보를 제공한다. • 자산 및 요구사항을 구체적으로 분석해 가장 적절한 대책 수립이 가능하며, 상세 목록이 작성되어 변경에 용이하다.
단점	• 고위험 영역을 잘못 선정할 경우, 중요한 위험 요소가 간과되거나 불필요한 분석 비용이 발생할 수 있다. • 초기 평가의 정확성과 전문성에 따라 전체 분석의 신뢰도가 크게 좌우된다. • 시간과 비용이 많이 소요되며, 고급 인적 자원이 요구된다.

② 상세 위험 분석 절차는 아래와 같다.

- 자산 분석 단계

주요 자산을 유형별로 분류하여 목록을 작성한다. 이후, 작성된 목록에 있는 각 자산에 대해 해당 자산이 조직에 제공하는 가치를 평가한다. 동시에 각 자산의 기밀성, 무결성, 가용성 요구 수준을 분석한다.

이 세 가지 보안 속성과 자산 가치를 기반으로, 각각의 위협이 해당 자산에 미치는 보안 사고의 영향을 판단하게 된다. 이는 자산 손실의 규모와 조직에 미치는 파급 효과를 평가하는 중요한 과정이다.

자산 목록의 세부 수준과 분류 방식은 상황에 따라 다를 수 있다. 조직의 요구사항과 위협 환경에 맞춰 자산을 얼마나 상세히 나눌지 결정해야 한다.

궁극적으로는, "어떠한 자산을 어떤 방법으로, 어느 정도의 비용을 투입해 보호할 것인가?"라는 질문에 대한 답을 도출하는 것이 핵심 목표이다. 이를 위해 자산 분류는 위협이 자산에 미치는 영향이 달라지는 관점을 고려해야 하며, 주요 자산을 중심으로 체계적으로 이루어져야 한다.

또한, 자산 목록은 기밀성, 무결성, 가용성 요구사항이 다르게 적용되는 수준에서 그룹화하는 것이 효율적이다. 이러한 접근 방식은 자산 보호 전략 수립의 효과성을 높이는 데 기여할 것이다.

자산을 유형별로 분류해 목록 작성 및 요구 정도(기밀성, 무결성, 가용성) 평가, 이에 기초해 각 보안 사고가 자산에 미치는 영향(손실)을 산정한다.

- 위협 및 취약성 분석

발생 가능한 우려 사항으로 여겨지는 위협들을 목록화하고, 각각의 발생 가능성을 예측한다. 이를 통해 자산별로 위협에 대한 취약성을 확인하고 그 심각도를 평가한다. 일부 위험 분석 방법론에서는 "발생 가능한 모든 위협을 고려해야 한다"는 점을 강조하지만, 현실적으로 모든 위협을 식별하고 분석하는 것은 매우 어렵다. 따라서 주요 위협을 빠뜨리지 않도록 신중하게 접근하는 것이 중요하다.

위협의 발생 가능성을 정확히 예측하거나 검증하는 것은 사실상 불가능하다.

그럼에도 불구하고 위협의 발생 가능성을 추론하는 작업은 필수적이며, 이는 정보 시스템 사용자와 관리자가 자산의 특성과 위험 요인을 보다 명확히 이해할 수 있는 기회를 제공한다.

마찬가지로, 취약성을 완전히 파악하거나 모든 취약성을 나열하는 것도 불가능하다.

식별된 위협에 대해 자산별 취약성을 평가하거나, 인증 심사 기준과 같은 표준 대책 목록을 기준으로 해당 대책의 구현 여부를 확인하는 방법을 활용한다.

이 과정에서 구현되지 않은 대책이 조직에 미치는 영향을 분석하는 것도 중요한 단계이다.

또한, 위협과 취약성을 통합적으로 고려하여 '우려(Concern)'라는 개념을 도입해 위협 가능성을 평가하는 접근법도 사용할 수 있다.

자산, 위협, 취약성을 종합적으로 분석하여 도출된 위험을 '원천 위험(Original Risk)'이라 정의한다.

발생 가능한 위협을 목록화하고, 가능성을 예측. 또한, 취약성을 자산별로 확인해 정도를 결정한다.

- 보안대책 평가

위에서 파악된 원천 위험에 대해 이미 설치되어 있는 보호대책의 효과를 평가한다.

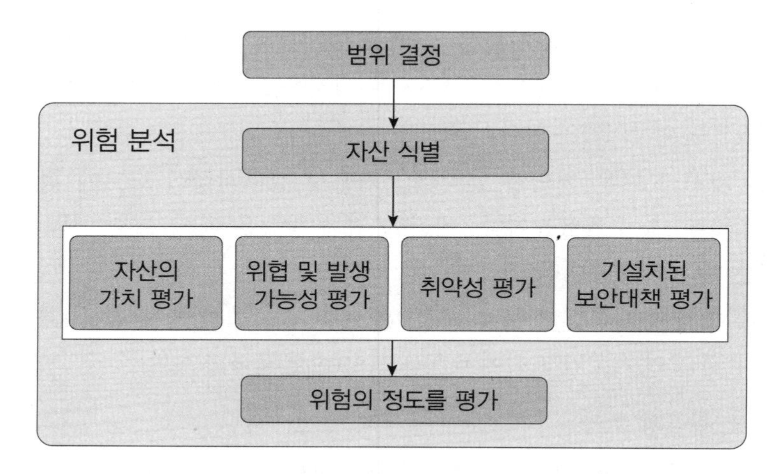

그림 2-1 위험분석의 절차

4) 복합 접근법(Combined Approach)

복합 접근법은 조직의 자원과 비용을 효율적으로 활용하기 위해 고위험 영역에 대해 상세 위험분석을 수행하고, 나머지 영역에는 베이스라인 접근법을 적용하는 방식이다. 이 방법은 고위험 요소를 선별적으로 집중 관리하면서도, 전체적인 위험 평가를 효과적으로 수행할 수 있다는 점에서 널리 활용된다.

표 2-4 복합 접근법

구분	복합 접근법
특징	• 조직의 모든 위험 요소를 초기 평가한 뒤, 높은 위험도를 가진 영역을 선별한다. • 고위험 영역은 상세 위험분석을 통해 심층적으로 평가하고, 다른 영역은 비교적 간단한 베이스라인 접근법을 사용한다. • 고위험 영역에 집중하여 자원을 효과적으로 사용하고, 필요 이상의 시간과 비용 낭비를 방지한다. • 고위험 영역을 식별해 상세 위험분석을 수행하고 이외 영역은 베이스라인 접근법을 사용한다.
장점	• 고위험 영역만 상세히 분석함으로써 분석 비용과 시간을 절감할 수 있다. • 고위험 요소를 신속히 식별하고 적절한 조치를 취할 수 있다. • 위험의 크기와 중요도에 따라 분석 수준을 조정할 수 있어, 조직의 필요에 맞춘 유연한 관리가 가능하다. • 비용과 자원을 효율적으로 사용할 수 있다.
단점	• 고위험 영역을 잘못 선정할 경우, 중요한 위험 요소가 간과되거나 불필요한 분석 비용이 발생할 수 있다. • 초기 평가의 정확성과 전문성에 따라 전체 분석의 신뢰도가 크게 좌우된다. • 고위험 영역이 잘못 식별되면, 부적절한 대응의 가능성이 존재한다.

02 위험분석 평가 방법

위험분석 및 평가방법론은 과학적이고 정형적인 과정으로 위험을 알아내고 측정하려는 노력을 정리한 것이다.

방법론 자체는 전 세계적으로 수백 여가지가 존재하지만 실제로 분석 및 평가를 수행하고자 할 경우, 대상 조직 및 특징, 요구사항, 수행기간 등에 따라 다양한 방법론을 적용할 수 있다.

방법론을 특정 조직에 적용 시 상황과 여건을 고려하여 가장 적절한 방법을 선택한 것이 중요하다.

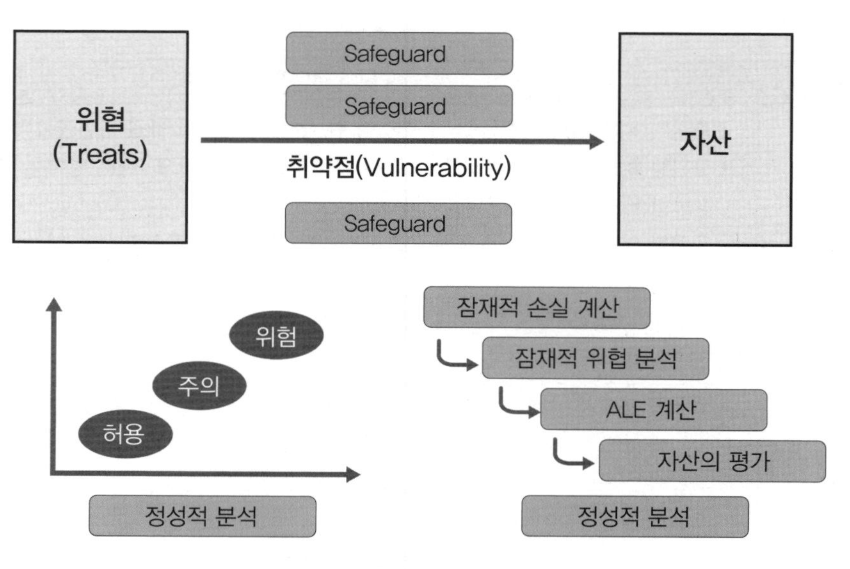

그림 2-2 위험분석 방법론

표 2-5 계량화 여부에 따른 방법 정의(출처: KISA 정보보호관리체계 구축 및 운영 교육 실무자 과정)

구분	정량적 기법	정성적 기법
특징	• 손실 크기를 화폐 단위로 측정이 가능할 때 사용한다. • 과거자료 접근법, 수학공식 접근법, 확률분포 추정법	• 손실크기를 측정할 수 없어서 위험을 구간 및 기술변수(예 H:3, M:2, L:1)로 표현한다. • 분석자의 경험 및 지식에 기초한 위험분석 방법 • 델파이법, 시나리오법, 순위결정법
장점	• 정량화된 자료의 사용으로 비용–효과 분석 및 예산 계획이 용이하다. • 수리적 방법의 사용으로 계산이 논리적이다. • 조직이 직면한 위험의 원인과 영향을 상세히 파악하여 보다 정교한 대응 방안을 설계할 수 있다. • 위험 우선순위를 통해 가장 중요한 문제에 자원을 집중함으로써 관리 효율성을 높인다. • 위험이 현실화되기 전에 효과적으로 대응할 수 있는 기회를 제공한다. • 데이터 기반의 분석을 통해 조직의 의사결정을 돕고, 신뢰성 있는 정보를 제공란다.	• 정량화하기 어려운 정보의 평가에 용이하다. • 용어의 이해가 쉽다. • 분석의 소요시간이 짧다. • 금전적 가치로 환산하기 어려운 정보도 평가할 수 있다. • 분석에 소요되는 시간이 상대적으로 짧고, 결과가 직관적이어서 이해하기 쉽다.

구분	정량적 기법	정성적 기법
단점	• 정확한 정량화 수치를 구하기가 어렵다. • 수리계산에 많은 시간과 노력이 필요하다. • 심층적인 분석 과정에서 많은 시간과 자원이 필요하다. • 다양한 위험 요소를 개별적으로 분석하는 작업이 복잡하며, 결과를 관리하는 데도 어려움이 있을 수 있다. • 분석 기술과 전문 인력이 필요하므로, 이를 수행하기 위한 자원이 부족한 경우 어려움을 겪을 수 있다.	• 주관적 판단의 남용 여지가 있다. • 비용–효과 분석이 어렵다. • 평가자의 경험, 관점, 지식 수준에 따라 표현과 해석이 달라질 수 있으며, 동일한 위험이라도 평가하는 사람에 따라 결과가 다르게 나타날 수 있다. • 평가 기준을 명확히 정의하고, 평가자 간 의견을 조율하는 과정이 필요하다.

1) 정량적 기법

정량적 위험평가는 위험을 수치적으로 평가하는 방법으로, 발생 가능성 및 영향을 객관적으로 계산하여 위험을 분석하며, 주로 확률론적 방법이나 경제적 손실 추정 방법을 사용한다.

예를 들어, 위험은 조직이 감수해야 할 연간 예상 손실액(ALE: Annual Loss Expectancy)으로 계산될 수 있다. 혹은 특정 사건에 따른 위험의 정도를 나타내는 숫자로 표현될 수도 있다.

정량적 위험평가에서는 위험을 손실액과 같은 수치 값으로 구체화한다. 연간 예상 손실액(ALE)을 계산하기 위해서는, 단일 손실예상(SLE: Single Loss Expectancy)과 위협의 연간 발생률(ARO: Annual Rate of Occurrence)을 정량화하여 곱해야 한다.

수식으로 나타내면 다음과 같다.

$$ALE(t)=SLE(t)\times ARO(t)$$

미국 연방 표준에서는 이러한 어려움을 해결하기 위해 구간의 대푯값을 활용한 정량화 방법을 제안하고 있다. 예를 들어, 자산의 가치를 다음과 같은 구간으로 나누어 평가한다.

- 1,000만 원 이하
- 1,001만 원~1억 원
- 1억 1원~10억 원
- 10억 원 이상

만약 특정 자산이 1,001만 원~1억 원 구간에 속한다면, 이를 대푯값인 5,000만 원으로 간주하여 평가하는 방식이다.

위협 발생률 역시 구간화하여 표현한다. 예를 들어, 다음과 같은 방식으로 구분할 수 있다.

- 1일 10회 이상
- 1일 1회
- 월 1회
- 연 1회
- 10년에 1회

2) 정성적 기법

정성적 위험평가는 전문가의 의견과 직관을 바탕으로 위험을 평가하는 방법으로, 수치적 데이터보다는 주관적인 판단을 중시한다.

위험을 어떠한 상황에 대한 "설명"으로 묘사하게 되는데, 예를 들어 APT 공격에 의한 내부 시스템 침투 확인이라든지 DDoS 공격으로 인한 서비스 장애 발생과 같은 방식으로 위험을 분류한다.

이러한 위험 평가 결과는 일반적으로 "매우 높음(Very High)", "높음(High)", "중간(Medium)", "낮음(Low)"과 같은 범주로 나타내며, 경우에 따라 5점 척도나 10점 척도와 같은 점수화 방식을 적용하기도 한다.

이 방식의 주요 장점은 평가가 빠르고 유연하며, 자료가 부족한 경우에도 적용 가능하다.

하지만 정성적 위험평가에는 주관성이 개입될 가능성이 크다. 평가자의 경험, 관점, 지식 수준에 따라 표현과 해석이 달라질 수 있으며, 동일한 위험이라도 평가하는 사람에 따라 결과가 다르게 나타날 수 있다.

따라서 정성적 위험평가를 수행할 때는 평가 기준을 명확히 정의하고, 평가자 간 의견을 조율하는 과정이 필요하다. 이를 통해 평가 결과의 신뢰성과 일관성을 높일 수 있다.

표 2-6 정성적 평가 방식

피해의 크기 / 발생 가능성	낮음	중간	높음	매우 높음
낮음	낮음	낮음	중간	높음
중간	낮음	중간	높음	매우 높음
높음	중간	높음	매우 높음	매우 높음

3) 위험에 따른 손실액 분석

① ARO(Annualized Rate of Occurrence, 연간발생률)

매년 특정한 위협이 발생할 가능성에 대한 빈도수 혹은 특정 위협이 1년에 발생할 예상 빈도수

② SLE(Single Loss Expectancy, 단일손실예상)

특정한 위협이 발생하여 예상되는 1회 손실액

SLE=AV(Asset Value, 자산가치)×EF(Exposure Factor, 노출 계수)

③ ALE(Annualized Loss Expectancy, 연간 예상 손실)

정량적인 위협분석의 대표적인 방법으로 특정 자산에 대하여 실현된 위협의 모든 경우에 대해서 가능한 연간 비용

ALE(연간 예상 손실액)=SLE(단일 예상 손실액)×ARO(연간 발생률)

Tip

(예시)

중요한 정보를 보관하고 있는 정보시스템에 정보 유출 사고가 발생하여 약 5억 원이 실제 손실로 평가되었을 경우,

- 1회 손실 예상액(SLE)은 (SLE)=5억 원
- 최근 5년간 해당 위협이 실제 발생할 횟수가 2회 정도라고 가정한다면, 연간 발생 빈도(ARO)는 2/5이므로 ARO=0.4
- 그러므로, 해당 위협의 연간 예상 손실액(ALE)은 ALE=5×0.4=2억 원
- 이에 대한 타당성 평가를 통해, 연간 예상 손실액이 2억 원으로 추정된 시스템의 보호를 위해 연간 운영비용이 4억 원 정도인 통제 수단을 보호 대책으로 제안되었다면, 예상 손실액보다 운영비용이 더 과다 지출되는 상황이 발생함으로 타당하지 않으며 더 저렴한 통제 수단이 보호 대책으로 제안되어야 한다.

4) 위험 규모의 평가

① 해당 정보자산의 가치와 위협 및 취약성의 정도에 따라 기밀성, 무결성, 가용성 손상에 따른 잠재적 손실의 규모를 평가하여야 한다.

② 정량적 방식에서는 자산의 가치는 금액으로 평가되고 위협은 연간 발생 횟수로 평가된다.

③ 취약성은 %로 평가된다. 따라서 자산 A에 대한 위협 T가 연간 발생시킬 수 있는 예상 손실은 다음과 같다.

연간예상손실(A,T)= 자산 A의 가치(원)×위협 T의 연간 발생횟수×T에 대한 A의 취약성(%)

④ 정성적 방식에서는 자산, 위협 취약성이 또는 평가되는 것이 일반적이다. 방법론에 따라서는 약간의 차이가 있지만 자산, 위협, 취약성의 값을 곱하거나 더해서 위험 값을 산출한다.

03 위험평가 관리계획(절차) 수립

위험평가 관리계획은 조직 내 정보보호 및 리스크 관리를 효과적으로 수행하기 위한 체계적인 절차를 정의하는 문서이다. 이 계획은 수행인력, 기간, 대상, 방법, 수행 예산, 역할 및 책임(R&R)을 명확히 하여 위험평가가 체계적으로 이루어질 수 있도록 지원한다.

1) 절차

위험평가 관리계획 수립에 대한 기본절차는 다음과 같이 진행된다.

① 위험관리 계획 수립을 위한 자료 수집

- 관찰, 문서 검토 및 관련자 인터뷰 등을 통한 정보 수집

② 위험관리 범위(Scope) 설정

- 조직의 정보자산 확인을 통한 위험관리 및 보호대책에 영향을 주는 범위 설정
- 위험관리 범위는 조직의 정보보호 수준을 유지하는 활동에 전반적인 영향이 있으므로, 신중한 고려 필요
- 조직의 정보보호 정책을 바탕으로 조직 목표, 법적 요구사항 등을 고려한 위험관리 수행 조직을 지정하고, 조직별 역할과 책임, 기본절차 등을 문서화하여, 위험관리의 체계적 실행을 위한 거버넌스 체계 확립
- 위험관리 수행 주기는 기본적으로 매년(1년 단위) 진행하며, 해당 내용은 위험관리 계획서에 명시 필요
- 조직의 대내외적인 위협과 취약점은 항상 가변적이므로, 기수립된 위험 분석 및 평가 방법이 현시점에서도 적절한 방법인지와 기설정한 위험관리 범위 또한 적정한지에 대한 재검토 필요

③ 위험관리 계획 수립

- 기업의 목표 및 정책, 법적 요구사항 등을 고려하여 조직, 역할, 책임, 주요 과정을 포함한 위험관리 전략 및 계획 수립
- 위험관리 수행 범위 조정 및 조직에 적합한 최적의 위험관리 방법론 선택
- 정보보호 관리 방법을 수립하고 운영 방법을 명세화하는 절차 작성

2) 위험평가 수행인력

① 전문성 및 자격

위험평가는 정보보안, 리스크 관리, 또는 관련 분야에서 전문성을 가진 인력으로 구성된 팀이 수행한다. 수행 인력은 다음과 같은 요건을 충족해야 한다.

- 정보보안 관련 인증 자격(ISMS 인증심사원, 정보보안기사, CISSP, CISA, ISO 27001 등) 보유
- 조직의 운영 환경 및 산업 특성에 대한 이해
- 정량적 및 정성적 분석 기법 활용 능력

② 팀 구성

- 팀 리더(PM): 전반적인 계획 수립과 산출물 결과 등 검토를 담당
- 기술 부문 담당: 담당자 인터뷰 진행, 데이터 수집, 시스템 및 기술적 위협 분석 수행
- 관리 부문 담당: 담당자 인터뷰 진행, 관리적 위협 분석 수행 및 위험 분석 결과 산출물 작성

3) 수행 기간

① 평가 일정

위험평가는 조직의 규모와 분석 범위에 따라 4주~12주 정도 소요된다.

- 1주차: 범위 정의 및 계획 수립
- 2~4주차: 데이터 수집 및 초기 분석
- 5~8주차: 위험 분석 및 평가 수행
- 9~12주차: 대응 전략 수립 및 결과 보고

② 주기적 재평가

변화하는 환경에 대응하기 위해 연간 또는 주요 조직 변화 시 재평가를 수행한다.

4) 평가 대상

① 포괄적 대상 정의

위험평가 대상은 다음과 같은 자산 및 영역으로 구성된다.

- 정보 자산: 데이터베이스, 문서, 소프트웨어, WEB/WAS 등
- 물리적 자산: 서버, 네트워크 장비, 시설, 사용자 PC 등
- 인적 자원: 내부 직원 및 외부 협력업체
- 운영 프로세스: 업무 절차 및 보안 정책 관련 내부 규정, 지침서 등

5) 평가 방법

① 평가 접근법

- 베이스라인 접근법: 기본 보안 수준 확인

• 상세 위험분석: 주요 자산과 위협 분석
• 비정형 접근법: 전문적인 직관 활용
• 복합 접근법: 고위험 영역은 상세 분석, 나머지는 베이스라인 적용

② 수행 절차

• 위험 식별: 자산, 위협, 취약성 목록 작성
• 위험 평가: 정량적(수치 기반) 및 정성적(직관 기반) 분석
• 위험 대응 전략 수립: 감소, 회피, 수용, 전가
• 결과 보고: 경영진 및 관련 부서와 공유

6) 수행 예산

① 비용 항목

• 인력 비용(내부 및 외부 전문가 참여)
• 도구 및 소프트웨어 라이선스(위험 분석 도구- WireShark, nmap, 진단 스크립트, 시뮬레이션 소프트웨어 - HCL APPSCAN)
• 교육 비용(위험평가 방법론 및 도구 활용 교육)
• 문서화 및 보고 비용

② 예산 계획

• 위험평가의 범위와 대상에 따라 예산을 차등 설정
• 불확실한 상황에 대비한 추가 예산 마련

7) 역할 및 책임(R&R)

• 경영진: 위험평가의 승인 및 예산 지원, 결과 검토 및 결정
• 위험평가 팀: 위험 평가 계획 수립, 데이터 수집, 분석 및 보고
• 부서 관리자: 평가 대상 자산 및 프로세스에 대한 정보 제공
• 외부 컨설턴트(선택사항): 독립적 관점에서의 위험평가 지원 및 기술적 분석

CHAPTER 2

INFORMATION SECURITY RISK MANAGER

정보보호 위험 평가

조직이 직면할 수 있는 다양한 보안 위협과 취약점을 식별하고, 이로 인해 발생할 수 있는 잠재적 피해를 분석하여 적절한 대응 방안을 수립하는 과정이다. 이를 통해 조직은 보안 사고를 예방하고, 자산의 안전성과 신뢰성을 확보하며, 지속 가능한 운영 환경을 구축할 수 있다. 정보보안 위험평가는 조직의 보안 요구사항, 자원, 환경적 특성 등을 고려한 체계적인 접근을 기반으로 이루어지며, 효과적인 위험관리를 위한 필수적인 단계로 자리 잡고 있다.

01 정보자산 식별 및 중요도 평가

정보보호 위험을 평가하기 위해 먼저 전체 정보자산을 식별하는 것이 중요하다. 정보자산은 서버, 네트워크 장비, 데이터베이스 등으로 분류할 수 있고 각 서비스의 담당자 대상으로 설문이나 인터뷰를 통해 식별할 수 있다. 자산 식별 이후에는 자산의 중요도를 평가한다. 자산의 중요도를 평가할 때는 [표 2-7]과 같이 기밀성, 무결성, 가용성을 기준으로 평가할 수 있다.

표 2-7 정보자산 중요도 평가 기준(예시)

구분	내용	점수
기밀성	데이터 유출 시 초래하는 심각도의 정도	3점, 2점, 1점
무결성	데이터의 무결성이 깨지는 경우 초래하는 심각도의 정도	3점, 2점, 1점
가용성	비즈니스 연속성에 초래하는 심각도의 정도	3점, 2점, 1점

위 정보자산 중요도 평가 기준을 적용하여 다음과 같은 수식으로 정보자산의 총 점수를 부여할 수 있다.

정보자산의 총 점수=기밀성+무결성+가용성

정보자산의 총 점수에 따라 다음과 같이 3단계로 나누어 정보자산을 평가할 수 있다.

표 2-8 정보자산 평가 기준(예시)

구분	내용
'가' 등급	정보자산의 총 점수가 '7' 이상인 경우
'나' 등급	정보자산의 총 점수가 '5' 이상 '7' 미만인 경우
'다' 등급	정보자산의 총 점수가 '5' 미만인 경우

02 위협 분류, 식별 및 발생 가능성 등 평가

위협은 정보자산의 취약점을 이용해 피해를 줄 수 있는 잠재적인 가능성을 의미하며, 자연재해나 장비 고장 같은 환경적 요인과 해킹 등의 인간적 요인으로 구분할 수 있다.

이러한 위협을 관리하기 위해 정보자산별 위협을 사전에 식별하고, 각 위협에 따른 위험을 평가해야 한다.

다음과 같이 평가 기준을 수립하고 [표 2-10]과 같이 위협에 대해 평가할 수 있다.

표 2-9 위협 평가 기준(예시)

구분	내용	점수
발생 빈도	위협의 발생 빈도	3점, 2점, 1점
영향도	시스템에 미치는 영향도	2점, 1점

표 2-10 위협 분류 및 평가(예시)

구분	내용	발생 빈도	심각도	위협 등급
환경적 요인	화재, 홍수, 지진 등	1	5	'가'
환경적 요인	습도, 온도 조절장치 고장 및 장애, 소화장비 고장	1	5	'가'
환경적 요인	취약한 보안 설정, EOS된 장비 등	3	3	'나'
인간적 요인	사무공간 등의 비인가 접근	1	3	'나'
인간적 요인	크리덴셜 스터핑 공격 시도	3	5	'가'
인간적 요인	중요정보 출력물의 방치	1	3	'나'

03 취약점 식별 및 평가

정보자산의 보안 취약사항인 취약점은 악의적인 사용자로 인해 시스템의 권한이 탈취되거나 중요정보의 유출로 일어날 수 있는 가능성이 존재하여 이를 사전에 식별하고 관리해야 할 필요가 있다. 또한, 주요정보통신기반시설, 전자금융기반시설의 경우 관련 법령에 따라 취약점의 분석 · 평가를 의무적으로 수행해야 한다. 취약점 진단을 위해 다음과 같은 가이드를 참고할 수 있으며, 각 취약 항목을 평가하고 관리해야 한다.

표 2-11 취약점 진단 가이드(참고)

구분	가이드명
정보보호 관리체계	ISMS-P 인증기준 안내서(2023.11.23)
인프라 영역	주요정보통신기반시설 기술적 취약점 분석 · 평가 방법 상세가이드(2021.3) 전자금융기반시설 보안 취약점 평가기준
인프라 外 영역	소프트웨어 보안약점 진단가이드(2021.11) 소프트웨어 개발보안 가이드(2021.11) JavaScript 시큐어코딩 가이드 (2023)
클라우드	클라우드 취약점 점검 가이드(2024.6) 2024 클라우드 보안가이드(AWS) 2024 클라우드 보안가이드(AZURE) 2024 클라우드 보안가이드(GCP)

위의 가이드 등을 참고할 경우 항목별 점수를 아래 [표 2-12]와 같이 점수를 쉽게 부여할 수 있고, 자체 기준을 수립할 경우에는 항목별 중요도를 수립하여 평가해야 한다.

표 2-12 주요정보통신기반시설 기술적 취약점 분석 · 평가 방법 상세가이드(한국인터넷진흥원)

구분(Unix)	점검 항목	항목 중요도	점수
계정 관리	Root 계정 원격 접속 제한	상	3점
파일 및 디렉터리 관리	UMASK 설정 관리	중	2점
서비스 관리	ftp 서비스 확인	하	1점

표 2-13 취약점 평가 기준(예시)

구분	내용	점수
양호	진단 항목의 취약점이 존재하지 않음	1점
미흡	진단 항목의 취약점이 존재하나 보호대책이 일부 적용되어 있음	0.5점
취약	진단 항목의 취약점이 존재하고 보호대책이 적용되어 있지 않음	0점

위 취약점 평가 기준을 적용하여 다음과 같은 수식으로 취약점의 총 점수를 부여할 수 있다.

취약점의 총 점수=항목중요도×평가 기준

취약점의 총 점수에 따라 [표 2-14]와 같이 3단계로 구분한 취약점의 등급을 평가할 수 있다.

표 2-14 취약점 등급 평가 기준(예시)

구분	내용
'가' 등급	취약점의 총 점수가 '2' 이상인 경우
'나' 등급	취약점의 총 점수가 '1' 이상 '2' 미만인 경우
'다' 등급	취약점의 총 점수가 '1' 미만인 경우

04 법적 준거성 식별 및 평가

정보보호 위험 평가를 위해 식별된 정보자산을 대상으로 위협 분석 및 취약점 진단을 수행했다. 발견된 취약사항을 모두 조치하는 것이 가장 바람직하겠지만 예산, 인력 등의 자원이 필요하기 때문에 현실적으로 불가능하다. 이에, 위험처리 방안, 조치계획 등을 결정하여 관리해야 하고 이때 법적 준거성 준수 여부를 활용할 수 있다.

위험평가를 통해 아래 [2-15]와 같은 취약 사항이 도출되었을 때 법적 준거성 여부를 검토하여 위험 감소, 위험 수용 등의 위험처리 방안 결정과 보호대책 수립의 우선순위 결정에 참고할 수 있다.

표 2-15 위험평가 취약사항(예시)

구분	내용	법적 요구사항	위험도
접근통제 미흡	협력사에서 개인정보처리시스템에 VPN 및 ID/PW 인증하여 접속하고 있음	Y	5
접근통제 미흡	인사 담당자 A는 지원자 B의 이력서를 외부 인터넷이 접속이 허용된 PC에서 다운로드 받아 업무 처리하고 있음	N	3
인증수단 관리 미흡	내부 규정에 시스템 비밀번호의 변경 주기를 90일로 규정하고 있으나 B의 최근 비밀번호 변경일이 90일 초과됨	N	1

05 종합 위험평가 및 목표 위험수준 평가

식별된 자산, 위협 및 취약성을 기준으로 위험도를 산출하고 산정결과를 바탕으로 위험을 관리해야 한다.

위험도 산정을 위해 다음과 같은 수식으로 위험도를 부여할 수 있다.

위험도=(자산 등급+취약점 등급+위협 등급)×법적 준거성

※ 등급별 점수: 가(5), 나(3), 다(1)
※ 법적 준거성에 따른 점수: Y(2), N(1)

위험도 산정식에 따라 도출될 수 있는 위험도는 3~30이며, 위험 분포도를 통해 수용 가능한 목표 위험수준(DoA)을 결정하고 보호대책을 수립하여 관리해야 한다.

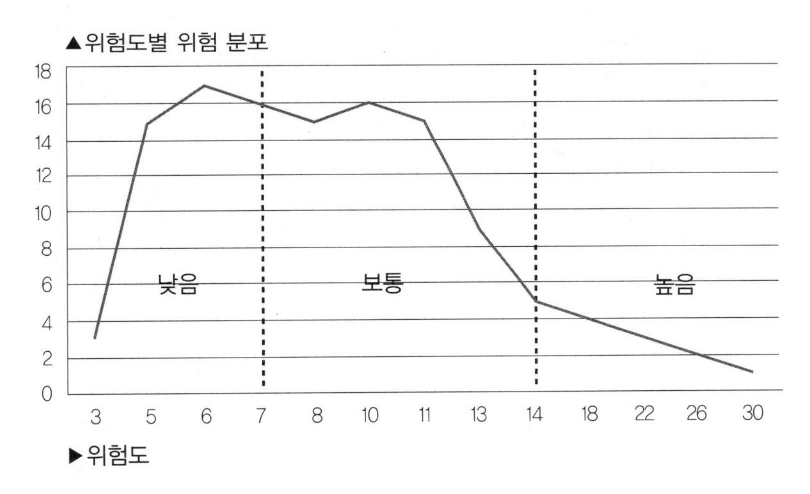

그림 2-3 **위험도 산정식에 따른 위험 분포(예시)**

PART
03
정보보호 위험 대응

INFORMATION SECURITY RISK MANAGER

CHAPTER 1
INFORMATION SECURITY RISK MANAGER

보호대책 구현

1) 정의

① 보호대책 구현은 조직의 정보보호 정책에 따라 위험을 최소화하기 위해 기술적, 관리적, 물리적 조치를 실제 환경에 적용하여 실행하는 과정이다.

② 정보보호를 위한 보안대책에는 크게 물리적 관점, 기술적 관점, 관리적 관점으로 구분할 수 있다.

- 물리적 관점: 출입통제, CCTV, 저장매체 검사, 휴대폰 카메라 통제 등
- 기술적 관점: 암호화, 방화벽, IDS/IPS, VPN, 망 분리 등
- 관리적 관점: ISMS(정보보호관리체계인증), 주기적인 보안교육, 침해사고 대응 훈련 등

01 식별된 위험에 대한 처리 전략 및 보호대책 수립

1) 개요

① 위험평가를 통해 도출된 위험도를 바탕으로 '수용 가능한 목표 위험수준(DoA)'을 초과하는 위험을 수용 가능한 수준으로 감소시키기 위해 적절한 위험처리 전략을 설정하고 정보보호 대책(통제사항)을 선택하는 것이다.

- '수용 가능한 목표 위험수준(DoA)'은 정보보호 최고책임자, 개인정보 보호책임자 등 경영진의 의사결정에 의하여 결정된다.
- '수용 가능한 목표 위험수준(DoA)'을 기준으로 위험의 대응 여부와 우선순위를 결정한다.

② 식별된 위험에 대한 처리 전략에는 '위험 수용', '위험 감소', '위험 전가' , '위험 회피' 등이 있다.

2) 식별된 위험에 대한 처리 전략

① 위험 수용(Risk Acceptance)

- 위험을 수용하기 위해서는 위험을 인지하고, 발생할 경우 대응책을 마련하여 그에 대한

피해를 최소화하는 것이다. 이 방법은 위험을 완전히 제거하지는 못하지만, 위험에 대한 인식과 대응책 마련으로 피해를 최소화할 수 있다(현재의 위험을 받아들이고 잠재적 손실 비용을 감수하는 것).

② 위험 감소(Risk Reduction, Mitigation)

- 위험을 감소하기 위해서는 보안 강화 등의 대응책을 통해 발생할 가능성이 있는 피해의 크기를 줄이는 것이다. 이 방법은 위험을 완전히 제거하지는 못하지만, 발생할 수 있는 피해를 최소화할 수 있다(위험을 감소시킬 수 있는 대책을 채택하여 구현하는 것).
- (정량적 위험분석에서 보호대책 선정 방식) 보호대책에 드는 비용과 실제 감소하는 위험(손실액)의 크기를 비교하는 비용 대비 효과 분석을 통해 보호대책을 선정한다. 즉, '보호대책 효과=대책 적용 전 ALE-대책 적용 후 ALE-연간 대책 비용'을 계산하여 보호대책 효과가 양(+)의 효과가 있는 보호대책을 선정한다.

③ 위험 전가(Risk Transition, Transfer)

- 위험을 전가하기 위해서는 위험을 다른 조직, 개인, 보험사 등으로 이전시키는 것이다. 이 방법은 위험을 완전히 제거하지는 못하지만, 위험을 전가받은 조직 등은 위험 대응책을 마련하여 위험을 감소시키는 것이 가능하다(보험이나 외주 등으로 잠재적 비용을 제3자에게 이전하거나 할당하는 것).

④ 위험 회피(Risk Avoidance)

- 위험을 회피하기 위해서는 해당 위험이 발생할 가능성이 있는 작업, 프로젝트, 시스템 등을 완전히 중단하는 것이다. 이 방법은 위험을 완전히 제거할 수 있지만, 조직에 중대한 영향을 미칠 수 있으므로 사용이 제한적이다(위험이 존재하는 프로세스나 사업을 수행하지 않고 포기하는 것).

3) 식별된 위험에 대한 처리 전략 예시

① 위험 수용(Risk Acceptance)

- 유지보수 및 협력업체, 특히 당사가 직접 관리하거나 감독할 수 없는 대형 수탁자(예 PG사, 본인확인기관 등)에 대해서는 해당 수탁자가 법적인 정부 감독을 받거나 보안 인증을 취득한 경우, 개인정보보호법에 따른 문서 체결 외에 추가적인 관리 및 감독 절차를 생략할 수 있다.

② 위험 감소(Risk Reduction, Mitigation)

- 패스워드 도용 위험을 최소화하기 위해 개인정보 처리 시스템의 로그인 패스워드에 대해 복잡도와 길이를 강제 설정하는 모듈을 개발하여 최소 8자 이상의 3가지 문자 조합을 요구하도록 한다.

③ 위험 전가(Risk Transition, Transfer)

- 중요 정보 및 개인정보가 유출될 경우 발생할 수 있는 손해배상 소송 등으로 인한 재정적 손실을 줄이기 위해 관련 보험에 가입한다.

④ 위험 회피(Risk Avoidance)

- 회사의 홍보 목적의 인터넷 홈페이지에서는 회원 관리에 따른 위험을 줄이기 위해 회원 가입을 중단하고, 기존의 모든 회원 정보를 삭제하기로 결정한다.

4) 식별된 위험에 대한 처리 절차

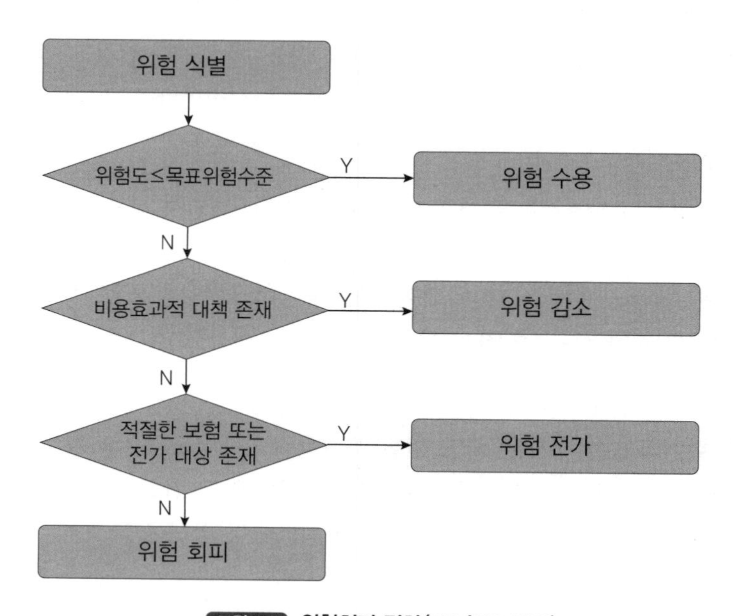

그림 3-1 위험처리 절차(ISO/IEC 1335)

5) 식별된 위험에 대한 처리 시 고려 사항

① 위험 수용 전략을 선택하는 것은 불가피한 상황에서 가능하지만, 무조건적으로 위험을 받아들이는 것은 피해야 한다. 따라서, 위험 수용의 필요성이 있는 이유와 이를 보완할 수 있는 대책의 실행 가능성을 충분히 검토한 후, 명확하고 객관적인 근거를 바탕으로 신중하게 결정해야 한다.

② 법률을 위반하는 위험은 결코 수용 가능한 위험으로 여겨져서는 안 된다는 점에 유의해야 한다.

③ 수용 가능한 위험 수준을 초과하지 않는 위험 중에서 내 · 외부 환경 변화로 인해 위험 수준이 증가할 가능성이 높거나 조직에서 중요하게 여기는 부분에 대해서는 적절한 보호 대책을 마련하는 것을 고려해야 한다.

표 3-1 미흡 주요 사례

구분	내용
1	정보보호 및 개인정보보호 대책 이행 계획은 세워졌지만, 정보보호 최고책임자나 개인정보 보호책임자에게 보고가 누락된 경우
2	위험 감소가 필요한 일부 위험에 대한 조치 이행 계획이 누락된 경우
3	법적으로 반드시 지켜야 하거나 보안에 매우 취약한 부분인데도, 별다른 보호 조치 없이 위험을 감수하기로 결정하고 아무런 조치를 취하지 않은 경우
4	단기적으로 조치가 가능한 위험 요소를 특별한 사유 없이 장기 조치 계획으로 분류한 경우

02 보호대책 구현 시 고려사항

1) 고려사항

① 위험관리 방법 및 절차(수행인력, 기간, 대상, 방법, 예산 등)를 구체적으로 명시한 위험관리 계획을 수립해야 한다.

- 인력: 위험관리를 위해 위험관리 전문가, 정보보호 및 개인정보보호 전문가, 법률 전문가, IT 및 현업 부서 담당자, 외부 컨설턴트 등 다양한 분야의 전문가와 관련자들이 함께 참여해야 한다.
- 기간: 위험관리 활동은 최소한 1년에 한 번 이상 정기적으로 실시될 수 있도록 일정을 정해야 한다.
- 대상: 모든 서비스 및 자산(정보 자산, 개인정보, 시스템, 물리적 시설 등)을 포함해야 한다.
- 방법: 조직의 상황과 특징에 맞는 위험 평가 방법을 정해야 한다.
- 예산: 위험 식별 및 평가를 위한 예산 계획을 매년 수립하고, 정보보호 최고책임자 등 경영진의 승인을 받아야 한다.

2) 보호대책 공유

① 구현된 보호대책을 운영 또는 시행할 부서 및 담당자를 명확하게 파악하여야 한다.

표 3-2 보호대책의 운영 또는 시행 부서(예시)

구분	내용
인사 부서	퇴직자 보안관리 등
개발 부서	개발보안, 소스코드보안, 개발환경에 대한 접근 등

구분	내용
인프라 운영 부서	서버 및 네트워크 장비 보안 설정, 인프라 운영자 계정관리 · 권한관리 등
개인정보 취급 부서	취급자 권한 관리(응용프로그램), 개인정보 파기, PC 저장 시 암호화 등
정보보호 운영 부서	접근통제 장비 운영, 보안 모니터링 등

② 정보보호 및 개인정보보호 관리 체계를 내재화하기 위해, 구현된 보호 대책에 대한 내용을 해당 부서와 담당자에게 공유하거나 교육해야 한다.

- 공유 대상: 정책, 지침, 보호 대책을 적용하고 실행해야 하는 부서와 담당자
- 공유 방법: 게시판 및 이메일 공지(소규모 이슈의 경우), 회의, 설명회, 교육 세션 등을 활용한다.
- 공유 내용: 정보보호 및 개인정보보호 정책 변경 사항, 관련 대책 실행 계획 및 결과, 보안 시스템 도입 및 개선 내용 등을 공유해야 한다.

③ 보호대책 공유 방안

- 위험관리 방법 및 계획에 따라 정보보호 전 영역에 대한 위험 식별 및 평가를 연 1회 이상 수행하고 그 결과에 따라 조직에서 수용 가능한 위험수준을 설정하여 관리하여야 한다.
- 조직 구성원과 사용자들이 정보보호의 중요성을 깨닫고, 올바른 행동을 실천하도록 꾸준한 교육 프로그램을 운영하여 인식 개선을 이끌어내야 한다.
- 연간 정보보호 교육을 구축할 때, 위험관리를 통한 이행계획이 도출되는 시기에 교육과정을 개설하고 이행에 관계된 부서 및 담당자들을 참석시키는 것도 좋은 방법이다.
- 조직의 모든 직원과 관련 외부 사용자는 조직의 정책과 절차에서 보안이 얼마나 중요한지 이해하고, 이를 위해 적절한 교육과 정기적인 업데이트 교육을 받아야 한다.
- 교육에는 보안 요구사항, 법적인 책임, 관리 통제 등이 포함되어야 한다.
- 정보보호대책의 구현 및 운영 측면에서도 정책, 절차, 시스템만의 구현으로는 정확한 운영을 보장할 수 없다.
- 각 대책을 실행할 때, 관련 교육 및 훈련 프로그램을 함께 만들어 대책 구현 과정의 일부로 포함시켜야 한다.
- 시스템 사용법, 정책 및 절차 내용, 준수 방법 등을 관련자들에게 교육하여 대책이 정확하고 효과적으로 운영되도록 해야 한다.

3) 운영현황 관리

① 효과적인 운영을 위해 일별, 주별, 월별, 분기별, 반기별, 연간 등 다양한 주기와 상시적인 정보보호 및 개인정보보호 활동을 식별해야 한다. 이러한 활동의 운영 현황을 쉽게 확인할

수 있도록 수행 주기 및 시점, 수행 주체(담당 부서 및 담당자) 등을 명시한 문서(운영 현황표)를 작성하고 이를 관리해야 한다.

표 3-3 주기적인 정보보호 및 개인정보보호 활동(예시)

구분	내용
1	사무실 보안점검
2	주요직무자, 개인정보취급자의 접속기록 검토
3	주요직무자의 접근권한 검토
4	침해 대응 모의훈련, IT 재해 복구 모의훈련
5	법적 준거성 검토
6	정보보호 및 개인정보보호 정책 · 지침 개정 검토
7	정보보호 및 개인정보보호 교육
8	내부감사 등
9	정기 정보보호 및 개인정보보호 위원회 개최

② 경영진은 운영 활동이 제대로 이루어지고 있는지 주기적으로 확인하고, 문제가 있다면 개선하는 등 필요한 조치를 해야 한다.

- 운영 활동이 현황표에 맞춰 주기적으로 또는 필요할 때마다 진행되는지 정기적으로 점검하고, 그 결과를 경영진에게 보고해야 한다.
- 경영진은 운영 활동이 얼마나 효과적인지 평가하고, 필요하다면 개선 조치를 취해야 한다. 예를 들어, 수행 주체를 바꾸거나, 주기를 조정하거나, 운영 활동을 추가, 변경, 삭제하는 등의 조치를 할 수 있다.

03 보호대책 구현 완료 후 이행점검

1) 개요

① 이행점검의 목적: 보호대책이 실제로 작동하고 있는지, 예상한 효과를 달성하고 있는지를 평가한다.

2) 이행점검의 필요성

① 정책 및 절차 준수 여부 확인

② 보안 취약점 식별 및 개선 방안 마련

③ 지속적인 보안 환경 유지 및 개선

3) 이행점검 시 고려 사항

① 정보보호 및 개인정보보호 대책의 우선순위를 반영하여 일정, 담당 부서 및 담당자, 예산 등을 포함한 보호 대책 이행 계획을 수립하고, 이를 정보보호 최고책임자 및 개인정보보호책임자 등 경영진에게 보고해야 한다.

- 위험의 심각성과 긴급성, 실행의 용이성, 예산 배정, 자원의 가용성, 선후 관계 등을 고려하여 우선순위를 설정한다.
- 일정, 담당 부서, 예산 등을 포함한 정보보호 및 개인정보보호 대책 이행 계획을 작성하여 경영진에게 보고하고 승인을 받는다.

② 이행 계획에 따라 선정된 보호 대책을 효과적으로 실행하고, 그 결과를 정보보호 최고책임자 및 개인정보 보호책임자 등 경영진에게 보고하여 이행 결과의 정확성과 효과성을 확인해야 한다.

- 정기적으로 이행 계획의 진행 상황을 점검하고, 각 과제의 완료 여부와 진행 정도를 면밀히 검토한 후 미이행되거나 지연된 항목에 대한 구체적인 사유를 분석하여 경영진에게 상세히 보고한다.
- 경영진은 정보보호 및 개인정보보호 대책이 이행 계획에 맞춰 정확하고 효과적으로 실행되었는지를 검토한다.
- 미이행 또는 일정 지연 시 해당 원인을 철저히 분석하고, 필요한 경우 이행 계획을 재조정한 후 경영진에게 상세히 보고하여 승인받는다.
- 구현 결과를 면밀히 검토한 후, 제안된 대책이 충분히 적절하지 않거나 그 효과성에 대한 의문이 있을 경우, 대체 방안을 모색하거나 추가적인 위험 평가를 실시하여 해당 대책을 보완할 수 있는 절차를 마련한다.

③ 보호 대책의 구현 및 운영 현황을 기록한 운영 명세서를 상세하게 작성해야 한다.

- 운영 현황: 해당 기관의 정책과 인증 기준에 대한 운영 상황을 상세히 설명한다.
- 관련 문서(정책, 지침 등): 관련 문서의 정확한 명칭과 상세 문서 번호를 명확하게 제시한다.
- 기록(증거 자료): 관련 문서, 결재 내용, 회의록 등 해당 기준이 실제로 운영되는 과정에서 생성된 문서나 증거 자료

4) 이행점검 절차

① 점검 계획 수립

- 정의: 점검의 범위, 방법 및 일정을 명확히 설정
- 예시: 시스템 및 프로세스 점검, 점검 팀 구성

② 점검 항목 정의

- 정의: 점검할 구체적인 항목을 설정
- 예시
  - 기술적 보호대책: 방화벽, 암호화, 접근 통제 등
  - 관리적 보호대책: 정책 문서, 절차 준수 여부 등
  - 물리적 보호대책: 데이터 센터 보안, CCTV 설치 등

③ 점검 수행

- 정의: 계획된 항목에 따라 실제 점검을 실시
- 예시: 시뮬레이션 테스트, 내부 감사, 사용자 인터뷰 및 설문조사

④ 점검 결과 분석

- 정의: 점검 결과를 바탕으로 보호대책의 효과를 평가
- 예시: 발견된 취약점 및 문제점 정리, 보호대책의 성과 분석, 개선이 필요한 영역 도출

⑤ 개선 조치

- 정의: 점검 결과에 따라 필요한 조치를 마련
- 예시: 취약점 수정 계획 수립, 추가 교육 및 훈련 필요성 검토, 정책 및 절차 업데이트

⑥ 지속적인 모니터링

- 정의: 보호대책의 효과성을 지속적으로 평가하고 개선하기 위한 모니터링 체계 구축
- 예시: 정기적인 점검 및 감사 계획 수립, 보안 사고 발생 시 즉각적인 평가 및 대응 체계 마련

CHAPTER 2

INFORMATION SECURITY RISK MANAGER

정보통신서비스제공자 적용 보호대책

01 정보통신서비스제공자 적용 법률 및 제도 개요

정보통신서비스 제공자는 「전기통신사업법」 규정에 의한 전기통신사업자, 영리를 목적으로 유무선 통신망을 통하거나 컴퓨터 및 그 이용 기술을 활용하여 정보를 제공하거나 정보 제공을 매개하는 서비스를 제공하는 자를 말하며, (정보통신망법 제2조제1항제3호) 이용자를 보호하고 건전하고 안전한 정보통신서비스를 제공하여 이용자의 개인정보와 정보이용능력의 향상에 이바지하여야 한다.

주요 법률과 제도에는 정보통신망법과 정보통신기반보호법이 있다.

1) 정보통신망법

정보통신망의 안정성과 신뢰성을 확보하고, 이용자의 권익 보호를 목적으로 한 법률이다. 이 법은 정보통신망의 보안과 개인정보보호, 불법 정보 유통 등을 규제하고 있다.

2) 정보통신기반보호법

국가의 중요한 정보통신기반시설을 보호하고, 사이버 위협에 대비하기 위한 법률이다. 정보통신 기반시설의 안정적 운영을 위해 다양한 보안 조치를 규정하고 있다.

정보통신망법과 정보통신기반보호법은 둘 다 정보통신 서비스와 관련된 법률이지만, 그 목적과 적용 범위에서 차이가 있다. 다음은 두 법의 공통점과 차이점이다.

3) 정보통신망법과 정보통신기반보호법의 공통점

가. 정보통신 서비스와 보안에 관한 법률

두 법 모두 정보통신망의 안정성과 보안을 강화하기 위해 제정되었다. 정보통신망을 통한 개인정보 유출, 사이버 공격, 불법 콘텐츠 유통 등을 방지하고, 이를 통해 국민과 기업의 정보보호를 목표로 한다.

나. 사이버 공격 및 위협 대응

정보통신망을 대상으로 하는 사이버 공격이나 보안 사고에 대한 대응을 규정하고 있다. 즉, 두 법 모두 정보통신망을 안전하게 운영하는 데 중요한 역할을 한다.

다. 업무 및 책임 규정

정보통신망을 운영하는 정보통신서비스 제공자(ISP)와 관련된 책임과 의무를 규정하며, 보안 사고 발생 시 이에 대한 대응을 요구한다. 또한, 정보통신서비스 제공자는 법적으로 보안 체계와 관리 방안을 마련해야 한다.

라. 이용자 보호

두 법은 모두 이용자 보호를 강조하며, 특히 개인정보보호와 불법 정보 유통 방지에 중점을 두고 있다. 정보통신망에서의 이용자 개인정보보호와 불법 콘텐츠 차단을 위한 법적 기준을 마련하고 있다.

4) 정보통신망법과 정보통신기반보호법의 차이점

가. 정보통신망법

① 목적: 정보통신망의 안전성 확보와 이용자의 권리 보호를 주요 목표로 하며, 정보통신망을 통해 발생할 수 있는 보안 위협이나 개인정보 유출을 방지한다.

② 적용 범위: 모든 정보통신서비스 제공자와 그들의 정보통신망에 적용된다.

③ 주요 내용

- 개인정보보호를 위한 의무
- 불법 정보 유통 차단
- 정보통신망의 보안 및 관리 책임
- 서비스 장애 시 이용자 보호 규정

나. 정보통신기반보호법

① 목적: 국가의 주요 정보통신기반시설과 핵심 인프라를 보호하고, 사이버 위협에 대응하는 것을 주된 목적으로 한다. 이는 국가 안보와 경제적 안정성을 위한 중요 정보를 다룬다.

② 적용 범위: 핵심 정보통신기반시설에 주로 적용되며, 국가의 중요 인프라나 산업 기반에 관련된 정보시스템을 보호한다.

③ 주요 내용

- 핵심 정보통신시설 보호

- 사이버 공격에 대한 국가적 대응 체계
- 사이버 위협 정보의 공유 및 분석
- 중요시설에 대한 보안 점검 및 강화 조치

02 정보통신서비스제공자 준수 법률 요구사항

정보통신서비스제공자는 법적으로 여러 요구사항을 준수해야 하며, 이는 정보보호, 개인정보보호, 사이버 보안 및 이용자 보호를 목표로 한다. 이러한 요구사항은 국내 법률과 규제에 따라 세부적으로 다르지만, 그 핵심적인 내용은 공통적으로 정보통신망의 안전성, 안정적 운영, 불법 콘텐츠의 차단 및 개인정보보호 등을 포함한다.

다음은 정보통신서비스제공자가 준수해야 할 주요 법률 요구사항에 대해 상세히 설명한다.

1) 정보통신망법(정보통신망 이용 촉진 및 정보보호 등에 관한 법률)

가. 목적

정보통신망법은 정보통신망의 안정성 확보와 이용자 보호를 위한 법률로, 정보통신망 운영자 및 이용자에게 일정한 의무를 부여한다.

주요 내용은 다음과 같다.

① 불법 콘텐츠 차단

정보통신서비스제공자는 불법 콘텐츠를 유통하는 것을 방지하기 위해 적극적인 모니터링과 차단 조치를 취해야 한다. 불법 콘텐츠에는 음란물, 폭력적이고 혐오적인 내용, 불법 도박 등이 포함된다.

이를 위해 불법 정보 신고 체계를 운영하고, 불법 콘텐츠를 신속하게 삭제하거나 차단해야 한다.

② 정보통신망 보안 관리 의무

서비스 제공자는 정보통신망의 안정성을 유지하기 위해 보안 관리 시스템을 구축해야 하며, 이를 통해 서비스 장애, 해킹, 침입 사고 등을 예방해야 한다.

정보통신망의 침해사고 예방을 위해 침입 탐지 시스템(IDS), 침입 방지 시스템(IPS) 등을 운영해야 한다.

③ 사이버 공격 대응 및 사고 처리

사이버 공격이나 해킹 시도가 발생했을 때, 이를 신속히 감지하고 대응할 수 있는 시스템을 마련해야 한다. 또한, 사고 발생 시 사고 처리 절차를 정해 두고 이를 수행해야 한다.

④ 통신 비밀 보호

이용자의 통신 비밀을 보호해야 하며, 불법적인 도청이나 정보의 유출을 방지해야 한다. 이를 위해 서비스 제공자는 통신 기록을 법적 요구에 의한 경우 외에는 제공하지 않도록 해야 한다.

나. 법적 근거

① 정보통신망법 제4조: 정보통신망의 안전성 확보와 이용자의 권리 보호를 규정

② 정보통신망법 제50조: 정보통신망을 통한 개인정보보호 의무를 명시

③ 정보통신망법 제53조: 불법정보 차단 및 신고 의무

2) 개인정보보호법

가. 목적

개인정보보호법은 개인정보의 처리 및 보호와 관련된 규정으로, 정보통신서비스제공자는 이 법에 따라 개인정보를 적법하고 안전하게 처리해야 한다.

주요 내용은 다음과 같다.

① 개인정보의 수집, 이용, 제공에 관한 원칙

서비스 제공자는 개인정보를 최소화하고, 이용자의 동의를 얻어야 하며, 목적 외 사용을 금지해야 한다. 또한, 개인정보의 안전성 확보를 위해 기술적, 관리적 조치를 취해야 한다.

② 개인정보 처리방침 수립

정보통신서비스제공자는 개인정보 처리방침을 수립하고, 이를 이용자에게 공개해야 한다. 처리방침은 개인정보의 수집 목적, 보유 기간, 제공 대상 등을 명시해야 한다.

③ 이용자의 권리 보장

이용자는 개인정보 열람, 정정, 삭제, 처리 정지 등을 요청할 권리가 있으며, 서비스 제공자는 이를 신속히 처리해야 한다.

④ 개인정보보호를 위한 기술적 조치

암호화 기술을 통해 개인정보 유출 방지 및 접근 통제 조치를 강화해야 한다.

3) 전기통신사업법

가. 목적

전기통신사업법은 전기통신 서비스 제공자에 대한 규제를 통해 서비스의 품질을 확보하고, 이용자의 합리적인 권익 보호를 목표로 한다.

주요 내용은 다음과 같다.

① 전기통신서비스 제공자 등록 의무

정보통신서비스제공자는 전기통신서비스를 제공하기 전에 반드시 사업자 등록을 해야 하며, 등록 후에도 법적 의무를 준수해야 한다.

② 서비스 품질 관리

전기통신사업자는 서비스 품질을 유지하기 위해 품질 보증 체계를 운영하고, 서비스 장애에 대비한 대응 계획을 마련해야 한다.

③ 이용자 보호

불공정한 요금 청구를 방지하고, 이용 계약의 투명성을 보장해야 하며, 서비스 이용자 보호를 위한 조치를 취해야 한다.

4) 사이버보안법

가. 목적

사이버보안법은 정보통신서비스제공자가 사이버 위협에 대응하고 안전한 인터넷 환경을 구축하도록 하기 위한 법률이다.

주요 내용은 다음과 같다.

① 사이버 공격 대응 체계

사이버 공격이나 해킹 시도에 대한 신속한 대응을 위해 침해 사고 대응 프로세스를 수립하고, 이를 적극적으로 시행해야 한다.

② 정보보호 관리체계

정보통신서비스제공자는 정보보호 최고책임자(CISO)를 지정하고, 정보보호 관리체계(ISMS)를 구축해야 한다.

③ 위협 정보 공유 및 협력

서비스 제공자는 위협 정보를 국가나 민간 보안 기관과 공유하고, 상호 협력하여 사이버 위협에 대응해야 한다.

5) 그 외 관련 법률 및 규제

가. ISMS-P(정보보호 및 개인정보보호 관리체계)

ISMS-P는 정보보호와 개인정보보호를 동시에 관리하는 체계로, 인증을 받은 기업만이 보안 사고 예방, 개인정보보호에 대한 높은 수준의 관리 능력을 인정받는다.

나. 불법촬영물 방지 관련 법률

정보통신서비스제공자는 불법 촬영물의 유통을 방지하기 위한 모니터링 및 신고 시스템을 운영해야 하며, 이를 통해 불법 콘텐츠의 확산을 막고, 이용자를 보호해야 한다.

다. 요약

정보통신서비스제공자가 준수해야 할 법률 요구사항은 정보보호, 개인정보보호, 사이버 보안, 이용자 권리 보호 등을 포함하는 종합적인 법적 규제이다. 이를 통해 정보통신서비스제공자는 안전하고 신뢰할 수 있는 서비스를 제공하며, 법적으로 요구되는 다양한 의무를 준수해야 한다. 이러한 법률 요구사항을 충족하는 것은 서비스 제공자에게 중요한 법적 책임이며, 이용자 보호와 기업의 법적 리스크 관리에 중요한 역할을 한다.

03 정보통신서비스제공자 준수 제도

정보통신서비스제공자 준수 제도는 정보통신서비스를 제공하는 기업이나 기관이 정보보호와 개인정보의 안전한 관리를 위해 따라야 하는 법적 의무와 규정을 의미한다. 이는 사용자 정보의 안전을 확보하고 사이버 위협과 개인정보 침해 사고를 예방하기 위해 도입되었다. 또한, 국가 기반시설의 보호와 불법 콘텐츠 확산 방지 등 사회적 책임을 강화하는 제도이다.

1) 관련 법률 및 조항

정보통신서비스제공자 준수 제도의 법적 근거는 다음과 같다.

가. 정보통신망 이용촉진 및 정보보호 등에 관한 법률(정보통신망법)

① 제50조: 영리목적 광고성 정보 전송 제한

② 제44조의9: 불법정보의 유통 금지 및 청소년 보호

③ 제45조의2: 정보통신서비스 제공자의 보안 조치 의무

④ 제45조의3: 정보보호 최고책임자(CISO) 지정

나. 개인정보보호법

① 제39조의2: 국내대리인 지정 의무

② 제34조: 개인정보 유출 시 통지 및 신고 의무

다. 정보통신기반 보호법

① 제9조: 주요정보통신기반시설 지정 및 보호

② 제12조: 보안 조치 의무

라. 전기통신사업법

① 제22조의5: 본인확인기관 지정 및 운영

2) 주요 준수 제도 상세 설명

가. ISMS-P(정보보호 및 개인정보보호 관리체계 인증)

① 목적

정보보호 및 개인정보보호를 위한 일련의 조치와 활동이 인증기준에 적합함을 인터넷진흥원 또는 인증기관이 증명하는 제도이다.

② 법적근거

정보통신망법 제47조(정보보호 관리체계 인증), 개인정보보호법 제32조의2(개인정보보호 인증), 정보보호 및 개인정보보호 관리체계 인증 등에 관한 고시

③ 정책기관

과학기술정보통신부와 개인정보보호위원회가 정책기관으로서 법, 제도 개선 및 정책 결정, 인증기관 및 심사기관을 지정한다.

④ 인증기관

한국인터넷진흥원(KISA), 금융보안원(FSI)으로 한국인터넷진흥원(KISA)은 제도 운영 및 인증품질관리, 신규·특수분야 인증심사, ISMS/ISMS-P인증서 발급, 인증심사원 양성 및 자격관리 업무를 수행하고, 금융보안원은 금융분야 인증심사, 금융분야 인증서 발급을 수행한다.

⑤ 인증위원회는 한국인터넷진흥원(KISA) 및 금융보안원이 각각 운영한다.

⑥ 심사기관

2024년 12월 기준으로 한국정보통신진흥협회, 한국정보통신기술협회, 개인정보보호협회, 차세대정보보안인증원 총 4곳이다.

⑦ 심사종류

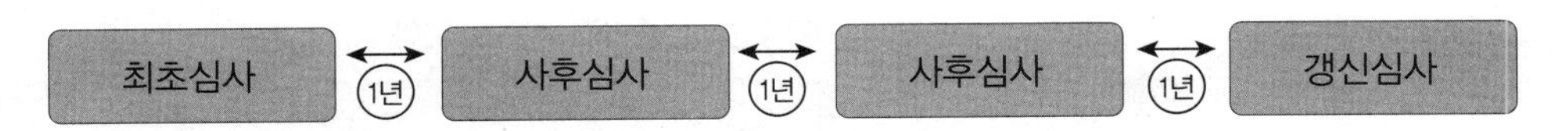

그림 3-2 심사 종류 및 순서

표 3-4 심사 종류 및 설명

구분	설명
최초심사	인증을 처음으로 취득할 때 진행하는 심사이며, 인증의 범위에 중요한 변경이 있어 다시 인증을 신청할 때에도 실시한다. 최초심사를 통해 인증을 취득하면 3년의 유효기간이 부여된다.
사후심사	사후심사는 인증을 취득한 이후 정보보호 관리체계가 지속적으로 유지되고 있는지 확인하는 것을 목적으로 인증 유효기간 중 매년 1회 이상 시행하는 심사이다.
갱신심사	갱신심사는 정보보호 관리체계 인증 유효기간 연장을 목적으로 심사를 말한다.

⑧ 의무대상

표 3-5 의무대상자 구분 및 기준

구분	의무대상자 기준
ISP	「전기통신사업법」 제6조제1항에 따른 허가를 받은 자로서 서울특별시 및 모든 광역시에서 정보통신망서비스를 제공하는 자
IDC	정보통신망법 제46조에 따른 집적정보통신시설 사업자
다음의 조건 중 하나라도 해당하는 자	연간 매출액 또는 세입이 1,500억원 이상인 자 중에서 다음에 해당되는 경우 –「의료법」 제3조의4에 따른 상급종합병원 – 직전연도 12월 31일 기준으로 재학생 수가 1만명 이상인 「고등교육법」 제2조에 따른 학교
	정보통신서비스 부문 전년도(법인인 경우에는 전 사업연도를 말한다) 매출액이 100억원 이상인 자
	전년도 일일평균 정보통신서비스 이용자 수가 100만 명 이상인 자

⑨ 인증기준

표 3-6 인증기준 구분 및 분야

구분		통합인증	분야(인증기준 개수)
ISMS-P	ISMS	1. 관리체계 수립 및 운영(16)	1.1 관리체계 기반 마련(6) 1.2 위험관리(4) 1.3 관리체계 운영(3) 1.4 관리체계 점검 및 개선(3)
		2. 보호대책 요구사항(64)	2.1 정책, 조직, 자산 관리(3) 2.2 인적보안(6) 2.3 외부자 보안(4) 2.4 물리보안(7) 2.5 인증 및 권한 관리(6) 2.6 접근통제(7) 2.7 암호화 적용(2) 2.8 정보시스템 도입 및 개발 보안(6) 2.9 시스템 및 서비스 운영관리(7) 2.10 시스템 및 서비스 보안관리(9) 2.11 사고 예방 및 대응(5) 2.12 재해복구(2)
	ISMS-P	3. 개인정보 처리단계별요구사항(21)	3.1 개인정보 수집 시 보호조치(7) 3.2 개인정보 보유 및 이용 시 보호조치(5) 3.3 개인정보 제공 시 보호조치(4) 3.4 개인정보 파기 시 보호조치(2) 3.5 정보주체 권리보호(3)

나. 관리등급제

① 근거 법률: 정보통신망법 제47조의5

② 설명: 정보의 중요도에 따라 관리 등급을 부여하고, 각 등급에 맞는 보안 대책을 차별화하여 적용하는 제도이다.

다. 본인확인기관

① 근거 법률: 전기통신사업법 제23조의3

② 설명: 온라인 서비스에서 본인 확인을 담당하는 기관으로, 주민등록번호 등을 이용해 사용자의 신원을 검증한다.

③ 지정 요건: 금융기관 또는 정부가 인정한 신뢰성 높은 기관이며, 아래에 상세하게 서술한다.

- 기술적 요건
  - 안전한 본인확인 기술 보유
    이용자의 본인확인 정보를 안전하게 수집, 저장, 관리할 수 있는 기술적 시스템이 필요하다.
    인증기술: 주민등록번호, 휴대전화 인증, 아이핀(I-PIN), 생체인식 등 안전하고 신뢰성 있는 본인확인 수단을 제공해야 한다.
  - 개인정보보호 조치
    개인정보를 안전하게 처리하기 위한 암호화, 접근 통제, 침해사고 대응 시스템이 구축되어야 한다.
    개인정보보호법 및 정보통신망법에 따른 기술적, 관리적 보호조치를 철저히 준수해야 한다.
  - 서비스의 안정성
    본인확인 서비스 제공 시 시스템의 안정적 운영을 보장해야 하며, 장애나 오류 발생 시 즉각 대응할 수 있는 체계를 갖추어야 한다.
  - 서비스 가용성
    시스템이 24시간 중단 없이 운영되어야 한다.
- 사업적 요건
  - 충분한 사업 능력
    본인확인 업무를 수행할 수 있는 재정적, 인적, 기술적 역량을 보유해야 한다.
  - 지속 가능성
    장기적으로 안정적인 본인확인 서비스를 제공할 수 있어야 한다.
  - 신뢰성 및 전문성
    본인확인 서비스 제공에 대한 전문성과 신뢰성이 검증된 기관이어야 한다.
    금융기관, 이동통신사 등 기존에 신뢰할 수 있는 인프라를 보유한 사업자가 유리하다.
  - 사업의 공공성
    본인확인 업무가 공익적 성격을 띠므로, 서비스 제공 시 공정성과 객관성을 유지해야 한다.
- 법적 요건
  - 법적 기준 준수
    정보통신망법 및 관련 법령에서 요구하는 법적 기준을 충족해야 한다.
    특히, 개인정보보호법에 따라 개인정보 처리 및 보호에 관한 의무를 이행해야 한다.

- 이용자 동의 확보
  본인확인 서비스 이용 시, 이용자의 명시적 동의를 받아야 하며 동의 철회 절차도 제공해야 한다.
- 법적 책임 이행 능력
  본인확인 업무 수행 중 발생할 수 있는 법적 분쟁이나 사고에 대해 책임을 질 수 있는 법적 이행 능력을 갖추어야 한다.

• 시스템 요건
- 주민등록번호 대체 수단 제공
  기존 주민등록번호를 대체할 수 있는 대체 인증 수단(예 아이핀, 휴대전화 인증)을 제공해야 한다.
- 서비스의 호환성
  다양한 온라인 서비스에서 본인확인 기능을 제공할 수 있도록 호환성과 확장성이 필요하다.
- 데이터 보관 및 관리 체계
  본인확인 데이터는 필요 최소한의 범위에서 수집해야 하며, 불필요하게 보관해서는 안 된다.

라. 국내대리인제도

① 근거 법률: 개인정보보호법 제39조의2

② 설명: 해외 사업자가 국내에서 서비스를 제공할 경우, 국내 이용자의 개인정보보호를 위해 국내 대리인을 지정해야 한다.

마. 불법촬영물 방지

① 근거 법률: 정보통신망법 제44조의9

② 설명: 불법 촬영물 및 유해 콘텐츠의 유통을 방지하고, 유통 시 신속하게 삭제 또는 차단하는 의무를 부여한다.

바. 정보보호최고책임자(CISO) 지정

① 근거 법률: 정보통신망법 제45조의3

② 설명: 일정 규모 이상의 사업자는 정보보호를 총괄하는 최고책임자를 지정해야 한다. CISO는 보안 정책 수립과 사고 대응을 담당한다.

사. 정보보호 사전점검

① 근거 법률: 정보통신망법 제45조의2

② 설명: 대규모 정보시스템 구축 시 보안 대책의 적정성을 사전에 점검하는 제도이다.

아. 집적정보통신시설

① 근거 법률: 정보통신망법 제46조

② 설명: 서버, 네트워크 장비 등 정보통신 자원이 집적된 시설로, 물리적 보안 및 접근 통제 조치를 의무화한다.

자. 영리목적 광고성 정보

① 근거 법률: 정보통신망법 제50조

② 설명: 이메일, 문자 등을 통해 광고성 정보를 전송할 때 사전 동의를 받아야 하며, 수신 거부 기능을 제공해야 한다.

차. 주요정보통신기반시설

① 근거 법률: 정보통신기반 보호법 제8조

② 설명: 국가 안보 및 경제에 필수적인 정보통신 기반 시설을 지정하고, 정기적으로 보안 점검을 수행한다.

카. 정보공유분석센터(ISAC)

① 근거 법률: 정보통신기반 보호법 제16조

② 설명: 사이버 위협 정보를 수집하고 분석하여 서비스 제공자 간 신속히 공유하는 협력 기관이다.

CHAPTER 3
INFORMATION SECURITY RISK MANAGER

개인정보처리자/신용정보업자 적용 보호대책

01 개인정보처리자/신용정보업자 적용 법률 및 제도 개요

1) 개인정보보호법

가. 목적

개인정보보호에 관해 규정한 일반법으로 개인정보의 유출, 오용, 남용으로부터 사생활의 비밀 등을 보호함으로써 국민의 권리와 이익을 증진하고 개인의 존엄과 가치를 구현하기 위하여 개인정보의 처리에 관한 사항을 규정한다.

나. 적용 대상

업무 목적으로 개인정보파일을 운용하기 위하여 스스로 또는 다른 사람을 통하여 개인정보를 처리하는 공공기관, 법인, 단체 및 개인에게 적용된다.

다. 개인정보란?

① 살아 있는 자에 관한 정보여야 한다. 사망한 자, 자연인이 아닌 법인, 단체 또는 사물 등에 관한 정보는 개인정보에 해당하지 않는다.

② 개인에 관한 정보여야 한다. 여럿이 모여서 이룬 집단의 통곗값 등은 개인정보에 해당하지 않는다.

③ 정보의 종류, 형태, 성격, 형식 등에 관해서는 특별한 제한이 없다.

④ 개인을 알아볼 수 있는 정보여야 한다. 특정 개인을 알아보기 어려운 정보는 개인정보가 아니다. '알아볼 수 있는'의 주체는 해당 정보를 처리하는 자(정보의 제공 관계에 있어서는 제공받은 자를 포함)이며, 정보를 처리하는 자의 입장에서 개인을 알아볼 수 없다면 그 정보는 개인정보에 해당하지 않는다.

⑤ 다른 정보와 쉽게 결합할 수 있는 정보여야 한다. 결합 대상이 될 다른 정보의 입수 가능성이 있어야 하고, 또 다른 정보와의 결합 가능성이 높아야 함을 의미한다.

라. 개인정보처리자란?

① 업무를 목적으로 개인정보파일을 운용하기 위하여 스스로 또는 다른 사람을 통하여 개인정보를 처리하는 공공기관, 법인, 단체 및 개인 등을 말한다.

마. 개인정보보호 원칙

① 개인정보처리자는 개인정보의 처리 목적을 명확하게 하여야 하고, 그 목적에 필요한 범위에서 최소한의 개인정보만을 적법하고 정당하게 수집하여야 한다.

② 개인정보처리자는 개인정보의 처리 목적에 필요한 범위에서 적합하게 개인정보를 처리하여야 하며, 그 목적 외의 용도로 활용하여서는 아니 된다.

③ 개인정보처리자는 개인정보의 처리 목적에 필요한 범위에서 개인정보의 정확성, 완전성 및 최신성이 보장되도록 하여야 한다.

④ 개인정보처리자는 개인정보의 처리 방법 및 종류 등에 따라 정보주체의 권리가 침해받을 가능성과 그 위험 정도를 고려하여 개인정보를 안전하게 관리하여야 한다.

⑤ 개인정보처리자는 제30조에 따른 개인정보 처리방침 등 개인정보의 처리에 관한 사항을 공개하여야 하며, 열람청구권 등 정보주체의 권리를 보장하여야 한다.

⑥ 개인정보처리자는 정보주체의 사생활 침해를 최소화하는 방법으로 개인정보를 처리하여야 한다.

⑦ 개인정보처리자는 개인정보를 익명 또는 가명으로 처리하여도 개인정보 수집목적을 달성할 수 있는 경우 익명처리가 가능한 경우에는 익명에 의하여, 익명처리로 목적을 달성할 수 없는 경우에는 가명에 의하여 처리될 수 있도록 하여야 한다.

⑧ 개인정보처리자는 이 법 및 관계 법령에서 규정하고 있는 책임과 의무를 준수하고 실천함으로써 정보주체의 신뢰를 얻기 위하여 노력하여야 한다.

2) 신용정보의 이용 및 보호에 관한 법률(신용정보법)

가. 목적

신용정보 관련 산업을 건전하게 육성하고 신용정보의 효율적 이용과 체계적 관리를 도모하며 신용정보의 오용·남용으로부터 사생활의 비밀 등을 적절히 보호함으로써 건전한 신용질서를 확립하고 국민경제의 발전에 이바지함을 목적으로 한다.

나. 적용 대상

① 신용정보회사

- 개인신용평가회사
- 개인사업자신용평가회사
- 기업신용조회회사
- 신용조사회사

② 신용정보 집중기관

- 종합신용정보집중기관: 신용정보원
- 개별신용정보집중기관: 한국정보통신진흥협회(KAIT)

③ 신용정보제공 · 이용자

- 고객과의 금융거래 등 상거래를 위하여 본인의 영업과 관련하여 얻거나 만들어 낸 신용정보를 타인에게 제공하거나 타인으로부터 신용정보를 제공받아 본인의 영업에 이용하는 자
- 체신관서
- 상호저축은행중앙회
- 벤처투자회사 및 벤처투자조합 및 개인투자조합
- 국채등록기관
- 특별법에 따라 설립된 조합·금고 및 그 중앙회·연합회
- 특별법에 따라 설립된 공사·공단·은행·보증기금·보증재단 및 그 중앙회·연합회
- 특별법에 따라 설립된 법인 또는 단체로서 다음 각 목의 어느 하나에 해당하는 자
  - 공제조합
  - 공제회
  - 그밖에 이와 비슷한 법인 또는 단체로서 같은 직장·직종에 종사하거나 같은 지역에 거주하는 구성원의 상호부조, 복리증진 등을 목적으로 구성되어 공제사업을 하는 법인 또는 단체
- 감사인
- 「서민의 금융생활 지원에 관한 법률」 제3조에 따른 서민금융진흥원 및 같은 법 제26조에 따른 사업수행기관
- 신용회복위원회
- 국민행복기금
- 「민법」 제32조에 따라 금융위원회의 허가를 받아 설립된 금융결제원
- 새출발기금 등 「한국자산관리공사 설립 등에 관한 법률」 제26조제1항제1호 및 2호의 업무를 수행하기 위하여 같은 법 제26조제1항제4호라목에 따라 설립된 기관

④ 본인신용정보관리회사

⑤ 채권추심회사

다. 주요 개념

① 신용정보

- 금융거래 등 상거래에서 거래 상대방의 신용을 판단할 때 필요한 정보로서 다음 어느 하나에 해당하는 정보를 말한다.

가) 특정 신용정보주체를 식별할 수 있는 정보(나목부터 마목까지의 어느 하나에 해당하는 정보와 결합되는 경우만 신용정보에 해당한다)

나) 신용정보주체의 거래내용을 판단할 수 있는 정보

다) 신용정보주체의 신용도를 판단할 수 있는 정보

라) 신용정보주체의 신용거래능력을 판단할 수 있는 정보

마) 가목부터 라목까지의 정보 외에 신용정보주체의 신용을 판단할 때 필요한 정보

② 개인신용정보

- 기업 및 법인에 관한 정보를 제외한 살아 있는 개인에 관한 신용정보로서 다음 어느 하나에 해당하는 정보를 말한다.

가) 해당 정보의 성명, 주민등록번호 및 영상 등을 통하여 특정 개인을 알아볼 수 있는 정보

나) 해당 정보만으로는 특정 개인을 알아볼 수 없더라도 다른 정보와 쉽게 결합하여 특정 개인을 알아볼 수 있는 정보

③ 신용정보업

- 개인신용평가업: 개인의 신용을 판단하는 데 필요한 정보를 수집하고 개인의 신용상태를 평가하여 그 결과(개인신용평점을 포함한다)를 제3자에게 제공하는 행위를 영업으로 하는 것을 말한다.
- 개인사업자신용평가업: 개인사업자의 신용을 판단하는 데 필요한 정보를 수집하고 개인사업자의 신용상태를 평가하여 그 결과를 제3자에게 제공하는 행위를 영업으로 하는 것을 말한다.
- 기업신용조회업

가) 기업정보조회업무: 기업 및 법인인 신용정보주체의 거래내용, 신용거래능력 등을 나타내기 위하여 대통령령으로 정하는 정보를 제외한 신용정보를 수집하고, 대통령령으로 정하는 방법으로 통합·분석 또는 가공하여 제공하는 행위

나) 기업신용등급제공업무: 기업 및 법인인 신용정보주체의 신용상태를 평가하여 기업신용등급을 생성하고, 해당 신용정보주체 및 그 신용정보주체의 거래상대방 등 이해관계를 가지는 자에게 제공하는 행위

다) 기술신용평가업무: 기업 및 법인인 신용정보주체의 신용상태 및 기술에 관한 가치를 평가하여 기술신용정보를 생성한 다음 해당 신용정보주체 및 그 신용정보주체의 거래상대방 등 이해관계를 가지는 자에게 제공하는 행위

- 신용조사업: 제3자의 의뢰를 받아 신용정보를 조사하고, 그 신용정보를 그 의뢰인에게 제공하는 행위를 영업으로 하는 것을 말한다.

④ 본인신용정보관리업

개인인 신용정보주체의 신용관리를 지원하기 위하여 다음 각 목의 전부 또는 일부의 신용정보를 수집된 정보의 전부 또는 일부를 신용정보주체가 조회·열람할 수 있게 하는 방식으로 통합하여 그 신용정보주체에게 제공하는 행위를 영업으로 하는 것을 말한다.

⑤ 채권추심업

채권자의 위임을 받아 변제하기로 약정한 날까지 채무를 변제하지 아니한 자에 대한 재산조사, 변제의 촉구 또는 채무자로부터의 변제금 수령을 통하여 채권자를 대신하여 추심채권을 행사하는 행위를 영업으로 하는 것을 말한다.

02 개인정보처리자/신용정보업자 준수 법률 요구사항

1) 개인정보보호법

가. 개인정보 수집, 이용, 제공 기준

① 개인정보를 수집할 때는 정보주체의 동의를 받아야 하며, 수집 · 이용 목적, 수집 항목, 보유 및 이용 기간, 동의 거부권 등을 알려야 한다.

② 개인정보를 수집할 때는 필요 최소한으로 수집해야 한다.

③ 개인정보를 제3자에게 제공할 때는 정보주체의 동의를 받아야 한다.

④ 개인정보는 수집한 목적 범위를 초과하여 이용하거나 제3자에게 제공 금지한다.

나. 개인정보의 처리 제한

① 사상 · 신념, 노동조합, 정당의 가입 · 탈퇴, 정치적 견해, 건강, 성생활 등 정보주체의 사생활을 침해할 우려가 있는 민감정보 처리 금지 또는 다른 개인정보의 처리에 대한 동의와 별도로 동의 받아서 처리

② 고유식별정보는 법령에서 구체적으로 처리를 요구한 경우를 제외하고 원칙적으로 처리 금지 또는 다른 개인정보의 처리에 대한 동의와 별도로 동의 받아서 처리

③ 주민등록번호는 법령에서 구체적으로 처리를 요구한 경우를 제외하고 처리 금지

다. 영상정보처리기기 규제

① 공개된 장소에 설치, 운영하는 영상정보처리기기 규제를 민간까지 확대

② 설치목적을 벗어난 카메라 임의조작, 다른 곳을 비추는 행위, 녹음 금지

라. 개인정보 유출 통지 및 신고제 도입

① 정보주체에게 개인정보 유출 사실을 통지

② 대규모 유출 시에는 보호위원회 또는 전문기관에 신고

마. 정보주체의 권리 보장

① 정보주체는 개인정보처리자에게 자신의 개인정보에 대한 열람, 정정, 삭제, 처리정지 등을 요구 가능

② 정보주체는 개인정보 처리자의 고의 또는 중대한 과실로 인하여 개인정보가 분실, 도난, 유출, 위조, 변조 또는 훼손된 경우 손해에 대한 배상을 요청할 수 있다.

바. 안전조치 의무

① 개인정보처리자는 개인정보가 분실, 도난, 유출, 위조, 변조 또는 훼손되지 않도록 내부관리계획 수립, 접속기록 보관 등 안전성 확보에 필요한 기술적, 관리적 및 물리적 조치를 하여야 한다.

사. 가명정보 처리에 관한 특례 도입

① 통계작성, 과학적 연구, 공익적 기록보존 등을 위하여 정보주체의 동의 없이도 가명정보 처리 허용

② 통계작성, 과학적 연구, 공익적 기록보존 등의 처리목적 외로 이용하거나 제3자에게 제공, 영리 또는 부정한 목적으로 이용 금지

2) 신용정보의 이용 및 보호에 관한 법률

가. 신용정보업의 허가

① 금융위원회로부터 신용정보업, 본인신용정보관리업, 채권추심업 허가를 받지 아니하고는 신용정보업, 본인신용정보관리업, 채권추심업을 하여서는 안된다.

나. 신용정보의 수집 및 처리의 원칙

① 신용정보회사, 본인신용정보관리회사, 채권추심회사, 신용정보집중기관 및 신용정보제공·이용자는 신용정보를 수집 및 처리할 수 있으며, 수집 및 처리 목적을 명확히 하고, 목적 달성에 필요한 최소한의 범위에서 합리적이고 공정한 수단을 사용하여 수집 및 처리하여야 한다.

② 신용정보회사, 본인신용정보관리회사, 채권추심회사, 신용정보집중기관 및 신용정보제공·이용자가 개인신용정보를 수집하는 때에는 해당 신용정보주체의 동의를 받아야 한다.

다. 신용정보전산시스템의 안전보호

① 신용정보회사, 본인신용정보관리회사, 채권추심회사, 신용정보집중기관 및 신용정보제공·이용자는 제3자의 불법적인 접근, 입력된 정보의 변경·훼손 및 파괴, 그 밖의 위험에 대하여 대통령령으로 정하는 바에 따라 기술적 · 물리적 · 관리적 보안대책을 수립 · 시행하여야 한다.

- 접근통제
  - 신용정보회사 등은 개인신용정보를 처리할 수 있도록 체계적으로 구성한 개인신용정보처리시스템에 대한 접근권한을 서비스 제공을 위하여 필요한 최소한의 인원에게만 부여한다.
  - 신용정보회사 등은 전보 또는 퇴직 등 인사이동이 발생하여 신용정보회사 등의 지휘 감독을 받아 개인신용정보를 처리하는 업무를 담당하는 개인신용정보취급자가 변경되었을 경우 지체없이 개인신용정보처리시스템의 접근권한을 변경 또는 말소한다.
  - 신용정보회사 등은 위의 따른 권한 부여, 변경 또는 말소에 대한 내역을 기록하고, 그 기록을 최소 3년간 보관한다.
  - 신용정보회사 등은 개인신용정보처리시스템에 침입차단시스템과 침입탐지시스템을 설치하여 보호한다.
  - 신용정보회사 등은 개인신용정보주체 및 개인신용정보취급자가 생일, 주민등록번호, 전화번호 등 추측하기 쉬운 숫자를 비밀번호로 이용하지 않도록 비밀번호 작성규칙을 수립하고 이행한다.
  - 신용정보회사 등은 취급 중인 개인신용정보가 인터넷 홈페이지, P2P, 공유 설정 등을 통하여 열람 권한이 없는 자에게 공개되지 않도록 개인신용정보처리시스템 및 개인신용정보취급자의 PC를 설정한다.
  - 신용정보회사 등은 제휴, 위탁 또는 외부 주문에 의한 개인신용정보처리시스템, 신용평가모형 또는 위험관리모형 개발업무에 사용되는 업무장소 및 전산설비는 내부 업무용과 분리하여 설치·운영한다.
  - 신용정보회사 등은 업무목적을 위하여 불가피한 경우에만 외부사용자에게 개인신용정보처리시스템에 대한 최소한의 접근권한을 부여하고, 권한 부여에 관한 기록을 3년 이상 보관하는 등 적절한 통제시스템을 갖추어야 한다.

- 접속기록의 위·변조방지
  - 신용정보회사 등은 개인신용정보취급자가 개인신용정보처리시스템에 접속하여 개인신용정보를 처리한 경우에는 처리일시, 처리내역 등 접속기록을 저장하고 이를 월 1회 이상 정기적으로 확인·감독한다.
  - 신용정보회사 등은 개인신용정보처리시스템의 접속기록을 1년 이상 저장하고, 위·변조되지 않도록 별도 저장장치에 백업 보관한다.
- 개인신용정보의 암호화
  - 신용정보회사 등은 비밀번호, 생체인식정보 등 본인임을 인증하는 정보는 암호화하여 저장하며, 이는 조회할 수 없도록 하여야 한다. 다만, 조회가 불가피하다고 인정되는 경우에는 그 조회사유·내용 등을 기록·관리하여야 한다.
  - 신용정보회사 등은 정보통신망을 통해 개인신용정보 및 인증정보를 송·수신할 때에는 보안서버 구축 등의 조치를 통해 이를 암호화해야 한다. 보안서버는 다음 각 호의 어느 하나의 기능을 갖추어야 한다.
    1. 웹서버에 SSL(Secure Socket Layer) 인증서를 설치하여 개인신용정보를 암호화하여 송·수신하는 기능
    2. 웹서버에 암호화 응용프로그램을 설치하여 개인신용정보를 암호화하여 송·수신하는 기능
  - 신용정보회사 등은 개인신용정보를 PC에 저장할 때에는 이를 암호화해야 한다.
  - 신용정보회사 등은 다음 각 호의 기준에 따라 개인식별정보의 암호화 등의 조치를 취하여야 한다.
    1. 정보통신망을 통하여 송수신하거나 보조저장매체를 통하여 전달하는 경우에는 암호화하여야 한다.
    2. 인터넷 구간 및 인터넷 구간과 내부망의 중간 지점(DMZ: Demilitarized Zone)에 저장할 때에는 암호화하여야 한다.
    3. 신용정보회사 등이 내부망에 개인식별정보를 저장하는 경우에는 암호화하여야 한다. 다만, 영 제2조제2항 각 호의 정보 중 주민등록번호 외의 정보를 저장하는 경우에는 다음 각 목의 기준에 따라 암호화의 적용 여부 및 적용 범위를 정하여 시행할 수 있다.
       가. 「개인정보보호법」 제33조에 따른 개인정보 영향평가의 대상이 되는 공공기관의 경우에는 해당 개인정보 영향평가의 결과
       나. 그 밖의 신용정보회사 등의 경우에는 개인신용정보처리시스템에 적용되고 있는 개인신용정보보호를 위한 수단과 개인신용정보 유출 시 신용정보주체의 권익을 해할 가능성 및 그 위험의 정도를 분석한 결과

4. 업무용 컴퓨터 또는 모바일 기기에 저장하여 관리하는 경우에는 상용 암호화 소프트웨어 또는 안전한 알고리즘을 사용하여 암호화하여야 한다.

- 신용정보집중기관과 개인신용평가회사, 개인사업자신용평가회사, 기업신용조회회사(기업정보조회업무만 하는 기업신용조회회사는 제외한다)가 서로 개인식별번호를 제공하는 경우에는 상용 암호화 소프트웨어 또는 안전한 알고리즘을 사용하여 암호화하여야 한다.
- 신용정보회사 등이 개인신용정보의 처리를 위탁하는 경우 개인식별번호를 암호화하여 수탁자에게 제공하여야 한다.

• 컴퓨터바이러스 방지

- 신용정보회사 등은 개인신용정보처리시스템 및 개인신용정보취급자가 개인신용정보 처리에 이용하는 정보처리기기에 컴퓨터바이러스, 스파이웨어 등 악성프로그램의 침투 여부를 항시 점검·치료할 수 있도록 백신소프트웨어를 설치한다.
- 제1항에 따른 백신 소프트웨어는 월 1회 이상 주기적으로 갱신·점검하고, 바이러스 경보가 발령된 경우 및 백신 소프트웨어 제작 업체에서 업데이트 공지를 한 경우에는 즉시 최신 소프트웨어로 갱신·점검한다.

• 출력·복사시 보호조치

- 신용정보회사 등은 개인신용정보처리시스템에서 개인신용정보의 출력 시(인쇄, 화면 표시, 파일 생성 등) 용도를 특정하여야 하며, 용도에 따라 출력 항목을 최소화 한다.
- 신용정보회사 등은 개인신용정보를 조회(활용)하는 경우 조회자의 신원, 조회일시, 대상정보, 목적, 용도 등의 기록을 관리하여야 하며, 개인신용정보취급자가 개인신용정보를 보조저장매체에 저장하거나 이메일 등의 방법으로 외부에 전송하는 경우에는 관리책임자의 사전 승인을 받아야 한다.
- 개인신용정보취급자는 제1항 및 제2항의 준수에 필요한 내부시스템을 구축하여야 하며, 사전 승인 시 승인신청자에게 관련 법령을 준수하여야 한다는 사실을 주지시켜야 한다.

• 개인신용정보의 조회권한 구분

- 신용정보관리·보호인은 개인신용정보 조회 권한이 직급별·업무별로 차등 부여되도록 하여야 한다.
- 신용정보회사 등은 개인신용정보의 조회기록에 대하여는 다음 각 호에 따라 주기적으로 그 적정성 여부를 점검하여야 하며, 점검결과를 업무에 반영하여야 한다.

1. 개인신용정보취급자의 개인신용정보 취급상황을 확인할 수 있는 수단 및 이의 점검·감사체제 정비
2. 개인신용정보 이상 과다 조회 부서 및 직원 등에 대해 수시 점검 실시
   가. 조회 권한을 초과하여 고객 정보 조회를 일정횟수 이상 시도한 직원에 대한 통제장치 마련
   나. 영업점 및 신용정보 관리부서의 개인신용정보 조회 건수에 대해 정기적으로 점검하고 조회건수가 평소보다 급증한 부서 및 직원들을 샘플링하여 점검 실시

– 신용정보 관리·보호인은 개인신용정보취급자가 입력하는 조회사유의 정확성 등 신용조회기록의 정확성을 점검하여야 한다.

• 개인신용정보의 이용제한 등

– 신용정보회사 등은 신용평가모형 또는 위험관리모형 개발 위탁 시 개인신용정보를 제공할 수 없다. 다만, 모형 개발을 위하여 불가피한 경우에는 실제 개인신용정보를 변환하여 제공한 후 모형 개발 완료 즉시 삭제하여야 한다.

– 개인신용평가회사, 개인사업자신용평가회사, 기업신용조회회사가 신용평가모형 및 위험관리모형을 개발하는 경우, 개인신용정보를 사용하지 않으면 모형 개발 또는 검증 등이 불가능하여 불가피하게 필요한 경우 외에는 실제 개인신용정보를 사용하여서는 아니 된다.

• 제재 기준 마련

– 신용정보회사 등은 개인신용정보 오·남용에 대한 자체 제재기준을 마련하여야 한다.

② 신용정보제공·이용자가 다른 신용정보제공·이용자 또는 개인신용평가회사, 개인사업자신용평가회사, 기업신용조회회사와 서로 이 법에 따라 신용정보를 제공하는 경우 신용정보 보안관리 대책을 포함한 계약을 체결하여야 한다.

라. 개인신용정보 처리 기록 보존

① 개인신용정보를 수집, 이용한 경우 수집·이용한 날짜, 수집·이용한 정보의 항목, 수집·이용한 사유와 근거를 3년간 보관해야 한다.

② 개인신용정보를 제공하거나 제공받은 경우 제공하거나 제공받은 날짜, 제공하거나 제공받은 정보의 항목, 제공하거나 제공받은 사유와 근거를 3년간 보관해야 한다.

③ 개인신용정보를 폐기한 경우 폐기한 날짜, 폐기한 정보의 항목, 폐기한 사유와 근거를 3년간 보관해야 한다.

마. 신용정보관리보호인 지정

① 신용정보회사, 본인신용정보관리회사, 채권추심회사, 신용정보집중기관, 신용정보제공·이용자는 신용정보관리보호인을 지정하여야 한다.

바. 개인신용정보의 보유기간

① 신용정보제공·이용자는 금융거래 등 상거래관계(고용관계는 제외한다. 이하 같다)가 종료된 날부터 3개월 이내에 해당 신용정보주체의 개인신용정보가 안전하게 보호될 수 있도록 접근권한을 강화하는 등 관리하여야 한다.

② 신용정보제공 · 이용자는 금융거래 등 상거래관계가 종료된 날부터 최장 5년 이내(해당 기간 이전에 정보 수집 · 제공 등의 목적이 달성된 경우에는 그 목적이 달성된 날부터 3개월 이내)에 해당 신용정보주체의 개인신용정보를 관리대상에서 삭제하여야 한다.

③ 신용정보제공 · 이용자가 개인신용정보를 삭제하지 아니하고 보존하는 경우에는 현재 거래 중인 신용정보주체의 개인신용정보와 분리하는 등 관리하여야 한다.

④ 신용정보제공 · 이용자가 분리하여 보존하는 개인신용정보를 활용하는 경우에는 신용정보주체에게 통지하여야 한다.

사. 신용정보활용체제의 공시

① 개인신용평가회사, 개인사업자신용평가회사, 기업신용조회회사, 신용정보집중기관 및 신용정보제공 · 이용자는 점포·사무소 안의 보기 쉬운 장소에 갖춰 두고 열람하게 하거나 해당 기관의 인터넷 홈페이지를 통하여 해당 신용정보주체가 열람할 수 있도록 공시하여야 한다.

② 공시내용

- 개인신용정보 보호 및 관리에 관한 기본계획(특정기관 및 조건에 해당하는 경우)
- 관리하는 신용정보의 종류 및 이용 목적
- 신용정보를 제공받는 자
- 신용정보주체의 권리의 종류 및 행사 방법
- 신용평가에 반영되는 신용정보의 종류, 반영비중 및 반영기간(특정기관 및 조건에 해당하는 경우)
- 신용정보관리보호인의 성명 또는 관련 고충사항을 처리하는 부서의 명칭과 전화번호 등 연락처
- 인터넷 접속정보파일 등 개인정보를 자동으로 수집하는 장치의 설치·운영 및 그 거부에 관한 사항(해당하는 경우)
- 검증위원회의 심의 결과(개인신용평가체계 검증 대상인 자에 한정)

아. 개인신용정보의 제공, 활용에 대한 동의

① 신용정보제공 · 이용자가 개인신용정보를 타인에게 제공하려는 경우에는 해당 신용정보주체로부터 개인신용정보를 제공할 때마다 미리 개별적으로 동의를 받아야 한다(다만, 기존에 동의한 목적 또는 이용 범위에서 개인신용정보의 정확성 · 최신성을 유지하기 위한 경우에는 그러하지 아니함).

- 개인신용정보를 제공받는 자
- 개인신용정보를 제공받는 자의 이용 목적
- 제공하는 개인신용정보의 내용
- 개인신용정보를 제공받는 자(개인신용평가회사, 개인사업자신용평가회사, 기업신용조회회사 및 신용정보집중기관은 제외)의 정보 보유 기간 및 이용 기간
- 동의를 거부할 권리가 있다는 사실 및 동의 거부에 따른 불이익이 있는 경우에는 그 불이익의 내용

② 개인신용평가회사, 개인사업자신용평가회사, 기업신용조회회사 또는 신용정보집중기관으로부터 개인신용정보를 제공받으려는 자는 해당 신용정보주체로부터 개인신용정보를 제공받을 때마다 개별적으로 동의(기존에 동의한 목적 또는 이용 범위에서 개인신용정보의 정확성·최신성을 유지하기 위한 경우는 제외한다)를 받아야 한다. 이 경우 개인신용정보를 제공받으려는 자는 개인신용정보의 조회 시 개인신용평점이 하락할 수 있는 때에는 해당 신용정보주체에게 이를 고지하여야 한다.

- 개인신용정보를 제공하는 자
- 개인신용정보를 제공받는 자의 이용 목적
- 제공받는 개인신용정보의 항목
- 개인신용정보를 제공받는 것에 대한 동의의 효력기간
- 동의를 거부할 권리가 있다는 사실 및 동의 거부에 따른 불이익이 있는 경우에는 그 불이익의 내용

③ 개인신용평가회사, 개인사업자신용평가회사, 기업신용조회회사 또는 신용정보집중기관이 개인신용정보를 제공하는 경우에는 해당 개인신용정보를 제공받으려는 자가 신용정보주체로부터 동의를 받았는지를 서면, 전자적 기록 등으로 확인하고, 확인한 사항의 진위 여부를 주기적으로 점검해야 한다.

④ 신용정보회사 등은 개인신용정보의 제공 및 활용과 관련하여 동의를 받을 때에는 서비스 제공을 위하여 필수적 동의사항과 그 밖의 선택적 동의사항을 구분하여 설명한 후 각각 동의를 받아야 한다. 이 경우 필수적 동의사항은 서비스 제공과의 관련성을 설명하여야 하며, 선택적 동의사항은 정보제공에 동의하지 아니할 수 있다는 사실을 고지하여야 한다.

⑤ 신용정보회사 등이 개인신용정보를 제공하는 경우에는 개인신용정보를 제공받는 자의 신원(身元)과 이용 목적을 확인하여야 한다.

자. 개인신용정보의 이용

① 개인신용정보는 다음 각 호의 어느 하나에 해당하는 경우에만 이용하여야 한다.

- 해당 신용정보주체가 신청한 금융거래 등 상거래관계의 설정 및 유지 여부 등을 판단하기 위한 목적으로 이용하는 경우
- 제1호의 목적 외의 다른 목적으로 이용하는 것에 대하여 신용정보주체로부터 동의를 받은 경우
- 개인이 직접 제공한 개인신용정보(그 개인과의 상거래에서 생긴 신용정보를 포함한다)를 제공받은 목적으로 이용하는 경우(상품과 서비스를 소개하거나 그 구매를 권유할 목적으로 이용하는 경우는 제외한다)
- 신용정보회사 및 채권추심회사가 다른 신용정보회사 및 채권추심회사 또는 신용정보집중기관과 서로 집중관리 · 활용하기 위하여 제공하는 경우
- 신용정보의 처리를 위탁하기 위하여 제공하는 경우
- 영업양도 · 분할 · 합병 등의 이유로 권리 · 의무의 전부 또는 일부를 이전하면서 그와 관련된 개인신용정보를 제공하는 경우
- 채권추심
- 법원의 제출명령 또는 법관이 발부한 영장에 따라 제공하는 경우
- 범죄 때문에 피해자의 생명이나 신체에 심각한 위험 발생이 예상되는 등 긴급한 상황에서 제5호에 따른 법관의 영장을 발부받을 시간적 여유가 없는 경우로서 검사 또는 사법경찰관의 요구에 따라 제공하는 경우
- 조세에 관한 법률에 따른 질문 · 검사 또는 조사를 위하여 관할 관서의 장이 서면으로 요구하거나 조세에 관한 법률에 따라 제출의무가 있는 과세자료의 제공을 요구함에 따라 제공하는 경우
- 국제협약 등에 따라 외국의 금융감독기구에 금융회사가 가지고 있는 개인신용정보를 제공하는 경우
- 개인신용평가회사, 개인사업자신용평가회사, 기업신용등급제공업무 · 기술신용평가 업무를 하는 기업신용조회회사 및 신용정보집중기관에 제공하거나 그로부터 제공받는 경우
- 통계작성, 연구, 공익적 기록보존 등을 위하여 가명정보를 제공하는 경우
- 정보집합물의 결합 목적으로 데이터전문기관에 개인신용정보를 제공하는 경우

- 다음 각 목의 요소를 고려하여 당초 수집한 목적과 상충되지 아니하는 목적으로 개인신용정보를 제공하는 경우
  - 양 목적 간의 관련성
  - 신용정보회사 등이 신용정보주체로부터 개인신용정보를 수집한 경위
  - 해당 개인신용정보의 제공이 신용정보주체에게 미치는 영향
  - 해당 개인신용정보에 대하여 가명처리를 하는 등 신용정보의 보안대책을 적절히 시행하였는지 여부
- 이 법 및 다른 법률에 따라 제공하는 경우
- 장외파생상품 거래의 매매에 따른 위험 관리 및 투자자보호를 위해 장외파생상품 거래와 관련된 정보를 금융위원회, 금융감독원 및 한국은행에 제공하는 경우
- 「상법」 제719조에 따른 책임보험계약의 제3자에 대한 정보를 보험사기 조사 · 방지를 위해 신용정보집중기관에 제공하거나 그로부터 제공받는 경우
- 「상법」 제726조의2에 따른 자동차보험계약의 제3자의 정보를 보험사기 조사 · 방지를 위해 신용정보집중기관에 제공하거나 그로부터 제공받는 경우

차. 개인신용정보의 전송요구

① 개인인 신용정보주체는 신용정보제공 · 이용자 등에 대하여 그가 보유하고 있는 본인에 관한 개인신용정보를 다음 각 호의 어느 하나에 해당하는 자에게 전송하여 줄 것을 요구할 수 있다.

- 해당 신용정보주체 본인
- 본인신용정보관리회사
- 신용정보제공 · 이용자
- 개인신용평가회사
- 개인사업자신용평가회사

② 본인으로부터 개인신용정보의 전송요구를 받은 신용정보제공 · 이용자 등은 지체 없이 본인에 관한 개인신용정보를 컴퓨터 등 정보처리장치로 처리가 가능한 형태로 전송하여야 한다.

③ 신용정보주체 본인이 개인신용정보의 전송을 요구하는 경우 신용정보제공 · 이용자 등에 대하여 해당 개인신용정보의 정확성 및 최신성이 유지될 수 있도록 정기적으로 같은 내역의 개인신용정보를 전송하여 줄 것을 요구할 수 있다.

카. 신용정보 이용 및 제공사실의 조회

① 신용정보회사등은 개인신용정보를 이용하거나 제공한 경우 신용정보주체가 조회할 수 있도록 하여야 한다. 다만, 내부 경영관리의 목적으로 이용하거나 반복적인 업무위탁을 위하여 제공하는 경우 등 대통령령으로 정하는 경우에는 그러하지 아니하다.

타. 개인신용평점 하락 가능성 등에 대한 설명의무

① 신용정보제공 · 이용자는 개인인 신용정보주체와 신용위험이 따르는 금융거래를 하는 경우 다음 각 호의 사항을 해당 신용정보주체에게 설명하여야 한다.

- 해당 금융거래로 인하여 개인신용평가회사가 개인신용평점을 만들어 낼 때 해당 신용정보주체에게 불이익이 발생할 수 있다는 사실
- 개인신용평점 하락 시 불이익 발생 가능성이 있는 금융거래 종류
- 평균적으로 연체율이 높은 금융권역의 신용공여는 은행 등 다른 금융권역의 신용공여보다 신용점수가 더 큰 폭으로 하락할 수 있다는 사실
- 평균적으로 연체율이 높은 형태의 신용공여는 일반적인 신용공여보다 신용점수가 더 큰 폭으로 하락할 수 있다는 사실
- 금융거래가 변제나 이에 준하는 방식으로 거래가 종료된 경우에도 일정 기간 개인신용평점의 산정에 영향을 줄 수 있다는 사실

파. 신용정보제공 · 이용자의 사전통지

① 신용정보제공 · 이용자가 개인신용정보를 개인신용평가회사, 개인사업자신용평가회사, 기업신용조회회사 및 신용정보집중기관에 제공하여 그 업무에 이용하게 하는 경우에는 다음 각 호의 사항을 신용정보주체 본인에게 통지하여야 한다.

- 채권자
- 약정한 기일까지 채무를 이행하지 아니한 사실에 관한 정보로서 다음 각 목의 정보
  - 금액 및 기산일
  - 해당 정보 등록이 예상되는 날짜
- 정보 등록 시 개인신용평점 또는 기업신용등급이 하락하고 금리가 상승하는 등 불이익을 받을 수 있다는 사실(신용정보집중기관에 등록하는 경우에는 신용정보집중기관이 제3자에게 정보를 제공함으로써 신용정보주체가 불이익을 받을 수 있다는 사실)
- 정보 등록 후 연체금을 상환하여도 신용점수가 일정 기간 회복되지 않을 수 있다는 사실
- 정보 등록 후 연체금을 상환하여도 일정 기간 그 기록이 보관된다는 사실
- 교부, 열람 및 정정청구 등 신용정보주체의 권리의 종류와 내용 및 그 행사방법에 관한 사항

하. 개인신용정보의 삭제 요구

① 신용정보주체는 금융거래 등 상거래관계가 종료되고 대통령령으로 정하는 기간이 경과한 경우 신용정보제공 · 이용자에게 본인의 개인신용정보의 삭제를 요구할 수 있다.

② 신용정보제공 · 이용자가 개인신용정보의 삭제 요구를 받았을 때에는 지체 없이 해당 개인신용정보를 삭제하고 그 결과를 신용정보주체에게 통지하여야 한다.

거. 개인신용정보의 누설통지

① 신용정보회사 등은 개인신용정보가 업무 목적 외로 누설되었음을 알게 된 때에는 지체 없이 해당 신용정보주체에게 통지하여야 한다.

② 신용정보회사 등은 개인신용정보가 누설된 경우 그 피해를 최소화하기 위한 대책을 마련하고 필요한 조치를 하여야 한다.

너. 손해배상의 보장

① 신용정보회사 등은 손해배상책임의 이행을 위하여 금융위원회가 정하는 기준에 따라 보험 또는 공제에 가입하거나 준비금을 적립하는 등 필요한 조치를 하여야 한다.

03 개인정보처리자/신용정보업자 준수 제도

1) 개인정보처리방침 평가제도

가. 목적

개인정보처리자의 개인정보 처리의 투명성, 책임성을 강화하고 정보주체의 알권리 등 실질적인 통제권을 보장하며, 개인정보보호 수준을 개선하기 위함이다.

나. 근거

개인정보보호법 제30조의2, 동법 시행령 제31조의2, 개인정보 처리방침 평가에 관한 고시

다. 평가대상

① 아래 각 호의 사항을 종합적으로 고려하여 개인정보보호위원회가 심의 · 의결한 자로 한다.

- 전년도 매출액이 1,500억원 이상이면서 전년도 말 기준 직전 3개월 간 그 개인정보가 저장 · 관리되고 있는 정보주체의 수가 일일평균 100만명 이상일 것

- 전년도 말 기준 직전 3개월 간 민감정보 · 고유식별정보가 저장 · 관리되고 있는 정보주체의 수가 일일평균 5만명 이상일 것
- 처리방침에 정보주체의 동의 없이 처리할 수 있는 개인정보의 항목 · 법적 근거를 동의를 받아 처리하는 개인정보와 구분하고 있지 않을 것
- 완전히 자동화된 시스템(인공지능 기술을 적용한 시스템 포함)으로 개인정보를 처리하거나, 그밖에 새로운 기술을 이용한 개인정보 처리 방식으로 인하여 개인정보 침해 우려가 있을 것
- 최근 3년간 개인정보 유출 등이 2회 이상 되었거나, 보호위로부터 과징금 또는 과태료 처분을 받았을 것
- 19세 미만 아동 또는 청소년을 주된 이용자로 한 정보통신서비스를 운영할 것

라. 평가기준

표 3-7 평가 내용 및 지표

평가분야	평가 내용 및 지표	
적정성	개인정보의 처리 목적	개인정보 처리 목적을 구체적이고 명확하게 기재하고 있는가?
	처리하는 개인정보의 항목	개인정보 처리의 법적 근거와 처리하는 개인정보의 항목을 구체적이고 명확하게 기재하고 있는가?
		처리하는 개인정보의 항목을 적정하게 정하고 있는가?
	개인정보의 처리 및 보유기간	개인정보의 처리 및 보유기간을 적정하게 정하여 구체적이고 명확하게 기재하고 있는가?
	파기절차 및 방법	개인정보 파기 절차 및 방법을 적정하게 정하여 그 내용을 구체적이고 명확하게 기재하고 있는가?
	제3자 제공에 관한 사항	개인정보 제3자 제공에 관한 사항을 구체적이고 명확하게 기재하고 있는가?
		제3자에게 제공되는 개인정보 항목과 보유 · 이용기간을 개인정보 처리의 법적 근거 및 목적에 비추어 적정하게 정하고 있는가?
	개인정보의 추가적 이용 또는 제공에 대한 판단기준	개인정보의 추가적 이용 · 제공이 지속적으로 발생하는 경우 관련 내용을 구체적이고 명확하게 기재하고 있는가?
	개인정보 처리 위탁에 관한 사항	개인정보 처리의 위탁에 관한 사항을 구체적이고 명확하게 기재하고 있는가?
		개인정보 처리의 재위탁에 관한 사항을 구체적이고 명확하게 기재하고 있는가?

평가분야	평가 내용 및 지표	
적정성	국외 수집 및 이전	국외 수집 및 이전에 관한 사항을 적정하게 정하여 명확하게 기재하고 있는가?
		국외 이전되는 개인정보 항목 및 보유 · 이용기간을 적정하게 정하고 있는가?
	14세 미만 아동의 개인정보 처리에 관한 사항	14세 미만 아동의 개인정보 처리에 관한 사항을 구체적이고 명확하게 기재하고 있는가?
		14세 미만 아동의 개인정보 처리에 관해 법정대리인의 동의를 받는 방법을 명확하게 기재하고 있는가?
	정보주체의 권리 · 의무 및 행사 방법	정보주체와 법정대리인의 권리 · 의무 및 행사방법을 구체적이고 명확하게 기재하고 있으며, 정보주체가 권리 행사를 쉽게 할 수 있도록 안내되고 있는가?
		개인정보의 열람 등 청구를 접수처리하는 부서를 구체적이고 명확하게 기재하고 있는가?
	개인정보 보호책임자 또는 관련 부서에 관한 사항	개인정보 보호책임자 또는 관련 부서에 관한 사항을 구체적이고 명확하게 기재하고 있는가?
		처리방침에 기재된 개인정보 보호책임자 또는 관련 부서에 관한 사항은 정보주체의 고충 처리 등 권리 보장에 기여할 수 있도록 안내되고 있는가?
	국내대리인 지정에 관한 사항	국내대리인 지정에 관한 사항을 구체적이고 명확하게 기재하고 있는가?
		처리방침에 기재된 국내대리인에 관한 사항은 정보주체의 고충 처리 등 권리 보장에 기여할 수 있도록 안내되고 있는가?
	권익침해 구제기관에 관한 사항	정보주체의 권익 침해 시 구제 받을 수 있는 주요 기관에 관한 사항을 현행화하여 기재하였는가?
	개인정보의 안전성 확보조치에 관한 사항	개인정보의 안전성 확보 조치에 관한 사항 및 자율적인 보호 노력을 구체적이고 명확하게 기재하고 있는가?
	민감정보의 공개 가능성 및 비공개 선택 방법	민감정보의 공개 가능성 및 비공개 선택 방법을 실제 현황을 반영하여 구체적이고 명확하게 기재하고 있는가?
	가명정보 처리에 관한 사항	가명정보 처리에 관한 사항을 누락없이 구체적이고 명확하게 기재하고 있는가?
	개인정보 자동수집 장치의 설치 · 운영 및 거부에 관한 사항	쿠키 등 자동수집 장치를 설치 · 운영하는 경우, 그에 관한 설명 및 거부에 관한 사항을 구체적이고 명확하게 기재하고 있는가?

평가분야	평가 내용 및 지표	
적정성	개인정보 자동수집 장치의 설치 · 운영 및 거부에 관한 사항	쿠키 등 자동수집 장치를 통해 정보주체를 식별하여 행태정보를 처리하는 경우 그 수집 · 이용 · 제공 및 거부에 관한 사항을 누락없이 구체적이고 명확하게 기재하고 있는가?
		쿠키 등 자동수집 장치를 통해 정보주체를 식별하지 않고 행태정보를 처리하는 경우 그 해당 사실과 그 수집 · 이용 · 제공 및 거부에 관한 사항을 구체적이고 명확하게 기재하고 있는가?
		제3자가 운영하는 웹 · 앱에서 개인정보 자동 수집 장치를 설치 · 운영하고, 그 결과 해당 자동수집장치에서 개인정보처리자가 행태정보를 수집하는 경우 해당 처리 사실을 기재하고 있는가?
	자동수집 장치를 통해 제3자가 행태정보를 수집하도록 허용하는 경우 그 수집 · 이용 및 거부에 관한 사항	제3자가 개인정보 자동수집 장치를 통해 행태정보를 수집하도록 허용하는 경우 수집해가는 행태정보에 관한 사항을 구체적이고 명확하게 기재하고 있는가?
		제3자가 개인정보 자동수집 장치를 통해 행태정보를 수집하도록 허용하는 경우 정보주체가 이에 관한 사항을 쉽게 확인할 수 있도록 효과적인 방법으로 공개하고 있는가?
	고정형 · 이동형 영상정보 처리기기의 운영 · 관리에 관한 사항	고정형 · 이동형 영상정보 처리기기를 설치 · 운영하는 경우 법령 및 표준지침에 따라 처리방침에 기재하여야 할 사항을 구체적으로 기재하여 공개하고 있으며, 실제 처리 현황과 일치하는가?
가독성	구성 및 디자인	목차, 하이퍼링크, 팝업 등을 적절하게 활용하여 정보주체가 쉽게 관련 내용을 확인할 수 있도록 처리방침을 구성하였는가?
		기재 항목 간 구분, 문단 구분, 줄 간격 등을 적절하게 활용하여 정보주체가 처리방침을 읽기 쉽도록 구성하였는가?
	문장, 어휘의 적정성	처리방침에 기재된 문장 및 어휘가 정보주체 누구나 쉽게 이해할 수 있도록 쉽고 간결하게 구성되어 있는가?
	도표, 그림 등 다양한 표시방법 활용	처리방침 내 도표, 그림, 라벨링, 인포그래픽 등 다양한 방법을 활용하여 정보주체가 개인정보 처리방침을 이해하기 쉽게 기재하였는가?
	구체적 안내를 위한 노력	개인정보 처리방침의 서문 등에 처리방침 공개주체를 명시적으로 선언하여 정보주체가 쉽게 알 수 있도록 하였는가?
		처리방침에 기재된 내용을 정보주체가 쉽게 이해할 수 있도록 부연 설명이 제공되고 있는가?
		정보 취약계층이 개인정보 처리방침을 쉽게 이해할 수 있도록 노력을 하였는가?

평가분야	평가 내용 및 지표	
접근성	개인정보 처리방침의 공개 방식	정보주체가 개인정보 처리방침임을 명확히 확인할 수 있도록 공개하고 있는가?
		웹, 앱 등 서비스 환경을 고려하여 정보주체가 쉽게 확인할 수 있는 위치에 개인정보 처리방침을 공개하고 있는가?
	개인정보 처리방침의 변경	개인정보 처리방침 변경 시 정보주체가 변경 내용을 쉽게 확인할 수 있도록 공개하고 있는가?
	복수의 서비스 제공 시 개인정보 처리방침 공개 방법	각각의 서비스에 대한 개인정보 처리방침을 정보주체가 쉽게 알아보고 이해할 수 있도록 공개하였는가?

2) 개인정보 보호책임자 지정

가. 목적

개인정보 관련 법규 준수, 오남용 방지 등 개인정보처리자의 개인정보보호 활동을 촉진하고 책임을 부과하는 규제 장치이다.

나. 근거

개인정보보호법 제31조(개인정보 보호책임자의 지정 등)

다. 지정 대상

별도 기업 규모 등에 대한 제한없이 "모든 개인정보 처리자" (단, 소상공인의 경우 지정하지 않을 수 있으며 이런 경우 사업주나 대표자로 자동 지정)

라. 자격요건

① 공공기관: 다음 각 목의 구분에 따른 기준에 해당하는 공무원 등

가) 국회, 법원, 헌법재판소, 중앙선거관리위원회의 행정사무를 처리하는 기관 및 중앙행정기관: 고위공무원단에 속하는 공무원(이하 "고위공무원"이라 한다) 또는 그에 상당하는 공무원

나) 가목 외에 정무직공무원을 장(長)으로 하는 국가기관: 3급 이상 공무원(고위공무원을 포함한다) 또는 그에 상당하는 공무원

다) 가목 및 나목 외에 고위공무원, 3급 공무원 또는 그에 상당하는 공무원 이상의 공무원을 장으로 하는 국가기관: 4급 이상 공무원 또는 그에 상당하는 공무원

라) 가목부터 다목까지의 규정에 따른 국가기관 외의 국가기관(소속 기관을 포함한다): 해당 기관의 개인정보 처리 관련 업무를 담당하는 부서의 장

마) 시·도 및 시·도 교육청: 3급 이상 공무원 또는 그에 상당하는 공무원

바) 시·군 및 자치구: 4급 공무원 또는 그에 상당하는 공무원

사) 「초·중등교육법」, 「고등교육법」, 그 밖의 다른 법률에 따라 설치된 각급 학교: 해당 학교의 행정사무를 총괄하는 사람. 다만 직전 연도 12월 31일 기준으로 재학생 수(대학원 재학생 수를 포함한다)가 2만명 이상인 「고등교육법」 제2조에 따른 학교의 경우에는 교직원을 말한다.

아) 가목부터 사목까지의 규정에 따른 기관 외의 공공기관: 개인정보 처리 관련 업무를 담당하는 부서의 장. 다만, 개인정보 처리 관련 업무를 담당하는 부서의 장이 2명 이상인 경우에는 해당 공공기관의 장이 지명하는 부서의 장이 된다.

② 공공기관 외의 개인정보처리자: 다음 각 목의 어느 하나에 해당하는 사람

- 사업주 또는 대표자
- 임원(임원이 없는 경우에는 개인정보 처리 관련 업무를 담당하는 부서의 장)

마. 역할

① 개인정보보호 계획의 수립 및 시행

② 개인정보 처리 실태 및 관행의 정기적인 조사 및 개선

③ 개인정보 처리와 관련한 불만의 처리 및 피해 구제

④ 개인정보 유출 및 오용·남용 방지를 위한 내부통제시스템의 구축

⑤ 개인정보보호 교육 계획의 수립 및 시행

⑥ 개인정보파일의 보호 및 관리·감독

⑦ 법 제30조에 따른 개인정보 처리방침의 수립·변경 및 시행

⑧ 개인정보 처리와 관련된 인적·물적 자원 및 정보의 관리

⑨ 처리목적이 달성되거나 보유기간이 지난 개인정보의 파기

⑩ 기타 개인정보 등 관련 법령에서 명시하는 사항

3) 국내대리인 지정

가. 목적

① 글로벌 온라인 서비스 이용이 보편화되면서, 국외(해외) 사업자가 우리 국민의 개인정보를 처리하는 경우가 많다.

② 이에, 국내에 주소 또는 영업소를 두지 않고 정보통신서비스를 제공하는 국외(해외) 사업자에 대하여 우리 국민이 개인정보 관련 고충처리를 위해 언어 등의 어려움 없이

편리하게 연락하고, 개인정보 침해 사고 발생 시 규제 집행력을 강화할 필요성이 제기됨에 따라, 국내대리인 지정을 의무화하여 개인정보 보호책임자의 업무, 자료제출 등을 대리하도록 한다.

나. 근거

개인정보보호법 제31조의2(국내대리인의 지정), 정보통신망 이용촉진 및 정보보호 등에 관한 법률 제32조의5(국내대리인의 지정)

다. 개인정보보호법과 정보통신망법의 국내대리인 지정제도 비교

표 3-8 법률별 국내대리인 지정제도 비교

구분	개인정보보호법	정보통신망법
적용 대상	국내에 주소 또는 영업소가 없는 개인정보처리자로서 다음 각 호의 어느 하나에 해당하는 자 • 전년도 전체 매출액이 1조원 이상인 자 • 전년도 말 기준 직전 3개월 간 그 개인정보가 저장 관리되고 있는 국내 정보주체의 수가 일일평균 100만명 이상인 자 • 관계 물품·서류 등 자료의 제출을 요구받은 자로서 국내대리인을 지정할 필요가 있다고 보호위원회가 심의·의결한 자	국내에 주소 또는 영업소가 없는 정보통신서비스 제공자 등으로서 다음 각 호의 어느 하나에 해당하는 자 • 전년도[법인인 경우에는 전(前) 사업연도를 말한다] 매출액이 1조원 이상인 자 • 정보통신서비스 부문 전년도(법인인 경우에는 전 사업연도를 말한다) 매출액이 100억원 이상인 자 • 이 법을 위반하여 정보통신서비스 이용의 안전성을 현저히 해치는 사건·사고가 발생하였거나 발생할 가능성이 있는 경우로서 방송통신위원회로부터 관계 물품·서류 등을 제출하도록 요구받은 자
국내 대리인의 역할	• 개인정보보호법 제31조에 따른 개인정보 보호책임자의 업무 • 개인정보보호법 제34조제1항 및 제3항에 따른 개인정보 유출 등의 통지 및 신고 • 개인정보보호법 제63조제1항에 따른 물품·서류 등의 제출	정보통신망법 제64조제1항에 따른 관계 물품·서류 등의 제출

구분	개인정보보호법	정보통신망법
기타	국내대리인은 국내에 주소 또는 영업소가 있어야 한다. 개인정보처리자는 제1항에 따라 국내대리인을 지정하는 경우에는 다음 각 호의 사항을 개인정보 처리방침에 포함하여야 한다. • 국내대리인의 성명(법인의 경우에는 그 명칭 및 대표자의 성명을 말한다) • 국내대리인의 주소(법인의 경우에는 영업소의 소재지를 말한다), 전화번호 및 전자우편 주소	국내대리인은 국내에 주소 또는 영업소가 있는 자로 한다. 국내대리인을 지정한 때에는 다음 각 호의 사항 모두를 인터넷 사이트 등에 공개하여야 한다. • 국내대리인의 성명(법인의 경우에는 그 명칭 및 대표자의 성명을 말한다) • 국내대리인의 주소(법인의 경우에는 영업소 소재지를 말한다), 전화번호 및 전자우편 주소

4) 개인정보 영향평가

가. 목적

개인정보 처리가 수반되는 사업 추진 시 해당 사업이 개인정보에 미치는 영향을 사전에 분석하고 이에 대한 개선방안을 수립하여 개인정보 침해사고를 사전에 예방하기 위함이다.

나. 근거

개인정보보호법 제33조(개인정보 영향평가)

다. 의무대상

① 일정 규모 이상의 개인정보를 전자적으로 처리하는 개인정보파일을 구축 · 운영 또는 변경하려는 공공기관

- 5만명 이상의 정보주체의 민감정보 또는 고유식별정보의 처리가 수반되는 개인정보파일
- 해당 공공기관의 내부 또는 외부의 다른 개인정보파일과 연계하려는 경우로서, 연계 결과 정보주체의 수가 50만 명 이상인 개인정보파일
- 100만 명 이상의 정보주체 수를 포함하고 있는 개인정보파일

※ 현시점 기준으로 영향평가 대상은 아니나 가까운 시점(1년 이내)에 정보주체의 수가 법령이 정한 기준 이상이 될 가능성이 있는 경우, 영향평가를 수행할 것을 권고

• (변경 시) 영 제35조에 근거하여 영향평가를 실시한 기관이 개인정보 검색체계 등 개인정보파일의 운용체계를 변경하려는 경우, 변경된 부분에 대해서는 영향평가를 실시

라. 평가기준

표 3-9 개인정보 영향평가 평가 기준

평가영역	평가분야	세부분야
대상기관 개인정보 보호관리 체계	1.1 개인정보보호조직	개인정보 보호책임자의 지정
		개인정보 보호책임자 역할 수행
	1.2 개인정보보호 계획	내부 관리계획 수립
		개인정보보호 연간 계획 수립
	1.3 개인정보 침해대응	침해사고 신고방법 안내
		유출사고 대응
	1.4 정보주체 권리보장	정보주체 권리보장 절차 수립
		정보주체 권리보장 방법 안내
대상시스템의 개인정보보호 관리체계	2.1 개인정보취급자 관리	개인정보취급자 지정
		개인정보취급자 관리 · 감독
	2.2 개인정보파일 관리	개인정보파일 대장 관리
		개인정보파일 등록
	2.3 개인정보 처리방침	개인정보 처리방침의 공개
		개인정보 처리방침의 작성
개인정보 처리단계별 보호조치	3.1 수집	개인정보 수집의 적합성
		동의받는 방법의 적절성
	3.2 보유	보유기간 산정
	3.3 이용 · 제공	개인정보 제공의 적합성
		목적 외 이용 · 제공 제한
		제공시 안전성 확보
	3.4 위탁	위탁사실 공개
		위탁 계약
		수탁사 관리 · 감독
개인정보 처리단계별 보호조치	3.5 파기	파기 계획 수립
		분리보관 계획 수립
		파기대장 작성

평가영역	평가분야	세부분야
대상 시스템의 기술적 보호조치	4.1 접근권한 관리	계정 관리
		인증 관리
		권한 관리
	4.2 접근통제	접근통제 조치
		인터넷 홈페이지 보호조치
		업무용 모바일기기 보호조치
	4.3 개인정보의 암호화	저장 시 암호화
		전송 시 암호화
	4.4 접속기록의 보관 및 점검	접속기록 보관
		접속기록 점검
		접속기록 보관 및 백업
	4.5 악성프로그램 등 방지	백신 설치 및 운영
		보안업데이트 적용
	4.6 물리적 접근 방지	출입통제 절차 수립
		반출 · 입 통제절차 수립
	4.7 개인정보의 파기	안전한 파기
	4.8 기타 기술적 보호조치	개발환경 통제
		개인정보 처리화면 보안
		출력 시 보호조치
	4.9 개인정보 처리구역보호 조치	보호구역 지정
특정 IT 기술 활용 시 개인정보보호	5.1 고정형 영상정보처리기기	고정형 영상정보처리기기 설치 운영 계획 수립
		고정형 영상정보처리기기 설치 시 의견 수렴
		고정형 영상정보처리기기 설치 안내
		고정형 영상정보처리기기 사용 제한
		고정형 영상정보처리기기 설치 및 관리에 대한 위탁

평가영역	평가분야	세부분야
특정IT 기술 활용 시 개인정보보호	5.2 RFID	RFID 이용자 안내
		RFID 태그 부착 및 제거
	5.3 생체인식정보	원본정보 보관 시 보호조치
	5.4 위치정보	개인위치정보 수집 동의
		개인위치정보 제공 시 안내사항
	5.5 가명정보	가명정보의 처리
		가명정보의 안전조치 의무 등
	5.6 이동형 영상정보처리기기	영상정보 촬영 및 안내
		영상정보 촬영 사용제한
		영상정보 촬영 및 관리에 대한 위탁

5) 개인정보 관리 전문기관

가. 목적

개인정보 전송요구권 행사를 지원하고, 개인정보 전송시스템의 구축 및 표준화, 개인정보의 관리·분석 업무 수행을 목적으로 한다.

나. 근거

개인정보보호법 제35조의3(개인정보관리 전문기관)

다. 역할

① 개인정보 전송 요구에 따른 개인정보의 전송 요구권 행사 지원

② 정보주체의 권리행사를 지원하기 위한 개인정보 전송시스템의 구축 및 표준화

③ 정보주체의 권리행사를 지원하기 위한 개인정보의 관리·분석

라. 개인정보 관리 전문기관의 종류

① 중계 전문기관: 개인정보 전송 중계에 필요한 기능을 제공하고 관련 시스템을 운영하는 업무 및 정보전송자의 전송을 지원하는 업무를 수행하는 자

② 일반 전문기관: 통합조회, 맞춤형 서비스, 연구, 교육 등을 위하여 정보전송자로부터 전송받은 개인정보(보건의료전송정보는 제외한다)를 관리 · 분석하는 업무를 수행하는 자

③ 특수 전문기관: 통합조회, 맞춤형 서비스, 연구, 교육 등을 위하여 정보전송자로부터 전송받은 보건의료전송정보를 관리 · 분석하는 업무를 수행하는 자

마. 지정 요건

표 3-10 개인정보 관리 전문기관 지정 요건

지정 요건	세부 기준
기술수준 및 전문성	• 사업계획의 타당성 및 건전성 • 개인정보 관리계획의 적정성 • 업무 수행을 위해 필요한 설비 및 기술의 적정성
안전성 확보조치 수준	• 안전조치의무 이행 • 안전한 개인정보관리 전문기관 운영을 위한 보호체계의 적정성
재정능력	• 재무구조의 건전성 및 안전성 • 자본금(중계 전문기관 10억원, 일반 특수 전문기관 1억원) • 손해배상책임 보험 또는 공제 가입

6) 손해배상책임

가. 목적

① 사이버 공격의 대상과 규모가 증가하는 등 개인정보 유출로 인한 이용자 피해 사례도 증가하나 기업의 배상능력이 부족한 경우 이용자가 손해배상을 청구해도 피해구제가 어려워 이용자 피해구제 제도의 실효성 제고가 필요하다.

② 기업으로 하여금 손해배상책임의 이행을 보장하도록 보험 또는 공제에 가입하거나 준비금을 적립하도록 의무화하는 것이 목적이다.

나. 근거

개인정보보호법 제39조의7(손해배상의 보장)

다. 의무대상

① 다음 각 호의 요건을 모두 갖춘 개인정보처리자

- 직전 사업연도의 매출액이 10억원 이상일 것
- 전년도 말 기준 직전 3개월간 그 개인정보가 저장·관리되고 있는 정보주체 수가 일일평균 1만명 이상일 것

라. 보험 최저가입액(준비금 최소적립금액) 기준

표 3-11 개인정보처리자의 보험 최저가입액 기준

가입대상 개인정보처리자의 가입금액 산정 요소		최저가입금액 (최소적립금액)
매출액	정보주체 수	
800억원 초과	100만명 이상	10억원
50억원 초과 800억원 이하		5억원
10억원 이상 50억원 이하		2억원
800억원 초과	10만명 이상 100만명 미만	5억원
50억원 초과 800억원 이하		2억원
10억원 이상 50억원 이하		1억원
800억원 초과	10만명 이상 100만명 미만	2억원
50억원 초과 800억원 이하		1억원
10억원 이상 50억원 이하		5천만원

① 매출액: 전년도(법인의 경우 전 사업연도)의 매출액

② 정보주체 수: 보험 등에 가입하거나 준비금을 적립해야 할 연도의 전년도 말 기준 직전 3개월간 그 개인정보가 저장 · 관리되고 있는 일일 정보주체 수 평균

③ 보험가입금액: 계약상 보상 최고한도액으로, 보험계약자가 보험계약을 체결 시 약정한 금액

④ 보험료: 보험계약에 의하여 보험계약자가 보험회사에 납입한 금액

⑤ 기타

- 다른 법률에 따라 손해배상책임의 이행을 보장하는 보험 등에 가입하거나 준비금을 적립한 개인정보처리자는 「개인정보보호법」에 따른 보험 등 가입 또는 준비금 적립 등의 조치를 아니할 수 있다.

7) 공공기관 개인정보 수준 진단

가. 목적

공공기관의 법적 의무사항 이행 수준 및 개인정보보호를 위한 기관의 노력 등을 중점적으로 평가하여 공공기관의 개인정보보호 역량 향상을 도모하는 것이 목적이다.

나. 근거

개인정보보호법 제11조의2(개인정보보호 수준 평가)

다. 적용 대상

중앙행정기관 및 그 소속기관, 산하 공공기관, 지방자치단체, 지방공기업, 시도교육청 및 교육지원청 등이 해당한다.

라. 평가 항목

표 3-12 개인정보 수준 진단 평가 항목

<table>
<tr><th>지표 분류</th><th>평가 방법</th><th>분야</th><th>진단 항목</th><th>지표</th></tr>
<tr><td rowspan="9">정량 지표 [43개]</td><td rowspan="9">자체 평가 [60점]</td><td rowspan="3">개인정보 관리체계 [5개]</td><td>1. 개인정보 책임자의 역할 수행</td><td>1개</td></tr>
<tr><td>2. 개인정보 영향평가 수행 등</td><td>3개</td></tr>
<tr><td>3. (해당 시) 소속기관 자체평가 자료 제출</td><td>1개</td></tr>
<tr><td rowspan="2">정보주체 권리보장 [10개]</td><td>4. 개인정보 처리방침 및 열람 · 정정 · 삭제 · 처리 정지 등</td><td>3개</td></tr>
<tr><td>5. 수집 · 이용 · 제공 및 목적 외 이용 · 제공 절차</td><td>7개</td></tr>
<tr><td rowspan="4">개인정보 침해방지 [28개]</td><td>6. 접근권한 관리 및 접속기록 점검</td><td>8개</td></tr>
<tr><td>7. 개인정보 침해사고 방지조치 및 대응 절차</td><td>10개</td></tr>
<tr><td>8. 고유식별정보(및 생체인식정보) 암호화</td><td>4개</td></tr>
<tr><td>9. 영상정보처리기기 운영 및 가명정보 처리</td><td>6개</td></tr>
<tr><td rowspan="8">정성 지표 [8개]</td><td rowspan="8">심층 평가 [40점]</td><td rowspan="8">개인정보 중점관리 업무 [8개]</td><td>1. 개인정보보호 인력 · 조직 · 예산</td><td>5점</td></tr>
<tr><td>2. 개인정보 교육 · 홍보 및 우수사례 등</td><td>5점</td></tr>
<tr><td>3. 개인정보 보호책임자 지정 및 업무 · 역할 등</td><td>5점</td></tr>
<tr><td>4. 개인정보 파일 관리 · 등록의 적절성 및 개선 노력</td><td>5점</td></tr>
<tr><td>5. 개인정보 처리방침의 적절성 및 이행 · 개선 노력</td><td>5점</td></tr>
<tr><td>6. 정보주체의 실질적 권리보장</td><td>5점</td></tr>
<tr><td>7. 개인정보 처리업무 위 · 수탁의 적절성 및 사후관리</td><td>5점</td></tr>
<tr><td>8. 안전성 확보조치를 위한 노력</td><td>5점</td></tr>
<tr><td rowspan="3">기타 지표</td><td>가점</td><td colspan="2">신기술 환경에서의 데이터의 안전한 활용 및 안전조치 적절성</td><td>최대 10점</td></tr>
<tr><td rowspan="2">감점</td><td colspan="2">① 개인정보 유출 등 사고 발생 건당</td><td>최대 −10점</td></tr>
<tr><td colspan="2">② 유출 등 사고가 아닌 기타 개인정보 관련 사건 · 사고 발생 건당</td><td>최대 −10점</td></tr>
</table>

지표 분류	평가 방법	분야	진단 항목	지표
기타 지표	감점	③ 과태료 · 과징금 · 시정명령 · 시정권고 · 공표(명령) · 개선권고 등 건당		최대 −3점
		④ 제출 자료가 거짓 · 허위인 경우(해당 지표 미이행 처리) 건당		최대 −2점
		(① · ②감경) 개인정보 유출 등 사고 대응의 적절성 및 재발방지 노력		최대 5점

① 평가결과

- 기관별 S · A · B · C · D 등 5개 평가등급 부여
- S: 90점 이상, A: 90점~80점, B: 80점~70점, C: 70점~60점, D: 60점 미만

② 평가주기

- 매년

CHAPTER 4
INFORMATION SECURITY RISK MANAGER

정보보호산업 적용 보호대책

01 정보보호산업 적용 법률 및 제도 개요(정보보호산업의 진흥에 관한 법률)

가. 목적

정보보호산업의 진흥에 필요한 사항을 정함으로써 정보보호산업의 기반을 조성하고 그 경쟁력을 강화하여 안전한 정보통신 이용환경 조성과 국민경제의 건전한 발전에 이바지하는 것을 목적으로 한다.

나. 적용 대상

① 공공기관

- 「공공기관의 운영에 관한 법률」 제4조에 따른 법인·단체 또는 기관
- 「지방공기업법」에 따른 지방공사 및 지방공단
- 특별법에 따라 설립된 특수법인
- 「초·중등교육법」 제2조에 따른 학교, 「고등교육법」 제2조에 따른 학교 또는 그 밖의 다른 법률에 따라 설립 또는 설치된 학교

② 정보보호기업: 정보보호산업과 관련된 경제활동을 영위하는 자

다. 주요 내용

① 정보보호산업 진흥계획 수립

- 과학기술정보통신부장관은 정보보호산업의 진흥에 관한 정책목표 및 방향을 설정하기 위하여 아래 사항이 포함된 정보보호산업 진흥계획을 수립 시행하여야 한다.
  - 정보보호산업 진흥을 위한 정책의 기본방향에 관한 사항
  - 정보보호 전문인력 양성, 원천기술 개발, 정보보호서비스 이용 확산 등 기반 조성에 관한 사항
  - 정보보호기술 등의 표준화와 지식재산권 보호에 관한 사항
  - 정보보호기업의 육성 및 지원에 관한 사항

– 정보보호 관련에 따른 중소기업, 벤처기업 및 창조기업의 경쟁력 강화를 위한 지원에 관한 사항
– 정보보호산업과 그 밖의 산업 간 융합의 진전에 따른 정보보호 정책에 관한 사항
– 정보보호산업의 공정경쟁 환경의 조성에 관한 사항
– 이용자의 권익보호에 관한 사항
– 정보보호산업에 관한 국제협력과 해외진출 지원에 관한 사항
– 정보보호산업 진흥을 위한 재원 확보 및 배분에 관한 사항
– 정보보호산업 진흥을 위한 법 제도 개선에 관한 사항
– 정보보호산업과 관련된 중앙행정기관 간의 업무협력 및 조정에 관한 사항
– 정보통신 진흥 및 융합 활성화 등에 관한 특별법에 따른 기본계획과의 연계에 관한 사항
– 그밖에 정보보호산업의 진흥을 위하여 필요한 사항

- 정부는 정보보호산업과 그 밖의 산업 간 융합의 진전에 따른 융합형 정보보호기술 등의 연구개발과 다양한 정보보호제품 및 정보보호서비스의 개발을 촉진하기 위하여 필요한 시책을 수립 시행할 수 있다.

② 정보보호산업 진흥의 기반 조성

- 과학기술정보통신부장관은 정보보호기술의 개발 및 투자를 촉진하기 위하여 다음 각 호의 사업을 추진할 수 있다.

– 정보보호기술 수준의 조사 및 기반기술의 연구개발
– 미래성장 유망 분야의 정보보호 핵심 원천기술 발굴 및 개발
– 정보보호기술에 관한 국제 공동연구 개발 및 지원
– 정보보호기술의 상용화 및 지역의 정보보호 관련 산업의 클러스터 구축
– 산·학·연 정보보호기술 공동연구 지원 사업
– 정보보호기술의 거래 활성화 사업
– 그밖에 정보보호기술의 개발 및 투자촉진을 위하여 필요한 사업

- 과학기술정보통신부장관은 정보보호기술의 거래 활성화 및 경쟁력 강화, 정보보호산업과 관련된 정보제공 등을 위하여 정보보호산업을 종합적으로 지원할 수 있는 시스템을 구축 운영할 수 있다.
- 과학기술정보통신부장관은 정보보호기업의 기술시험, 개발 등 사업화를 지원하기 위하여 관련 시설을 구축 운영할 수 있으며, 정보보호기업에 그 사용을 허가하거나 대여할 수 있다.

라. 정보보호산업 전문서비스 기업의 지정 관리

① 과학기술정보통신부장관은 다음 각 호의 업무를 안전하고 신뢰성 있게 수행할 능력이 있다고 인정되는 자를 정보보호 전문서비스 기업으로 지정할 수 있다.

- 정보통신기반 보호법 제8조에 따라 지정된 주요정보통신기반시설의 취약점 분석 평가 업무
- 주요정보통신기반시설 보호대책의 수립 업무
- 그밖에 정보보호서비스와 관련하여 대통령령으로 정하는 업무

② 정보보호산업 기업으로 지정받을 수 있는 자는 법인으로 한다.

③ 과학기술정보통신부장관은 제1항에 따라 지정된 정보보호 전문서비스 기업에 대하여 지정일부터 매 1년마다 사후관리 심사를 수행하여야 한다.

④ 정보보호 전문서비스 기업은 업무를 양도하거나 다른 정보보호 전문서비스 기업과 합병하는 경우에는 과학기술정보통신부장관에게 신고하여야 한다. 이 경우 양수인 또는 합병된 법인은 과학기술정보통신부장관이 신고를 수리한 때에 정보보호 전문서비스 기업의 지위를 승계한다.

⑤ 정보보호 전문서비스 기업이 휴업·폐업하거나 업무를 재개할 때에는 휴업·폐업하려는 날 또는 휴업 후 업무를 재개하려는 날의 30일 전까지 과학기술정보통신부장관에게 신고하여야 한다.

마. 정보보호산업 분야의 보안대책

① 취약점분석업무를 수행하는 업무수행구역을 지정하여야 한다. 이 구역은 이중으로 출입이 통제되고 기술인력이 아닌 자의 출입이 제한되어야 한다.

② 취약점분석자료를 처리 전송 저장하는 정보통신망에 대하여 위험분석에 따른 통제대책을 강구하여야 한다. 이 경우 노트북 컴퓨터 기타 휴대용 정보처리기기에 대한 통제대책을 포함하여야 한다.

③ 기술인력이 변동되는 경우의 관계법령에 따른 신고와 신원조사를 위한 절차를 마련하여야 한다.

④ 기술인력이 관계법령에 따르는 비밀유지의무를 포함한 제반의무를 숙지하고 이의 준수를 확약하는 내용의 서약서를 작성하는 지침과 절차를 마련하여야 한다.

⑤ 기술인력을 채용할 때의 적격 심사와 퇴직할 때의 퇴직 관리를 위한 지침과 절차를 마련하여야 한다.

⑥ 정보보호 관리규정을 위반하는 경우의 제재 및 처리지침을 마련하여야 한다.

⑦ 기술인력을 포함한 임직원이 정기적으로 업체 내부 및 외부의 정보보호 교육을 받을 수 있도록 하여야 한다.

⑧ 취약점분석자료 및 컨설팅 기술자료(도구 포함)를 보안등급에 따라 분류하여야 한다.

⑨ 기술인력이 아닌 자는 취약점분석자료에 접근 · 열람 · 수집 · 편집 · 반출 · 폐기하지 못하도록 통제대책을 강구하여야 한다.

⑩ 정보통신망을 통하여 처리 전송 보존하는 취약점분석자료에 대하여 위험분석에 따른 통제대책을 강구하여야 한다.

⑪ 서면 · 도면 · 마이크로필름 · 전산출력물 등 출력물 형태의 취약점분석자료에 대한 보관 · 복사 · 배포 · 폐기 등에 관한 통제대책을 강구하여야 한다.

⑫ 정보보호에 관한 업체의 기본방침을 대표자가 서면으로 공표하고 기술인력을 포함한 임직원이 이를 숙지하여야 한다.

⑬ 취약점분석업무에 대한 위험분석 및 통제대책의 관리 · 운영 · 실태를 주기적으로 점검 평가하여야 한다.

⑭ 사업자윤리강령을 준수하여야 한다.

⑮ 정보보호 관리규정에 대한 검토 및 변경절차를 마련하고 정보보호 관리규정에 따른 제반의무의 이행에 관한 기록을 유지하여야 한다.

02 정보보호 산업 준수 법률 요구사항

1) 공공기관 등의 정보보호시스템 구축 계약 등

공공기관 등의 장은 정보보호시스템 구축을 위한 사업계약을 체결하는 경우 「국가를 당사자로 하는 계약에 관한 법률」 제10조제2항제3호 및 「지방자치단체를 당사자로 하는 계약에 관한 법률」 제13조제2항제4호에 따른 입찰자를 낙찰자로 하는 계약 방식을 우선적으로 적용하여 계약을 체결하여야 한다.

2) 정보보호제품 및 정보보호서비스의 대가

① 공공기관 등은 정보보호사업의 계약을 체결하는 경우 정보보호산업의 발전과 정보보호제품 및 정보보호서비스의 품질보장을 위하여 적정한 수준의 대가를 지급하도록 노력하여야 한다.

② 과학기술정보통신부장관은 정보보호산업의 합리적 유통 및 공정한 거래를 위하여 공정거래위원회와 협의를 거쳐 표준계약서를 마련하고, 공공기관 등에 이를 사용하도록 권고할 수 있다.

③ 과학기술정보통신부장관은 공공기관 등의 장이 제1항에 따른 정보보호사업에 대하여 적정한 대가를 지급하도록 하기 위하여 다음 각 호의 정보보호사업 정보를 수집·분석하여 공공기관 등에 제공할 수 있다.

- 정보보호사업 수행환경
- 정보보호사업 수행도구
- 정보보호사업 비용·일정·규모·공수(工數)
- 정보보호사업 품질특성 정보
- 그밖에 정보보호제품에 대한 유지·관리 및 보안성능 유지를 위한 정보보호서비스의 대가기준 산정에 필요한 사항

3) 정보보호 준비도 평가 지원

정보통신망을 통하여 정보를 제공하거나 정보의 제공을 매개하는 자는 「정보통신망 이용촉진 및 정보보호 등에 관한 법률」 제2조제1항제2호에 따른 정보통신서비스를 이용하는 자의 안전을 위하여 제2항에 따라 과학기술정보통신부에 등록된 평가기관으로부터 정보보호 준비도 평가를 받을 수 있다.

4) 정보보호 공시

① 정보통신망을 통하여 정보를 제공하거나 정보의 제공을 매개하는 자는 「정보통신망 이용촉진 및 정보보호 등에 관한 법률」 제2조제1항제2호에 따른 정보통신서비스를 이용하는 자의 안전한 인터넷 이용을 위하여 정보보호 투자 및 인력 현황, 정보보호 관련 인증 등 정보보호 현황을 대통령령으로 정하는 바에 따라 공개할 수 있다.

② 정보통신서비스를 이용하는 자의 안전한 인터넷 이용을 위하여 정보보호 공시를 도입할 필요성이 있는 자로서 사업 분야, 매출액 및 서비스 이용자 수 등을 고려하여 대통령령으로 정하는 기준에 해당하는 자는 정보보호 현황을 공시하여야 한다.

- 기간통신사업자 중 회선설비 보유사업을 경영하는 자
- 집적정보통신시설 사업자
- 「의료법」 제3조의4제1항에 따른 상급종합병원
- 클라우드컴퓨팅서비스를 제공하는 자

5) 전문인력 양성

① 과학기술정보통신부장관은 정보보호산업의 진흥에 필요한 전문인력 양성을 위하여 관계 중앙행정기관의 장과 협의하여 다음 각 호의 시책을 수립·시행할 수 있다.

• 전문인력의 수요 실태 파악 및 중 · 장기 수급 전망 수립
• 전문인력 양성기관의 지정, 설립 · 지원
• 전문인력 양성 교육프로그램의 개발 및 보급 지원
• 정보보호산업 관련 자격제도의 정착 및 전문인력 수급 지원
• 각급 학교 및 그 밖의 교육기관에서 시행하는 정보보호산업 관련 교육의 지원

6) 우수 정보보호기업의 지정

① 과학기술정보통신부장관은 우수 정보보호기술등의 개발과 상용화 등 정보보호산업의 진흥에 기여한 정보보호기업을 우수 정보보호기업으로 지정하여 지원할 수 있다.

② 정부는 제1항의 우수 정보보호기업에 대하여는 다음 각 호의 사항을 우선적으로 지원한다.

• 제7조제1항에 따른 정보보호시스템 구축을 위한 사업계약의 체결
• 제15조에 따른 전문인력 양성 지원
• 제20조제1항에 따른 자금의 융자
• 법 제16조에 따른 국제협력 지원
• 성능평가에 드는 비용의 지원
• 법 제21조에 따른 수출 지원

7) 공공기관의 정보보호 조치

공공기관의 장은 해당 기관의 정보보호를 위한 관리적·물리적·기술적 방안을 마련하여야 하며, 정부는 공공기관의 정보보호 현황을 조사하여 정보보호를 위한 조치를 취할 수 있다.

03 정보보호산업 준수 제도

1) 정보보호 공시

가. 목적

① 정보보호 공시제도는 이용자 보호 및 알권리를 보장하고 기업의 자발적인 정보보호 투자를 촉진하기 위한 제도로서

• (주주) 기업의 잠재적 재무상태 변화에 주요한 영향을 미칠 수 있는 정보보호 현황에 대한 주주의 알권리를 확보한다.

- (이용자 · 국민) 기업 등이 보유하고 있는 다양한 정보의 보호 수준을 간접적으로 파악할 수 있도록 하여 이용자의 선택권을 강화한다.
- (기업) 기업 스스로 정보보호 수준을 객관적으로 파악하고, 이용자 등에게 정보보호 활동을 공시함으로써 법적 근거를 갖고 기업의 보안 투자 정도를 외부에 알릴 수 있는 기회로 활용하는 것이 목적이다

나. 근거

정보보호산업의 진흥에 관한 법률 제13조(정보보호 공시)

다. 의무대상

표 3-13 정보보호 공시 의무대상

구분	설명
사업분야	회선설비 보유 기간통신사업자(전기통신사업법 제6조제1항)
	집적정보통신시설사업자(정보통신망법 제46조)
	상급종합병원(의료법 제3조의4)
	클라우드컴퓨팅 서비스 제공자(클라우드컴퓨팅법 시행령 제3조제1호)
매출액	정보보호 최고책임자(CISO)를 지정 · 신고하여야 하는 유가증권시장 및 코스닥시장 상장법인 중 매출액 3,000억원 이상
이용자 수	정보통신 서비스 일일 평균 이용자 수 100만명 이상(전년도 말 직전 3개월 간)

라. 의무 예외

표 3-14 정보보호 공시 의무대상 예외

구분	설명
공공기관	공기업 및 준정부기관 등(공공기관 운영법)
소기업	평균 매출액 120억원 이하 기업(중소기업기본법 시행령 제8조제1항) – 업종별 매출액 기준 상이(10~120억원), 정보통신업은 50억원 이하
금융회사	은행, 보험, 카드 등 금융회사(전자금융거래법 제2조제3호)
전자금융업자	정보통신업 또는 도 · 소매업을 주된 사업으로 하지 않는 전자금융업자 (전자금융거래법 제2조제4호, 한국표준산업분류)

마. 공시항목

참고 고시 [별표3] 공시내용 양식

<table>
<tr><td rowspan="5">1. 정보보호 투자 현황</td><td colspan="2">정보기술부문 투자액(A)</td><td>정보보호부문 투자액(B)을 포함하여 산정</td></tr>
<tr><td colspan="2">정보보호부문 투자액(B)</td><td>정보기술부문 투자액(A) 중에서 정보보호와 관련하여 소요된 투자액 산정</td></tr>
<tr><td></td><td>주요 투자 항목</td><td>보안 솔루션 신규 도입 등 공시대상연도 정보보호부문 주요 투자 사항 작성</td></tr>
<tr><td colspan="2">B/A</td><td>0.0%(소수점 첫째 자리까지 표기, 100%를 넘을 수 없음)</td></tr>
<tr><td colspan="2">특기 사항</td><td>정보보호 투자 현황에 대한 세부 설명 또는 참고할 만한 사항을 작성</td></tr>
<tr><td rowspan="8">2. 인력보호 인력 현황</td><td colspan="2">총 임직원</td><td>공시대상 기업의 내부 인력</td></tr>
<tr><td colspan="2">정보기술부문 인력(C)</td><td>정보보호부문 전담인력(D)을 포함하여 산정(내부 인력과 외주 인력 모두 포함)</td></tr>
<tr><td rowspan="3">정보보호부문 전담인력(D)</td><td>내부 인력</td><td>정규직과 계약직 모두 포함</td></tr>
<tr><td>외주 인력</td><td>계약서 기반의 투입 공수로 인력 산정</td></tr>
<tr><td>계</td><td>정보보호부문 내부 인력과 외주 인력 합계</td></tr>
<tr><td colspan="2">D/C</td><td>0.0%(소수점 첫째 자리까지 표기, 100%를 넘을 수 없음)</td></tr>
<tr><td colspan="2">CISO · CPO 지정 현황</td><td><table>
<tr><th>구분</th><th>직책</th><th>임원 여부</th><th>겸직 여부</th><th>주요 활동</th></tr>
<tr><td>CISO</td><td>상무</td><td>○</td><td>×</td><td>건</td></tr>
<tr><td>CPO</td><td>이사</td><td>○</td><td>×</td><td>건</td></tr>
</table></td></tr>
<tr><td colspan="2">특기 사항</td><td>정보보호 인력 현황에 대한 세부 설명 또는 참고할 만한 사항을 작성</td></tr>
<tr><td colspan="3">3. 정보보호 관련 인증 · 평가 점검 등에 관한 사항</td><td>ISMS, ISO/IEC 27001 인증 등 공시대상연도에 유효한 사항 작성</td></tr>
<tr><td colspan="3">4. 정보통신 서비스를 이용하는 자의 정보보호를 위한 활동 현황</td><td>KISA 주관 해킹 훈련 참여, 제로트러스트 도입 준비, 정보보호 교육, 정보보호 보험 가입 등 현황 작성
랜섬웨어, 디도스(DDoS), 해킹 메일 등 모의훈련 유형과 내용, 주관기관 등 기재 필요</td></tr>
</table>

그림 3-3 **정보보호 공시 내용 양식**

2) 우수 정보보호기술 지정제도

가. 목적

정보보호 신기술 · 기업 등을 '우수 기술(기술, 제품, 서비스) · 기업'으로 지정하여, 정보보호 산업의 기술개발 촉진 및 산업 경쟁력 제고를 목적으로 한다.

나. 근거

정보보호산업의 진흥에 관한 법률 제18조(우수 정보보호기술등의 지정)

다. 지정절차

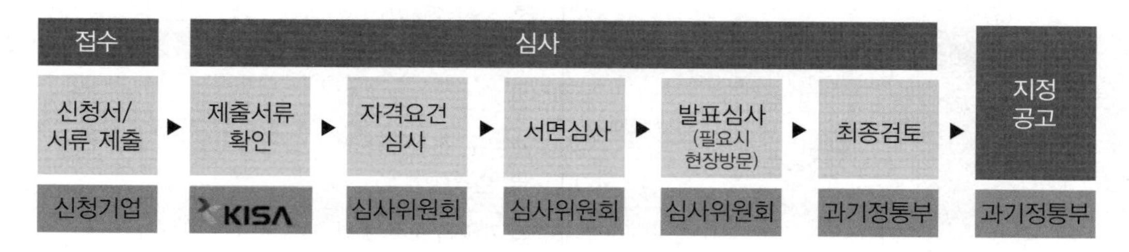

그림 3-4 우수 정보보호기술 지정 절차

라. 지정혜택

과기정통부 장관 명의 지정서, 지정마크, 지정현판 등 제공, 판로지원 및 홍보지원, 과기정통부 · KISA 지원사업 참여 시 가점 부여 등이 있다.

마. 지정기준

표 3-15 우수 정보보호기술 지정 기준

구분	평가 항목	평가 기준
신규성	기존 기술과의 차별성	처리공정, 원리 등의 차별성 및 해외에서 도입된 기술에 대한 차별화 수준(유사성) 평가
	기술 진보성	기존 기술과 비교하여 성능 품질이 우수하거나 편의성 및 편리성, 경제성 등 향상이 있었는지에 대한 평가
독창성	기술 가치성	기존에 구현되거나 공표된 기술에 대한 기술적 가치의 비중 정도를 평가
	혁신 원천기술성	기술 및 경제적입 파급효과를 고려하여 새로운 시장창출 잠재성을 지닌 원천특허 가능성을 평가
	기술 발전성	향후 지속적인 발전가능성이 있는지 여부

구분	평가 항목	평가 기준
사업화 가능성	기술 완성도	기술 성숙도 등을 기반으로 한 사업화 가능성 등의 평가
	시장규모 및 성장성	국내외 수출 및 신규시장의 잠재 시장규모 정도 및 향후 성장성을 평가
	사용 제품 및 시제품 성능 평가 인증	국가 공인 성능평가 기관 또는 관련 산업 분야의 영향력이 있는 민간기관에서의 성능 및 기능에 대한 평가 인증 결과
	투자 가능성	기업에 대한 장기적인 투자 가치에 대한 평가

3) 정보보호 전문서비스 기업

가. 목적

기반시설 관리기관이 전자적 침해행위에 효과적으로 대응할 수 있도록 전문업체를 적극 활용하여 주요정보통신기반시설의 취약점 분석·평가 업무 및 보호대책 수립업무를 지원함에 목적이 있다.

나. 근거

정보보호산업의 진흥에 관한 법률 제23조(우수 정보보호기술 등의 지정)

다. 지정 기준

① 인력요건: 기술인력 10명 이상 보유(고급 또는 특급 인력을 3명 이상 포함)

② 자본요건: 기업 재무제표의 자본 총계 10억원 이상

③ 설비요건: 신원확인 및 출입통제를 위한 설비, 업무를 수행하거나 지원하기 위한 설비, 정보보호컨설팅 관련 기록 및 자료를 안전하게 관리하기 위한 설비 보유

④ 업무수행 능력요건: 업무 수행능력 심사에서 기준 점수(70점) 이상 획득

라. 규정요건

정보보호 전문서비스 관리규정 보유 및 준수

마. 업무수행능력 심사 평가표

표 3-16 업무수행능력 심사 평가표 내용

평가 항목	세부 평가 항목	평가 지표
경험	최근 3년간 컨설팅 수행실적	계약금액 총액
	최근 3년간 신청업체에서 컨설팅 수행 실적이 2회 이상 있는 기술인력의 비율	비율

평가 항목	세부 평가 항목	평가 지표
전문화 정도	중급 이상의 기술인력 비율	비율
	기술인력의 재직비율	비율
	총매출액대비 정보보호분야 매출액의 비율	비율
	교육지원체계 적합성	비율
신뢰도	기업신용평가 등급	평가등급
	정보보호 인증기업	인증여부평가등급
기술개발실적	최근 3년간 정보보호 분야 정부과제 수행실적	정부지원금액
종합심사	정보보호 컨설팅 방법론	비계량
기타	중소기업기술혁신촉진법 제15조의 규정에 따른 인증기업 또는 벤처기업 육성에 관한 특별조치법 제25조의 규정에 따라 벤처기업으로 확인을 받은 기업	확인여부
	최근 3년간 조달법령에 따라 부정당업자로 지정되어 입찰참가가 제한을 받은 기간	입찰참가 제한월수

4) 기업관제 전문기업 지정 제도

가. 목적

국가 · 공공기관의 보안관제 센터 운영을 지원할 전문기업 지정을 목적으로 한다.

나. 근거

국가사이버안전관리규정 제10조의2(보안관제센터의 설치 · 운영)

다. 지정심사 기준

표 3-17 기업 보안관제 전문기업 지정 기준

보안관제 전문기업 지정 기준(공고 제7조)		
인력요건	• 기술인력 15명 이상(고급 3명, 중급 6명 이상 포함)	서류심사
자본요건	• 기업 재무제표의 자본총계 20억원 이상	서류심사
수행요건	• 업무수행능력심사(붙임5) 70점 이상 – 경험, 전문성, 신뢰도 등 서류심사	서류/현장실사

라. 업무수행능력 평가기준

표 3-18 업무수행능력 평가 기준

평가 항목	세부 평가 항목	배점	평가 지표	비고
경험 (45)	최근 1년간 보안관제 수행 실적	15	계약금액 총액	• 5억원 이상: 배점의 100% • 5억원 미만: 배점의 x% x=(계약금액총액/5억원)×100 • 3억원 미만: 0점
	보안관제 수행실적 참여인력의 자사인원 현황(3억원 이상의 실적에 한함)	15	비율	• 모두 자사인력으로 보안관제를 수행한 경우: 배점의 100% • 자사인력이 아닐 경우: 배점의 x% x=(자사인력수/관제인력수)×100
	총 보안관제 수행 실적 대비 파견관제 수행실적 비율(3억원 이상의 실적에 한함)	15	비율	• 모두 파견관제일 경우: 배점의 100% • 파견관제가 아닐 경우: 배점의 x% x=(파견관제수행실적/보안관제수행실적)*100
전문성 (40)	고급·특급 인력의 수	10	인원수	• 6명 이상: 배점의 100% • 6명 미만: 배점의 x% x=(인원수/6명)×100 • 3명 이하: 0점
	보안관제 방법론	8	비계량	• 방법론의 타당성·적합성 • 방법론의 독창성
	관제센터 및 지원 조직 체계	10	비계량	• 자체 보안관제센터 운용의 적절성: 5점 • 지원조직 체계 타당성·적합성: 5점
		5	계량	• 지원인력 1명당 0.5점(최고 5점)
	교육지원체계 적합성	3	비계량	• 교육지원체계 타당성·적합성
		4	비율	• 기술인력이 평균 60시간 이상의 교육을 받을 경우: 배점의 100% • 60시간 미만: 배점의 x% x=(교육시간/60시간)×100
신뢰도 (15)	기업신용평가등급	10	평가등급	• AAA ~ A-: 배점의 100% • BBB+ ~ BBB-: 배점의 80% • BB+ ~ BB-: 배점의 60% • B+ ~ B-: 배점의 40% • CCC+ 이하: 배점의 20%

<table>
<tr><th>평가 항목</th><th>세부 평가 항목</th><th>배점</th><th>평가 지표</th><th>비고</th></tr>
<tr><td>신뢰도
(15)</td><td>정보보호 인증기업
(보안관리체계 보유 기업)</td><td>5</td><td>확인여부</td><td>• 인증기업: 배점의 100%(중복 인정 불가)
– ISMS 또는 ISO27001 인증기업
– 정보보호 전문서비스 기업
• 정보보호 준비도 평가 결과<table><tr><th>평가등급</th><th>배점</th></tr><tr><td>AAA~AA</td><td>배점의 100%</td></tr><tr><td>A</td><td>배점의 80%</td></tr><tr><td>BB</td><td>배점의 60%</td></tr><tr><td>B</td><td>배점의 40%</td></tr></table></td></tr>
<tr><td rowspan="2">기타</td><td>「벤처기업육성에관한특별조치법」에 따라 벤처기업으로 확인받은 기업</td><td>가점</td><td>확인여부</td><td>• 벤처확인기업: 가점 5점</td></tr>
<tr><td>최근 3년간 관계 법령에 따라 부정당업자로 지정되어 입찰참가가 제한을 받은 기간</td><td>감점</td><td>입찰참가
제한월수</td><td>• 제한월수 1월당: 감점 1점</td></tr>
</table>

M E M O

독자 문의&답변 및 자격증 시험 대비 정보 제공

- 최적합 정보보안위험관리사 수험서로 시험을 준비하는 응시생들에게 정보를 제공하기 위해 네이버 카페를 이용한 커뮤니티를 제공합니다.
- 임베스트 정보보안기사(https://cafe.naver.com/limbestboan) 카페에 접속한 후 [정보보호위험관리사(ISRM)] 카테고리에서 문의하시거나 시험 관련 자료를 학습할 수 있습니다.

PART 04

실력점검문제

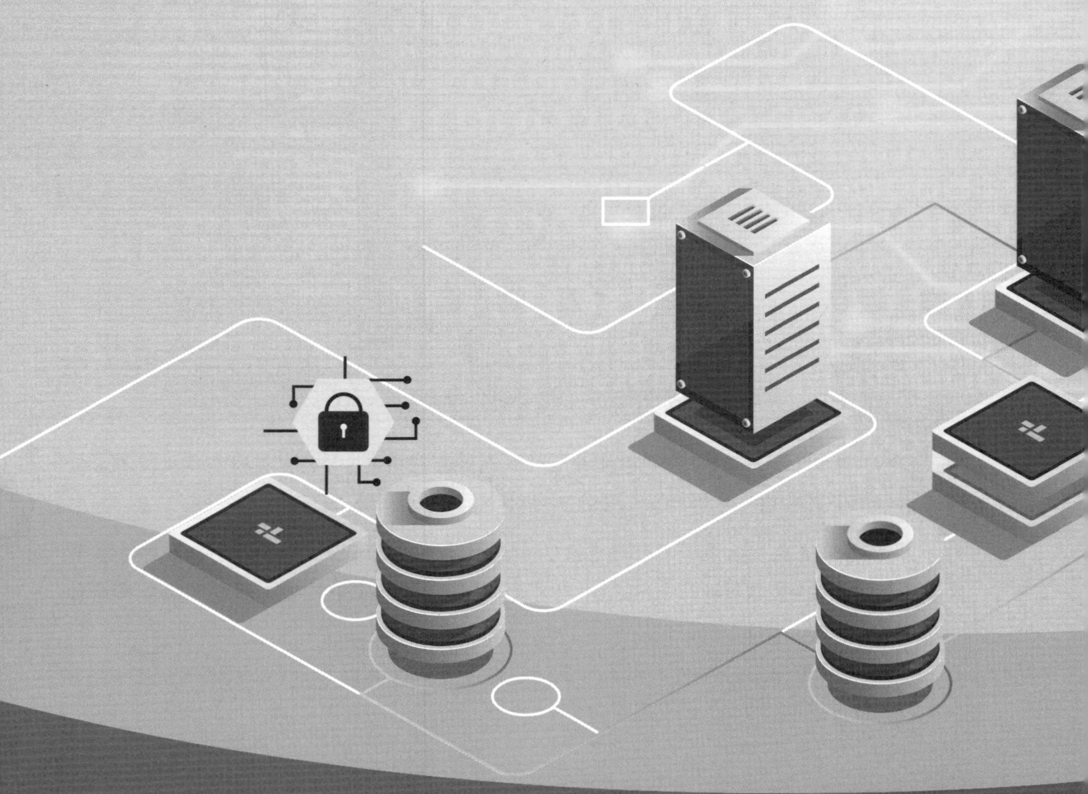

INFORMATION SECURITY RISK MANAGER

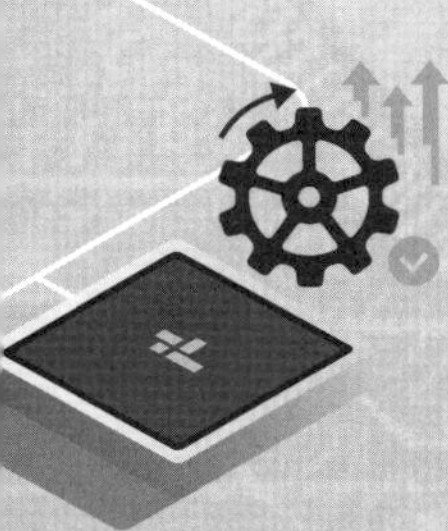

Chapter 1 실력점검문제

INFORMATION SECURITY RISK MANAGER

정보보호 위험관리 계획

01 정보보호 거버넌스의 주요 목표가 아닌 것은?

① 책임성 ② 준거성
③ 기술 혁신 ④ 전략적 연계

해설

정보보호 거버넌스의 주요 목표는 책임성, 비즈니스 연계성, 준거성이다. 기술 혁신은 정보보호의 중요한 요소일 수 있지만, 거버넌스의 주요 목표는 아니다.

02 정보보호 거버넌스의 주요 프로세스가 아닌 것은?

① 평가 ② 모니터링
③ 의사소통 ④ 실행

해설

정보보호 거버넌스의 주요 프로세스는 정보보안 감사(Assure), 평가(Evaluate), 지시(Direct), 모니터링(Monitor), 의사소통(Communicate)이다. '실행'은 일반적으로 운영 수준의 활동으로 간주된다.

03 정보보호 거버넌스의 실행체계에서 자원 관리에 포함되지 않는 것은?

① 인력 관리
② 기술 및 인프라 관리
③ 고객 관리
④ 지식 관리

해설

정보보호 거버넌스의 자원 관리는 주로 인력, 예산, 기술 및 인프라, 지식 등 내부 자원에 초점을 맞춘다. 고객 관리는 일반적으로 자원 관리의 직접적인 부분으로 간주되지 않는다.

04 BSC(균형성과표)의 4가지 관점에 포함되지 않는 것은?

① 재무 관점
② 기술 혁신 관점
③ 학습 및 성장 관점
④ 내부 프로세스 관점

해설

BSC의 4가지 관점은 재무, 고객, 내부 프로세스, 학습 및 성장이다. 기술 혁신은 일반적으로 내부 프로세스나 학습 및 성장 관점에 포함될 수 있다.

05 정보보호 관리체계의 법적 생명주기에 포함되지 않는 단계는?

① 수립 ② 구현
③ 유지 및 개선 ④ 폐기

해설

정보보호 관리체계의 법적 생명주기는 수립, 구현, 운영, 유지 및 개선 단계로 구성된다. '폐기'는 일반적으로 이 생명주기에 포함되지 않는다.

06 정보보호 거버넌스에서 '책임성'이 의미하는 바는?

① 모든 직원이 보안 규정을 준수해야 한다.
② 정보보호 활동의 성과에 대해 누가 책임을 지는지 명확히 한다.
③ 모든 보안 사고에 대해 처벌해야 한다.
④ 모든 정보를 암호화해야 한다.

해설

정보보호 거버넌스에서 '책임성'은 정보보호 활동의 성과에 대해 누가 책임을 지는지를 명확히 하는 것을 의미한다. 이는 조직 내 의사결정과 문제 발생 시 책임 소재를 명확히 하는 것을 포함한다.

정답 01 ③ 02 ④ 03 ③ 04 ② 05 ④ 06 ②

07 정보보호 거버넌스의 '비즈니스 연계성'이 의미하는 바는?

① 정보보호 활동이 비즈니스 목표 달성에 기여하는지 확인한다.
② 모든 비즈니스 프로세스를 보안화한다.
③ 비즈니스 부서와 IT 부서를 통합한다.
④ 비즈니스 성과를 높이기 위해 보안을 약화시킨다.

해설
'비즈니스 연계성'은 정보보호 활동이 조직의 비즈니스 목표 달성에 기여하는지를 확인하고, 정보보호 전략과 비즈니스 목표를 전략적으로 연계시키는 것을 의미한다.

08 정보보호 거버넌스의 '준거성'이 의미하는 바는?

① 모든 법규를 준수한다.
② 정보보호 활동이 원칙과 기준에 따라 수행되는지 확인한다.
③ 국제 표준을 모두 준수한다.
④ 내부 규정을 엄격히 적용한다.

해설
'준거성'은 정보보호 활동이 법, 제도, 기업 내부의 규정 등 원칙과 기준에 따라 수행되는지를 확인하는 것을 의미한다. 이는 관련 법규 및 규제 요구사항을 준수하도록 보장하는 것을 포함한다.

09 정보보호 거버넌스의 '평가(Evaluate)' 프로세스의 주요 목적은?

① 직원들의 성과를 평가한다.
② 보안 기술의 효과성을 평가한다.
③ 조직의 정보보호 목표 달성을 위해 필요한 조정 사항을 계획한다.
④ 외부 위협을 평가한다.

해설
'평가' 프로세스는 조직의 정보보호 목표 달성을 위해 필요한 조정 사항을 계획하고 변경하는 것을 주요 목적으로 한다. 이는 현재 프로세스나 구성요소의 상태를 검토하여 문제점과 개선사항을 파악하는 것을 포함한다.

10 정보보호 거버넌스의 '지시(Direct)' 프로세스의 주요 목적은?

① 직원들에게 명령을 내린다.
② 보안 정책을 수립하고 검토한다.
③ 보안 기술의 사용 방법을 지시한다.
④ 정부 기관의 지침을 이행한다.

해설
'지시' 프로세스는 조직의 정보보호 목적과 전략 달성에 필요한 사항과 추진 방향을 제시하는 것을 주요 목적으로 한다. 이는 보안 정책과 절차를 수립하고 검토하며, 직원들의 규정 준수 여부를 평가하는 것을 포함한다.

11 정보보호 거버넌스의 '모니터링(Monitor)' 프로세스의 주요 목적은?

① 직원들의 행동을 감시한다.
② 보안 활동을 진단하고 성과 지표를 관리한다.
③ 외부 해킹 시도를 모니터링한다.
④ 시스템 로그를 분석한다.

해설
'모니터링' 프로세스는 보안 활동을 진단하고, 요구사항을 반영하며, 성과 지표를 관리하는 것을 주요 목적으로 한다. 이는 지속적으로 프로세스를 모니터링하고 주요 지표를 통해 정량적 목표 달성 여부를 확인하는 것을 포함한다.

정답 07 ① 08 ② 09 ③ 10 ② 11 ②

12 정보보호 거버넌스의 '의사소통(Communicate)' 프로세스의 주요 목적은?

① 보안 관련 내용을 조직 내에서 공유한다.
② 직원들 간의 소통을 촉진한다.
③ 외부 기관과의 소통을 강화한다.
④ 마케팅 전략을 수립한다.

해설

'의사소통' 프로세스는 보안 관련 내용을 조직 내에서 공유하고, 정보보호 활동과 결과에 대해 이해관계자들과 효과적으로 소통하는 것을 주요 목적으로 한다.

13 정보보호 거버넌스의 '정보보안감사(Assure)' 프로세스의 주요 목적은?

① 재무 감사를 수행한다.
② 정보보호 목표와 실제 행동을 확인하고 검증한다.
③ 외부 감사 기관의 요구사항을 충족한다.
④ 시스템의 보안 취약점을 감사한다.

해설

'정보보안감사' 프로세스는 정보보호 목표와 실제 행동을 확인하고 검증하는 것을 주요 목적으로 한다. 이는 내부 및 외부 감사를 통해 정보보호 활동의 적절성과 효과성을 평가하는 것을 포함한다.

14 정보보호 거버넌스의 자원 관리에서 '인력 관리'의 주요 목적은?

① 보안 직무에 대한 적정 인력 규모를 산정한다.
② 직원들의 근태를 관리한다.
③ 직원들의 업무 성과를 평가한다.
④ 신입 직원을 채용한다.

해설

정보보호 거버넌스의 자원 관리에서 '인력 관리'는 보안 직무에 대한 적정 인력 규모를 산정하고, 정보보호 관련 이해관계자들의 핵심 역량을 제고하는 방안을 마련하는 것을 주요 목적으로 한다.

15 정보보호 거버넌스의 'EDM(Evaluate, Direct, Monitor)' 모델에서, 'Evaluate' 단계의 주요 활동으로 가장 적절하지 않은 것은?

① 현재와 미래의 비즈니스 요구사항 평가
② 외부 환경 요인 분석
③ 현재의 정보보호 성과 평가
④ 보안 정책 및 절차 수립

해설

EDM 모델에서 'Evaluate' 단계는 주로 현재 상황을 평가하고 미래 요구사항을 분석하는 데 초점을 맞춘다. 보안 정책 및 절차 수립은 'Direct' 단계에 더 적합한 활동이다.

16 정보보호 거버넌스에서 '위험 선호도(Risk Appetite)'의 정의와 관리는 누구의 책임인가?

① CISO(Chief Information Security Officer)
② CIO(Chief Information Officer)
③ 이사회(Board of Directors)
④ 감사위원회(Audit Committee)

해설

위험 선호도의 정의와 관리는 최고 수준의 거버넌스 활동으로, 일반적으로 이사회의 책임이다. 이는 조직의 전략적 방향과 목표에 직접적인 영향을 미치기 때문이다.

17 정보보호 관리체계(ISMS)와 개인정보보호 관리체계(PIMS)를 통합한 ISMS-P 인증에서, 다음 중 '개인정보 처리 단계별 요구사항'에 해당하지 않는 것은?

① 개인정보 수집
② 개인정보 이용 및 제공
③ 개인정보 저장 및 파기
④ 개인정보 위험평가

 12 ① 13 ② 14 ① 15 ④ 16 ③ 17 ④

해설

ISMS-P의 '개인정보 처리 단계별 요구사항'은 개인정보의 수집, 이용 및 제공, 저장 및 파기 등을 포함한다. 개인정보 위험평가는 '개인정보보호 정책 수립 및 시행' 영역에 해당한다.

18 ISO/IEC 27001 표준에서 정의하는 ISMS(정보보안경영시스템) 수립 및 운영의 핵심 프로세스 모델은?

① PDCA(Plan-Do-Check-Act)
② EDM(Evaluate-Direct-Monitor)
③ OODA(Observe-Orient-Decide-Act)
④ DMAIC(Define-Measure-Analyze-Improve-Control)

해설

ISO/IEC 27001 표준은 PDCA(Plan-Do-Check-Act) 사이클을 ISMS의 핵심 프로세스 모델로 채택하고 있다. 이는 지속적인 개선을 위한 순환적 접근 방식을 제공한다.

19 정보보호 거버넌스에서 '세 가지 방어선 모델(Three Lines of Defense Model)'의 두 번째 방어선에 해당하는 것은?

① 운영 관리
② 위험 관리 및 준법 감시
③ 내부 감사
④ 외부 감사

해설

세 가지 방어선 모델에서 두 번째 방어선은 위험 관리 및 준법 감시 기능을 담당한다. 이는 첫 번째 방어선(운영 관리)을 감독하고 지원하는 역할을 한다.

20 정보보호 거버넌스에서 '정보보안 성과 측정'을 위한 KPI(핵심성과지표)로 가장 적절하지 않은 것은?

① 보안 사고 대응 시간
② 직원 보안 인식 교육 이수율
③ 취약점 패치 적용 비율
④ 서버 CPU 사용률

해설

서버 CPU 사용률은 일반적으로 IT 운영 성과를 측정하는 지표로, 정보보안 성과를 직접적으로 반영하지 않는다. 나머지 지표들은 정보보안 활동의 효과성을 측정하는 데 더 적합하다.

21 NIST Cybersecurity Framework의 핵심 기능(Core Functions) 중, 사이버 보안 사고 발생 시 대응 계획을 수립하고 실행하는 단계는?

① Identify ② Protect
③ Detect ④ Respond

해설

NIST Cybersecurity Framework의 'Respond' 기능은 사이버 보안 사고 발생 시 대응 계획을 수립하고 실행하는 단계를 나타낸다.

22 정보보호 거버넌스에서 '정보자산 분류'의 주요 목적으로 가장 적절한 것은?

① 자산의 금전적 가치 평가
② 보안 통제 수준 결정
③ IT 예산 할당
④ 하드웨어 자산 관리

해설

정보자산 분류의 주요 목적은 각 자산의 중요도와 민감도를 평가하여 적절한 보안 통제 수준을 결정하는 것이다. 이를 통해 중요 자산에 대한 보호를 강화하고 효율적인 자원 할당이 가능해진다.

정답 18 ① 19 ② 20 ④ 21 ④ 22 ②

23 **정보보호 관리체계(ISMS)의 주요 목적은 무엇인가?**

① 정보의 기밀성, 무결성, 가용성 보장
② 조직의 매출 증대
③ 고객 만족도 향상
④ 데이터베이스 최적화

해설
ISMS는 정보의 기밀성, 무결성, 가용성을 보호하여 조직의 정보자산을 안전하게 관리하는 것을 주요 목적으로 한다.

24 **정보보호 거버넌스의 목표에 해당하지 않는 것은?**

① 책임성 ② 비즈니스 연계성
③ 준거성 ④ 비용 절감

해설
정보보호 거버넌스의 목표는 책임성, 비즈니스 연계성, 준거성이며, 비용 절감은 직접적인 목표가 아니다.

25 **ISMS 인증 의무 대상자에 해당하지 않는 경우는?**

① 연간 매출 100억 이상인 기업
② 주요정보통신기반시설 운영 기관
③ 개인정보를 처리하지 않는 소규모 사업체
④ 전자금융거래 서비스를 제공하는 기업

해설
개인정보를 처리하지 않는 소규모 사업체는 ISMS 인증 의무 대상이 아니다.

26 **위험 관리 프로세스에서 마지막 단계는 무엇인가?**

① 위험 평가
② 보호대책 선정 및 구현
③ 지속적인 모니터링 및 개선
④ 자산 식별

해설
위험 관리 프로세스는 모니터링과 개선을 통해 지속적으로 관리된다.

27 **CISO(정보보호 최고책임자)의 주요 역할로 적합하지 않은 것은?**

① 정보보호 전략 수립 및 시행
② 보안 사고 대응 및 복구 총괄
③ 조직의 매출 증대를 위한 마케팅 전략 수립
④ 최고 경영진과의 소통

해설
CISO는 정보보호와 관련된 업무를 총괄하며, 매출 증대를 위한 마케팅 전략 수립은 그의 역할이 아니다.

28 **GDPR에서 데이터 최소화 원칙이 의미하는 것은?**

① 데이터를 최대한 많이 수집해야 한다.
② 필요한 최소한의 데이터만 처리해야 한다.
③ 데이터를 영구적으로 저장해야 한다.
④ 데이터 처리 과정을 생략해야 한다.

해설
GDPR의 데이터 최소화 원칙은 필요한 최소한의 데이터만 수집하고 처리하도록 규정한다.

29 **정보보호 관리체계(ISMS)의 생명주기에서 가장 먼저 수행해야 하는 단계는?**

① 위험 평가 ② 자산 식별
③ 보호대책 구현 ④ 정책 수립

해설
ISMS 생명주기에서 가장 첫 단계는 자산 식별로, 보호해야 할 정보자산을 명확히 정의하고 목록화하는 과정이다.

정답 23 ① 24 ④ 25 ③ 26 ③ 27 ③ 28 ② 29 ②

30 정보보호 거버넌스의 실행체계에서 조직의 역할로 적합하지 않은 것은?

① 최고경영진의 적극적인 참여
② 정보보호책임자의 역할 명확화
③ 보안 솔루션 구매 결정
④ 정보보호위원회 구성

해설
보안 솔루션 구매 결정은 기술적 세부 사항으로, 거버넌스의 실행체계에서 조직의 역할과 직접적으로 연관되지 않는다.

31 개인정보보호법에 따라 개인정보 처리자가 준수해야 할 의무가 아닌 것은?

① 개인정보 유출 시 신고 의무
② 정보주체의 동의 없이 데이터 수집
③ 개인정보 처리방침 공개
④ 개인정보 파기 절차 마련

해설
개인정보 수집은 반드시 정보주체의 동의를 받아야 하며, 이를 위반하면 법적 제재를 받을 수 있다.

32 GDPR에서 데이터 보호책임자(DPO)의 역할로 적합하지 않은 것은?

① 데이터 처리 활동 모니터링
② 규제 기관과 협력
③ 기업의 매출 증대 전략 수립
④ 데이터 보호 정책 조언

해설
DPO는 데이터 보호와 관련된 활동을 총괄하며, 매출 증대 전략은 그의 역할에 포함되지 않는다.

33 ISMS-P 인증에서 “P”가 추가된 이유는 무엇인가?

① 물리적 보안 강화
② 개인정보보호 강화
③ 프로세스 자동화 도입
④ 국제 표준 준수

해설
ISMS-P는 기존 ISMS에 개인정보보호 요소를 추가하여 인증 체계를 확장한 것이다.

34 정보보호 위험 평가에서 위험 수준을 산정하기 위해 필요한 주요 요소가 아닌 것은?

① 위협 발생 가능성
② 취약점 심각도
③ 자산 가치
④ 경쟁사의 보안 수준

해설
경쟁사의 보안 수준은 위험 평가와 직접적인 관련이 없다.

35 CISO(정보보호 최고책임자)의 역할 중 법적 근거를 제공하는 법률은?

① 개인정보보호법
② 정보통신망법
③ 신용정보보호법
④ 국가정보화기본법

해설
CISO의 지정과 역할은 정보통신망법에 명시되어 있다.

36 ISO 27001에서 정의하는 보안 도메인에 포함되지 않는 것은?

① 접근 통제 ② 물리적 보안
③ 고객 만족도 분석 ④ 사고 대응

정답 30 ③ 31 ② 32 ③ 33 ② 34 ④ 35 ② 36 ③

해설

ISO 27001은 보안 관리 체계와 관련된 기술적, 물리적, 관리적 통제를 다루며, 고객 만족도는 포함되지 않는다.

37 **정보보호 정책 수립 시 반드시 포함되어야 할 원칙이 아닌 것은?**

① 최소 권한 원칙 적용
② 암호화 사용 의무화
③ 모든 데이터 공개 원칙 적용
④ 물리적 보안 강화

해설

모든 데이터를 공개하는 원칙은 정보보호 정책과 상충되며, 기밀성을 위배한다.

38 **침해사고 대응 계획(IRP)의 주요 단계가 아닌 것은?**

① 사고 탐지 및 분석
② 사고 대응 및 복구 조치
③ 사고 원인 은폐 및 차단
④ 사고 후 개선 조치

해설

사고 원인을 은폐하는 것은 침해사고 대응 계획(IRP)의 목적에 부합하지 않는다.

39 **GDPR에서 데이터 최소화 원칙을 준수하기 위해 조직이 해야 할 일은?**

① 가능한 많은 데이터를 저장한다.
② 필요 없는 데이터를 삭제한다.
③ 데이터를 무기한 보관한다.
④ 모든 데이터를 암호화한다.

해설

데이터 최소화 원칙은 필요한 최소한의 데이터만 처리하고 불필요한 데이터를 삭제하도록 요구한다.

40 **정보보호 관리체계(ISMS)의 생명주기에서 "정책 및 절차 수립" 단계의 주요 활동이 아닌 것은?**

① 정보보호 목표 설정
② 보안 정책 및 지침 작성
③ 침해사고 대응 계획 수립
④ 보안 솔루션 구매

해설

"보안 솔루션 구매"는 기술적 실행 단계에 해당하며, 정책 및 절차 수립 단계에서는 보안 목표와 지침을 정의하는 것이 핵심이다.

41 **균형성과표의 4가지 관점 중 해당되는 관점은?**

① 고객
② 학습과 성장
③ 재무
④ 내부 프로세스

해설

문제에서 설명하는 관점은 내부 프로세스에 대한 관점이다.

42 **정보보호 거버넌스의 목표 중 "비즈니스 연계성"에 해당하는 설명은?**

① 정보보호 활동이 법적 규제를 준수하도록 보장한다.
② 정보보호 활동이 조직의 비즈니스 목표와 전략적으로 연계된다.
③ 정보보호 활동의 성과에 대한 책임을 명확히 구분한다.
④ 정보보호 활동이 외부 감사 기준을 충족하도록 한다.

해설

비즈니스 연계성은 정보보호 활동이 조직의 비즈니스 목표와 방향성을 일치시키는 것을 의미한다.

37 ③ 38 ③ 39 ② 40 ④ 41 ④ 42 ②

43 ISMS-P 인증에서 개인정보보호를 강화하기 위해 추가된 주요 요구사항은 무엇인가?

① 데이터 암호화 의무화
② 개인정보 영향평가 수행
③ 네트워크 방화벽 설치
④ 침입 탐지 시스템 도입

해설

ISMS-P 인증은 개인정보보호를 강화하기 위해 개인정보 영향평가 수행을 요구한다.

44 위험 평가 시 "위협"의 정의로 가장 적합한 것은?

① 자산의 취약점을 악용할 가능성이 있는 잠재적 사건
② 조직 내에서 발생할 수 있는 모든 기술적 문제
③ 자산의 현재 상태를 분석한 결과
④ 보안 솔루션이 실패할 확률

해설

위협은 자산의 취약점을 악용하여 손실이나 피해를 초래할 가능성이 있는 잠재적 사건이다.

45 GDPR에서 "데이터 주체의 권리"에 포함되지 않는 것은?

① 데이터 접근 권리
② 데이터 삭제 요청 권리
③ 데이터 처리 제한 요청 권리
④ 데이터 임의 수정 요청 권리

해설

GDPR은 데이터 주체에게 데이터 접근, 삭제, 처리 제한 등의 권리를 부여하지만, 데이터를 임의 수정할 권리는 포함하지 않는다.

46 정보보호 위험관리 계획 수립 시 가장 먼저 수행해야 할 작업은?

① 위험 평가 방법론 선정
② 자산 식별 및 분류
③ 보호대책 구현 계획 수립
④ 경영진 승인 획득

해설

위험관리 계획 수립에서 첫 단계는 보호해야 할 자산을 식별하고 분류하는 것이다.

47 CISO(정보보호 최고책임자)의 역할 중 "사고 대응 및 복구"에 해당하는 활동은?

① 침해사고 대응 계획 수립 및 관리
② 정보보호 정책 승인 및 배포
③ 직원 대상 보안 교육 시행
④ 외부 감사 결과 보고

해설

사고 대응 및 복구는 침해사고 발생 시 대응 계획을 수립하고 관리하는 것을 포함한다.

48 ISMS 인증 의무 대상자에 포함되는 경우는?

① 의료법에 따른 모든 병원
② 연간 매출 100억 이상인 일반 기업
③ 집적정보통신시설 사업자
④ 개인정보를 처리하지 않는 소규모 사업체

해설

정보통신망법 제47조제2항제2호에 따라 집적정보통신시설 사업자는 의무 대상에 해당한다.

정답 43 ② 44 ① 45 ④ 46 ② 47 ① 48 ③

49 ISO 27001에서 정의된 "접근 통제"의 주요 원칙이 아닌 것은?

① 최소 권한 부여 원칙 적용
② 사용자 인증 절차 강화
③ 모든 데이터를 공개적으로 공유
④ 접근 기록 유지 및 점검

해설
ISO 27001에서는 최소 권한과 인증 절차를 강조하며, 데이터를 공개적으로 공유하는 것은 보안 원칙에 어긋난다.

50 개인정보보호법에 따라 개인정보 처리자가 반드시 수행해야 할 조치는?

① 개인정보 유출 시 신고 의무 이행
② 모든 데이터를 암호화하여 저장
③ 고객 동의 없이 데이터 활용 가능성 검토
④ 개인정보 무기한 저장

해설
개인정보 유출 시 신고 의무는 개인정보 처리자가 반드시 이행해야 하는 법적 요구사항이다.

51 개인정보보호법에 따라 개인정보처리자가 개인정보를 파기하여야 하는 경우가 아닌 것은?

① 동의를 받은 개인정보의 수집 · 이용 목적을 달성한 경우
② 동의를 받은 개인정보의 보유 및 이용 기간이 끝난 경우
③ 정보주체가 동의를 철회한 경우
④ 정보주체가 1년간 서비스를 이용하지 않은 경우

해설
2023년 9월 15일부터 개인정보 유효기간제가 폐지됨에 따라 1년간 서비스를 이용하지 않은 고객의 정보를 파기하지 않아도 된다.

52 개인정보보호법상 '민감정보'에 해당하지 않는 것은?

① 유전정보 ② 범죄경력 정보
③ 생체인식정보 ④ 주민등록번호

해설
개인정보보호법 제23조 및 동법 시행령 제18조에 따르면, 민감정보에는 사상 · 신념, 노동조합 · 정당 가입 및 탈퇴, 정치적 견해, 건강, 성생활 등에 관한 정보, 유전정보, 범죄경력 정보, 생체인식정보, 인종이나 민족에 관한 정보가 포함된다. 주민등록번호는 민감정보가 아닌 고유식별정보에 해당한다.

53 정보보호산업의 진흥에 관한 법률에 따라 정보보호 전문서비스 기업으로 지정받을 수 있는 요건이 아닌 것은?

① 정보보호 전문인력을 10명 이상 보유할 것
② 자본금이 5억원 이상일 것
③ 정보보호 전문서비스 매출액 비중이 전체 매출액의 50% 이상일 것
④ 정보보호 관련 특허를 5개 이상 보유할 것

해설
정보보호산업의 진흥에 관한 법률 시행령 제17조에 따르면, 정보보호 전문서비스 기업으로 지정받기 위해서는 정보보호 전문인력 10명 이상 보유, 자본금 5억원 이상, 정보보호 전문서비스 매출액 비중이 전체 매출액의 50% 이상 등의 요건을 충족해야 한다. 특허 보유 수는 지정 요건에 포함되지 않는다.

54 개인정보보호법상 개인정보 처리자가 개인정보 유출 사실을 정보주체에게 통지해야 하는 기한은?

① 유출 사실을 안 때부터 24시간 이내
② 유출 사실을 안 때부터 48시간 이내
③ 유출 사실을 안 때부터 3일 이내
④ 유출 사실을 안 때부터 7일 이내

정답 49 ③ 50 ① 51 ④ 52 ④ 53 ④ 54 ③

해설

개인정보보호법 제34조에 따르면, 개인정보처리자는 개인정보 유출 사실을 안 때부터 3일 이내에 정보주체에게 통지해야 한다. 다만, 정보통신서비스 제공자 등의 경우 정보통신망법에 따라 24시간 이내에 통지해야 한다.

55 정보통신망법에 따른 정보보호 관리체계 인증(ISMS)을 의무적으로 받아야 하는 대상이 아닌 것은?

① 자본금 100억원 이상의 정보통신서비스 제공자

② 연간 매출액 100억원 이상의 정보통신서비스 제공자

③ 일일 평균 이용자 수 100만명 이상의 정보통신서비스 제공자

④ 전년도 매출액이 1,500억원 이상인 집적정보통신시설 사업자

해설

정보통신망법 제47조 및 동법 시행령 제49조에 따르면, ISMS 인증 의무 대상은 직전 3개월간 일일 평균 이용자 수가 100만명 이상이거나 정보통신서비스 부문 전년도 매출액이 100억원 이상인 정보통신서비스 제공자, 전년도 매출액이 1,500억원 이상인 집적정보통신시설 사업자 등이다. 자본금 기준은 의무 인증 대상 기준에 포함되지 않는다.

56 다음에서 설명하는 정보보호 관련 법규는?

> 정보통신의 건전한 발전을 도모하기 위한 법으로, 정보통신망을 이용하는 과정에서 개인의 정보와 권리를 보호하고, 공정하고 투명한 데이터 활용 환경을 조성하는 것이 목적이다.

① 개인정보보호법

② 전자금융거래법

③ 정보통신망 이용촉진 및 정보보호 등에 관한 법률

④ 국가정보화기본법

해설

정보통신망 이용촉진 및 정보보호 등에 관한 법률(정보통신망법)의 주요 목적을 설명한 것으로, 기업이 합법적인 데이터 처리 방식을 채택하도록 강제하는 장치로 작용한다.

57 회사에서 신입 직원을 대상으로 정보보호 교육을 실시하고자 할 경우, 다음 중 가장 적절한 교육 내용은 무엇인가?

① 최신 암호화 기술 동향

② 클라우드 보안 위협 분석

③ 정보보호 관련 법규 및 규정

④ 보안 취약점 진단 도구 활용 방법

해설

신입 직원을 대상으로 하는 정보보호 교육에서는 기본적인 정보보호의 중요성과 관련 법규, 규정을 이해시키는 것이 중요하며, 이는 직원들이 회사의 보안 정책을 준수하고 정보보호의 기본 원칙을 이해하는 데 도움이 된다.

58 다음 중 정보보호의 정의와 가장 거리가 먼 설명은 무엇인가?

① 정보의 기밀성, 무결성, 가용성을 유지하는 것을 목표로 한다.

② 조직의 민감한 정보를 보호하여 외부 위협으로부터 방어한다.

③ 정보 보호를 통해 정보의 비공개성과 안전성을 확보한다.

④ 정보보호는 IT 부서의 책임으로 한정된다.

해설

정보보호는 조직 전체의 책임으로, 모든 구성원이 함께 참여해야 하는 영역이다.

 55 ① 56 ③ 57 ③ 58 ④

59 **다음 중 정보보호의 세 가지 핵심 요소로 올바르게 나열된 것은 무엇인가?**

① 기밀성, 가용성, 정확성

② 기밀성, 무결성, 가용성

③ 무결성, 안전성, 신속성

④ 가용성, 투명성, 보안성

해설

정보보호의 세 가지 핵심 요소는 기밀성, 무결성, 가용성이다.

60 **다음 중 정보보호의 무결성(integrity)과 가장 관련이 깊은 설명은 무엇인가?**

① 정보가 허가되지 않은 사용자에게 공개되지 않도록 보호하는 것

② 정보가 손상되거나 변조되지 않도록 보호하는 것

③ 정보가 필요할 때 언제든 접근 가능하도록 보장하는 것

④ 정보 사용 기록을 추적하고 감사할 수 있도록 관리하는 것

해설

① 기밀성, ③ 가용성, ④ 감사 추적 및 책임

61 **정보보호에서 가용성(Availability)을 보장하기 위한 방안으로 가장 적절한 것은 무엇인가?**

① 강력한 암호 정책을 도입하여 비밀번호를 자주 변경한다.

② 데이터 백업과 장애 복구 시스템을 구축한다.

③ 보안 교육을 통해 직원들의 의식을 높인다.

④ 시스템 접근 권한을 최소한으로 제한한다.

해설

가용성(Availability)은 정보와 시스템이 필요한 때에 중단 없이 접근 가능하도록 보장하는 것을 목표로 한다. 이를 위해 데이터 백업, 장애 복구 시스템, 중복 네트워크, 시스템 이중화 등의 방안을 활용한다.

62 **CISO 신고 관련 옳지 않은 것은 무엇인가?**

① 자본금 1억원 이하인 자는 신고의무에서 제외된다.

② 중소기업기본법상 소기업은 신고하지 않아도 된다.

③ 신고의무대상의 경우 임원급으로 지정, 신고해야 한다.

④ 정보통신서비스 제공자로서 직전 사업연도 말 기준 자산총액 5조원 이상 또는 정보보호 관리체계(ISMS) 인증의무대상자 중 직전 사업연도 말 기준 자산총액 5천억 원 이상인 경우 겸직이 금지된다.

해설

반드시 임원일 필요는 없으며, 정보보호 관련 업무를 총괄하는 부서의 장도 가능하다.

63 **CISO 자격요건으로 옳지 않은 것은 무엇인가?**

① 정보보호 또는 정보기술 석사학위 이상

② 학사학위 + 3년 이상의 정보보호 또는 정보기술 경력

③ 정보보호 또는 정보기술 업무경력 10년 이상

④ 개인정보 영향평가 전문인력 자격

해설

개인정보 영향평가 전문인력이 아닌 ISMS-P 인증심사원 자격이 있어야 한다.

정답 59 ② 60 ② 61 ② 62 ③ 63 ④

64 다음 중 정보통신망법에서 요구하는 CISO의 역할로 옳지 않은 것은 무엇인가?

① 정보보호 계획의 수립, 시행 및 개선
② 정보보호 실태와 관행의 정기적인 감사 및 개선
③ 정보보호 위험의 식별 평가 및 정보보호 대책 마련
④ 취약점 분석 평가를 위한 자체 전담반 구성

해설
취약점 분석 평가를 위한 자체 전담반 구성은 전자금융감독규정에서 요구하는 사항이다.

65 다음 중 개인정보 보호책임자(CPO)의 직위 요건으로 옳지 않은 것은 무엇인가?

① 국회, 법원, 헌법재판소, 중앙선거관리위원회의 행정사무를 처리하는 기관 및 중앙행정기관: 고위공무원 또는 그에 상당하는 공무원으로 지정
② 시도 및 시도 교육청: 3급 이상 공무원 또는 그에 상당하는 공무원
③ 시군 및 자치구: 3급 이상 공무원 또는 그에 상당하는 공무원
④ 각급 학교: 해당 학교의 행정사무를 총괄하는 사람

해설
시군 및 자치구의 개인정보 보호책임자의 직위 요건은 4급 이상 공무원 또는 그에 상당하는 공무원으로 지정해야 한다.

66 다음 중 온라인쇼핑몰이 직접적으로 적용받는 법령이 아닌 것은 무엇인가?

① 개인정보보호법 ② 정보통신망법
③ 신용정보법 ④ 전자상거래법

해설
온라인쇼핑몰은 정보통신서비스제공자로서 개인정보보호법, 정보통신망법, 전자상거래법, 통신비밀보호법의 적용을 받는다.

67 다음 중 개인정보보호법상 개인정보 보호책임자의 업무 중 가장 적절하지 않은 것은 무엇인가?

① 개인정보 처리에 관한 직원 의견 수렴
② 개인정보 처리 실태 및 관행의 정기적인 조사 및 개선
③ 개인정보 처리와 관련한 불만의 처리 및 피해 구제
④ 개인정보보호 교육 계획의 수립 및 시행

해설
개인정보 처리에 관한 직원 의견 수렴은 개인정보 보호책임자의 직접적인 업무라기보다는 조직 내에서 개인정보보호 문화를 조성하기 위한 노력의 일환이다.

68 개인정보 보호책임자 자격 기준으로 적절하지 않은 것은 무엇인가?

① 최소 2년 이상의 개인정보보호 경력을 포함하여 개인정보보호, 정보보호, 정보기술 경력을 합하여 총 4년 이상의 경력을 보유해야 한다.
② 개인정보보호, 정보보호, 정보기술 각각의 경력을 모두 보유해야 한다.
③ 개인정보보호, 정보보호, 정보기술 학위를 취득한 경우 경력인정이 가능하다.
④ 유관분야에서 자격인증 및 취득한 경우 경력인정이 가능하다.

해설
각각의 경력을 모두 보유해야 하는 것은 아니며, 4년 이상의 개인정보보호 경력만 보유한 경우도 자격요건을 충족한다.

정답 64 ④ 65 ③ 66 ③ 67 ① 68 ②

69 **다음 중 정보보호 관리체계 정보보호 관리의 목적으로 가장 올바르지 않은 것은 무엇인가?**

① 정보의 기밀성, 무결성, 가용성 보호
② 조직의 데이터와 자산을 잠재적 위협으로부터 보호
③ 정보 위험을 식별, 평가, 관리
④ 정보자산 식별

해설

정보자산 식별은 정보보호 관리체계의 관리 목적이 아니라 달성하기 위한 과정으로 볼 수 있다.

70 **개인정보 보호책임자 경력 인정 요건이 아닌 것은?**

① 정보보호 및 개인정보보호 관리체계(ISMS-P) 인증심사원
② 개인정보영향평가 전문인력
③ 변호사
④ ISO 27001 인증심사원

해설

ISO 27001 인증심사원은 개인정보 보호책임자 경력 인정 요건에 해당하지 않는다.

<table>
<tr><th>구분</th><th colspan="2">경력인정요건</th><th>인정기간</th></tr>
<tr><td rowspan="3">고시</td><td>개인정보보호경력</td><td>• 정보보호 및 개인정보 보호 관리체계 인증 등에 관한 고시 제14조에 따른 정보보호 및 개인정보 보호 관리체계 인증심사원
• 개인정보 영향평가에 관한 고시 제5조제2항에 따른 개인정보 영향평가 전문인력
• 「변호사법」 제4조에 따른 변호사 자격 취득자</td><td>1년</td></tr>
<tr><td rowspan="2">정보보호, 정보기술경력</td><td>• 정보관리기술사, 컴퓨터시스템응용기술사</td><td>1년</td></tr>
<tr><td>• 정보보안기사, 정보처리기사</td><td>6개월</td></tr>
</table>

71 **정보보호 관리체계 구축 시 보호대상 선정 시 고려해야 할 사항으로 가장 적절하지 않은 것은 무엇인가?**

① 정보의 민감도
② 정보의 가치
③ 정보의 이용 가능성
④ 정보의 처리 주체

해설

처리 주체는 보호대상을 선정하는 데 있어서 직접적인 기준이 되지 않는다.

72 **정보보호 관리체계 구축 시 보호 대상 선정 과정에서 가장 중요한 것은 무엇인가?**

① 최신 기술 도입
② 예산 확보
③ 법령 분석 및 위험평가
④ 직원 교육

해설

법령 분석을 통해 정보보호 관련 법적 요구사항을 파악하고 위험평가를 통해 조직의 자산에 대한 위험을 식별, 우선순위를 설정하는 것이 중요하다. 이를 바탕으로 보호해야 할 대상들을 선정하고, 효과적인 정보보호 대책을 마련할 수 있다.

73 **정보보호 정책의 생명주기 구성 단계로 올바른 것은?**

① 정책 수립 → 시행 → 평가 → 개선
② 계획 → 수립 → 실행 → 평가
③ 분석 → 설계 → 구현 → 운영
④ 위험분석 → 대책 수립 → 시행 → 점검

해설

- 정책 수립: 조직의 정보보호 목표와 방침을 설정한다.
- 시행: 수립된 정책을 조직 내에서 실제로 적용하고 실행한다.
- 평가: 정책이 효과적으로 수행되고 있는지 평가하고, 그 성과를 분석한다.

69 ④ 70 ④ 71 ④ 72 ③ 73 ①

– 개선: 평가 결과를 바탕으로 정책을 개선하여 계속해서 발전시킨다.

74 정보보호 정책을 효과적으로 전달하기 위한 방법으로 가장 적절하지 않은 것은 무엇인가?

① 정기적인 교육 실시

② 홍보물 제작 배포

③ 내부망 게시판 활용

④ 외부 전문가 초빙 강의

해설

외부 전문가의 강의는 정책을 조직 내부에서 지속적으로 전달하고 실천하기보다는 일회성 교육에 그칠 가능성이 높다.

75 다음 중 정보보호 관리체계(ISMS) 구축 시 보호해야 할 대상 자산으로 가장 적절하지 않은 것은 무엇인가?

① 시스템 자산　② 정보 자산

③ 물리적 자산　④ 금전적 자산

해설

금전적 자산은 정보보호 관리체계 구축 시 직접적인 보호대상에 포함되지 않는다.

76 다음 중 정보보호 위험관리의 첫 단계로서 올바른 것은 무엇인가?

① 위험 평가

② 자산 식별 및 분류

③ 위험 처리

④ 위험 모니터링

해설

정보보호 위험 관리는 조직의 정보 자산을 정확히 파악하고 분류하는 것부터 시작해야 한다. 이를 통해 어떤 자산이 중요하고 민감한지를 알게 되고, 이후 그 자산에 대한 위험 평가와 관리를 진행할 수 있다.

77 정보보호 위험 관리에서 "위험"의 정의로서 올바른 것은 무엇인가?

① 정보보호 사고 발생 가능성

② 정보보호 사고 발생 가능성과 예상되는 손실의 결합

③ 정보보호 사고 발생 시 예상되는 손실

④ 정보보호 관련 법규 위반 가능성

해설

위험은 정보보호 사고가 발생할 가능성과 예상되는 손실을 모두 고려한 개념이라고 볼 수 있다.

78 다음 중 정보자산 식별 관련 설명으로 옳지 않은 것은 무엇인가?

① 정보자산의 분류기준을 수립하고 정보보호 및 개인정보보호 관리체계 범위 내의 모든 물리적 자산을 식별하여 목록으로 관리하여야 한다.

② 식별된 정보자산에 대한 법적 요구사항 및 업무에 미치는 영향 등을 고려하여 중요도를 결정하고 보안등급을 부여하여야 한다.

③ 정기적으로 정보자산 현황을 조사하여 정보자산목록을 최신으로 유지하여야 한다.

④ 클라우드 서비스를 이용하는 경우, 클라우드 서비스의 특성을 반영한 분류기준(예를 들어, 가상서버, 오브젝트 스토리지 등)을 마련하고 이에 따라 클라우드 자산을 식별 · 관리한다.

해설

정보자산에는 물리적 자산뿐만 아니라 정보, 소프트웨어, 서비스, 네트워크 자산 등 다양한 형태의 자산이 포함된다. 따라서 모든 정보자산을 식별하고 관리해야 한다.

정답 74 ④ 75 ④ 76 ② 77 ② 78 ①

79 정보보호 거버넌스 절차에서 '조직 구성' 단계에서 고려해야 할 사항으로 가장 적절하지 않은 것은 무엇인가?

① 조직의 규모
② 역할과 책임
③ 인력의 전문성
④ 보안 사고 대응

해설

보안 사고 대응은 조직의 정책과 프로세스를 통해 구축되며, '조직 구성' 단계에서는 구체적인 대응 계획보다는 조직 구조와 역할에 집중해야 한다.

80 다음 중 식별된 위험을 처리하기 위하여 보호대책을 선정하는 것으로 올바르지 않은 것은 무엇인가?

① 보호대책은 위협과 취약점 평가에 기반하여 선택되며, 그 효과성과 비용 효율성을 동시에 고려하여야 한다.
② 보호대책을 선정할 때, 조직의 정보자산과 관련된 법적 요구사항과 규제 요건은 반드시 우선적으로 반영해야 하며, 그 이후 위험 분석을 진행해야 한다.
③ 보호대책을 선정하는 과정에서는 조직의 비즈니스 목표와 전략적 방향을 고려하여, 보안성과 업무 효율성 사이의 균형을 맞추어야 한다.
④ 보호대책 선정 시, 외부 위협 뿐만 아니라 내부자 위협도 함께 고려해야 하며, 이를 반영한 종합적인 대책을 수립해야 한다.

해설

보호대책을 선정할 때 위험 분석을 먼저 진행하고, 그 분석 결과를 바탕으로 적절한 보호대책을 선택해야 한다. 법적 요건이 우선되면 보안 대책이 제대로 설정되지 않을 수 있다. 위험 분석을 통해 구체적인 위협과 취약점을 평가하고, 그에 맞는 보호대책을 수립하는 것이 핵심이다.

81 정보보호 거버넌스에서 경영진이 수행해야 할 역할로 적절하지 않은 것은?

① 보안 정책 수립 및 승인
② 보안 관련 법규 준수 여부 검토
③ 정보보호 예산 할당
④ 모든 보안 조치를 직접 실행

해설

경영진은 보안 정책을 수립하고 예산을 배정하지만, 개별적인 보안 조치를 직접 실행하는 역할은 담당하지 않는다.

82 E 기업은 최근 임직원 대상 정보보호 교육을 진행하였는데 이 중 가장 적절하지 않은 것은 무엇인가?

① 임직원에게 정보보호 정책 및 절차에 대한 교육을 진행하고, 사회 공학 공격(예: 피싱)에 대한 인식 제고 교육을 제공하였다.
② 보안 사고 대응 절차에 대한 교육을 진행하고, 사고 발생 시 각자의 역할을 명확히 구분하여 교육하였다.
③ 개인정보보호법 및 법적 요구사항에 대한 교육을 통해 법적 의무와 책임을 강조하였다.
④ 임직원들에게 정보보호 도구의 사용 방법에 대한 교육을 제공하였다.

해설

정보보호 도구 사용 방법에 대한 내용은 일반 임직원 대상 교육 내용에 포함되지 않는다.

정답 79 ④ 80 ② 81 ④ 82 ④

83 조직에서 보안 위험을 효과적으로 관리하기 위한 최선의 방법은?

① 모든 보안 위협을 완전히 제거하는 것
② 기존 보안 정책을 유지하고 변경하지 않는 것
③ 위험을 식별하고, 분석 후 대응 전략을 수립하는 것
④ 보안 담당 부서만 보안 관리 책임을 갖도록 하는 것

해설
효과적인 위험 관리는 위험 식별, 분석 및 대응 전략 수립을 통해 이루어진다.

84 다음 중 네트워크 보안을 강화하기 위한 방안으로 가장 적절하지 않은 것은?

① 방화벽 및 침입 탐지 시스템(IDS) 운영
② 네트워크 트래픽을 암호화하여 보호
③ 모든 직원에게 동일한 관리자 권한 부여
④ VPN을 활용한 안전한 원격 접속 환경 구축

해설
모든 직원에게 관리자 권한을 부여하면 보안 사고 발생 가능성이 높아진다.

85 다음 중 기업이 준수해야 할 정보보호 관련 법규 및 규제 사항에 해당하지 않는 것은?

① 개인정보보호법
② 정보통신망법
③ 산업재산권 보호법
④ ISMS-P 인증 의무

해설
산업재산권 보호법은 지식재산권 보호를 위한 법이며, 정보보호 관련 법규로 분류되지는 않는다.

86 기업에서 보안 교육을 효과적으로 운영하기 위한 방법으로 가장 적절하지 않은 것은?

① 보안 교육을 연 1회만 실시하고, 필요 시 개별적으로 학습하도록 한다.
② 실무 중심의 시뮬레이션 기반 훈련을 포함하여 대응 능력을 향상시킨다.
③ 전사적인 보안 인식 개선을 위해 정기적인 교육 및 퀴즈를 진행한다.
④ 최신 보안 위협 및 트렌드에 대한 업데이트를 교육 과정에 반영한다.

해설
보안 교육은 연 1회만 실시하기보다는 정기적이고 지속적으로 제공되어야 한다.

87 물리적 보안을 강화하는 가장 효과적인 방법은?

① 모든 데이터를 클라우드에 저장하여 물리적 보안을 무시
② 사무실 출입을 자유롭게 허용
③ 중요 구역에 출입 통제 시스템 도입
④ 보안 카메라를 제거하여 정보 유출 위험 감소

해설
중요 구역에 출입 통제 시스템을 도입하면 물리적 보안이 강화된다.

88 정보보호 교육 프로그램의 효과를 평가하기 위한 방법으로 가장 적절한 것은?

① 교육 종료 후 직원들에게 설문조사를 실시하여 만족도를 평가한다.
② 교육 효과를 고려하지 않고, 일정에 따라 동일한 교육을 반복한다.
③ 보안 사고 발생률과 교육 이전·이후의 대응 능력을 비교 분석한다.
④ 교육이 끝난 후 교육 내용을 완전히 잊어버려도 문제가 되지 않는다.

정답 83 ③ 84 ③ 85 ③ 86 ① 87 ③ 88 ③

해설

교육 전·후 보안 사고 발생률 비교 및 대응 능력 평가가 교육 효과를 측정하는 가장 효과적인 방법이다.

89 **다음 중 개인정보보호법(개인정보보호법, GDPR 등)의 주요 원칙이 아닌 것은?**

① 최소 수집 원칙 – 필요한 개인정보만 수집해야 한다.
② 목적 제한 원칙 – 특정한 목적을 위해서만 정보를 수집하고 사용해야 한다.
③ 무기한 보관 원칙 – 개인정보는 최대한 오랫동안 저장하는 것이 원칙이다.
④ 보안 조치 원칙 – 수집된 개인정보는 적절한 보안 조치를 통해 보호해야 한다.

해설

개인정보는 무기한 보관할 수 없으며, 법적 요구사항이나 수집 목적이 종료되면 파기하는 것이 원칙이다.

90 **다음에 들어갈 알맞은 말은?**

> 정보보호에 대한 최고경영층의 의사 결정 권한과 책임, 비즈니스와의 전략 및 연계, 컴플라이언스 보장을 위해 지켜야할 원칙과 수행해야 할 활동 및 과제를 일컫는다.
>
> 조직 전반에 걸친 정보보호 목표를 달성하기 위해 전략 및 정책을 통한 지시와 성과 모니터링을 통한 통제 활동을 수행하기 위한 이사회와 최고경영층의 역할 및 책임이다.

① IT 거버넌스
② ISO27041
③ 정보보안 거버넌스
④ PMBOK

해설

정보보안 거버넌스에 대한 설명이다.

91 **정보보호 거버넌스의 자원관리에 대한 설명으로 틀린 것은?**

① 보안 직무에 대한 적정 인력 규모를 산정한다.
② 정보보호책임자와 관련 부서의 역할 및 책임을 명확히 정의한다.
③ 중복 투자를 방지하고 자원 활용의 효율성을 높인다.
④ 전사적 아키텍처를 개발하여 체계적인 보안 인프라를 구축한다.

해설

전사적 아키텍처가 아닌 전사적 보안 아키텍처(ESA)를 개발하여야 한다.

92 **정보보호를 위한 기술적 보안 중 하나이다. 해당되는 기술적 보안은?**

> • 데이터 분류 체계 수립 및 관리
> • 데이터 유출 방지 솔루션 도입
> • 백업 및 복구 시스템 구축

① 데이터 보안
② 보안 모니터링
③ 암호화
④ 네트워크 보안

93 **정보보호 거버넌스의 성과 측정 방법 중 균형성과표(BSC)의 4가지 관점이 아닌 것은?**

① 학습과 성장 ② 내부 프로세스
③ 핵심성과지표 ④ 재무

해설

균형성과표의 4가지 관점에는 학습과 성장, 내부 프로세스, 고객, 재무가 있다.

정답 89 ③ 90 ③ 91 ④ 92 ① 93 ③

94 **균형성과표의 4가지 관점 중 해당되는 관점은?**

> • 인적 자본, 정보 자본, 조직 자본을 대상으로 한다.
> • 가치 창출 내부 프로세스를 지원하는 데 필요한 내부 기술과 역량 개발
> • 직원 개발 프로그램 구현, 기업문화 변화, 새로운 기술 도입 등의 목표 포함

① 내부 프로세스 ② 고객
③ 학습과 성장 ④ 재무

해설

문제에서 설명하는 관점은 학습과 성장에 대한 관점이다.

95 **균형성과표의 4가지 관점 중 해당되는 관점은?**

> • "우리가 잘하는 것은 무엇인가?"라는 주제 제시
> • 마케팅 전략 수립 및 혁신 추진 기여
> • 고객 요구를 충족 시키는 새롭고 개선된 방법 개발

① 고객 ② 학습과 성장
③ 재무 ④ 내부 프로세스

해설

문제에서 설명하는 관점은 내부 프로세스에 대한 관점이다.

96 **다음 중 정보보호 거버넌스의 성과 측정 방법이 아닌 것은?**

① 균형성과표(Balanced Score Card)
② 핵심성과지표(KPI)
③ 성과지표
④ 위협지표

해설

정보보호 거버넌스의 성과 측정 방법으로는 균형성과표, 핵심성과지표, 성과지표, 위험지표, 수준지표가 있다.

97 **다음 중 정보보호 거버넌스의 성과 측정 이후 개선 프로세스가 아닌 것은?**

① 측정 결과 분석
② 원인 파악
③ 개선 계획 수립
④ 정책 수립

해설

정보보호 거버넌스 성과 측정 이후 개선 프로세스에는 측정 결과 분석, 원인 파악, 개선계획 수립, 실행, 모니터링이 있다.

98 **다음 중 정보보호 정책 수립의 필요성이 아닌 것은?**

① 다양한 법률과 규정을 준수하는 데 필요한 지침을 제공한다.
② 개인의 데이터를 보호하는 것은 고객과 조직 간 신뢰를 강화하는 중요한 요인이다.
③ 정보 자산에 대한 위험으로부터 조직 운영의 연속성을 확보한다.
④ 모든 직원이 정보보호의 중요성을 이해하고 책임감을 가지도록 유도한다.

해설

고객과의 신뢰 구축은 정보보호 법규 준수 점검의 필요성 중 하나다.

 94 ③ 95 ④ 96 ④ 97 ④ 98 ②

99 정보보호 정책 수립 과정 중 관리적 통제에 해당되는 것은?

① 보안 책임, 권한, 조직 구조 및 보고 체계를 정의한다.
② 방화벽, 침입 탐지 시스템을 도입한다.
③ CCTV를 설치한다.
④ 데이터센터에 대한 접근 통제를 한다.

100 정보보호 정책의 핵심 구성요소가 아닌 것은?

① 조직의 보안 목표와 책임
② 사용자 접근 통제
③ 데이터 보호 및 복호화
④ 침해사고 대응 계획

해설

정보보호 정책의 핵심 구성요소에는 조직의 보안 목표와 책임, 사용자 접근통제, 데이터 보호 및 암호화, 보안 사고 대응 항목으로 이루어져 있으며, 데이터 보호 및 암호화 내에는 암호화, 백업 정책 등이 세부 항목으로 들어가 있다.

101 정보보호 시행 규정의 주요 항목이 아닌 것은?

① 업무별 보안 절차
② 시스템 운영지침
③ 기술적 보안 규정
④ 물리적 보안 규정

해설

정보보호 시행 규정에는 업무별 보안 절차, 시스템 운영지침, 물리적 보안 규정, 교육 및 인식 프로그램이 있다. 기술적 보안 규정은 들어있지 않다.

102 임직원의 정보보호 교육이 중요한 이유로 틀린 것은?

① 내부 보안 위협 예방
② 사이버 공격 대응 능력 향상
③ 법적 규제 준수
④ 조직의 신뢰성 약화

103 다음 중 CISO의 역할과 책임이 아닌 것은?

① 조직의 비즈니스 목표에 맞춘 장기적 보안 전략과 정책을 수립한다.
② ISMS 인증과 같은 관리 체계를 도입하고 운영한다.
③ 보안 사고 발생 시 초동 조치를 지휘하고, 사고 후 복구 계획을 실행한다.
④ 개인정보보호법의 준수만을 감독한다.

해설

CISO는 개인정보보호법, GDPR, ISO27001 등 다양한 관련 법률의 준수를 감독해야 한다.

104 다음 중 CPO의 역할과 책임이 아닌 것은?

① 개인정보 처리 및 보호를 위한 정책과 절차를 정의한다.
② 개인정보보호법, GDPR 등 국내외 데이터 보호법을 준수한다.
③ 정보보호 감사 결과를 검토하고, 개선 방안을 도출한다.
④ 개인정보 유출 사고 발생 시 대응 계획을 수립하고, 피해를 최소화 한다.

해설

정보보호 감사 결과를 검토하고, 개선 방안을 도출하는 일은 정보보호위원회의 역할이다.

99 ① **100** ③ **101** ③ **102** ④ **103** ④ **104** ③

Chapter 2 INFORMATION SECURITY RISK MANAGER

실력점검문제

정보보호 위험 평가

01 위험 평가 자산 분석 단계에서 중요한 평가 요소는 무엇인가?

① 자산의 보안 대책
② 자산의 기밀성, 무결성, 가용성 요구 수준
③ 자산의 발생 가능성
④ 위협의 발생 빈도

해설

자산 분석은 자산의 기밀성, 무결성, 가용성 수준을 평가하여 보안 요구사항을 파악하는 중요 단계이다.

02 위협 및 취약성 분석에서 가장 중요한 작업은 무엇인가?

① 위협 발생 가능성을 예측하고 취약성을 평가한다.
② 위협을 모두 식별하고 해결책을 제공한다.
③ 위협의 영향을 금액으로 환산한다.
④ 위협의 발생 가능성을 정확히 계산한다.

해설

위협 및 취약성 분석의 핵심은 위협이 발생할 가능성을 예측하고 취약성을 평가하여 위험을 정의하는 작업이다.

03 위험 평가 관리 계획의 역할 중 가장 중요한 것은 무엇인가?

① 평가의 주관성을 강조하는 역할
② 평가 진행에 필요한 예산을 지원하는 역할
③ 위험 평가가 체계적으로 이루어질 수 있도록 지원하는 역할
④ 평가 결과를 미리 예측하는 역할

해설

위험 평가 관리 계획은 평가가 체계적으로 이루어지도록 지원하며, 평가의 효율성을 높이는 데 중요하다.

04 위험 평가에서 복합 접근법의 장점으로 올바른 것을 모두 고르시오.

① 고위험 영역만 상세 분석하여 분석 비용과 시간을 절감할 수 있다.
② 모든 시스템을 고위험 영역으로 분류하여 모든 시스템을 상세 분석한다.
③ 위험 우선순위를 통해 가장 중요한 문제에 자원을 집중하여 관리 효율성을 높인다.
④ 비용과 자원을 효율적으로 사용할 수 있다.

해설

복합 접근법은 고위험 영역만 상세 분석하여 분석 비용과 시간을 절감하는 장점이 있다. 또한 비용과 자원을 효율적으로 사용할 수 있다.

05 위험 평가 관리 계획에서 수행 기간을 정의할 때 고려해야 할 요소는 무엇인가?

① 분석에 필요한 최소 인력 수
② 분석 기간, 예산 및 리소스 활용도
③ 분석 도구의 사용 여부
④ 외부 전문가의 참여 여부

해설

수행 기간을 정의할 때는 분석 기간, 예산 및 리소스를 고려하여 현실적인 계획을 수립해야 한다.

정답 01 ② 02 ① 03 ③ 04 ①, ④ 05 ②

06 **위험 평가 수행 절차 중 위험 대응 전략 수립에 해당 하지 않는 것은?**

① 감소 ② 회피
③ 분석 ④ 수용

해설
위험 대응 전략 수립에 해당하는 것은 감소, 회피, 수용, 전가이며, 분석은 해당하지 않는다.

07 **위험 평가에서 '위험 대응 전략 수립' 단계의 주요 목표는 무엇인가?**

① 위험을 최소화할 수 있는 대응 방안을 도출한다.
② 보안 대책을 표준화한다.
③ 위협을 미리 예측하여 예방한다.
④ 위험을 무시할 수 있는 방법을 찾는다.

해설
위험 대응 전략 수립 단계는 위험을 최소화하고 관리할 수 있는 구체적인 대응 방안을 도출하는 단계다.

08 **위험 평가 수행 시 예산 계획을 세울 때, 중요한 요소는 무엇인가?**

① 평가 도구와 소프트웨어 라이선스 비용
② 평가자의 경력에 따른 임금 차이
③ 외부 컨설턴트의 참여 여부
④ 평가 결과의 정확성에 따른 추가 비용

해설
예산 계획을 세울 때는 위험 평가에 필요한 도구와 소프트웨어 라이선스 비용 등을 고려해야 한다.

09 **위험 평가 관리 계획에서 평가 대상 자산에 포함되지 않는 것을 모두 고르시오.**

① 운영 시스템 수탁사 업체까지 포함된 정보 자산 목록
② 임직원 PC 정보
③ 임직원 급여 명세서
④ 평가 대상 외 기업 자산 목록표

해설
임직원 급여 명세서, 평가 대상 외 기업 자산 목록표는 필요로 하지 않으며 정보자산, 물리적 자산, 인적 자원 등이 평가 대상 자산에 포함되어야 한다.

10 **정성적 기법의 단점에 해당하는 것을 모두 고르시오.**

① 주관적 판단의 남용 여지가 있다.
② 수리 계산에 많은 시간과 노력이 필요로 한다.
③ 분석 기술과 전문 인력이 필요하다.
④ 비용–효과 분석이 어려운 문제가 있다.

해설
정성적 기법의 단점으로 해당되는 것은 ①,④번 항목으로 나머지 ②,③번 항목은 정량적 기법의 단점에 해당한다.

11 **위험 분석 방법론에서 '정량적 기법'의 특징은 무엇인가?**

① 경험에 의존하여 빠르게 평가한다.
② 수치적인 데이터를 기반으로 분석한다.
③ 전문가의 판단을 가장 중요시한다.
④ 절차가 간소화되어 있다.

해설
정량적 기법은 수치적 데이터를 기반으로 분석하여 보다 명확하고 구체적인 평가를 제공한다.

12 **위험 평가 수행 시 '위험 우선순위'를 정하는 이유는 무엇인가?**

① 자원의 한정성에 따라 중요한 위험부터 우선 처리하기 위해
② 모든 위험을 동일하게 다루기 위해
③ 예산 절감을 위해

정답 06 ③ 07 ① 08 ① 09 ③, ④ 10 ①, ④ 11 ② 12 ①

④ 위험을 전혀 다루지 않기 위해

위험 우선순위는 자원이 한정된 상황에서 중요한 위험을 우선적으로 처리하기 위해 설정된다.

13 위험 평가 수행 시 자산 분석에서 중요한 평가 요소는 무엇인가?

① 자산의 중요성과 가치
② 자산의 발생 가능성
③ 자산의 기밀성만 고려한다.
④ 위협 발생 빈도

해설

자산 분석에서는 자산의 중요성과 가치를 평가하여 해당 자산을 보호하기 위한 보안 대책을 마련한다.

14 정량적 기법에 해당하지 않는 것을 모두 고르시오.

① 과거자료 접근법
② 델파이법
③ 확률분포 추정법
④ 순위결정법

해설

- 정량적 기법: 과거자료 접근법, 수학공식 접근법, 확률분포 추정법
- 정성적 기법: 델파이법, 시나리오법, 순위결정법

15 위험 분석의 주요 목표는 무엇인가?

① 조직에 미치는 위험을 예측하고 대비하는 것
② 보안 대책을 일괄 적용하는 것
③ 시스템을 표준화하여 보안을 강화하는 것
④ 위험을 완전히 제거하는 것

해설

위험 분석의 목표는 조직에 미칠 수 있는 위험을 예측하고, 이에 대비하는 것이다.

16 위험평가 수행인력으로 가장 올바르지 않은 사람은?

① 정보보안기사는 보유하고 있으나 ISMS 인증심사 자격은 보유하지 않음
② 정량적 분석 기법 활용 능력 보유
③ 조직의 운영 환경 및 산업 특성에 대한 이해 부족
④ 보고서 작성 능력 부족

해설

위험평가 수행인력으로 가장 올바르지 않은 사람은 ③번이다.
전문성 및 자격으로 조직의 운영 환경 및 산업 특성에 대한 이해가 부족한 ③번의 경우가 가장 올바르지 않은 경우이다.

17 조직의 자원과 비용을 효율적으로 활용하기 위해 고위험 영역에 대해 상세 위험분석을 수행하고, 나머지 영역에는 베이스라인 접근법을 적용하는 이 방식은 무엇인가?

① 베이스라인 접근법
② 비정형 접근법
③ 상세 위험분석
④ 복합 접근법

해설

조직의 자원과 비용을 효율적으로 활용하기 위해 고위험 영역에 대해 상세 위험분석을 수행하고, 나머지 영역에는 베이스라인 접근법을 적용하는 방식은 복합 접근법이다.

18 위험 평가에서 '위험 평가 기준'을 정의할 때 고려해야 할 요소는 무엇인가?

① 조직의 목표와 전략
② 보안 대책에 대한 명확한 기준
③ 위협 분석의 정확도
④ 자산의 기밀성 수준

정답 13 ① 14 ②, ④ 15 ① 16 ③ 17 ④ 18 ①

해설

평가 범위를 정의할 때는 조직의 목표와 전략을 고려하여 평가의 범위와 방향성을 설정해야 한다.

19 **위험평가 수행인력 중 위험평가의 승인 및 예산 지원, 결과 검토 및 결정과 같은 역할을 하는 사람은?**

① 위험평가 수행팀
② 기업 담당자
③ 위험평가 수행원
④ 기업 경영진

해설

위험평가의 승인 및 예산 지원, 결과 검토 및 결정사항을 가진 역할을 수행하는 사람은 경영진이다.

20 **아래 보기에서 다음 빈칸에 알맞은 내용으로 짝지어진 것을 고르시오.**

> 발생 가능한 우려 사항으로 여겨지는 _______들을 목록화하고, 각각의 발생 가능성을 _______한다.

① 취약점, 분산　② 위험, 수용
③ 위협, 분산　④ 위협, 예측

해설

상세 위험 분석 절차 중 위협 및 취약성 분석 절차로 발생 가능한 우려 사항으로 여겨지는 위협들을 목록화하고, 각각의 발생 가능성을 예측하며, 이를 통해 자산별로 위협에 대한 취약성을 확인 후 그 심각도를 평가한다.

21 **정량적 위험평가에서 연간 예상 손실액(ALE)을 계산하는 공식으로 올바른 것은?**

① ALE=SLE×ARO
② ALE=SLE×ARE
③ ALE=SLE/ARO
④ ALE=SLE+ARO

해설

정량적 위험평가에서는 연간 예상 손실액(ALE)을 계산하기 위해 단일 손실예상(SLE)과 연간 발생률(ARO)을 곱하는 공식이 사용된다.

22 **아래 보기에서 다음 빈칸에 알맞은 내용으로 짝지어진 것을 고르시오.**

> 위협과 취약성을 통합적으로 고려하여 _______라는 개념을 도입해 위협 가능성을 평가하는 접근법도 사용할 수 있다.
> 자산, 위협, 취약성을 종합적으로 분석하여 도출된 위험을 _______이라 정의한다.

① 우려, 종합 위험
② 위험 평가, 보호대책
③ 위험 평가, 종합 위험
④ 우려, 원천 위험

해설

위협과 취약성을 통합적으로 고려하여 우려(Concern)라는 개념을 도입해 위협 가능성을 평가하는 접근법을 사용할 수 있다.
자산, 위협, 취약성을 종합적으로 분석하여 도출된 위험을 원천 위험(Original Risk)이라 정의한다.

23 **정보보안 위험 평가를 진행할 때, 베이스라인 접근법과 비정형 접근법의 차이점을 올바르게 설명한 것은 무엇인가?**

① 베이스라인 접근법은 표준화된 체크리스트에 따라 일괄적으로 평가하는 반면, 비정형 접근법은 전문가의 경험과 직관에 기반하여 유연하게 평가한다.
② 베이스라인 접근법은 전문가의 주관에 의존하여 평가 결과가 다양하게 나타나지만, 비정형 접근법은 객관적인 수치 데이터를 활용하여 결과가 일관된다.

 19 ④　20 ④　21 ①　22 ④　23 ①

③ 베이스라인 접근법은 비용과 시간이 많이 소요되어 대규모 조직에 적합하고, 비정형 접근법은 간단한 평가 절차로 소규모 조직에만 적용된다.

④ 베이스라인 접근법은 정량적 분석을 통해 금전적 손실액을 산출하고, 비정형 접근법은 정성적 분석을 통해 위험의 크기를 점수화 한다.

해설

베이스라인 접근법은 보안 표준, 모범 사례, 산업 규제 등을 기반으로 한 표준화된 체크리스트를 사용하여 평가를 진행하므로, 평가 절차가 단순하고 객관적인 기준에 의해 이루어진다.

반면, 비정형 접근법은 정해진 기준 없이 전문가의 경험과 직관에 의존하여 위험을 평가하므로, 상황과 필요에 따라 유연하게 조정할 수 있으나 주관성이 개입될 가능성이 있다.

24 정량적 위험 평가에서 위험 규모의 평가는 정보자산의 가치, 위협의 연간 발생 횟수, 그리고 취약성을 이용하여 산출된다. 다음 중 이 평가 방식을 올바르게 설명한 것은 무엇인가?

① 연간 예상 손실=자산의 가치+위협의 연간 발생 횟수+취약성

② 연간 예상 손실=자산의 가치÷(위협의 연간 발생 횟수×취약성)

③ 연간 예상 손실=자산의 가치×위협의 연간 발생 횟수×취약성

④ 연간 예상 손실=자산의 가치×(위협의 연간 발생 횟수+취약성)

해설

정량적 위험 평가 방식에서는 다음과 같이 각 요소를 수치화하여 위험 규모를 산출한다.

- 자산의 가치(AV: Asset Value): 해당 정보자산의 금전적 가치를 의미
- 위협의 연간 발생 횟수(ARO: Annualized Rate of Occurrence): 특정 위협이 1년 동안 발생할 것으로 예상되는 빈도
- 취약성(EF: Exposure Factor): 자산이 해당 위협에 얼마나 취약한지를 백분율(%)로 표현한 값

25 다음 중 정량적 위험평가 기법에 대해 올바르게 설명한 것은 무엇인가?

① 자산의 손실 크기를 금전 단위로 측정할 수 있을 때 사용하며, 과거자료 접근법, 수학 공식, 확률분포 추정법 등을 활용하고 위험 우선순위를 통해 가장 중요한 문제에 자원을 집중함으로써 관리 효율성을 높일 수 있다는 장점이 있다.

② 평가자의 주관적 경험과 판단에 의존하여 위험을 '매우 높음', '높음', '중간', '낮음' 등으로 표현한다.

③ 손실 크기를 금전적으로 산출하기 어려운 경우, 평가 시간이 짧고 결과가 직관적으로 나타난다는 장점을 가진다.

④ 비용-효과 분석이 어려워, 예산 계획 및 자원 배분에 활용하기 어렵다.

해설

정량적 위험평가 기법은 자산의 손실 크기를 금전적 가치(예 ALE: Annual Loss Expectancy)로 산출할 수 있는 경우에 사용된다.

이 방식은 과거 자료 접근법, 수학 공식 접근법, 확률분포 추정법 등을 활용하여 위험을 수치화하고, 이를 기반으로 비용-효과 분석 및 예산 계획에 활용할 수 있는 장점을 가지고 있다.

반면, ②번과 ③번 항목은 정성적 기법의 특징을 설명한 것이고, ④번 항목은 정량적 기법의 장점과 맞지 않는 설명이다.

26 다양한 보안 위협과 취약점을 식별하고 잠재적 피해를 분석하여 적절한 대응 방안을 수립하는 과정으로 올바른 것은?

① 취약성 분석 ② 정책관리

③ 정책수립 ④ 위험평가

정답 24 ③ 25 ① 26 ④

해설

위험평가란 조직이 직면할 수 있는 다양한 보안 위협과 취약점을 식별하고, 이로 인해 발생할 수 있는 잠재적 피해를 분석하여 적절한 대응 방안을 수립하는 과정이다.

27 비정형 접근법의 특징으로 적절하지 않은 것은?

① 고정관념에 얽매이지 않아 다양한 아이디어를 도출하고 창의적인 해결책을 모색할 수 있다.

② 다른 조직이나 상황과의 비교가 어렵고, 동일한 환경에서도 평가 결과가 일관되지 않을 수 있다.

③ 특정 환경이나 기술적 요건을 고려하여 평가를 수행하며, 표준화된 방법으로는 다루기 어려운 상황에서도 활용될 수 있다.

④ 구조적인 분석 후 진행되기 때문에 중요한 위험 요소를 파악할 수 있다.

해설

비정형 접근법은 정해진 기준이나 표준 절차를 따르지 않고, 전문가의 경험과 직관에 기반하여 조직의 위험을 평가하는 방법이다. 고정된 프로세스 없이 주관적인 판단과 질적인 분석으로 중요한 위험 요소를 놓칠 가능성이 있다.

28 위험평가를 통해 얻는 효과로 적절하지 않은 것은?

① 조직의 위험을 식별함으로써 보안 사고를 예방할 수 있다.

② 조직의 취약사항을 모두 제거할 수 있다.

③ 적절한 보호대책을 수립함으로써 불필요하거나 과도한 투자를 예방할 수 있다.

④ 정보보호 관리를 위해 반드시 필요한 과정으로 정보보호 활동의 정당성을 제공하는 역할을 수행한다.

해설

예산, 인력 등의 자원이 필요하기 때문에 조직의 취약사항을 모두 조치하는 것은 현실적으로 불가능하다.

29 위험도 산정 시 고려할 요소가 아닌 것은?

① 자산　② 직원

③ 위협　④ 취약점

해설

위험도 산정 시에는 자산, 위협, 취약점을 고려한다. 직원은 직접적인 요소로 포함되지 않으며 위협이나 취약점에 영향을 줄 수는 있다.

30 다음 중 정보자산 중요도 평가에 관한 설명으로 틀린 것은?

① 인터넷을 통해 서비스를 제공하는 웹서버는 가용성을 가장 높게 평가한다.

② 개발DB보다 운영DB의 무결성을 더 높게 평가한다.

③ 고객 개인정보, 임직원 개인정보는 기밀성을 가장 높게 평가한다.

④ 백업데이터는 내화금고에 보관하고 있으므로 무결성을 가장 낮게 평가한다.

해설

내화금고에 보관되어 있는 백업데이터는 정보유출의 위험이 낮기 때문의 기밀성의 중요도는 낮지만, 시스템 장애 또는 재해 발생 시 시스템 복구를 위한 중요한 자산이기 때문에 무결성의 중요도는 높다.

31 위험분석 및 평가와 관련한 설명으로 옳지 않은 것은?

① 위험식별 및 평가 시행을 위한 예산 계획을 매년 수립하고 정보보호 최고책임자 등 경영진의 승인을 받아야 한다.

② 위험평가는 연 1회 이상 수행하고 외부 환경 변화, 신규 시스템 도입 등 중요한

정답 27 ④ 28 ② 29 ② 30 ④ 31 ③

사유가 발생한 경우 추가로 위험평가를 수행해야 한다.

③ 조직의 위험평가 수행 시 독립적인 결과 도출을 위해서 외부의 보안 컨설턴트 등 전문가를 필수적으로 참여시켜야 한다.

④ 위험평가 방법론은 조직의 특성에 맞게 자체적으로 정하여 적용할 수 있다.

해설

위험평가 수행 시 보안 컨설턴트 등 외부 인력을 필수로 참여시켜야 하는 것은 아니다.

32 위험평가 절차 중 취약점 분석 단계에 대한 설명으로 가장 옳지 않은 것은?

① 정보보호전문서비스 기업에 의뢰하여 취약점 분석을 수행하였다.

② 심층분석을 위해 점검항목이 더 많은 옛날 버전의 취약점 진단 가이드로 수행하였다.

③ 예산 등을 고려하여 동일한 환경의 장비는 샘플링하여 분석하였다.

④ 취약점 분석을 위한 점검 체크리스트를 자체 제작하여 수행하였다.

해설

보안 동향, 법 개정사항 등을 반영한 최신 취약점 진단 가이드로 수행하는 것이 적절하다.

33 위험분석 방법론에 대한 설명으로 틀린 것은?

① 수학공식접근법: 위험 발생 빈도를 계산하는 식을 이용하여 계량화

② 시나리오법: 특정 시나리오를 통해 발생 가능한 위협에 대해 결과를 도출

③ 과거자료 접근법: 과거 자료를 통하여 위험 발생 가능성을 예측

④ 우선 순위법: 전문가 집단을 이용한 설문 조사를 통한 조사 방법

해설

전문가 집단을 이용하여 예측하는 방법은 델파이 기법이다.

34 위험분석 평가 방법 중 정성적 기법이 아닌 것은?

① 퍼지 행렬법

② 델파이

③ 점수법

④ 순위결정법

해설

점수법은 위험 발생 요인에 가중치를 두어 위험을 추정하는 방법으로 정량적 평가 기법이다.

35 위험관리에 대한 설명으로 적절하지 않은 것은?

① 조직의 위험을 식별하고 이에 대한 적절한 보호대책을 수립하기 위하여 위험관리 계획을 수립한다.

② 정보보호를 위한 기술적, 관리적, 물리적 분야 등 다양한 측면으로 발생할 수 있는 위험을 식별하고 평가할 수 있는 방법을 정의한다.

③ 위험관리 방법론으로 베이스라인 접근법, 복합 접근법 등 조직에 적절한 방법을 선택할 수 있다.

④ 위험관리 수행 인력은 조직의 업무 및 시스템에 대한 전문성을 갖춘 내부인력만으로 수행한다.

해설

내부인력만으로 수행해야 하는 것은 아니며, 보안 컨설턴트 등 전문성이 있는 외부 인력으로도 수행할 수 있다.

정답 32 ② 33 ④ 34 ③ 35 ④

36 **정량적 위험분석과 정성적 위험분석에 대한 설명 중 틀린 것은?**

① 정량적 분석은 위험관리 성능 평가가 용이하다.

② 정성적 분석은 비용과 이익에 대한 평가가 필수적으로 요구된다.

③ 정량적 분석은 객관적인 평가 기준이 적용된다.

④ 정성적 분석은 계산에 대한 노력이 적게 소요된다.

해설

비용과 이익에 대한 평가가 요구되는 것은 정량적 분석이다.

37 **보기가 설명하는 위험분석 방법으로 올바른 것은?**

> 어떤 사건도 기대대로 발생하지 않는다는 사실에 근거하여 일정 조건하에 위협에 대한 발생 가능한 결과들을 추정하는 방법이다.
>
> 적은 정보를 가지고 전반적인 가능성을 추론할 수 있고 위험분석과 관리층 간의 원활한 의사 소통을 가능하게 한다. 그러나 발생 가능한 사건의 이론적인 추측에 불과하고 완성도, 정확도 등이 낮을 수 있다.

① 시나리오법

② 과거자료 접근법

③ 확률분포 추정법

④ 수학공식 접근법

해설

어떤 사건도 기대하는 대로 발생하지 않는다는 사실에 근거하여 일정 조건에서 위협에 대해 발생 가능한 결과들을 예측하여 추정하는 방법은 시나리오법이다.

38 **위험평가 관리계획에 대한 설명으로 가장 적절하지 않은 것은?**

① 조직의 규모와 분석 범위를 고려하여 평가 기간은 6주로 계획하였다.

② 평가 대상의 누락이 없도록 정보자산, 물리적 자산, 인적 자원 등을 포함하였다.

③ 조직의 환경을 고려하여 위험분석 접근 방법으로 복합 접근법을 선정하였다.

④ 위험평가 수행을 위해 전문성을 필수로 요하기 때문에 외부 컨설턴트가 참여하였다.

해설

전문성을 가진 인력으로 구성해야 하나 꼭 외부 인력을 포함해서 수행해야 하는 것은 아니다.

39 **괄호에 공통적으로 들어갈 내용으로 적절한 것은?**

> (　　　)은/는 정보시스템 또는 정보보호 시스템의 결함 또는 손실에 의하여 발생되고, 정보보호 대책을 적용함으로써 감소시킬 수 있다. 그러나 (　　　)이/가 없는 시스템은 존재하지 않고, 주기적인 진단과 패치의 적용에도 불구하고, 새로운 (　　　)이/가 발생되기 때문에 완전제거는 불가능하다.

① 위협　　② 취약점

③ 위험　　④ 침해

해설

취약점은 완전히 제거할 수는 없으나, 위험관리를 통해 감소하거나 전가하는 등의 위험처리가 필요하다.

 36 ② 37 ① 38 ④ 39 ②

40 **위험분석에 대한 설명으로 가장 적절하지 않은 것은?**

① 위험처리 방법으로 위험수용, 위험회피, 위험전가 등이 있다.

② 자산의 보호를 위해 관리자와 담당자를 지정함으로써 자산의 책임추적성을 보장받을 수 있다.

③ 자산의 가치 평가 범위에 계약서, 시스템 유지보수 인력 등은 제외된다.

④ 자산의 가치 평가를 위해 자산의 도입비용, 유지보수 비용 등을 고려할 수 있다.

계약서, 시스템 유지보수 인력 등은 정보자산의 중요한 구성 요소로 가치 평가에서 제외되어서는 안된다.

41 **정량적 위험 분석을 위한 단일 예상 손실액(SLE)과 연간 예상 손실액(ALE)을 계산하기 위한 계산식으로 빈칸에 적절한 용어로 올바른 것은?**

- 단일 예상 손실액(SLE)=자산 가치(AV) (A) (B)
- 연간 예상 손실액(ALE)=단일 예상 손실액(SLE) (C) (D)

① A: +, B: 노출 계수(EF), C: +, D: 연간 발생률(ARO)

② A: +, B: 노출 계수(EF), C: ×, D: 연간 발생률(ARO)

③ A: ×, B: 노출 계수(EF), C: +, D: 연간 발생률(ARO)

④ A: ×, B: 노출 계수(EF), C: ×, D: 연간 발생률(ARO)

단일 예상 손실액(SLE)=자산 가치(AV)×노출 계수(EF)
연간 예상 손실액(ALE)=단일 예상 손실액(SLE)×연간 발생률(ARO)

42 **수용 가능한 목표 위험수준(DoA)을 결정할 때 적절하지 않은 것은?**

① 수용 가능한 목표 위험수준(DoA)을 초과하는 위험에 대해 위험처리 방안을 결정한다.

② 수용 가능한 목표 위험수준(DoA) 미만인 위험은 신경 쓰지 않아도 된다.

③ 단기간 내 조치가 어려워 조치 계획을 수립하고 이에 따라 조치한다.

④ 수용 가능한 목표 위험수준(DoA)을 초과하는 위험을 우선적으로 관리하고 잔여 위험도 점진적으로 관리한다.

조직 및 외부 환경에 따라 위험 수준이 상승할 가능성이 존재하므로 위험수준의 지속적인 모니터링이 필요하다.

43 **다음 지문에서 설명하고 있는 것은 무엇인가?**

> 모든 정보시스템에 대하여 표준화된 보안 대책을 제시하며 체크리스트로 보안 대책이 있는지 판단한다. 적용되지 않은 보안대책을 확인하는 위험분석 방법이다.

① 상세 위험분석

② 정량적 위험분석

③ 베이스라인 접근법

④ 정성적 위험분석

체크리스트 기반으로 위험을 분석하는 방법은 베이스라인 접근법이다.

 40 ③ 41 ④ 42 ② 43 ③

44 **위험분석 평가 방법 중 다른 것은?**

① 델파이 ② 퍼지행렬법
③ 시나리오법 ④ 점수법

해설
점수법은 위험 발생 요인에 가중치를 두어 위험을 추정하는 방법으로 정량적 평가 기법이다.

45 **위험분석을 위한 ALE 계산에 사용되지 않는 것은?**

① 자산가치 ② 노출계수
③ 연간발생률 ④ 우선순위

해설
자산가치(AV), 노출계수(EF), 연간 발생률(ARO)이 필요하며 자산가치, 노출계수의 곱을 통해 예상 손실액을 구할 수 있다.

46 **위험분석 평가 방법 중 정량적 기법이 아닌 것은?**

① 연간예상손실 계산법
② 과거자료 접근법
③ 수학공식 접근법
④ 시나리오 기반 분석법

해설
시나리오법은 특정 시나리오를 통해 발생 가능한 위협에 대해 결과를 도출하는 정성적 평가 기법이다.

47 **보기가 설명하는 위험분석 방법으로 올바른 것은?**

> 위협의 발생 빈도를 계산하는 식을 이용하여 분석

① 확률분포 추정법
② 수학공식 접근법
③ 몬테카를로 시뮬레이션
④ 민감도 분석

해설
위협의 발생 빈도를 계산하는 식을 이용하여 위험을 계량하는 방법은 수학공식 접근법으로 기대손실을 추정하는 자료의 양이 적다는 것이 단점이다.

48 **위험분석 접근 방법이 아닌 것은?**

① 베이스라인 접근법
② 비정형 접근법
③ 과거자료 접근법
④ 상세위험 분석

해설
과거자료 접근법은 정량적 기법(위험분석 평가 방법) 중 하나이다.

49 **손실 발생 전 위험관리의 목적으로 틀린 것은?**

① 경제적 목적
② 불안 감소 목적
③ 의무 규정 충족 목적
④ 사회 책임 목적

해설
사회 책임 목적은 손실 발생 후 위험관리의 목적이다.

50 **자산을 평가할 때 비즈니스와 서비스에 영향을 주는 정도를 고려할 사항이 아닌 것은?**

① 침해사고 발생 시 피해 규모
② 장애 복구를 위한 목표시간
③ 가용성
④ 위험 발생 가능성

해설
자산의 가치 평가 기준 중 식별된 자산에 대한 침해사고가 발생한 경우에는 기밀성, 무결성, 가용성으로 나눌 수 있다.

정답 44 ④ 45 ④ 46 ④ 47 ② 48 ③ 49 ④ 50 ③

51 정보자산을 관리하는 방법으로 가장 적절하지 않은 것은?

① 정보자산에 대한 법적 요구사항 및 업무에 미치는 영향 등을 고려하여 중요도를 결정하여 보안등급을 부여한다.

② 정보자산의 분류기준을 수립하고 정보보호 및 개인정보보호 관리체계 범위 내의 모든 자산을 식별하여 목록으로 관리한다.

③ 정기적으로 정보자산 현황을 조사하여 정보자산목록을 최신으로 유지한다.

④ 정보자산목록 양식을 현업 부서에 공유하고 회신받은 내용으로 관리한다.

해설

정보자산의 운영 주체인 현업 부서에 요청하는 것은 틀린 것은 아니나 내용의 오류, 자산의 누락 등이 발생할 수 있으므로 보안조직에서는 이를 검토하고 확인하는 과정이 필요하다.

52 위협과 취약점의 관계를 가장 적절하게 설명한 것은?

① 취약점이 존재하지 않으면 위협도 발생하지 않는다.

② 취약점은 위협을 제거하는 데 활용할 수 있다.

③ 위협과 취약점은 동일한 개념이다.

④ 위협이 있어도 취약점이 없으면 보안 사고가 발생할 가능성이 작다.

해설

위협이 존재하더라도 적절한 보호조치를 적용하여 취약점이 없다면 보안 사고로 이어질 가능성은 작다. 취약점을 최소화하는 것이 보안 관리의 중요한 요소이다.

53 수용 가능한 목표 위험수준(DoA)을 정하고 그 수준을 초과하는 위험을 식별하는 방법으로 틀린 것은?

① 각종 위험이 조직에 미치는 영향을 고려하여 위험도 산정기준을 마련한다.

② 위험도 산정기준에 따라 식별된 위험에 대하여 위험도를 산정한다.

③ 수용 가능한 목표 위험수준(DoA)을 조치 담당자, 정보보호 담당자, 개인정보 담당자 등의 의사결정에 의하여 결정한다.

④ 수용 가능한 목표 위험 수준을 초과하는 위험을 식별하고 문서화하여 관리한다.

해설

위험도가 높거나 자원을 다른 분야에 투자하기를 원할 수 있으며, 어떤 조직은 매우 신중하게 모든 위험을 최소화하기를 원할 수도 있다. 따라서 분석 결과를 경영진에게 제시하고 최고 경영진이 목표 위험 수준을 결정하도록 하여야 한다.

54 상세위험분석(Detailed Risk Analysis)의 단점으로 적합한 것은 무엇인가?

① 분석 과정이 간단하여 정확도가 떨어진다.

② 다양한 접근 방법을 결합하므로 복잡성이 낮다.

③ 분석에 많은 시간과 비용이 소요될 수 있다.

④ 모든 자산에 같은 수준의 보호를 제공한다.

해설

상세위험분석은 가장 심층적이고 정교한 위험 분석 방법으로, 자산, 위협, 취약점 등을 정밀히 분석한다.

- 장점: 신뢰도와 정확도가 매우 높다. 조직의 특수한 상황에 맞춘 분석이 가능하다.
- 단점: 분석 과정이 복잡하고, 전문 인력과 도구가 필요하며, 시간과 비용이 많이 소요될 수 있다.

정답 51 ④ 52 ④ 53 ③ 54 ③

55 **복합 접근법(Combined approach)에 대한 설명으로 옳지 않은 것은 무엇인가?**

① 베이스라인 접근법, 비정형 접근법, 상세위험분석을 결합하여 수행한다.

② 조직의 특성과 요구사항에 따라 분석 방법을 조합한다.

③ 분석 속도는 빠르지만, 정확도는 낮은 편이다.

④ 상황에 따라 다양한 방법론을 활용하는 유연성이 있다.

해설

복합 접근법은 여러 위험분석 방법(Baseline, Informal, Detailed Risk Analysis)을 조합하여 조직의 특성에 맞는 최적의 위험분석을 수행하는 방법이다.

- 장점: 조직의 요구사항과 환경에 맞춘 유연한 분석이 가능하며, 분석의 정확성과 효율성을 높일 수 있다.
- 단점: 분석 과정의 복잡성과 실행 시간은 조직의 상황과 조합 방식에 따라 달라질 수 있다.

복합 접근법은 가장 유용하면서도 실질적인 방법으로, 다양한 환경에서 적합한 위험분석을 수행하게 해준다.
정답인 ③은 복합 접근법의 설명과 맞지 않는다.

56 **다음 중 정성적 위험분석 기법의 특징으로 적절하지 않은 것은 무엇인가**

① 전문가의 의견이나 경험에 의존하는 경우가 많다.

② 구체적인 정량적 데이터가 필요하다.

③ 복잡한 계산 없이 간단하게 사용할 수 있다.

④ 조직의 요구에 따라 유연하게 활용 가능하다.

해설

정성적 기법은 정량적 데이터를 필요로 하지 않으며, 전문가의 경험, 직관, 시각화된 자료를 활용하여 위험을 분석한다.

- 장점: 빠르며, 접근성이 높고 간단하게 수행 가능하다.
- 단점: 분석 결과가 주관적일 수 있어, 반복 가능성과 신뢰도가 낮을 수 있다.

정성적 기법은 초기 위험분석 단계나 데이터가 부족한 상황에서 유용하게 사용된다.

57 **다음 중 위험분석 및 평가방법론의 특징으로 가장 적절한 것은 무엇인가?**

① 모든 방법론은 정량적 평가에 기반을 두고 있다.

② 위험분석 방법론은 하나만 선택하며, 변화는 허용되지 않는다.

③ 방법론은 미래의 불확실성에 대비하여 위험을 체계적으로 평가하려는 노력의 일환이다.

④ 안전한 조직 환경에서는 위험분석 방법론을 적용할 필요가 없다.

해설

위험분석 및 평가방법론은 미래에 발생할 가능성이 있는 위험을 예측하고, 이를 줄이기 위한 체계적이고 과학적인 접근 방식이다.
정량적 평가가 아닌 정성적 평가를 병행할 수도 있으며, 조직의 요구사항에 따라 상황에 맞는 방법론을 선택하고 조정할 수 있다.
안전한 환경에서도 시스템의 변화, 새로운 위협의 등장 등으로 인해 지속적인 위험분석은 필수적이다.

58 **다음 중 정량적 위험분석 기법의 단점은 무엇인가?**

① 분석 결과의 신뢰도가 낮다.

② 전문가의 직관적 판단에 의존한다.

③ 분석 과정이 복잡하고 시간이 많이 소요된다.

④ 정량 데이터가 부족한 환경에서도 수행 가능하다.

해설

정량적 기법은 수치 기반의 분석을 통해 높은 신뢰도와 정확한 결과를 제공하지만, 데이터 수집, 분석 도구 사용, 계산 과정 등에서 많은 시간과 자원이

 55 ③ 56 ② 57 ③ 58 ③

필요하다는 단점이 있다.
특히, 정량적 데이터를 확보하기 어려운 경우에는 적용하기 어렵다. 정성적 기법은 반대로 간단하게 실행 가능하지만, 신뢰도와 표준화에서 한계가 있다.

59 **다음 설명 중 정성적 위험평가의 단점에 해당하는 것은 무엇인가?**

① 평가 결과를 금전적 손실로 나타내기 어려운 상황에서도 유용하다.
② 분석 과정이 직관적이며 이해하기 쉽다.
③ 평가자의 경험, 관점, 지식 수준에 따라 결과가 달라질 수 있다.
④ 분석 시간이 짧고, 결과를 빠르게 도출할 수 있다.

정성적 위험평가는 분석 속도가 빠르며 직관적이라는 장점이 있다. 그러나 평가 과정에서 주관성이 개입될 가능성이 크고, 평가자의 경험이나 관점에 따라 결과가 다르게 나타날 수 있다는 단점이 있다. 이를 보완하기 위해 평가 기준을 명확히 정의하고, 평가자 간 의견 조율 과정을 거쳐야 한다.

60 **다음 중 복합 접근법의 특징으로 가장 적절한 설명은 무엇인가?**

① 모든 자산에 대해 동일한 보안 대책을 적용하여 분석 비용을 절감한다.
② 고위험 영역에 대해 상세 위험분석을 수행하고, 나머지 영역에는 베이스라인 접근법을 활용한다.
③ 경험에 의존하여 중요 위험만을 선별적으로 분석한다.
④ 자산, 위협, 취약성을 모두 정량적으로 평가하여 위험도를 산출한다.

해설

복합 접근법은 고위험 영역에 상세 위험분석을 적용하고, 나머지 영역에는 베이스라인 접근법을 사용하는 방식으로 비용과 자원을 효율적으로 활용한다.

정답 59 ③ 60 ②

01 위험관리 요소에 대한 설명으로 옳지 않은 것은? [2014년 국가 9급]

① 위험은 위협 정도, 취약성 정도, 자산 가치 등의 함수관계로 산정할 수 있다.

② 취약성은 자산의 약점(weakness) 또는 보호대책의 결핍으로 정의할 수 있다.

③ 위험 회피로 조직은 편리한 기능이나 유용한 기능 등을 상실할 수 있다.

④ 위험관리는 위협 식별, 취약점 식별, 자산 식별 등의 순서로 이루어진다

해설

위험관리는 자산 식별, 위협 분석, 취약성 평가, 영향 평가, 대책 선정, 권고안 작성 순으로 진행되므로 옳지 않은 것은 보기 ④번이다.

① 위험: 위험=F [자산, 위협, 취약점]=F [발생가능성, 손실의 정도] 함수관계

② 취약성: 위협에 의해 보안에 부정적 영향을 줄 수 있는 정보자산의 속성이나 상태를 나타낸다.

③ 위험 회피: 위험 회피는 위험이 예상되는 프로세스나 사업을 아예 포기하는 방식으로, 자산 매각이나 설계 변경과 같이 다른 방법을 선택하여 위험 자체가 발생하지 않도록 하는 것이다.

02 자산의 위협과 취약성을 분석하여, 보안 위험의 내용과 정도를 결정하는 과정은? [2014년 국가 7급]

① 위험분석 ② 보안관리

③ 위험관리 ④ 보안분석

해설

위험분석의 목적은 보호되어야 할 대상 정보시스템과 조직의 위험을 측정하고, 이 측정된 위험이 허용 가능한 수준인지 아닌지 판단할 수 있는 근거를 제공하는 것으로 정답은 ①번이다.

03 위험 분석에 대한 설명으로 옳지 않은 것은? [2015년 국가 9급]

① 자산의 식별된 위험을 처리하는 방안으로는 위험 수용, 위험 회피, 위험 전가 등이 있다.

② 자산의 가치 평가를 위해 자산구입비용, 자산유지보수비용 등을 고려할 수 있다.

③ 자산의 적절한 보호를 위해 소유자와 책임소재를 지정함으로써 자산의 책임 추적성을 보장받을 수 있다.

④ 자산의 가치 평가 범위에 데이터베이스, 계약서, 시스템 유지 보수 인력 등은 제외된다.

해설

자산의 가치 평가 범위에는 유형 자산뿐 아니라, 데이터베이스, 계약서 등 무형 자산과 인력도 포함되므로 옳지 않은 것은 ④번이다.

① 위험 처리 방안: 위험 수용(위험의 잠재 손실 비용을 감수하는 것), 위험 감소(위험을 감소시 킬 대책을 마련하는 것), 위험 회피(위험이 존재하는 사업, 프로세스를 진행하지 않는 것), 위험 전가(보험이나 외주 등으로 잠재적 위험을 제 3자에게 전가하는 방법)가 있다.

② 가치 평가: 자산구입비용은 당연히 필요한 것이고, 유지보수로 인해 해당 자산의 경제적 효익이 증가했다면(예를 들어, 새로운 PC 설치 혹은 프로젝터 수리) 자산에 포함한다.

③ 소유자와 책임소재를 지정: 자산의 관리 정책 수립 과정에서 자산 관리를 위한 "책임자/소유자의 역할 정의 및 권한 부여"를 수행한다.

정답 01 ④ 02 ① 03 ④

04 **위험이 존재하는 프로세스나 사업을 수행하지 않고 포기하는 정보보호의 위험처리 전략으로 가장 옳은 것은 무엇인가? [2020년 경찰 간부후보]**

① 위험 회피　② 위험 감소
③ 위험 전가　④ 위험 수용

위험 처리 전략 중 위험 회피(Risk Avoidance)는 위험이 존재하는 프로세스나 사업을 수행하지 않고 포기하는 것으로 가장 옳은 것은 ①번이다.

05 **정보보호 위험관리에 대한 설명으로 가장 적절하지 않은 것은? [2023 경찰 간부]**

① 위험분석의 목적은 자산을 식별하고 그 자산의 위험 수준을 측정하여, 그 위험이 허용 가능한 수준인지 아닌지 판단할 수 있는 근거를 마련하는 것이다.
② 자산은 조직이 보호해야 할 대상으로 정보, 하드웨어, 소프트웨어, 시설, 인력, 데이터베이스 등 유형 및 무형자산을 포함한다.
③ 위험분석에서 사용하는 연간예상손실액(ALE)은 단일손실예상액(SLE)과 연간발생빈도(ARO)의 곱으로 계산한다.
④ 정보보안 위험처리 방식 중 위험 회피는 위험에 대한 책임을 회피하기 위해 제3자와 공유하는 것으로, 잠재적 손실을 보험 등을 통해 제3자에게 할당하는 것이다.

위험에 대한 책임을 회피하기 위해 제3자와 공유하는 것으로, 잠재적 손실을 보험 등을 통해 제3자에게 할당하는 것은 '위험 전가'이므로 가장 적절하지 않은 것은 ④번이다.

06 **조직의 위험 평가 수립 및 운영에 관한 설명으로 가장 적절하지 않은 것은?**

① 위험 평가를 수행하는 주기는 조직의 특성과 환경에 따라 달라질 수 있으며, 필요시 즉각적인 위험 평가가 요구될 수 있다.
② 위험 관리 계획에는 위험 평가의 목표, 수행 방법, 참여 인력, 예산 등이 포함되어야 하며, 이는 모든 관련 부서의 협의를 통해 수립되어야 한다.
③ 위험 평가 과정에서 식별된 위험은 반드시 즉각적으로 해결해야 하며, 해결되지 않은 위험은 보고서에 포함하지 않아야 한다.
④ 위험 평가 결과는 경영진에게 보고되어야 하며, 이를 바탕으로 의사 결정을 위한 논의가 이루어져야 한다.

위험 평가에서 식별된 위험은 즉각적으로 해결할 수 없는 경우도 있으며, 해결되지 않은 위험도 보고서에 포함되어야 하므로 가장 적절하지 않은 것은 ③번이다.

07 **위험분석 및 평가를 통해 도출된 위험에 대해 자체적으로 처리하고자 할 때, 접근 방법으로 옳지 않은 것은? [2022 국회 9급]**

① 위험 수용　② 위험 감소
③ 위험 회피　④ 위험 전가

해설

해당 방법은 외부에게 위험을 전가하는 것으로 옳지 않은 것은 ④번이다.

① 위험 수용: 위험의 잠재 손실 비용을 감수하는 것이다.
② 위험 감소: 위험을 감소시킬 대책을 마련하는 것이다.
③ 위험 회피: 위험이 존재하는 사업, 프로세스를 진행하지 않는 것이다.
④ 위험 전가: 보험이나 외주 등으로 잠재적 위험을 제3자에게 전가하는 방법이다.

정답 04 ① 05 ④ 06 ③ 07 ④

08 **위험관리 5단계 과정에 관한 설명으로 가장 적절하지 않은 것은? [2023 경찰 경력]**

① 위험관리 전략 및 계획 수립 단계: 자산, 위협, 취약성, 기존 보호 대책 등을 분석하여 위험의 종류와 규모를 결정한다.

② 위험평가단계: 위험분석 결과를 이용하여 최종적으로 위험도를 평가하고, 조직에서 수용 가능한 목표 위험수준을 정하여 이를 기준으로 위험의 대응 여부와 우선순위를 결정한다.

③ 정보보호 대책 선정 단계: 위험평가 결과를 토대로 수용 가능한 목표 위험수준을 초과하는 위험을 수용 가능한 수준으로 감소시키기 위하여 위험처리 전략을 설정하고 적절한 통제사항을 선택한다.

④ 정보보호 계획수립단계: 선정한 보호대책을 구현하기 위한 이행계획을 수립하는 단계로 정보보호 대책 및 구현의 우선순위, 일정계획, 예산, 책임, 운영계획 등을 포함한 이행계획을 수립한다.

해설

자산, 위협, 취약성, 기존 보호 대책 등을 분석하여 위험의 종류와 규모를 결정하는 것은 '위험 분석' 단계로 가장 적절하지 않은 것은 ①번이다.

09 **식별된 위험에 대처하기 위한 정보보안 위험 관리의 위험 처리 방안 중, 불편이나 기능 저하를 감수하더라도, 위험을 발생시키는 행위나 시스템 사용을 하지 않도록 조치하는 방안은? [2016년 국가 9급]**

① 위험 회피 ② 위험 감소
③ 위험 수용 ④ 위험 전가

해설

① 위험 회피(Risk Avoidance): 위험의 정도가 크고 발생 빈도가 높을 때 위험이 존재하는 프로세스나 사업을 포기하는 것
② 위험 감소(Risk Mitigation): 위험의 정도가 크지 않고 발생 빈도가 높을 때 위험을 감소시킬 수 있는 대책을 채택 구현, 많은 비용 소요, 비용분석 실시
③ 위험 수용(Risk Acceptance): 위험의 정도가 크지 않고 발생 빈도가 낮을 때 위험의 잠재 손실 비용을 감수하는 것
④ 위험 전가(Risk Transfer): 위험의 정도가 크고 발생 빈도가 낮을 때 보험이나 외주 등으로 잠재적 비용을 제3자에게 이전, 할당

10 **정보 보안 거버넌스의 구현 요건에 대한 설명으로 옳지 않은 것은? [2021년 국가 7급]**

① 전략적 연계: 정보 보안 사고의 잠재적 위험을 줄이려면 조직에 적합한 위험 관리 체계를 수립하고 지속적으로 관리해야 한다.

② 가치 전달: 정보 보안 투자의 효과를 높이기 위해서는 구성원들에게 정보 보안의 중요성과 가치를 교육하고 국제 표준을 기준으로 정보 보안 관리 체계를 갖추어 운영해야 한다.

③ 자원 관리: 정보 보안 지식과 자원을 효율적으로 관리하기 위해 중요한 정보 자산과 인프라를 포함하는 전사적 정보 보안 아키텍처를 확보해야 한다.

④ 성과 관리: 정보 보안 거버넌스의 효과적인 운영을 위한 척도로 모니터링이나 보고 및 성과 평가 체계를 운영해야 한다.

해설

①번 설명은 위험 관리이고, 전략적 연계는 비즈니스와 IT 기술의 목표, 정보 보안 전략이 서로 연계되도록 최상위 정보 보안 운영위원회의 역할과 책임을 명시하고 정보 보안 보고 체계의 합리화를 이루어야 한다.
② 구성원들에게 정보 보안의 중요성과 가치를 교육해야 한다. 국제 표준을 기준으로 정보 보안 관리 체계를 갖추어 운영하고 자본의 통제 및 투자 프로세스를 정보 보안과 통합해야 한다.

정답 08 ① 09 ① 10 ①

③ 정책과 절차에 따른 정보 보안 아웃소싱을 수행하고, 아웃소싱 정보 보안 서비스의 통제와 책임을 명시 및 승인하며, 기업의 정보 보안 아키텍처와 전사적 아키텍처를 연계해야 한다.
④ 모니터링, 보고 및 평가에 따른 성과 평가 체계를 운영하고, 비즈니스 측면도 고려하여 성과를 평가해야 한다.

11 **정보보호 대책 수립을 위한 대응 전략으로 가장 적절하지 않은 것은? [2020 경찰 경력]**

① 위험 전가는 위험이 발생하는 원인을 제3자를 통해 제거한다.
② 위험 감소는 위험을 줄일 수 있는 대책을 채택하여 구현한다.
③ 위험 회피는 위험이 존재하는 프로세스나 사업을 수행하지 않는다.
④ 위험 수용은 식별된 위험을 받아들이고 비용을 감수한다.

해설

위험 전가는 일반적으로 위험을 다른 주체에게 이전하는 것을 의미하며, 원인을 제거하는 것이 아니므로 가장 적절하지 않은 것은 ①번이다.

12 **도출된 위험이 해당 사업에 심각한 영향을 주는 관계로 보험에 가입하였다. 이런 식으로 위험을 경감 또는 완화시키는 처리 유형은 무엇인가?**

① 위험 감소(reduction)
② 위험 전가(transfer)
③ 위험 수용(acceptance)
④ 위험 회피(avoidance)

해설

도출된 위험이 해당 사업에 심각한 영향을 주기에 보험에 가입하는 것은 '위험 전가'로 정답은 ②번이다.

13 **조직의 정보자산을 보호하기 위하여 정보자산에 대한 위협과 취약성을 분석하여 비용 대비 적절한 보호 대책을 마련함으로써 위험을 감수할 수 있는 수준으로 유지하는 일련의 과정은? [2017년 지방 9급]**

① 탐지 및 복구 통제
② 정책과 절차
③ 위험관리
④ 업무 연속성 계획

해설

위험을 분석 · 평가하고 적절히 통제하고 관리하는 일련의 과정은 위험관리로 정답은 ③번이다.
① 탐지 및 복구: 정보보호 침해사고가 발생한 것을 탐지하고 시스템을 정상 상태로 복구하는 것
② 정책과 절차: 조직이 수행하는 모든 정보보호 활동의 근거를 수립하고, 조직에 미치는 영향을 고려하여 중요한 업무, 서비스, 조직, 자산 등을 포함할 수 있도록 범위를 설정
④ 업무 연속성 계획: 비즈니스 활동에 대한 방해요인에 대응하며 중대한 실패 또는 재난의 영향으로부터 중요한 비즈니스 프로세스를 보호하기 위한 계획

14 **다음 설명에 관한 위험 처리 전략으로 가장 적절한 것은? [2022 경찰 경력]**

> 고객 서비스 홈페이지 유지보수 협력업체, 개인정보 처리 수탁자 중 당사에서 직접 관리감독할 수 없는 결제대행사, 본인확인기관 등과 같은 대형 수탁자에 대하여는 해당 수탁자가 법령에 의한 정부감독을 받거나 정부로부터 보안인증을 획득한 경우에는 개인정보보호법에 따른 문서체결 이외의 별도 관리감독은 생략할 수 있도록 한다.

① 위험 감소 ② 위험 회피
③ 위험 전가 ④ 위험 수용

정답 11 ① 12 ② 13 ③ 14 ③

해설

결제대행사와 본인확인기관과 같은 대형 수탁자가 정부의 감독을 받거나 보안 인증을 획득한 경우, 별도의 관리감독을 생략할 수 있다고 언급하고 있다. 이는 해당 위험을 다른 주체(정부)에게 전가하는 것으로 가장 적절한 것은 ③번이다.

15 **현재 존재하는 위험이 조직에서 수용할 수 있는 수준을 넘어선다면, 이 위험을 어떤 방식으로든 처리해야 된다. 다음의 지문이 설명하고 있는 위험 처리 방식은?**

> 보험이나 외주 등으로 위험 처리에 소요될 잠재적 비용을 제3자에게 이전하거나 할당하는 위험처리 방식

① 위험 수용　　② 위험 감소
③ 위험 회피　　④ 위험 전가

해설

보험이나 외주 등으로 위험 처리에 소요될 잠재적 비용을 제3자에게 이전하거나 할당하는 위험처리 방식은 '위험 전가'로 정답은 ④번이다.

16 **위험관리의 개념에서 위험 완화 방법에 대한 설명으로 옳지 않은 것은?**

① 회피(avoidance)는 특정 위험으로부터의 손실 부담 또는 위험 획득을 수용하는 것이다.
② 이전(transfer)은 잠재적 비용을 제3자에게 전가하거나 할당하는 것이다.
③ 감소(reduction)는 위험을 감소시킬 수 있는 대책을 채택하여 구현하는 것이다.
④ 수용(acceptance)은 위험을 받아들이고 비용을 감수하는 것이다.

해설

회피는 특정 위험을 피하는 방식으로 옳지 않은 것은 ①번이다.

17 **다음에서 설명하는 위험처리 방식은?**

> 위험이 존재하는 프로세스나 사업을 수행하지 않고 포기하는 것을 말한다.

① 위험 수용　　② 위험 회피
③ 위험 전가　　④ 위험 감소

해설

위험이 존재하는 프로세스나 사업을 수행하지 않고 포기하는 것은 '위험 회피'로 정답은 ②번이다.

18 **위험 분석에 대한 설명으로 옳지 않은 것은?**

① 위험 분석의 첫 단계는 자산과 그 자산에 대한 위협 및 취약성을 식별하는 것이다.
② 위험을 평가하기 위해 연간 예상 손실액(ALE)을 구하기 위해 단일 손실 예상액(SLE)과 연간 발생 빈도(ARO)를 곱한다.
③ 위험 분석 과정에서 도출된 결과는 반드시 조직의 경영진에게 보고되어야 하며, 이를 바탕으로 의사결정을 지원해야 한다.
④ 위험 분석의 결과는 조직의 모든 자산에 대해 동일하게 적용되며, 자산의 중요도나 특성에 따라 차별화되지 않는다.

해설

위험 분석의 결과는 자산의 중요도나 특성에 따라 차별화되어야 하며, 모든 자산에 대해 동일하게 적용될 수 없으므로 옳지 않은 것은 ④번이다.

19 **정보보호대책 구현의 통제 유형으로 옳은 것은?**

① 예상통제　　② 즉시통제
③ 교정통제　　④ 수정통제

정답 15 ④ 16 ① 17 ② 18 ④ 19 ③

해설

정보보호대책 구현의 통제 유형으로는 시점에 따라 예방통제, 탐지통제, 교정통제가 있다.

20 정보보호대책 구현 후 경영진의 이행결과 확인으로 옳지 않은 것은?

① 경영진은 정보보호대책이 효과적으로 구현되고 있는지 그 정확성과 효과성을 측정하여야 한다.

② 정보보호대책 이행계획이 모두 실행되고 있는지 확인하고, 이행되지 못한 계획이 있다면 그 사유가 타당해야 하고 보고가 이루어져야 한다.

③ 만약 정보보호대책에 대한 구현 여부를 관리, 감독하지 않는다면 보호대책과 이행계획을 잘 구축했더라도 일부 위험은 제거되지 못한 채 조직에 큰 피해를 가져올 수 있다.

④ 경영진은 정보보호대책의 이행계획이 잘 이루어지고 있는지 연 2회 이상의 정기적인 보고를 받을 필요가 있다.

해설

경영진은 정보보호대책의 이행계획이 잘 이루어지고 있는지 연 1회 이상의 정기적인 보고를 받을 필요가 있다.

21 개인정보처리자가 개인정보의 분실 도난 유출 위조 변조 또는 훼손되지 아니하도록 내부 의사결정 절차를 통하여 포함하여야 하는 사항이 아닌 것은?

① 개인정보보호 조직의 구성 및 운영에 관한 사항

② 개인정보의 동기화 조치에 관한 사항

③ 개인정보 보호책임자와 개인정보취급자의 역할 및 책임에 관한 사항

④ 개인정보취급자에 대한 관리 감독 및 교육에 관한 사항

해설

개인정보의 암호화 조치에 관한 사항이 포함되어 있다.

22 개인정보처리자가 개인정보의 분실 도난 유출 위조 변조 또는 훼손되지 아니하도록 내부 의사결정 절차를 통하여 포함하여야 하는 사항이 아닌 것은?

① 물리적 안전조치에 관한 사항

② 논리적 안전조치에 관한 사항

③ 위험 분석 및 관리에 관한 사항

④ 개인정보 처리업무를 위탁하는 경우 수탁자에 대한 관리 및 감독에 관한 사항

해설

논리적 안전조치에 관한 사항은 없다.

23 공공시스템 운영기관 등의 개인정보 안전성 확보조치에 대하여 기준 적용이 되는 시스템으로 맞지 않은 것은?

① 100만명 이상의 정보주체에 관한 개인정보를 처리하는 시스템

② 총 사업비가 10억원 이상인 시스템

③ 정보주체의 사생활을 현저히 침해할 우려가 있는 민감한 개인정보를 처리하는 시스템

④ 주민등록정보시스템과 연계하여 운영되는 시스템

해설

기관의 고유한 업무 수행을 지원하기 위하여 기관별로 운영하는 개별 시스템으로서 100만명 이상의 정보주체에 관한 개인정보를 처리하는 시스템, 개인정보처리시스템에 대한 개인정보취급자의 수가 200명 이상인 시스템, 주민등록정보시스템과 연계하여 운영되는 시스템, 총 사업비가 100억원 이상인 시스템은 조치를 하여야 한다.

정답 20 ④ 21 ② 22 ② 23 ②

24 **개인정보의 안전성 확보조치를 위해 개인정보의 파기에 관한 사항으로 옳지 않은 것은?**

① 소각 파쇄 등 완전파괴
② 전용 소자장비를 이용하여 삭제
③ 데이터가 복원되지 않도록 초기화 또는 덮어쓰기 수행
④ 전자적 파일 형태인 경우 개인정보 완전 삭제

해설

개인정보처리자가 개인정보의 일부만을 파기하는 경우 전자적 파일 형태는 개인정보를 삭제한 후 복구 및 재생되지 않도록 관리 및 감독해야 한다.

25 **정보보호 및 개인정보보호 관리체계 인증(ISMS-P)의 의무대상이 아닌 것은?**

① 전기통신사업법 제6조제1항에 따른 허가를 받은 자로서 서울특별시 및 모든 광역시에서 정보통신망서비스를 제공하는 자
② 정보통신망법 제46조에 따른 집적정보 통신시설 사업자
③ 의료법 제3조의4에 따른 중급종합병원
④ 정보통신서비스 부문 전년도 매출액이 100억원 이상인 자

해설

의료법 제3조의4에 따른 상급종합병원이 대상이다.

26 **정보보호 및 개인정보보호 관리체계 인증(ISMS-P)의 인증 구분 중 관리체계 수립 및 운영 분야가 아닌 것은?**

① 정책, 조직, 자산 관리
② 관리체계 기반 마련
③ 위험관리
④ 관리체계 운영

해설

정책, 조직, 자산 관리는 보호대책 요구사항의 분야이다.

27 **정보보호 및 개인정보보호 관리체계 인증(ISMS-P)의 인증 구분 중 개인정보 처리단계별 요구사항의 분야가 아닌 것은?**

① 개인정보 수집 시 보호조치
② 개인정보 생성 시 보호조치
③ 개인정보 제공 시 보호조치
④ 개인정보 파기 시 보호조치

해설

개인정보 생성 시 보호조치에 대한 내용은 없다.

28 **보호대책 구현 시, 조직의 정책에 따라 데이터 암호화 적용이 필요한 상황이 아닌 경우는?**

① 민감한 데이터 전송
② 중요 데이터 백업
③ 공개 데이터 공유
④ 데이터 저장 디스크 보호

해설

공개 데이터는 민감하지 않아 암호화 적용이 필수적이지 않다.

29 **위험 처리 전략 중 "조직의 의사결정에 따라 위험을 허용하며, 발생 가능성에 대비하는 전략"은?**

① 위험 수용
② 위험 감소
③ 위험 전가
④ 위험 회피

해설

위험 수용은 발생 가능성을 인정하고, 이에 대한 대응 방안을 마련하며 피해를 최소화하는 전략이다.

정답 24 ④ 25 ③ 26 ① 27 ② 28 ③ 29 ①

30 정보보호 관리체계(ISMS)의 PDCA 사이클에서 "Do" 단계의 주요 활동은?

① 계획 수립
② 정책 검토
③ 보호대책 실행
④ 운영 성과 분석

해설
ISMS의 PDCA 사이클 중 "Do" 단계는 보호대책을 실행하고 계획된 활동을 수행하는 단계이다.

31 다음 중 "위험 감소"를 위한 구체적인 대응책이 아닌 것은?

① 암호화 기술 적용
② 다중 인증 시스템 도입
③ 중요 데이터 백업 수행
④ 보안 감사 보고서 작성

해설
위험 감소는 구체적인 기술적, 관리적 대책을 통해 피해 가능성을 줄이는 활동으로, 보고서 작성은 직접적인 감소 방안이 아니다.

32 다음 중 위험 회피(Risk Avoidance)의 단점으로 가장 적절한 것은?

① 위험 관리 비용 증가
② 잠재적 기회 상실
③ 조직 내의 전문성 부족
④ 위험 수용으로 인한 손실 증가

해설
위험 회피는 위험을 완전히 제거할 수 있지만, 이로 인해 관련 프로젝트나 작업을 포기해야 하므로 잠재적 기회를 잃을 수 있다.

33 위험 처리 전략에서 "위험 수용"을 선택하기에 적합하지 않은 경우는?

① 잠재적 손실 비용이 매우 낮을 때
② 법률 위반 가능성이 있을 때
③ 조직이 위험을 관리할 수 있을 때
④ 대체 보호대책이 없을 때

해설
법률을 위반하는 위험은 수용 가능한 위험으로 간주될 수 없으며, 반드시 처리 방안이 마련되어야 한다.

34 위험 처리 전략 중 위험 전가에 해당하지 않는 사례는 무엇인가?

① 중요 데이터에 대해 사이버 보험에 가입한다.
② 외부 클라우드 제공자에게 데이터 저장을 위탁한다.
③ 외부 컨설팅 업체를 통해 보안 점검을 수행한다.
④ 중요한 데이터 접근 권한을 내부 직원으로 제한한다.

해설
위험 전가는 위험을 제3자(보험사, 외부 서비스 제공자 등)에 이전하거나 위탁하는 방식이다. 내부 직원 접근 제한은 위험 감소에 해당하며, 전가와는 무관하다.

35 다음 중 취약점 분석 과정에서 가장 우선적으로 수행해야 할 작업은 무엇인가?

① 조직 내 모든 자산의 취약점을 목록화한다.
② 취약점이 위협과 결합될 때 발생 가능한 손실을 평가한다.
③ 최신 보안 업데이트가 적용되지 않은 시스템을 확인한다.
④ 취약점이 조직 내 어디에서 발생할 가능성이 높은지 평가한다.

정답 30 ③ 31 ④ 32 ② 33 ② 34 ④ 35 ①

해설

취약점 분석은 먼저 조직 내 모든 자산의 취약점을 목록화하는 작업에서 시작하며, 이를 바탕으로 위험 평가를 수행한다.

36 **회사가 외부 컨설팅을 통해 IT 인프라의 보안 취약점 10개를 식별했으나, 예산 부족으로 일부만 해결할 수 있다. 다음 중 가장 적절한 우선순위 결정 기준은?**

① 모든 취약점의 해결 비용을 동일하게 분배한다.
② 발생 가능성이 가장 높은 취약점을 먼저 해결한다.
③ 법적 요구사항이 포함된 취약점을 최우선으로 처리한다.
④ 조직 내 가장 비용이 적게 드는 취약점부터 해결한다.

해설

예산이 제한된 경우 법적 요구사항 및 발생 가능성이 높은 취약점을 우선적으로 처리하는 것이 합리적이다.

37 **다음 중 정량적 위험 평가의 장점으로 적합하지 않은 것은?**

① 객관적인 데이터를 기반으로 위험 수준을 계산할 수 있다.
② 재무적 관점에서 위험의 크기를 구체적으로 평가할 수 있다.
③ 데이터가 부족한 경우에도 신뢰성 있는 평가 결과를 제공한다.
④ 비용 대비 효과 분석을 통해 최적의 보호대책을 선택할 수 있다.

해설

정량적 위험 평가는 데이터의 정확성과 신뢰성에 크게 의존하므로, 데이터가 부족할 경우 평가의 정확도가 떨어질 수 있다.

38 **다음 중 개인정보에 해당하지 않는 것을 모두 고르시오.**

① 쇼핑몰 회원의 구매 내역과 결제 정보
② 설문조사에서 이름 없이 작성된 의견
③ 특정 고객의 GPS 위치 정보
④ 사업자등록번호, 상호명

해설

이름 없이 작성된 의견은 개인을 식별할 수 없다. 사업자등록번호, 상호명은 사업자 정보로서 개인정보에 해당하지 않는다.

39 **다음 중 개인정보처리자가 아닌 것은 무엇인가?**

① 급여를 위해 직원들의 인적사항을 수집하는 회사
② 구독자에게 경품을 발송하기 위해 이메일을 수집한 파워블로거
③ 대출 기록을 관리하는 공공 도서관
④ 친구의 연락처를 스마트폰에 저장한 개인

해설

개인정보처리자는 업무를 목적으로 개인정보 파일을 운용해야 한다.

40 **다음 중 개인정보보호법에서 요구하는 개인정보보호 원칙에 해당하지 않는 것은 무엇인가?**

① 최소한의 개인정보를 수집
② 보관기간 제한의 원칙
③ 사생활 침해를 최소화하는 방법으로 처리
④ 개인정보를 안전하게 관리

해설

보관기간 제한의 원칙은 GDPR에서 요구하는 원칙이다.

정답 36 ③ 37 ③ 38 ②,④ 39 ④ 40 ②

41 **ISMS 인증 의무대상으로 올바른 것은 무엇인가?**

① 의료법 제3조의4에 따른 종합병원
② 정보통신서비스 부문 전년도 매출액이 100억원 이상인 자
③ 전년도 말 기준 100만명 이상의 정보주체에 관하여 개인정보를 처리하는 자
④ 직전연도 12월 31일 기준으로 재학생 수가 1천명 이상인 고등교육법 제2조에 따른 학교

해설

구분	의무대상자 기준
ISP	「전기통신사업법」 제6조제1항에 따른 허가를 받은 자로서 서울특별시 및 모든 광역시에서 정보통신망서비스를 제공하는 자
IDC	정보통신망법 제46조에 따른 집적정보통신시설 사업자
다음의 조건 중 하나라도 해당하는 자	연간 매출액 또는 세입이 1,500억원 이상인 자 중에서 다음에 해당되는 경우 –「의료법」 제3조의4에 따른 상급종합병원 – 직전연도 12월 31일 기준으로 재학생 수가 1만명 이상인 「고등교육법」 제2조에 따른 학교
	정보통신서비스 부문 전년도(법인인 경우에는 전 사업연도를 말한다) 매출액이 100억원 이상인 자
	전년도 일일평균 정보통신서비스 이용자 수가 100만 명 이상인 자

42 **다음 중 개인정보 안전성 확보조치 기준 고시에 해당하지 않는 것은 무엇인가?**

① 악성프로그램 등을 방지 · 치료할 수 있는 보안 프로그램을 설치 · 운영
② 개인정보를 정보통신망을 통하여 인터넷망 구간으로 송 · 수신하는 경우에는 이를 안전한 암호 알고리즘으로 암호화
③ 개인정보처리시스템에 대한 접속 권한을 인터넷 프로토콜(IP) 주소 등으로 제한하여 인가받지 않은 접근을 제한
④ 개인정보의 조회사유를 기록하고 조회사유의 정확성을 점검

해설

개인정보의 조회사유를 기록하고 조회사유의 정확성을 점검하는 것은 신용정보업감독규정(신용정보의 기술적 물리적 관리적 · 보안대책)에 해당하는 내용이다.

43 **일정 규모 이상의 개인정보를 전자적으로 처리하는 개인정보파일을 구축, 운영 또는 변경하려는 공공기관으로서 개인정보 영향평가 의무대상으로 적절한 것은 무엇인가?**

① 1만명 이상의 정보주체의 민감정보 또는 고유식별정보를 처리하는 개인정보파일
② 내부 또는 외부의 다른 개인정보파일과 연계하려는 경우로서 연계결과 정보주체의 수가 10만명 이상인 개인정보 파일
③ 100만명 이상의 정보주체 수를 포함하는 개인정보파일
④ 가까운 시점(1년 이내)에 정보주체의 수가 100만명 이상이 될 가능성이 있는 경우

해설

일정 규모 이상의 개인정보를 전자적으로 처리하는 개인정보파일을 구축 · 운영 또는 변경하려는 공공기관은 「개인정보보호법」(이하 "법"이라 한다) 제33조 및 「개인정보보호법 시행령」(이하 "영"이라 한다) 제35조에 근거하여 영향평가를 수행

- (5만명 조건) 5만명 이상의 정보주체의 민감정보 또는 고유식별정보의 처리가 수반되는 개인정보파일
- (50만명 조건) 해당 공공기관의 내부 또는 외부의 다른 개인정보파일과 연계하려는 경우로서, 연계 결과
- 정보주체의 수가 50만 명 이상인 개인정보파일
- (100만명 조건) 100만 명 이상의 정보주체 수를 포함하고 있는 개인정보파일

41 ② 42 ④ 43 ③

- 현시점 기준으로 영향평가 대상은 아니나 가까운 시점(1년 이내)에 정보주체의 수가 법령이 정한 기준 이상이 될 가능성이 있는 경우, 영향평가를 수행할 것을 권고

44 **ISMS-P 인증제도에 대한 설명으로 옳지 않은 것은 무엇인가?**

① 정책기관은 과학기술정보통신부와 개인정보보호위원회이다.

② 인증기관은 한국인터넷진흥원, 금융보안원이다.

③ 인증위원회는 과학기술정보통신부와 개인정보보호위원회에서 통합하여 운영한다.

④ 신규/특수분야 인증심사는 한국인터넷진흥원에서 수행한다.

해설

과학기술정보통신부와 개인정보보호위원회에서 통합하여 운영하는 것은 인증협의회이다.

45 **다음 중 정보보호 공시 의무대상이 아닌 것을 모두 고르시오.**

① 전자금융거래법 제2조제3호에 따른 은행,보험,카드 등 금융회사

② 전기통신사업법 제6조제1항에 따른 회선설비 보유 기간통신사업자

③ 공공기관 운영법에 따른 공기업 및 준정부기관 등

④ 정보통신 서비스 일일 평균 이용자 수 100만명 이상(전년도 말 직전 3개월간)인 정보통신서비스제공자

해설

정보보호 공시 의무 대상 기준

구분	대상
사업 분야	회선설비 보유 기간통신사업자 ※「전기통신사업법」 제6조제1항
	집적정보통신시설 사업자 ※「정보통신망법」 제46조
	상급종합병원 ※「의료법」 제3조의4
	클라우드컴퓨팅 서비스 제공자 ※「클라우드컴퓨팅법 시행령」 제3조제1호
매출액	정보보호 최고책임자(CISO)를 지정 · 신고하여야 하는 유가증권시장 및 코스닥시장 상장법인 중 매출액 3,000억원 이상
이용자 수	정보통신 서비스 일일 평균 이용자 수 100만명 이상(전년도 말 직전 3개월간)

정보보호 공시 의무 예외 기준

구분	의무대상자 기준
공공 기관	공기업 및 준정부기관 등 ※「공공기관운영법」
소기업	평균 매출액 120억원 이하 기업 ※「중소기업기본법 시행령」 제8조제1항 – 업종별 매출액 기준 상이(10~120억원), 정보통신업은 50억원 이하
금융 회사	은행 · 보험 · 카드 등 금융회사 ※「전자금융거래법」 제2조제3호
전자금융업자	정보통신업 또는 도 · 소매업을 주된 사업으로 하지 않는 전자금융업자

※「전자금융거래법」 제2조제4호, 한국표준산업분류

정답 44 ③ 45 ①,③

46 **다음 중 신용정보법상 개인인 신용정보주체의 개인신용정보 전송 요구를 받을 수 있는 자로 틀린 것은 무엇인가?**

① 신용정보주체 본인
② 본인신용정보관리회사
③ 신용조사회사
④ 개인신용평가회사

해설

신용정보법 33조의2(개인신용정보의 전송요구)
① 개인인 신용정보주체는 신용정보제공 · 이용자 등에 대하여 그가 보유하고 있는 본인에 관한 개인신용정보를 다음 각 호의 어느 하나에 해당하는 자에게 전송하여 줄 것을 요구할 수 있다.
1. 해당 신용정보주체 본인
2. 본인신용정보관리회사
3. 대통령령으로 정하는 신용정보제공 · 이용자
4. 개인신용평가회사
5. 그밖에 제1호부터 제4호까지의 규정에서 정한 자와 유사한 자로서 대통령령으로 정하는 자(개인사업자 신용평가회사)

47 **다음 중 정보보호 전문서비스 기업 지정 요건이 아닌 것은?**

① 기술인력을 10명 이상 보유해야 한다(고급 또는 특급인력 3명 이상 포함).
② 기업 재무제표의 자본 총계 10억원 이상이어야 한다.
③ 업무 수행능력 심사에서 기준점수 60점 이상을 획득해야 한다.
④ 정보보호컨설팅 관련 기록 및 자료를 안전하게 관리하기 위한 설비를 보유해야 한다.

해설

업무 수행능력 심사에서 기준점수 70점 이상을 획득해야 한다.

48 **기업관제 전문기업 지정 제도에 관한 설명으로 틀린 것을 모두 고르시오.**

① 국가 · 공공기관의 보안관제 센터 운영을 지원할 전문기업 지정을 목적으로 한다.
② 기술인력을 20명 이상 보유해야 한다(고급 3명, 중급 6명 이상 포함).
③ 기업 재무제표의 자본 총계 20억원 이상이어야 한다.
④ 업무 수행능력 심사에서 기준점수 60점 이상을 획득해야 한다.

해설

기술인력 15명 이상 보유, 기준점수 70점 이상을 획득해야 한다.

49 **공공기관 개인정보 수준 진단(공공기관 개인정보보호수준 평가제도)에 관한 설명으로 틀린 것을 고르시오.**

① 공공기관의 법적 의무사항 이행 수준 및 개인정보보호를 위한 기관의 노력 등을 중점적으로 평가하여, 공공기관의 개인정보보호 역량 향상을 도모하는 것을 목적으로 한다.
② 중앙행정기관 및 그 소속기관, 산하 공공기관, 지방자치단체, 지방 공기업, 시도 교육청 및 교육지원청 등이 해당한다.
③ 매년 평가를 받아 S,A,B,C,D 5개 평가등급을 부여받는다.
④ AI 등 개인정보보호 관련 신기술 도입 시 가점이 있다.

해설

신기술 환경에서의 데이터의 안전한 활용 및 안전조치 적절성에 따라 가점이 부여된다.

정답 46 ③ 47 ③ 48 ②,④ 49 ④

50 **다음 중 손해배상책임 관련 내용으로 틀린 것을 고르시오.**

① 직전 사업연도의 매출액이 10억원 이상이고, 전년도 말 기준 직전 3개월간 그 개인정보가 저장 · 관리되고 있는 정보주체 수가 일일평균 1만명 이상인 정보통신서비스제공자가 의무대상이다.

② 다른 법률에 따라 손해배상책임의 이행을 보장하는 보험 등에 가입하거나 준비금을 적립한 경우 개인정보보호법에 따른 보험 가입 또는 준비금 적립 등의 조치를 아니할 수 있다.

③ 공공기관, 공익법인, 비영리민간단체는 공제 가입 및 준비금 적립을 아니할 수 있다.

④ 매출액이 10~50억, 정보주체 수가 100만명 이상 구간인 경우 최저가입금액(최소적립금액)은 2억원이다.

해설

직전 사업연도의 매출액이 10억원 이상이고, 전년도 말 기준 직전 3개월간 그 개인정보가 저장 · 관리되고 있는 정보주체 수가 일일평균 1만명 이상인 개인정보처리자가 의무대상이다.

51 **ISMS 인증심사 제도에 관한 설명으로 틀린 것을 모두 고르시오.**

① 최초심사는 인증을 처음으로 취득하거나 인증의 범위에 중요한 변경이 있어 다시 인증을 신청할 때에도 실시한다.

② 인증위원회는 최초심사만 심의 · 의결한다.

③ 갱신심사는 정보보호 관리체계 인증 유효기간 연장을 목적으로 하는 심사를 말한다.

④ 인증 표시를 사용하는 경우 인증범위만 기재하여 홍보할 수 있다.

해설

인증위원회는 최초 및 갱신심사를 심의 · 의결한다. 인증 표시를 사용하는 경우 인증범위 및 유효기간을 함께 표시해야 한다.

52 **ISMS 인증 분야 중 보호대책 요구사항에 해당하는 것은?**

① 정책, 조직, 자산 관리

② 관리체계 기반 마련

③ 위험관리

④ 관리체계 점검 및 개선

해설

②,③,④는 관리체계 수립 및 운영에 해당한다.

53 **다음 중 국내대리인 제도에 관한 설명으로 옳지 않은 것은?**

① 국내대리인은 국내에 주소 또는 영업소가 있어야 한다.

② 국내대리인을 지정하는 경우 국내대리인의 성명, 국내대리인의 주소, 전화번호 및 전자우편 주소를 개인정보 처리방침에 공개해야 한다.

③ 국내에 주소 또는 영업소가 없는 자로서 전년도 전체 매출액이 1조원 이상인 자가 해당한다.

④ 국내에 주소 또는 영업소가 없는 정보통신서비스 제공자 등으로서 정보통신서비스 부문 전년도 매출액이 1,000억원 이상인 자가 해당한다.

해설

국내에 주소 또는 영업소가 없는 정보통신서비스 제공자 등으로서 정보통신서비스 부문 전년도 매출액이 100억원 이상인 자가 해당한다.

정답 50 ① 51 ②,④ 52 ① 53 ④

54 **본인확인기관의 지정 요건 중 기술적 요건으로 적절하지 않은 것은?**

① 안전한 본인확인 기술 보유
② 개인정보보호 조치
③ 서비스의 안전성
④ 주민등록번호 대체 수단 제공

해설
주민등록번호 대체 수단 제공은 시스템 요건에 해당한다.

55 **다음 중 개인정보보호법의 개인정보 안전성 확보조치 기준 고시의 내용으로 적절하지 않은 것은?**

① 개인정보 내부관리계획의 수립
② 접속기록의 보관 및 위조 · 변조 방지를 위한 조치
③ 컴퓨터바이러스, 스파이웨어, 랜섬웨어 등 악성프로그램의 침투 여부를 항시 점검 · 치료할 수 있도록 하는 등의 기능이 포함된 프로그램의 설치 · 운영과 주기적 갱신 · 점검 조치
④ 개인정보취급자가 입력하는 조회사유의 정확성 등 조회기록의 정확성 점검

해설
신용정보의 기술적, 물리적, 관리적 보안대책 마련 기준(신용정보업감독규정) 신용정보 관리 · 보호인은 개인신용정보취급자가 입력하는 조회사유의 정확성 등 신용조회기록의 정확성을 점검하여야 한다.

56 **다음 중 공공기관 개인정보 보호수준 평가 기준 분야로 틀린 것은?**

① 개인정보보호 정책 · 업무 수행실적 및 개선 정도
② 개인정보 관리체계의 적정성
③ 정보주체의 권리보장을 위한 조치사항 및 이행 정도
④ 재해복구 목표 시간(RTO) 및 재해복구 목표 지점(RPO)의 적정성

해설
재해복구 목표 시간 및 목표 지점의 정도는 해당사항이 없다.

57 **다음 중 "제로 트러스트 보안 모델(Zero Trust Security Model)"의 원칙에 해당하지 않는 것은?**

① 네트워크 내부의 사용자에게 기본적으로 신뢰를 부여
② 최소 권한 원칙(Least Privilege) 적용
③ 지속적인 모니터링과 이상 행위 탐지
④ 다중 인증(MFA) 적용

해설
제로 트러스트 보안 모델은 네트워크 내부 사용자라도 기본적으로 신뢰하지 않고, 지속적인 검증과 접근 통제를 요구한다.

58 **침해 사고 대응 프로세스에서 "사고 분석 및 대응" 단계에서 수행해야 할 작업이 아닌 것은?**

① 사고 발생 원인 분석
② 악성코드 또는 공격 기법 식별
③ 보안 인프라 예산 조정 및 투자 계획 수립
④ 사고 대응 팀 내부 보고 및 조치 계획 수립

해설
보안 인프라 예산 조정 및 투자 계획은 사고 대응 프로세스와 직접적인 관련이 없으며, 사후 보안 강화 단계에서 고려된다.

정답 54 ④ 55 ④ 56 ④ 57 ① 58 ③

59 **다음 중 클라우드 환경에서 보안 강화를 위한 접근법으로 가장 적절한 것은?**

① 클라우드 제공업체의 보안 설정을 기본값 그대로 유지
② 퍼블릭 클라우드에서 모든 데이터를 평문(Plain Text)으로 저장
③ 클라우드 내 데이터 암호화 및 접근 제어 정책 강화
④ 다중 계층 방화벽을 제거하여 성능 최적화

해설

클라우드 환경에서는 데이터 암호화와 접근 제어를 강화하여 보안성을 높이는 것이 필수적이다.

60 **다음 중 "보안 정보 및 이벤트 관리(SIEM: Security Information and Event Management)" 시스템의 주요 기능이 아닌 것은?**

① 실시간 로그 수집 및 분석
② 이상 행위 탐지 및 경고 생성
③ 침해 사고 발생 시 법적 증거 확보
④ 네트워크 트래픽의 자동 암호화

해설

SIEM은 로그 수집 및 분석, 이상 행위 탐지, 중앙 집중 관리를 담당하지만, 네트워크 트래픽을 자동으로 암호화하는 기능은 포함되지 않는다.

61 **다음 중 물리적 보호구역이 아닌 것은?**

① 접견구역 ② 제한구역
③ 통제구역 ④ 물리구역

해설

※ 물리적 보호구역(예시)
- 접견구역: 외부인이 별다른 출입증 없이 출입이 가능한 구역(예 접견장소 등)
- 제한구역 : 허가받지 않은 사람이 들어오는 것을 막기 위해 출입 통제 장치와 감시 시스템이 설치되어 있고, 직원 카드 같은 출입증이 있어야 들어갈 수 있는 곳(예 부서별 사무실 등)
- 통제구역: 제한구역의 통제항목을 모두 포함하고 출입자격이 최소인원으로 유지되며 출입을 위하여 추가 절차가 필요한 곳(예 전산실, 통신장비실, 관제실, 공조실, 발전실, 전원실 등)

62 **다음 문장이 설명하는 물리보안 강화 기준에 해당하는 구역의 용어는?**

> 비인가 접근을 방지하기 위하여 별도의 출입통제 장치 및 감시시스템이 설치된 장소로 출입 시 직원카드와 같은 출입증이 필요한 장소(예 : 부서별 사무실 등)이다.

① 접견구역 ② 제한구역
③ 통제구역 ④ 물리구역

해설

61번 문제 해설 참고

63 **다음 중 물리적 보호설비가 아닌 것은?**

① 방화벽
② 이중전원선
③ 출입통제시스템(ID카드, 생체인식, 무게 감지 등)
④ 비상등, 비상로 안내표지 등

해설

물리적 보호설비는 물리적인 접근을 통제하고 보호하는 장치들로 구성된다. 방화벽은 정보시스템의 보안을 위한 소프트웨어적 요소로, 물리적 보호설비에 해당하지 않는다.

※ 물리적 보호설비(예시)
- 온·습도 조절기(항온항습기 또는 에어컨)
- 화재감지 및 소화설비
- 누수감지기
- UPS, 비상발전기
- 전압유지기, 접지시설
- 이중전원선·침입 경보기

정답 59 ③ 60 ④ 61 ④ 62 ② 63 ①

- CCTV
- 출입통제시스템(ID카드, 생체인식, 무게 감지 등)
- 비상등, 비상로 안내표지 등

64 **다음 중 보호설비 운영을 위한 내용 중 옳은 설명은?**

① 외부 집적정보 통신시설(IDC)에 위탁 운영하는 경우 물리적 보호에 필요한 요구사항을 계약서에 반영하고 운영 상태를 주기적으로 검토한다.

② 전산실과 같은 보호구역이 보호설비를 갖추고 있지 않고 방치하고 있다.

③ 전산실 내에 UPS, 소화설비 등의 보호설비는 갖추고 있으나, 관련 설비에 대한 운영 및 점검 기준을 수립하고 있지 않았다.

④ 전산실 내에 온·습도 조절기를 설치했지만, 작동에 어려움으로 방치하고 있다.

해설

외부 집적정보 통신시설(IDC)에 위탁 운영하는 경우 물리적 보호에 필요한 요구사항을 계약서에 반영하고 운영 상태를 주기적으로 검토하는 것은 옳은 설명으로 정답은 ①번이다.

65 **다음 문장이 설명하는 보호구역 내 작업의 적절한 용어는?**

> 작업 수행을 위한 보호구역 출입 절차, 작업내역에 대한 책임추적성 확보 및 모니터링 방안 등

① 작업 절차 ② 작업 기록
③ 검토 방법 ④ 통제 방안

해설

작업 수행을 위한 보호구역 출입 절차, 작업내역에 대한 책임추적성 확보 및 모니터링 방안 등은 통제 방안의 내용이다.

- 작업 절차: 통제구역에서 작업 수행 시 작업 신청, 승인, 작업 기록 작성 등
- 작업 기록: 작업 일시, 작업 목적 및 내용, 작업 업체 및 담당자명, 검토자 및 승인자 등 통제 방안 : 작업 수행을 위한 보호구역 출입 절차, 작업 내역에 대한 책임추적성 확보 및 모니터링 방안 등
- 작업 검토: 사전 승인 내역, 출입기록, 작업 기록 등에 대한 정기적 검토 수행 등
- 검토 방법: 출입 신청서와 출입 내역(관리대장, 시스템 로그 등) 일치성 등

66 **정보시스템 및 개인정보처리시스템에 대한 접근 시 사용자 인증, 로그인 횟수 제한, 불법 로그인 시도 경고 등 안전한 사용자 인증 절차에 따라 통제하여야 한다. 다음 중 사용자 인증 수단이 아닌 것은?**

① 지식 기반
② 소유 기반
③ 생체 기반
④ 위치 기반

해설

사용자 인증 수단으로는 지식 기반, 소유 기반, 생체 기반으로 구성되어 있으며, 위치 기반은 사용자 인증 수단이 아니다.

67 **다음 중 사용자 인증 수단 중 소유 기반이 아닌 것은?**

① 인증서(PKI)
② OTP(One Time Password)
③ 스마트 카드 방식
④ 비밀번호

해설

소유 기반 사용자 인증 수단은 인증서(PKI), OTP(One Time Password), 스마트 카드 방식, 물리적 보안토큰 방식 등이 있으며, ④번은 지식 기반 방식 내용이다.

정답 64 ① 65 ④ 66 ④ 67 ④

68 **다음 중 계정 도용 및 불법적인 인증시도 통제방안 예시로 틀린 것은?**

① 로그인 실패횟수 제한
② 동시 접속 허용
③ 접속 유지시간 제한
④ 불법 로그인 시도 경고

해설

동일 계정으로 동시 접속 시 접속차단 조치 또는 알림 기능 등으로 동시 접속 제한을 해야 하므로 틀린 것은 ②번이다.

69 **다음 중 정보시스템 관리, 개인정보 및 중요정보 관리 등 특수목적을 위한 계정 및 권한 유형이 아닌 것은?**

① 관리자 권한(Root, Administrator, admin, sys, system, sa 등 최상위 권한)
② 일반 사용자 권한
③ 계정 생성 및 접근권한을 설정할 수 있는 권한 등
④ 배치프로그램 실행을 위하여 부여된 권한

해설

※ 특수권한(예시)
- 관리자 권한(Root, Administrator, admin, sys, system, sa 등 최상위 권한)
- 배치프로그램 실행을 위하여 부여된 권한
- 보안시스템 관리자 권한
- 계정 생성 및 접근권한을 설정할 수 있는 권한 등

70 **다음 문장이 설명하는 보안시스템은?**

> 네트워크 패킷을 분석하여 공격 시그니처(Signature)를 찾아내 제어함으로써 비정상적인 트래픽을 중단시키는 보안 솔루션으로, 수동적인 방어 개념의 방화벽이나 침입탐지시스템(IDS)과 달리 침입 경고 이전에 공격을 중단시키는 데 초점을 둔 개념의 솔루션. 해당 서버의 비정상적인 행동에 따른 정보 유출을 자동으로 탐지하여 차단 조치를 취함으로써 인가자의 비정상 행위를 통제 가능

① UTM(Unified Threat Management)
② WIPS(Wireless Intrusion Prevention System)
③ IPS(Intrusion Prevention System)
④ WAF(Web Application Firewall)

[보안솔루션 분류]

솔루션 유형	설명
웹방화벽	네크워크 방화벽과 달리 OWASP (Open Web Application Security Project) Top 10, 국가정보원의 8대 웹 취약점, 웹페이지 위변조 등 다양한 형태의 웹 기반 해킹 및 유해 트래픽을 실시간 감시하여 탐지하고 차단하는 웹 애플리케이션 보안 솔루션
방화벽(네트워크 방화벽, UTM, NGFW 등 포함)	시스템의 보안을 위해 네트워크상에서 외부에서 내부로, 내부에서 외부로의 불법적인 접근을 차단하는 보안 솔루션
침입방지시스템(IPS)/DDoS 차단시스템	IPS는 네트워크 패킷을 분석하여 공격 시그니처(Signature)를 찾아내 제어함으로써 비정상적인 트래픽을 중단시키는 보안 솔루션으로, 수동적인 방어 개념의 방화벽이나 침입탐지시스템(IDS)과 달리 침입 경고 이전에 공격을 중단시키는 데 초점을 둔 개념의 솔루션. 해당 서버의 비정상적인 행동에 따른

정답 68 ② 69 ② 70 ③

침입방지시스템(IPS)/DDoS 차단 시스템	정보 유출을 자동으로 탐지하여 차단 조치를 함으로써 인가자의 비정상 행위를 통제 가능
	DDoS 차단 시스템은 대량의 트래픽을 전송해 시스템을 마비시키는 DDoS(DDoS: Distributed Denial of Service, 분산서비스거부) 공격 전용의 차단 솔루션으로, 대량으로 유입되는 트래픽을 신속하게 분석해 유해 트래픽 여부를 판단해 걸러줌으로써 보호 대상 네트워크의 가용성과 안정성을 높여주며, 해당 서비스의 연속성을 보장하는 데 중요한 역할을 함
가상사설망(VPN)	인터넷망 또는 공중망을 사용하여 둘 이상의 네트워크를 안전하게 연결하기 위하여 가상의 터널을 만들어 암호화된 데이터를 전송할 수 있도록 만든 네트워크로 공중망 상에서 구축되는 논리적인 전용망
네트워크 접근제어(NAC)	네트워크에 접근하는 접속단말의 보안성을 강제화할 수 있는 보안 인프라로, 허가되지 않거나 웜 · 바이러스 등 악성 코드에 감염된 PC 또는 노트북, 모바일 단말기 등이 회사 네트워크에 접속되는 것을 원천적으로 차단해 시스템 전체를 보호하는 보안 솔루션
무선 네트워크 보안	무선(전파)을 이용하는 통신 네트워크 상에서의 인증, 키 교환 및 데이터 암호화 등을 통해 위협으로부터 보호하기 위한 보안 솔루션

71 **다음 문장이 설명하는 보안시스템은?**

> 인터넷망 또는 공중망을 사용하여 둘 이상의 네트워크를 안전하게 연결하기 위하여 가상의 터널을 만들어 암호화된 데이터를 전송할 수 있도록 만든 네트워크로 공중망 상에서 구축되는 논리적인 전용망

① UTM(Unified Threat Management)
② VPN(Virtual Private Network)
③ IPS(Intrusion Prevention Systems)
④ WAF(Web Application Firewall)

해설은 70번 문제 해설 참고

PART 04 실력점검문제

정답 71 ②

INFORMATION SECURITY RISK MANAGER

Chapter 4 실력점검문제

정보보호 관리체계 운영

01 다음 중 정보통신망법상 정보보호 최고책임자(CISO) 지정 관련하여 틀린 것은?

① 중기업 이상의 정보통신서비스 제공자는 임원급으로 지정, 신고하여야 한다.
② 중소기업기본법 제2조제2항에 따른 소기업은 신고의무에서 제외된다.
③ 자본금 1억원 이하인 자는 신고의무에서 제외된다.
④ 신고의무가 제외된 기업은 사업주나 대표자를 정보보호 최고책임자로 지정한 것으로 간주한다.

해설

중기업 이상의 정보통신서비스 제공자는 정보보호 관련 업무를 총괄하는 부서의 장 이상을 정보보호 최고책임자로 지정할 수 있다. 단, 정보통신서비스 제공자로서 직전 사업연도 말 기준 자산총액이 5조원 이상인 자 또는 정보보호 관리체계 인증을 받아야 하는 자 중 직전 사업연도 말 기준 자산총액이 5천억원 이상인 자는 상법상 이사(집행임원 포함)로 지정, 신고하여야 한다.

02 개인정보보호법상 개인정보 처리자가 만 14세 미만 아동의 개인정보를 처리하기 위해 동의를 받아야 하는 대상은?

① 해당 아동
② 해당 아동의 법정대리인
③ 해당 아동과 법정대리인 모두
④ 해당 아동의 부모 중 한 명

해설

개인정보보호법 제22조에 따르면, 개인정보처리자는 만 14세 미만 아동의 개인정보를 처리하기 위하여 이 법에 따른 동의를 받아야 할 때에는 그 법정대리인의 동의를 받아야 한다. 이 경우 법정대리인의 동의를 받기 위하여 필요한 최소한의 정보는 법정대리인의 동의 없이 해당 아동으로부터 직접 수집할 수 있다.

03 정보보호를 위한 기술적 보안 중 하나이다. 해당되는 기술적 보안은?

A. RBAC 적용
B. 방화벽, 침입탐지/방지 시스템 구축
C. 악성코드 탐지 및 차단 솔루션 도입
D. 보안정보 이벤트 관리(SIEM) 시스템 구축

① A: 시스템 보안 B: 데이터 보안
C: 보안 모니터링 D: 접근 통제
② A: 암호화 B: 네트워크 보안
C: 접근 통제 D: 데이터 보안
③ A: 접근통제 B: 네트워크 보안
C: 시스템 보안 D: 모니터링
④ A: 보안 모니터링 B: 접근 통제
C: 암호화 D: 데이터 보안

04 다음 중 정보보호 거버넌스의 목표로만 묶인 것은?

ㄱ. 책임성
ㄴ. 비즈니스 연계성
ㄷ. 정합성
ㄹ. 정규화
ㅁ. 준거성

① ㄱ, ㄴ ② ㄱ, ㄷ
③ ㄴ, ㄷ, ㄹ ④ ㄱ, ㄴ, ㅁ

해설

정보보호 거버넌스의 목표는 책임성(Accountability), 비즈니스 연계성(Business Alignment), 준거성(Compliance)을 목표로 한다.

01 ① 02 ② 03 ③ 04 ④

05 **개인정보보호법상 개인정보처리자가 정보주체의 개인정보를 국외로 이전하는 경우, 정보주체의 동의를 받지 않아도 되는 경우는?**

① 이전되는 개인정보 항목이 5개 미만인 경우

② 개인정보를 이전받는 자의 성명이 정해지지 않은 경우

③ 개인정보 관리 책임자의 연락처를 공개한 경우

④ 정보주체와의 계약 체결 및 이행을 위하여 개인정보의 처리위탁·보관이 필요한 경우로서 개인정보 처리방침에 공개한 경우

해설

개인정보보호법 제28조의8(개인정보의 국외 이전)에 따라 다음 어느 하나에 해당하는 경우에는 개인정보를 국외 이전할 수 있다.

1. 정보주체로부터 국외 이전에 관한 별도의 동의를 받은 경우
2. 법률, 대한민국을 당사자로 하는 조약 또는 그 밖의 국제협정에 개인정보의 국외 이전에 관한 특별한 규정이 있는 경우
3. 정보주체와의 계약 체결 및 이행을 위하여 개인정보의 처리위탁·보관이 필요한 경우로서 다음 각 목의 어느 하나에 해당하는 경우
   가. 제2항 각 호의 사항을 제30조에 따른 개인정보 처리방침에 공개한 경우
   나. 전자우편 등 대통령령으로 정하는 방법에 따라 제2항 각 호의 사항을 정보주체에게 알린 경우
4. 개인정보를 이전받는 자가 제32조의2에 따른 개인정보보호 인증 등 보호위원회가 정하여 고시하는 인증을 받은 경우로서 다음 각 목의 조치를 모두 한 경우
   가. 개인정보 보호에 필요한 안전조치 및 정보주체 권리보장에 필요한 조치
   나. 인증받은 사항을 개인정보가 이전되는 국가에서 이행하기 위하여 필요한 조치
5. 개인정보가 이전되는 국가 또는 국제기구의 개인정보 보호체계, 정보주체 권리보장 범위, 피해구제 절차 등이 이 법에 따른 개인정보 보호 수준과 실질적으로 동등한 수준을 갖추었다고 보호위원회가 인정하는 경우

06 **다음은 정보보호 거버넌스의 목표 중 무엇에 대한 설명인가?**

- 조직원의 역할 등을 명확히 정의하여 자율적이고 적극적인 통제 환경 구축
- 조직 내 의사결정, 문제 발생 시 (　　　)에 관한 목표를 수립
- 정보보호 활동의 성과에 대해 누가 (　　　)을 지는지를 명확히 구분

① 비즈니스 연계성

② 준거성

③ Compliance

④ 책임성

해설

정보보호 거버넌스의 목표는 책임성(Accountability), 비즈니스 연계성(Business Alignment), 준거성(Compliance)을 목표로 한다. 문제의 설명은 책임성을 설명하고 있다.

07 **정보보호산업의 진흥에 관한 법률에 따른 정보보호 공시의 의무 대상이 아닌 것은?**

① 「자본시장과 금융투자업에 관한 법률」에 따른 주권상장법인

② 직전 사업연도 말 기준 자산총액이 5조원 이상인 기업

③ 직전 사업연도 말 기준 자산총액이 5천억원 이상인 기업

④ 정보보호 관리체계 인증을 받은 기업

해설

정보보호산업의 진흥에 관한 법률 제13조 및 동법 시행령 제8조에 따르면, 정보보호 공시 의무 대상은 「자본시장과 금융투자업에 관한 법률」에 따른 주권상장법인 중 직전 사업연도 말 기준 자산총액이 5조원 이상인 기업과 직전 사업연도 말 기준 자산총액이 5천억원 이상인 기업 등이다. 정보보호 관리체계 인증을 받은 기업이라는 조건만으로는 의무 대상이 되지 않는다.

정답 05 ④ 06 ④ 07 ④

08 **개인정보보호법상 개인정보를 파기하지 않고 보존할 수 있는 경우가 아닌 것은?**

① 다른 법령에 따라 보존해야 하는 경우
② 정보주체가 별도의 보존 기간에 대해 동의한 경우
③ 수사기관의 요청에 따라 일시적으로 삭제를 유예하는 경우
④ 회사 내부 방침에 따라 일정 기간 보관하는 경우

해설

개인정보는 수집·이용 목적이 달성되었을 경우 지체 없이 파기해야 하며, 단순히 회사 내부 방침에 따른 보관은 개인정보보호법 위반에 해당할 수 있다. 보존이 허용되는 경우는 법령에 근거하거나, 정보주체의 동의가 있는 경우 등으로 제한된다.

09 **다음은 정보보호 거버넌스의 주요 절차이다. A, B, C에 들어갈 용어는?**

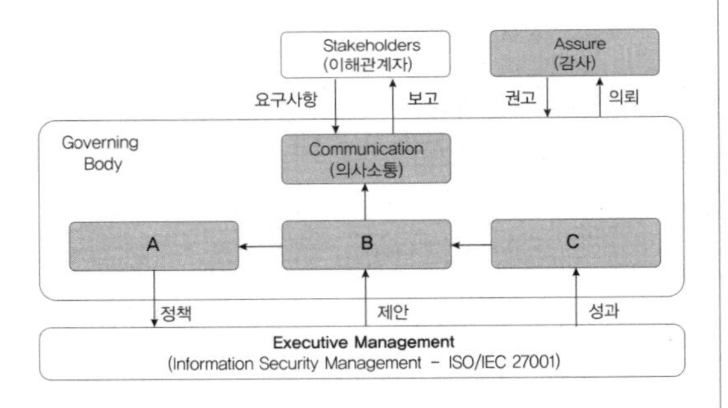

① A: 지시 B: 모니터 C: 평가
② A: 지시 B: 평가 C: 모니터
③ A: 모니터 B: 지시 C: 평가
④ A: 모니터 B: 평가 C: 지시

해설

지시(Direct)는 조직의 정보보호 목적과 전략 달성에 필요한 사항과 추진 방향을 지시한다. 평가(Evaluate)는 조직의 정보보호 목표 달성을 위해 필요한 조정사항을 계획하고 변경한다. 모니터(Monitor)는 보안 활동을 진단하고, 요구사항을 반영하며, 성과 지표를 관리한다.

10 **비정형 접근법의 주된 특징을 모두 고른 것은?**

a. 전문가의 경험과 직관에 의존한다.
b. 표준화된 절차를 따른다.
c. 데이터 기반의 분석을 사용한다.
d. 모든 위험을 정량적으로 분석한다.
e. 특정 환경이나 기술적 요건을 고려하여 평가를 수행할 수 있다.
f. 조직의 환경 변화나 독특한 요구에 적합하게 대응할 수 있다.
g. 위험 분석 결과가 정확하다.
h. 빠르고 비용이 저렴하여 작은 규모 조직에 적합하지 않다.

① a, b, c, d, e, f, h
② a, c, d, f, g
③ a, e, f, g
④ a, e, f

해설

- 비정형 접근법은 경험과 직관을 중요시하며, 표준화된 절차 없이 각 상황에 맞춰 위험을 평가한다.
- 특정 환경이나 기술적 요건을 고려하여 평가를 수행하며, 표준화된 방법론으로는 다루기 어려운 상황에서도 활용될 수 있다.
- 고정된 틀 없이 상황과 필요에 맞게 조정할 수 있어, 조직의 환경 변화나 독특한 요구에 적합하게 대응할 수 있다.

정답 08 ④ 09 ② 10 ④

11 보호대상 선정 프로세스 순서로 옳은 것은?

> ㄱ. 정보자산 식별
> ㄴ. 법적 요구사항 파악
> ㄷ. 보호대상 선정
> ㄹ. 보호대상 목록 관리
> ㅁ. 보호대상 선정 기준 수립
> ㅂ. 보안 요구 사항 분석

① ㄱ → ㄴ → ㅂ → ㄷ → ㅁ → ㄹ
② ㄱ → ㄴ → ㅂ → ㅁ → ㄷ → ㄹ
③ ㄱ → ㄹ → ㅂ → ㅁ → ㄷ → ㄴ
④ ㄱ → ㄴ → ㅁ → ㅂ → ㄷ → ㄹ

해설

보호대상 선정 기준 수립 프로세스는 법적 요구사항, 사업 영향도, 위험 수준 등을 고려하여 선정 기준을 마련하는 프로세스로, 보호대상 선정 프로세스에는 정보자산 식별, 법적 요구사항 파악, 보안 요구사항 분석, 보호대상 선정 기준 수립, 보호대상 선정, 보호대상 목록 관리 순으로 있다.

12 위험관리 과정을 수립하는 5가지 세부 과정으로 올바르게 나열된 것은?

> ⓐ : 위험관리 전략 및 계획 수립
> ⓑ : 위험분석
> ⓒ : 위험평가
> ⓓ : 정보보호대책 선정
> ⓔ : 정보보호계획 수립

① ⓔ → ⓐ → ⓑ → ⓒ → ⓓ
② ⓔ → ⓑ → ⓐ → ⓒ → ⓓ
③ ⓐ → ⓒ → ⓑ → ⓓ → ⓔ
④ ⓐ → ⓑ → ⓒ → ⓓ → ⓔ

해설

위험관리 전략 및 계획 수립 → 위험분석 → 위험평가 → 정보보호대책 선정 → 정보보호계획 수립 순서로 위험관리 과정을 수립한다.

13 한 조직에서 특정 위협의 발생 가능성(위협 수준)이 0.2이고, 관련 취약점이 0.5로 분석되었으며, 자산 가치가 1억원으로 평가되었다. 이 조직의 위험 수준을 산출하라.

① 1000만원 ② 2,000만원
③ 5,000만원 ④ 2,500만원

해설

위험 수준은 아래의 공식으로 계산된다.
위험=자산 가치×취약점×위협 수준
계산: 위험=1억원×0.5×0.2=1,000만원

14 정량적 위험 분석과 관련하여 아래 질문에 답하시오.

> 연수익이 5천만원인 사이트 위험을 완전히 제거하는 비용이 연간 1억원이라고 할 때, 이 사이트의 ROI는?

① −50% ② −100%
③ −150% ④ 50%

해설

ROI=(수익/투자금)×100
ROI=(5천만/1억원)×100=50%

15 한 조직의 데이터베이스 서버는 자산 가치가 5억원이며, 위협 발생 시 예상 손실액(SLE)은 2억원이다. 연간 발생 빈도(ARO)가 0.1인 경우, 연간 예상 손실액(ALE)은 얼마인가?

① 5천만원 ② 1억원
③ 2억원 ④ 10억원

정답 11 ② 12 ④ 13 ① 14 ④ 15 ②

해설

ALE는 SLE와 ARO를 곱하여 계산한다. 따라서
ALE=SLE×ARO=2억×0.1=1억
연간 예상 손실액은 1억원이다.

16 한 조직의 데이터베이스 서버의 자산 가치는 2억원이다. 예상되는 손실률은 40%이며, 연간 위협 발생률(ARO)이 다음과 같이 나뉘어 있다.

> 자연재해: ARO=0.05
> 사이버 공격: ARO=0.2
> 내부 직원의 실수: ARO=0.1

위 사항을 바탕으로 각각의 위협 요소에 대한 ALE를 계산하고, 전체 연간 예상 손실액(ALE Total)을 구하라.

① 2,000만 원 ② 2,800만 원
③ 3,600만 원 ④ 4,000만 원

해설

각각의 위협에서 ALE를 계산:
자연재해: ALE=SLE×ARO=(2억원×0.4)×0.05
=8,000만원×0.05=400만원
사이버 공격: ALE=SLE×ARO=(2억원×0.4)×0.2
=8,000만원×0.2=1,600만원
직원의 실수: ALE=SLE×ARO=(2억원×0.4)×0.1
=8,000만원×0.1=800만원
전체 ALE 총합=400만원+1,600만원+800만원
=2,800만원

17 조직이 보유한 자산은 다음의 구간에 속한다. "1억 1원~10억 원" 이 구간의 대푯값을 5억원으로 설정하고, 예상 손실률은 50%로 평가되었다. 특정 위협의 연간 발생률(ARO)이 0.6일 때, 이 자산에 대한 연간 예상 손실액(ALE)을 계산하라.

① 1억 원 ② 1.5억 원
③ 2억 원 ④ 2.5억 원

해설

단일 손실 예상액(SLE) 계산:
SLE=자산 가치×손실률=5억원×0.5=2.5억원
연간 예상 손실액(ALE) 계산:
ALE=SLE×ARO=2.5억 원×0.6=1.5억원
(구간화된 대푯값(5억원)을 사용했기 때문에 세부적인 자산 가치의 숫자 대신 구간 값을 활용)

18 다음 중 특정 조직에서 도출된 문제점에 대해 적절한 위험처리 전략은 무엇인가?

> 1. 내부 시스템 간 전송구간 암호화 미적용 → 위험 감소
> 2. 개인정보 처리자의 교육 미참석 → 위험 전가
> 3. 고객정보를 MD5로 해시하여 저장 → 위험 회피

① 모두 적절하다.
② 1번만 적절하다.
③ 3번만 적절하다.
④ 모두 부적절하다.

해설

- 전송구간 암호화는 대책을 통해 감소 가능하므로 "위험 감소" 전략이 적합하다.
- 개인정보 처리자의 교육 미참석은 내부적으로 해결해야 하며 "위험 전가" 전략으로 처리할 수 없다.
- MD5 해시는 보안상 취약하므로 개선 대책이 필요하며, "위험 회피" 전략이 아니다.

19 조직의 특정 자산 가치가 1억원이고, 예상 손실률이 30%로 평가되었으며, 해당 위협의 연간 발생률(ARO)이 0.2인 경우, 연간 예상 손실액(ALE)은 얼마인가?

① 600만원 ② 3,000만원
③ 6,000만원 ④ 1억원

정답 16 ② 17 ② 18 ② 19 ①

해설

ALE를 계산하기 위해서는 SLE와 ARO를 사용한다.
SLE(Single Loss Expectancy)를 먼저 계산: 자산 가치 ×손실률=1억×0.3=3,000만원
ALE=SLE×ARO=3,000만원×0.2=600만원

20 A기업에서 위험평가를 통해 아래와 같은 취약사항을 발견하였을 때 처리 방안으로 가장 적절한 것은?

> 일부 직원은 업무 특성상 외부에서 개인정보처리시스템 접속이 필요하다.
> 특정 인원만 외부에서 접속이 가능하도록 개인정보처리시스템을 추가 구축하였고 ID/PW 인증하여 접속하고 있다.

① 접속 단말의 고정 IP 또는 MAC 주소로 설정하여 특정 단말에서만 접속하도록 조치한다.
② ID/PW 인증 외 휴대폰 문자인증 절차를 도입한다.
③ 외부에서 접속 시 VPN 연결 후 ID/PW 인증하여 접속한다.
④ 외부에서 개인정보처리시스템 접속이 불가하도록 차단하였다.

해설

개인정보의 안전성 확보조치 기준 고시에 따라 외부에서 개인정보처리시스템을 접속할 때에는 안전한 인증수단을 적용해야 한다. 안전한 인증수단으로 OTP 인증, SMS 인증 등이 있으며 고정IP 주소 또는 MAC주소는 해당하지 않는다.

21 다음은 위협 통제 시점에 따른 분류이다. 알맞은 용어를 넣으시오

> 1) 발생 가능한 잠재적인 문제들을 식별하여 사전에 대응하기 위한 통제
> 2) 1번 통제를 우회하여 발생하는 위협을 찾아내기 위한 통제
> 3) 2번 통제에 따라 발견한 위협에 대처하거나 줄이는 통제

	A	B	C
①	사전통제	탐지통제	교정통제
②	예방통제	교정통제	탐지통제
③	예방통제	탐지통제	교정통제
④	탐지통제	예방통제	교정통제

해설

- 예방 통제: 강력한 비밀번호 정책 설정으로 비인가 접근 방지
- 탐지 통제: 로그 분석 도구를 사용해 비정상적인 로그인 시도 탐지
- 교정 통제: 감염된 시스템을 백업 데이터로 복원하여 정상 상태로 복구

22 아래 지문에서 연간 예상 손실액(ALE) 계산 결과가 올바른 것은?

> 조직의 자산 가치(AV)가 50억원이고 자산에 대한 위협의 노출 계수(EF)가 80%이며, 통계적으로 볼 때 10년에 4번 정도 위협이 발생한다.

① 4억 ② 6억
③ 10억 ④ 16억

해설

ALE(연간 예상 손실액)=16억
– SLE(단일 예상 손실액)×ARO(연간 발생률) =40억×0.4=16억
– SLE=자산 가치(AV)×노출 계수(EF) =50억×0.8=40억

 20 ② 21 ③ 22 ④

23 A기업에서 위험평가를 통해 아래와 같은 현황을 확인하였다. 이때 위험평가 절차 중 미흡했던 절차로 가장 적절한 것은?

> A 기업은 ISMS-P 인증 의무대상자 기업으로 ISMS-P 인증 취득을 준비하고 있다.
> 다만, IT/정보보호 관련 전문성을 보유한 인력이 없어 고객서비스팀의 팀장을 정보보호 최고책임자로 지정하였다. 경영진과 얘기를 통해 전문성이 없는 사유로 지정에 대해 신고는 하지 않기로 결정했다.

① 법적 준거성 식별 및 평가
② 자산식별
③ 보호대책 적용
④ 위험평가

해설

A 기업은 정보보호 최고책임자의 지정 및 신고 의무가 있는 기업이다. 정보통신망법 준수 여부에 대해 검토를 하였다면 신고하지 않는 것은 과태료 부과 대상임을 인지하고 신고하였을 것이다.

24 위험관리 절차를 순서대로 배열한 것은?

> 가. 자산식별
> 나. 정보보호대책 수립
> 다. 정보보호계획 수립
> 라. 주기적 재검토
> 마. 위험분석 및 평가

① 다 - 가 - 마 - 라 - 나
② 다 - 라 - 가 - 마 - 나
③ 가 - 다 - 마 - 나 - 라
④ 가 - 마 - 나 - 다 - 라

해설

자산식별→ 위험분석 및 평가 → 정보보호대책 수립 → 정보보호계획 수립 → 주기적 재검토 절차로 위험관리를 수행한다.

25 다음 중 정성적 위험분석 방법으로 연결된 것은?

> 가. 과거자료 접근법
> 나. 순위결정법
> 다. 시나리오법
> 라. 확률 분포법
> 마. 수학공식 접근법
> 바. 델파이법

① 가, 나, 다, 라
② 가, 나, 다, 라, 마, 바
③ 나, 다, 라, 마
④ 나, 다, 바

해설

정성적 위험분석 방법으로는 델파이법, 시나리오법, 순위결정법이 있다.

26 위험관리 절차를 순서대로 배열한 것으로 옳은 것은?

> ㄱ. 위험분석
> ㄴ. 자산식별
> ㄷ. 식별된 위험에 대한 정보보호대책 선정
> ㄹ. 위험감시 및 재검토
> ㅁ. 위험평가

① ㉡ - ㉠ - ㉣ - ㉤ - ㉢
② ㉡ - ㉠ - ㉤ - ㉣ - ㉢
③ ㉡ - ㉠ - ㉤ - ㉢ - ㉣
④ ㉡ - ㉣ - ㉢ - ㉠ - ㉤

해설

자산식별 → 위험분석 → 위험평가 → 식별된 위험에 대한 정보보호대책 선정 → 위험감시 및 재검토 절차로 위험관리를 수행한다.

정답 23 ① 24 ④ 25 ④ 26 ③

27 정보자산의 중요도 평가를 위해 요구되는 요소에 대한 설명으로 올바르게 짝지어진 것은?

> 정보자산의 중요도를 파악하기 위해서 일반적으로 ㉠, ㉡, ㉢가 포함된다.
> ㉠은/는 정보 유출 측면, ㉡은/는 정보 변조, ㉢은/는 언제든지를 의미하며, 이들은 보안의 3요소라고도 불린다.

① ㉠: 비밀성, ㉡: 무결성, ㉢: 가용성
② ㉠: 기밀성, ㉡: 무결성, ㉢: 가용성
③ ㉠: 익명성, ㉡: 무결성, ㉢: 상시성
④ ㉠: 기밀성, ㉡: 신뢰성, ㉢: 상시성

해설

정당한 자만이 접근할 수 있도록 보장하는 것을 기밀성(㉠), 생성하거나 변경하거나 삭제할 수 있도록 보장하는 것을 무결성(㉡), 필요시 언제든지 접근할 수 있도록 보장하는 것을 가용성(㉢)이라 한다.

28 위험관리 절차를 순서대로 배열한 것은?

> ㄱ. 위험식별
> ㄴ. 위험 관리 계획 수립
> ㄷ. 위험 감시 및 통제
> ㄹ. 위험분석 수행
> ㅁ. 위험 대응 계획 수립

① ㉡ - ㉠ - ㉣ - ㉤ - ㉢
② ㉡ - ㉠ - ㉣ - ㉢ - ㉤
③ ㉠ - ㉡ - ㉣ - ㉢ - ㉤
④ ㉠ - ㉣ - ㉡ - ㉤ - ㉢

해설

위험관리 계획 수립 → 위험 식별 → 위험분석 수행 → 위험 대응 계획 수립 → 위험 감시 및 통제 절차로 위험관리를 수행한다.

29 다음의 빈칸 (㉠), (㉡)에 적절한 용어로 올바른 것은?

> 자산에 대한 중요도를 평가하기 위해 (㉠)을/를 만든다. 이때 중복이나 누락 없이 최대한 자세히 나열하고 자산의 평가 및 관리에 용이하도록 (㉡)을/를 실시한다. (㉡)은/는 자산의 특성을 고려하여야 하며, 특히 사용 용도, 피해 규모 등을 포함하여 실시한다.

① ㉠ 자산 목록, ㉡ 자산 그룹핑
② ㉠ 자산 목록, ㉡ 자산 가치 평가
③ ㉠ 체크리스트, ㉡ 자산 위험평가
④ ㉠ 체크리스트, ㉡ 자산 그룹핑

해설

자산분석을 위해 먼저 자산을 식별하여 자산목록(㉠)을 만든다. 자산의 유형, 중요도 등이 유사한 자산들을 자산 그룹핑(㉡)을 통해 동일한 평가 작업을 반복하지 않음으로써 시간과 비용을 최소화할 수 있다.

30 위험분석에 관한 설명으로 괄호 안에 들어갈 내용이 올바르게 짝지어진 것은?

> 자산의 (㉠)을 식별하고 존재하는 (㉡)을 분석하여 이들이 (㉢) 및 (㉣)이 미칠 수 있는 영향을 파악하여 보안위험의 내용과 정도를 결정하는 과정이다.
> (㉡)은 잠재적 (㉣)이 현실화되어 나타날 손실액과 이러한 손실이 발생할 확률의 곱이다.

① ㉠: 위협, ㉡: 위험, ㉢: 발생가능성, ㉣: 취약성
② ㉠: 취약성, ㉡: 위험, ㉢: 발생가능성, ㉣: 위협
③ ㉠: 취약성, ㉡: 위협, ㉢: 발생가능성, ㉣: 위험
④ ㉠: 위험, ㉡: 취약성, ㉢: 발생가능성, ㉣: 발생가능성

정답 27 ② 28 ① 29 ① 30 ②

해설

자산의 취약성(㉠)을 식별하고, 존재하는 위협(㉡)을 분석한다. 이러한 위협이 발생가능성(㉢) 및 위협(㉣)에 미칠 수 있는 영향을 파악하고 위험(㉡)은 잠재적 위협(㉣)이 현실화되어 나타날 손실액과 이러한 손실이 발생할 확률의 곱으로 정의된다.

31 한 조직은 위험평가를 진행하면서 다음과 같은 결과를 도출했다.

- 자산 A(데이터베이스 서버): 기밀성(High), 무결성(High), 가용성(Very High)
- 자산 B(직원 관리 시스템): 기밀성(Medium), 무결성(Very High), 가용성(Medium)

이 결과를 바탕으로 조직이 먼저 우선적으로 보호해야 할 자산과 그 이유는 무엇인가?

① 자산 A: 가용성이 매우 높아 서비스 중단 시 손실이 크기 때문이다.
② 자산 B: 무결성이 매우 높아 데이터 변조 시 심각한 영향을 미치기 때문이다.
③ 자산 A: 기밀성과 무결성이 모두 높아 중요도가 더 크기 때문이다.
④ 자산 B: 가용성은 낮지만 무결성이 높아 공격 가능성이 크기 때문이다.

해설

자산 A의 경우 기밀성, 무결성, 가용성이 모두 높음으로 평가되었으며, 특히 가용성이 "매우 높음"으로 나타났다. 이는 데이터베이스 서버의 서비스 중단 시 조직에 심각한 영향을 미칠 수 있음을 의미하므로 우선적으로 보호해야 한다.
자산 B는 무결성이 높긴 하지만, 서비스 중단 영향이 상대적으로 적으므로 자산 A에 비해 우선순위가 낮다.

32 글로벌 전자상거래 기업 A사는 최근 고객 데이터 유출 사고를 경험한 후, 보안 강화를 위해 복합 접근법을 활용한 위험 분석을 수행하기로 했다. 초기 평가를 통해 결제 시스템과 고객 정보 데이터베이스(DB)는 고위험 영역으로 선정되었으며, 이들에 대해서는 상세 위험분석을 적용하기로 했다.

반면, 내부 인트라넷 및 마케팅 서버와 같은 비교적 낮은 위험도의 시스템은 베이스라인 접근법을 적용하여 보안을 점검했다. 기업 A사는 상세 위험분석을 통해 다음과 같은 문제점을 발견했다.

1. 고객 정보 DB의 암호화 수준이 충분하지 않아, 내부 직원이 무단으로 접근할 가능성이 있다.
2. 결제 시스템에서 과거 트랜잭션을 저장하는 로그 파일이 안전하지 않은 위치에 저장된다.
3. 다수의 외부 공급업체가 결제 시스템과 연결되어 있으나, 이들에 대한 보안 검증 절차가 미흡하다.

이에 따라 기업 A사는 고위험 영역에 대해 추가적인 보안 조치를 시행하기로 했다. 다음 중 기업 A사의 보안 개선 전략으로 가장 적절한 것은 무엇인가?

① 고객 정보 DB의 접근 권한을 기존 방식 그대로 유지하되, 직원 보안 교육을 강화한다.
② 모든 시스템을 동일한 수준으로 분석하여, 전사적인 보안 표준을 통일한다.
③ 결제 시스템과 고객 정보 DB에 대해 추가적인 암호화 및 접근 통제 정책을 적용하고, 외부 공급업체에 대한 보안 평가 절차를 도입한다.
④ 고객 정보 DB 및 결제 시스템을 별도의 네트워크로 분리하는 대신, 기존의 물리적 보안 조치를 강화하는 데 집중한다.

정답 31 ① 32 ③

해설

기업 A사의 문제는 고위험 영역(결제 시스템, 고객 정보 DB)의 보안 취약점이 명확하게 식별되었음에도 불구하고, 이를 해결하기 위한 실질적인 조치가 부족한 점이다.
따라서 추가적인 암호화, 접근 통제 정책 적용, 외부 공급업체에 대한 보안 평가 절차 도입과 같은 세부적인 대응 전략이 필요하다.
①번 항목(보안 교육 강화만으로 문제를 해결), ②번 항목(모든 시스템을 동일한 수준으로 분석)은 복합 접근법의 핵심 원칙과 맞지 않으며, ④번 항목(물리적 보안 조치만 강화)은 비용과 자원의 비효율적 운영을 초래할 가능성이 높다.

33 한 기업의 보안팀은 최근 발생한 랜섬웨어 공격에 대응하기 위해 보안 정책을 점검하고 있다. 조직 내 보안 프레임워크를 적용하여 기본적인 보안 수준을 유지하는 것이 목표다. 베이스라인 접근법을 적용하여 보안 정책을 수립할 때 가장 적절한 전략은 무엇인가?

① 업계에서 널리 사용되는 보안 표준(NIST, ISO 27001 등)을 기반으로 최소한의 보안 요구사항을 설정한다.
② 과거 발생한 보안 사고를 기반으로, 기업 맞춤형 보안 프로세스를 설계한다.
③ 모든 보안 정책을 폐기하고, AI 기반 실시간 위협 탐지 시스템만 운영한다.
④ 기업 내 모든 직원을 대상으로 내부 보안 위협 시뮬레이션을 실행하고, 사고 대응 절차를 실험한다.

해설

베이스라인 접근법은 보안의 최소 기준을 설정하는 방식으로, ISO 27001, NIST CSF 같은 표준을 기반으로 조직 내 보안 정책을 정하는 것이 일반적이다.

34 한 대기업은 다양한 사업 부문에서 운영되는 IT 시스템의 보안 강화를 위해 복합 접근법을 도입하려고 한다. 다음 중 복합 접근법의 핵심 원칙에 부합되는 조치는 무엇인가?

① 조직 전체의 모든 시스템에 대해 동일한 수준의 상세 위험분석을 수행하여 일관된 보안 수준을 유지한다.
② 사전에 정의된 표준 보안 정책을 모든 사업 부문에 적용하여 위험을 통제한다.
③ 모든 위험 요소를 우선순위 없이 나열한 후, 순차적으로 분석하여 조직의 전체적인 보안 상태를 개선한다.
④ 초기 위험 평가를 통해 조직 내 가장 위험도가 높은 영역을 식별한 후, 해당 영역에 대해서만 상세 위험분석을 수행하고 나머지는 베이스라인 접근법을 적용한다.

해설

복합 접근법은 조직의 자원을 효율적으로 활용하기 위해, 초기 위험 평가를 통해 고위험 영역을 선별하고 이에 대해서만 상세 위험분석을 수행하는 방식이다.
①번과 ③번 항목처럼 모든 시스템을 동일한 수준으로 분석하는 것은 불필요한 시간과 비용을 초래할 수 있으며, ②번 항목과 같이 일괄적으로 접근하는 방식은 복합 접근법의 핵심 개념과 맞지 않는다.

35 한 금융기관에서는 최근 복합 접근법을 도입하여 정보보안 위험을 관리하고 있다. 다음 중 고위험 영역을 선정하는 기준으로 가장 적절한 것은 무엇인가?

① 최근 발생한 보안 사고의 영향을 고려하여, 유사한 사고가 발생할 가능성이 높은 시스템을 우선 분석한다.
② 조직 내 모든 IT 자산을 동일한 기준으로 분석하여, 특정 시스템의 위험도가 높더라도 일괄적인 보안 정책을 적용한다.

정답 33 ① 34 ④ 35 ①

③ 시스템의 기술적 복잡성과 상관없이, 조직 내 모든 부서가 동일한 방식으로 위험을 평가하도록 한다.

④ 비용 절감을 위해 기존 보안 대책이 적용된 영역은 추가 분석 없이 제외한다.

해설

고위험 영역을 선정하기 위해서는 과거 보안 사고 데이터를 분석하고, 유사한 위험이 재발할 가능성이 높은 시스템을 우선적으로 평가하는 것이 중요하다.
②번, ③번, ④번 항목과 같이 일괄적인 방식으로 평가하거나, 기존 보안 대책이 있다는 이유만으로 무조건 제외하는 것은 고위험 요소를 놓칠 가능성이 있다.

36 스타트업에서 복합 접근법을 활용하여 정보보안 위험 평가를 수행하고 있다. 다음 중 복합 접근법을 적용하는 과정에서 가장 부적절한 것은 무엇인가?

① 조직의 모든 시스템을 대상으로 초기 평가를 수행한 후, 위험도가 높은 영역을 선별하여 상세 위험 분석을 수행한다.

② 고위험 영역으로 분류된 IT 시스템에는 상세 위험분석을 적용하고, 나머지 영역은 표준 보안 대책을 기반으로 평가한다.

③ 고위험 영역이 아닌 시스템에 대해서도, 향후 환경 변화나 신규 위협 요소가 발생할 경우 정기적인 재평가를 수행한다.

④ 비용과 시간을 절약하기 위해, 기존 보안 대책이 적용된 모든 시스템을 고위험 분석 대상에서 최대한 제외한다.

해설

복합 접근법에서는 초기 위험 평가를 통해 고위험 영역을 선정하는 것이 중요하며, 기존 보안 대책이 존재한다는 이유만으로 특정 시스템을 분석 대상에서 제외하는 것은 부적절하다.
보안 환경은 지속적으로 변화하기 때문에, 기존 보안 대책이 적용된 시스템이라도 새로운 위협이 등장할 가능성이 있으며 정기적인 재평가가 필요하다.
①번, ②번, ③번 항목은 복합 접근법의 핵심 원칙을 반영한 적절한 방법이다.

37 A 금융 기업은 최근 내부 정보 유출 사고가 발생할 위험이 높아짐에 따라, 상세 위험 분석을 수행하기로 결정했다. 조직의 주요 자산을 보호하기 위한 위험 분석 과정에서 가장 먼저 수행해야 하는 적절한 조치는 무엇인가?

① 현재 적용된 보안 대책이 효과적으로 작동하는지 평가하여 미비점을 보완한다.

② 보안 사고가 발생할 가능성이 있는 위협을 식별하고 각 위협의 취약성을 분석한다.

③ 정보 시스템과 데이터베이스, 네트워크 장비 등 주요 자산을 분류하고 그 가치를 평가한다.

④ 발생 가능한 모든 보안 사고 시나리오를 설정하고, 각 시나리오에 대한 대응 방안을 마련한다.

해설

상세 위험분석에서 첫 번째 단계는 "자산 분석"이다.
조직이 보호해야 할 주요 자산을 목록화하고, 기밀성(C), 무결성(I), 가용성(A) 요구 수준을 평가하는 것이 선행되어야 한다.
이후 위협 및 취약성 분석(②번 항목)을 통해 위험 요소를 도출하고, 보안 대책 평가(①번 항목)를 진행하는 순서로 진행된다.
④번 항목은 보안 정책 수립과 관련된 내용이지만, 이는 위험 분석 이후 대응 전략을 수립하는 과정에서 수행하는 것이므로 상세 위험분석의 초기 단계로 적절하지 않다.

정답 36 ④ 37 ③

38 한 병원에서 상세 위험분석을 수행하면서 환자 정보 보호를 위한 보안 정책을 강화하려 한다. 이 과정에서 수행하는 주요 활동 중 가장 부적절한 것은 무엇인가?

① 환자 기록 시스템, 의료 장비, 내부 네트워크 등 병원의 주요 IT 자산을 식별하고 가치 평가를 진행한다.

② 환자 데이터 유출을 막기 위해 해킹, 악성코드 감염, 내부자 위협 등 다양한 위협 요소를 사전에 분석한다.

③ 기존의 보안 솔루션(방화벽, IDS/IPS 등)의 운영 상태를 점검하고, 보안 대책이 제대로 적용되고 있는지 세밀하게 평가한다.

④ 병원 내부 직원들의 보안 의식 수준을 테스트하기 위해 의도적으로 피싱 공격을 수행하여 직원들의 대응력을 확인한다.

해설

④번 문항에서 제시된 '직원들에게 피싱 공격을 의도적으로 수행하는 것'은 윤리적 문제가 발생할 가능성이 높으며, 상세 위험분석의 주요 절차로 포함되지 않는다.

상세 위험분석은 자산 분석(①번 항목), 위협 및 취약성 분석(②번 항목), 보안 대책 평가(③번 항목), 위험 대응 전략 수립 등의 절차로 구성된다.

직원들의 보안 인식을 개선하는 활동은 중요하지만, 피싱 공격을 의도적으로 수행하는 것은 비윤리적이며 법적 대응을 초래할 수도 있다. 대신, 보안 교육 및 모의 훈련을 통해 직원들의 대응력을 높이는 것이 보다 적절한 접근 방식이다.

39 한 조직에서 새로운 사이버 보안 위협을 평가하기 위해 비정형 접근법을 활용하려고 한다. 그러나 한 팀원이 "이 방법이 적절한지 고민된다"고 주장했는데, 해당 팀원이 비정형 접근법의 한계를 지적하는 이유로 가장 적절한 것은 무엇인가?

① 전문가의 경험에 의존하기 때문에 평가자의 주관에 따라 결과가 달라질 가능성이 있다.

② 표준화된 프로세스를 엄격히 준수해야 하므로, 상황에 따라 유연하게 적용하기 어렵다.

③ 정량적 데이터 분석에 초점을 맞추기 때문에, 직관적이고 창의적인 접근이 제한된다.

④ 비용이 많이 들고, 시간이 오래 걸리므로 긴급한 상황에서는 부적절하다.

해설

비정형 접근법은 전문가의 경험과 직관에 기반하여 위험을 평가하는 방식이므로 평가자의 주관적인 판단이 평가 결과에 큰 영향을 미칠 수 있다.

이로 인해 경험 부족이나 개인적인 편향이 개입될 가능성이 있으며, 평가 결과의 신뢰성이 낮아질 수 있다.

반면, ②번 항목은 비정형 접근법의 특성과 반대되는 설명이며, ③번도 비정형 접근법의 특성과 맞지 않는다.

④번 항목 역시 비정형 접근법이 빠르고 간단한 평가에 적합하다는 점에서 부적절하다.

정답 38 ④ 39 ①

40 **한 중소기업이 제한된 자원 내에서 빠르게 보안 위험을 평가해야 하는 상황이다. 이 기업은 체계적인 위험 평가 프로세스를 구축할 여력이 없고, 긴급한 보안 조치가 필요한데, 이 경우 비정형 접근법이 적절한 이유로 가장 타당한 것은 무엇인가?**

① 정량적 데이터 분석을 통해 구체적인 수치를 기반으로 평가를 수행한다.

② 고정된 틀이 없어 조직의 특수한 환경에 맞춰 유연하게 적용할 수 있다.

③ 표준화된 보안 기준을 엄격하게 준수하여 일관된 평가 결과를 제공한다.

④ 모든 조직에서 동일한 결과를 보장하므로 신뢰성이 높다.

해설

비정형 접근법은 정해진 기준 없이 전문가의 경험과 직관을 활용하여 빠르게 위험을 평가할 수 있기 때문에, 체계적인 위험 평가 프로세스를 구축할 여력이 없는 중소기업에도 적합하다.
특히, 고정된 프로세스 없이 조직의 특수한 환경과 필요에 맞게 유연하게 조정할 수 있어 긴급한 보안 조치가 필요한 경우 유리하다.

41 **한 제조업체는 스마트 팩토리를 운영하면서 정보보안 강화가 필요하다고 판단하여 상세 위험분석을 수행하고 있다. 다음 중 위협 및 취약성 분석 단계에서 조직이 가장 중점적으로 고려해야 할 사항은 무엇인가?**

① 스마트 팩토리에서 사용되는 모든 IT 자산을 유형별로 분류하고 가치 평가를 수행한다.

② 주요 산업 설비 및 IoT 기기에 대한 보안 인증 심사를 수행하여 현재 보안 수준을 평가하고 증대시킨다.

③ 해킹, 내부자에 의한 위협, 자연재해 등 발생 가능한 위협을 식별하고, 자산별로 취약성을 분석하여 위협이 미치는 영향을 평가한다.

④ 조직이 현재 적용하고 있는 모든 보안 대책을 점검하고, 해당 대책이 효과적인지 검토한다.

해설

위협 및 취약성 분석 단계에서는 조직이 직면할 수 있는 위협을 식별하고, 자산별 취약성을 평가하는 과정이 포함된다.
해킹, 내부자 공격, 랜섬웨어, 공급망 공격, 자연재해 등의 위협을 목록화하고, 각각의 발생 가능성과 조직에 미칠 영향을 분석하는 것이 핵심이다.
①번 항목의 경우 자산 분석 단계에서 수행해야 하는 활동이며, ②번과 ④번 항목은 보안 대책 평가 단계에 해당한다.

42 **한 중소기업의 IT 보안 담당자는 정보보안 위험 평가를 수행하기 위해 베이스라인 접근법을 적용하려고 한다.**
그러나 CISO는 "우리 조직은 다른 기업과 다르게 특정 산업에 특화된 시스템을 운영하는데, 베이스라인 접근법이 적절할까?"라고 의문을 제기했다. CISO의 우려가 현실이 될 가능성이 가장 높은 이유는 무엇인가?

① 모든 조직의 개별적인 환경을 철저히 반영하여 맞춤형 보안 대책을 수립하기 때문이다.

② 표준화된 보안 대책을 제공하지만, 조직의 특수한 환경이나 특정 위협을 충분히 반영하기 어렵기 때문이다.

③ 비용과 시간이 많이 소요되기 때문에 중소기업에는 적절하지 않기 때문이다.

④ 주로 대규모 조직에 적용되며, 중소기업에는 적용할 수 없는 접근법이기 때문이다.

해설

베이스라인 접근법은 일반적으로 통용되는 표준화된 보안 대책을 적용하는 방식이므로 조직의 특수한 환경이나 특정한 보안 위협을 반영하기 어렵다.
특히, 특정 산업에 특화된 시스템을 운용하는 경우, 표준 체크리스트만으로는 조직의 개별적인 보안 요구

정답 40 ② 41 ③ 42 ②

사항을 충족시키기 어려울 수 있으므로 CISO의 우려가 타당하다.

43 어느 금융회사는 최근 규제기관으로부터 보안 점검을 받았다. 보안 담당자는 빠른 점검과 기본적인 보안 준수 여부를 확인하기 위해 베이스라인 접근법을 사용하여 자체 평가를 진행했다.

그러나 규제기관 감사관은 이 접근법이 특정 유형의 보안 위험을 충분히 식별하지 못할 가능성이 지적했다. 감사관이 지적한 문제점으로 가장 적절한 것은 무엇인가?

① 체크리스트 기반으로 최신 위협 트렌드를 반영하지 못할 가능성이 있다.

② 모든 시스템의 보안을 개별적으로 심층 분석하므로 시간이 많이 소요된다.

③ 자동화된 보안 점검 도구를 사용하지 않으므로 분석 결과의 신뢰성이 낮다.

④ 특정 산업 규제를 준수하는 데 초점을 맞추지 않으므로 금융 산업에서 사용하기 어렵다.

해설

베이스라인 접근법은 사전에 정의된 체크리스트를 기반으로 보안 상태를 점검하는 방식이다.
하지만 이 체크리스트가 최신 보안 위협이나 공격 트렌드를 반영하지 못할 경우, 새로운 보안 위협을 간과할 가능성이 있다.
특히 금융 산업과 같이 높은 수준의 보안이 요구되는 환경에서는 최신 위협을 반영하는 것이 필수적이므로, 단순히 체크리스트를 활용한 점검만으로는 충분하지 않을 수 있다.

44 소프트웨어 개발 회사에서 자사의 주요 소프트웨어 시스템에 대한 리스크 분석을 진행 중이다. 이 시스템은 회사의 핵심 비즈니스와 관련된 중요한 데이터를 처리하고 있으며, 외부 위협에 노출될 경우 상당한 금전적 손실을 초래할 수 있어 특정 자산 A와 위협 T에 대한 연간 예상 손실을 계산하려 한다.

- 자산 A의 가치: 10억
- 위협 T의 연간 발생 횟수: 자산 A에 대해 연간 3번 발생할 확률
- 위협 T에 대한 자산 A의 취약성: 30%로 평가됨

위 정보를 바탕으로, 자산 A에 대한 위협 T가 연간 발생 시킬 수 있는 예상 손실은 얼마인가?

① 1억 ② 9억
③ 9천만원 ④ 3천만원

해설

연간 예상 손실은 다음 공식을 사용하여 계산할 수 있다.
연간 예상 손실(A,T)=자산A의 가치×위협 T의 연간 발생 횟수×T에 대한 A의 취약성
자산 A의 가치: 10억원 / 위협 T의 연간 발생 횟수:3 / T에 대한 자산 A의 취약성: 30%(0.3)
따라서 연간 예상 손실(A,T)=100,000,000×3×0.3=90,000,000
9천만원이다.

정답 43 ① 44 ③

45 기업에서 최근 사이버 공격을 경험한 후, 기존의 리스크 평가 방법으로는 다양한 위협을 정확히 식별하고 대응하기 어려움을 느꼈다. 특히 고도화된 사이버 위협에 대응하기 위해, 기업은 직관적이고 경험적인 방식에 특화된 접근법을 사용하려 한다.

특정 환경이나 기술적 요건을 고려하여 평가를 수행하는 이 시나리오에서 가장 적합한 위험 분석 방법의 특징은 무엇인가?

① 정형 데이터 분석과 통계적 모델링을 통한 위험 예측
② 위협 모델링과 취약성 평가를 기반으로 한 위험 분석
③ 리스크를 체계적으로 수치화하고 모델링하여 자동화된 평가 수행
④ 전문가의 경험과 직관적 판단을 활용한 위험 식별

해설

해당 시나리오의 적합한 위험 분석 방법은 상세 위험분석이다.
그 이유로는 기업은 직관적이고 경험적인 방식에 특화된 접근법을 사용하려 하며, 특정 환경이나 기술적 요건을 고려하여 평가를 수행하려 하기 때문이다.
이에 상세 위험분석의 가장 큰 특징 중 하나인 보기 ④번의 전문가의 경험과 직관적 판단을 활용한 위험 식별이 정답이다.

46 한 IT기업의 보안팀에서는 최근 발생한 여러 보안 사고들을 분석하여 기업 정보시스템에 내재된 위험 요소를 체계적으로 식별하고 평가하기 위한 작업을 시작하려고 한다. 해당 팀은 조직의 전반적인 보안 수준을 높이기 위한 위험 평가 절차를 진행하며, 첫 번째 단계로 "위험 식별" 작업에 착수했다.

위험을 식별하는 데 있어 고려해야 할 여러 요소들에 대해 명확한 기준을 설정하고, 이를 바탕으로 가능한 위험을 목록화 하는 과정이 필요한 이 주요 작업은 무엇인가?

① 위험 발생 가능성 예측
② 자산, 위협, 취약성 목록 작성
③ 보안 대책 평가
④ 대응 전략 수립

해설

위험 식별 단계에서는 자산, 위협, 취약성 목록을 작성하여 위험을 정의하고 분류하는 작업이 이루어진다.

47 공공기관이 최근 내부 네트워크에서 비정상적인 데이터 전송 패턴을 발견했다. 기존 보안 솔루션이 감지하지 못한 정교한 위협이 발생하고 있으며, 공격자가 탐지를 우회하기 위해 제로데이 익스플로잇을 활용하고 있는 것으로 보인다.

이런 위협에 대응하기 위해 비정형 접근법을 적용할 경우 가장 적절한 대응 방법은 무엇인가?

① 기존 보안 솔루션의 시그니처를 업데이트하고, 악성 코드 탐지 패턴을 강화한다.
② 공격자의 의도를 분석하고, 머신러닝 기반 이상행위 탐지(UEBA)를 활용하여 새로운 위협을 식별한다.
③ 업계에서 검증된 보안 표준을 도입하여 최소한의 보안 정책을 설정한다.
④ 기업 내 모든 시스템을 초기화하고, 네트워크를 완전히 재설계한다.

해설

비정형 접근법은 기존의 정형화된 보안 정책으로는 탐지하기 어려운 새로운 위협에 대응하는 방식이다.

정답 45 ④ 46 ② 47 ②

48 한 글로벌 IT 기업은 고객 데이터를 클라우드 기반 데이터 센터에서 관리하고 있다. 그러나 최근 공급망 공격(Supply Chain Attack)을 통해 내부 관리 시스템이 침해되는 사고가 발생했다. 이에 따라 기업은 상세 위험 분석을 수행하여 보안 대책을 강화하려 한다.

조직이 수행한 상세 위험 분석 결과, 아래와 같은 핵심 사항이 도출되었다.

> 1. 자산 분석: 고객 데이터, API 인증키, 관리자 계정 등의 주요 자산이 높은 기밀성을 요구한다.
> 2. 위협 및 취약성 분석: 공격자는 내부 관리자 계정 탈취 및 API 취약점을 이용하여 비인가 데이터 접근을 시도하고 있다.
> 3. 보안대책 평가: 다중 인증(MFA)과 네트워크 분리 정책이 적용되었지만, API 보안 정책은 미흡한 상태이다.
> 4. 잔존 위험 평가: 공격자가 API를 통해 내부 데이터베이스를 지속적으로 조회할 가능성이 남아 있으며, 이로 인해 고객 데이터 유출 위험이 존재한다.

이 상세 위험 분석 결과를 기반으로 가장 적절한 대응 방안은 무엇인가?

① 기업의 클라우드 보안 정책을 표준 프레임워크(NIST, ISO 27001)에 맞추고, 추가적인 위험 분석 없이 즉시 적용한다.

② API 요청을 완전히 차단하고, 모든 클라우드 서비스를 온프레미스 환경으로 이전한다.

③ 기존 네트워크 보안 정책을 그대로 유지하면서, 관리자 계정의 비밀번호만 주기적으로 변경한다.

④ API 요청을 감시하고 비정상적인 접근 패턴을 분석하는 AI 기반 이상 행위 탐지 시스템을 도입한다.

해설

상세 위험 분석의 핵심 목표는 잔존 위험을 평가하고, 조직에 최적화된 보안 대응 전략을 수립하는 것이다.
④번 항목과 같은 AI 기반 이상 행위 탐지 시스템은 공격자의 API 남용 가능성을 효과적으로 감지할 수 있어, 잔존 위험을 줄이는 최적의 방법이다.
②번 항목은 비현실적인 극단적인 조치이며 ①번, ③번 항목은 위험 분석 결과를 무시하고 기존 보안 정책을 유지하는 소극적인 접근법이다.

정답 48 ④

01 개인정보보호법상 개인정보 제3자 제공 시 알려야 할 사항을 모두 고른 것은?

a. 개인정보를 제공받는 자
b. 개인정보를 제공받는 자의 보유 및 이용 기간
c. 개인정보의 제공 목적
d. 동의를 거부할 권리가 있다는 사실 및 동의 거부에 따른 불이익이 있는 경우에는 그 불이익의 내용
e. 제공하는 개인정보의 항목
f. 개인정보 침해에 대한 고충처리 및 분쟁해결에 관한 사항
g. 개인정보 수집 출처
h. 개인정보 처리의 정지를 요구하거나 동의를 철회할 권리가 있다는 사실

① a,b,c,d,e
② a,b,c,d,e,f,g,h
③ a,b,c,d,h
④ a,b,c,d,f

해설

개인정보보호법 제17조(개인정보의 제공)
② 개인정보처리자는 제1항제1호에 따른 동의를 받을 때에는 다음 각 호의 사항을 정보주체에게 알려야 한다. 다음 각 호의 어느 하나의 사항을 변경하는 경우에도 이를 알리고 동의를 받아야 한다.
1. 개인정보를 제공받는 자
2. 개인정보를 제공받는 자의 개인정보 이용 목적
3. 제공하는 개인정보의 항목
4. 개인정보를 제공받는 자의 개인정보 보유 및 이용 기간
5. 동의를 거부할 권리가 있다는 사실 및 동의 거부에 따른 불이익이 있는 경우에는 그 불이익의 내용, 손해배상 등 책임에 대한 사항 등

02 정보시스템과 개인정보 및 중요정보에 대한 비인가 접근을 통제하기 위한 고려사항으로 옳지 않은 것은?

① 사용자 및 개인정보취급자별로 고유한 사용자 계정 발급 및 공유 금지
② 사용자 및 개인정보취급자에 대한 계정 발급 및 접근권한 부여 변경 시 승인 절차 등을 통한 적절성 검토
③ 전보, 퇴직 등 인사이동 발생 시 3개월 내에 접근권한 변경 또는 말소
④ 사용자 계정 및 접근권한의 등록 변경 삭제 해지 관련 기록의 유지 관리

해설

정보시스템과 개인정보 및 중요정보에 대한 비인가 접근을 통제하기 위하여 다음 사항을 고려하여 공식적인 사용자 계정 및 접근권한 등록 변경 삭제 해지 절차를 수립 이행하여야 한다.
- 사용자 및 개인정보취급자별로 고유한 사용자 계정 발급 및 공유 금지
- 사용자 및 개인정보취급자에 대한 계정 발급 및 접근권한 부여 변경 시 승인 절차 등을 통한 적절성 검토
- 전보, 퇴직 등 인사이동 발생 시 지체 없이 접근권한 변경 또는 말소
- 정보시스템 설치 후 제조사 또는 판매사의 기본 계정, 시험 계정 등은 제거하거나 추측하기 어려운 계정으로 변경
- 사용자 계정 및 접근권한의 등록 변경 삭제 해지 관련 기록의 유지 관리

정답 01 ① 02 ③

03 개인정보처리자는 개인정보처리시스템의 불법적인 접근 및 침해사고를 방지하기 위하여 접속 제한에 필요한 조치로 옳지 않은 것은?

① 개인정보취급자가 일정 시간 이상 업무처리를 하지 않을 경우 자동으로 시스템 접속이 차단되게 한다.

② 업무용 컴퓨터의 화면보호기 등을 이용하여 개인정보처리 시스템에 대한 접속을 차단한다.

③ 개인정보를 처리하는 방법 및 환경, 보안 위험요인, 업무 특성 등을 고려하여 스스로의 환경에 맞는 최대 접속 가능 시간을 정하여 시행한다.

④ 개인정보처리시스템 정기 점검 등 특별한 상황에서 장시간 접속이 필요한 때에는 사유 및 접속기간 등 기록을 보관관리하고, 작업 종료 등에 따라 장시간 접속이 불필요해진 경우에는 다시 원래의 시간으로 복원하여야 한다.

해설

접속차단 조치란 개인정보처리시스템에 접속하는 업무용 컴퓨터 등에서 해당 개인정보처리시스템에 대한 접속을 차단하는 것을 의미하며, 개인정보처리시스템과 연결이 완전히 차단되어 정보의 송수신이 불가능한 상태가 되어야 한다. 업무용 컴퓨터의 화면보호기 등은 접속 차단에 해당하지 않는다.

04 개인정보의 암호화와 관련된 내용으로 옳지 않은 것은?

① 개인정보처리자는 비밀번호, 생체인식정보 등 인증정보를 데이터베이스, 파일 등으로 저장하는 경우에는 이를 안전한 암호 알고리즘으로 암호화하여야 한다.

② 개인정보처리자는 인증정보 중 비밀번호를 저장하는 경우에는 복호화가 가능하도록 양방향 암호화하여 저장하여야 한다.

③ 개인정보처리자는 비밀번호, 생체인식 정보 등 인증정보를 정보통신망을 통하여 송수신하는 경우에는 이를 안전한 암호 알고리즘으로 암호화하여야 한다.

④ 일방향 암호화는 개인정보취급자 및 정보주체 등이 입력한 비밀번호를 평문 형태가 아닌 해시함수 등을 통해 비가역적으로 암호화한 값으로 저장해야 한다.

해설

개인정보처리자는 인증정보 중 비밀번호를 저장하는 경우에는 복호화되지 아니하도록 일방향 암호화하여 저장하여야 한다.

05 다음 반출입 기기 통제의 내용 중 옳은 설명은?

① 이동컴퓨팅 기기의 반출입 통제 절차는 마련되어 있으나, 통제구역 내로의 이동컴퓨팅 기기 반입에 대해서는 별도의 통제가 이루어지지 않아, 출입이 허가된 인력이 이동컴퓨팅 기기를 사용할 수 있는 상태이다.

② 반출입 통제절차에 따른 기록을 유지 · 관리하고, 절차 준수 여부를 확인할 수 있도록 반출입 이력을 주기적으로 점검하고 있다.

③ 정보시스템, 모바일 기기, 저장매체 등을 보호구역에 반입하거나 반출할 때, 정보 유출이나 악성코드 감염 등 보안사고를 예방하기 위한 통제 절차가 마련되어 있지 않다.

④ 내부 지침상 전산장비 반출입 시 작업계획서에 내용을 기록하고 관리책임자의 서명을 받도록 되어 있으나, 실제로는 반출입 기록에 관리책임자 서명이 다수 누락되어 있다.

해설

반출입 통제절차에 따른 기록을 유지 · 관리하고, 절차 준수 여부를 확인할 수 있도록 반출입 이력을 주기적으로 점검하는 것은 옳은 설명으로 정답은 ②번이다.

정답 03 ② 04 ③ 05 ②

06 **다음 업무환경 보안 내용 중 옳은 설명은?**

① 개인정보 내부관리계획서에는 개인정보보호를 위한 생활보안 점검(클린데스크 운영 등)의 정기적 수행이 명시되어 있으나, 실제로는 이를 이행하지 않았다.

② 개인정보 및 중요정보가 포함된 서류 및 보조저장매체는 잠금장치가 있는 안전한 장소에 보관하고 있다.

③ 직원 컴퓨터에 화면보호기와 비밀번호가 설정되어 있지 않으며, 휴가자의 책상 위에 중요 문서가 오랜 기간 방치되어 있다.

④ 공용 사무 공간의 공용 PC에 대한 보호대책이 없어 개인정보가 포함된 파일이 암호화되지 않은 채 저장되고 있다. 또한 보안 업데이트와 백신 미설치 등으로 보안 취약 상태가 지속되고 있다.

해설

개인정보 및 중요정보가 포함된 서류 및 보조저장매체는 잠금장치가 있는 안전한 장소에 보관해야 하므로, 옳은 내용은 ②번이다.

07 **정보시스템과 개인정보 및 중요정보에 대한 비인가 접근을 통제하기 위하여 다음 사항을 고려하여 공식적인 사용자 계정 및 접근권한 등록 · 변경 · 삭제 · 해지 절차를 수립 · 이행하여야 한다. 다음 보기 중 틀린 내용은?**

① 사용자 및 개인정보취급자별로 root 계정 발급

② 사용자 및 개인정보취급자에 대한 계정 발급 및 접근권한 부여 · 변경 시 승인 절차 등을 통한 적절성 검토

③ 정보시스템 설치 후에는 제조사 및 판매사에서 제공한 기본 계정과 시험 계정을 삭제하거나, 쉽게 추측할 수 없도록 계정 정보를 변경

④ 전보나 퇴직 등 인사이동이 발생할 경우, 지체 없이 접근권한을 변경하거나 말소해야 한다(계정 삭제 또는 비활성화 포함).

해설

사용자 및 개인정보취급자별로 root 계정 발급을 하면 안되므로 틀린 내용은 ①번이다.

08 **다음 사용자 계정 관리 내용 중 옳은 설명은?**

① 사용자 및 개인정보취급자의 계정과 권한 등록 · 해지 시 공식적인 승인 절차 없이 구두 요청이나 이메일 등으로 처리되어, 승인 및 처리 이력이 남아 있지 않았다.

② 정보시스템 및 개인정보처리시스템에 대한 접근권한은 업무 수행 목적에 따라 최소한의 범위로 업무담당자에게 차등 부여하였다.

③ 개인정보취급자가 휴가, 출장, 공가 등으로 인한 업무 대행을 이유로 공식 절차 없이 개인정보취급자로 지정되지 않은 직원에게 개인정보취급자 계정을 공유하였다.

④ 정보시스템 또는 개인정보처리시스템 사용자에게 업무에 필요하지 않은 과도한 권한이 부여되어, 불필요한 정보나 개인정보에 접근할 수 있는 상태이다.

해설

정보시스템 및 개인정보처리시스템에 대한 접근권한은 업무 수행 목적에 따라 최소한의 범위로 업무담당자에게 차등 부여해야 하므로 옳은 것은 ②번이다.

정답 06 ② 07 ① 08 ②

09 **개인정보의 안전성 확보조치를 위해 개인정보의 암호화에 해당하는 내용이 아닌 것은?**

① 개인정보처리자는 비밀번호, 생체인식정보 등 인증정보를 저장 또는 정보통신망을 통하여 송수신하는 경우에 이를 안전한 암호 알고리즘으로 암호화하여야 한다.

② 인터넷망 구간 및 중간 지점(DMZ)에 고유식별 정보를 저장하는 경우에는 암호화 하지 않아도 가능하다.

③ 개인정보처리자는 개인정보를 정보통신망을 통하여 인터넷망 구간으로 송수신하는 경우에는 이를 안전한 암호 알고리즘으로 암호화하여야 한다.

④ 개인정보처리자는 이용자의 개인정보 또는 이용자가 아닌 정보주체의 고유식별정보, 생체인식정보를 개인정보취급자의 컴퓨터, 모바일 기기 및 보조저장매체 등에 저장할 때에는 안전한 암호 알고리즘을 사용하여 암호화한 후 저장하여야 한다.

해설

개인정보처리자는 이용자가 아닌 정보주체의 개인정보를 인터넷망 구간 및 인터넷망 구간과 내부망의 중간 지점(DMZ)에 고유식별 정보를 저장하는 경우에도 암호화하여야 한다.

10 **개인정보의 안전성 확보조치를 위해 접속기록의 보관 및 점검의 내용으로 옳지 않은 것은?**

① 개인정보처리자는 개인정보취급자의 개인정보처리시스템에 대한 접속기록을 1년 이상 보관 관리하여야 한다.

② 5만명 이상의 정보주체에 관한 개인정보를 처리하는 개인정보처리시스템에 해당하는 경우 2년 이상 보관 관리하여야 한다.

③ 고유식별정보 또는 민감정보를 처리하는 개인정보처리시스템에 해당하는 경우 2년 이상 보관 관리하여야 한다.

④ 개인정보처리자는 개인정보의 오남용, 분실 · 도난 · 유출 · 위조 · 변조 또는 훼손 등에 대응하기 위하여 개인정보처리시스템의 접속기록 등을 월 2회 이상 점검하여야 한다.

해설

개인정보처리자는 개인정보의 오 · 남용, 분실 · 도난 · 유출 · 위조 · 변조 또는 훼손 등에 대응하기 위하여 개인정보처리시스템의 접속기록 등을 월 1회 이상 점검하여야 한다. 특히 개인정보의 다운로드가 확인된 경우에는 내부 관리계획 등으로 정하는 바에 따라 그 사유를 반드시 확인하여야 한다.

11 **개인정보의 안전성 확보조치를 위하여 악성프로그램 등 방지를 위한 내용으로 옳지 않은 것은?**

① 개인정보처리자는 악성프로그램 등을 방지 · 치료할 수 있는 보안 프로그램을 설치 · 운영하여야 한다.

② 프로그램의 자동 업데이트 기능을 사용하여야 한다.

③ 정당한 사유가 없는 한 월 1회 이상 업데이트를 실시하는 등 최신의 상태로 유지하여야 한다.

④ 발견된 악성프로그램 등에 대해 삭제 등 대응 조치를 하여야 한다.

해설

정당한 사유가 없는 한 일 1회 이상 업데이트를 실시하는 등 최신의 상태로 유지한다.

정답 09 ② 10 ④ 11 ③

12 **공공시스템운영기관의 접근 권한의 관리에 대한 설명으로 옳지 않은 것은?**

① 공공시스템운영기관은 공공시스템에 대한 접근 권한을 부여, 변경 또는 말소하려는 때에는 인사정보와 연계하여야 한다.

② 인사정보에 등록되지 않은 자에게 계정을 발급해서는 안된다. 다만, 긴급상황 등 불가피한 사유가 있는 경우에는 사유를 최소 3년간 보관하여야 한다.

③ 공공시스템운영기관은 계정을 발급할 때에는 인사정보 확인 후 일치하면 즉시 사용 가능하도록 발급한다.

④ 정당한 권한을 가진 개인정보취급자에게만 접근 권한이 부여 관리되고 있는지 확인하기 위하여 접근 권한 부여, 변경 또는 말소 내역 등을 반기별 1회 이상 점검하여야 한다.

해설

공공시스템운영기관은 계정을 발급할 때에는 개인정보보호 교육을 실시하고, 보안 서약을 받아야 한다.

13 **개인정보보호법의 개인정보보호 원칙으로 옳지 않은 것은?**

① 개인정보처리자는 개인정보의 처리 목적을 명확하게 하고 그 목적에 필요한 범위에서 최소한의 개인정보만을 적법하고 정당하게 수집하여야 한다.

② 개인정보처리자는 개인정보의 처리 목적에 필요한 범위에서 적합하게 개인정보를 처리하여야 하며, 그 목적 외의 용도로는 활용하여서는 아니 된다.

③ 개인정보처리자는 개인정보 처리방침 등 개인정보의 처리에 관한 사항을 내부적으로 관리하며, 공개되지 않도록 노력하여야 한다.

④ 개인정보처리자는 개인정보의 처리 방법 및 종류 등에 따라 정보주체의 권리가 침해받을 가능성과 그 위험 정도를 고려하여 개인정보를 안전하게 관리하여야 한다.

해설

개인정보처리자는 제30조에 따른 개인정보 처리방침 등 개인정보의 처리에 관한 사항을 공개하여야 하며, 열람청구권 등 정보주체의 권리를 보장하여야 한다.

14 **회사의 데이터센터는 지진, 홍수와 같은 자연재해와 사이버 공격이라는 두 가지 주요 위험에 노출되어 있다. 회사는 위험 식별을 위한 초기 단계로 어떤 작업을 수행해야 하는가?**

① 데이터센터의 위치를 변경하고 자연재해 발생 가능성을 무시한다.

② 데이터센터 내 모든 자산과 이에 영향을 미칠 수 있는 잠재적 위협 요소를 목록화한다.

③ 데이터센터의 기밀성을 보장하기 위한 정책만 수립한다.

④ 모든 자연재해 관련 대책을 법적 기준에만 맞춘다.

해설

위험 식별은 자산 목록화와 위협 요소 분석에서 시작되며, 모든 자산에 영향을 미칠 수 있는 잠재적 위협을 평가하는 작업이 필수적이다.

정답 12 ③ 13 ③ 14 ②

15 회사 D는 직원이 사용하는 PC에 랜섬웨어 감염 위험을 줄이기 위해 대응 방안을 고려하고 있다. 다음 중 가장 적절한 조치는?

① 모든 직원의 외부 이메일 사용을 금지한다.
② 운영 체제와 주요 소프트웨어를 최신 버전으로 유지하고, 정기적인 백업을 수행한다.
③ 랜섬웨어 감염 사고가 발생할 경우 보험에 가입하여 재정적 피해를 보전받는다.
④ 랜섬웨어와 관련된 모든 작업을 중단한다.

해설

운영 체제 및 소프트웨어 업데이트와 정기적인 백업은 랜섬웨어로 인한 손실 가능성을 줄이는 위험 감소 전략에 해당한다.

16 회사 G는 새로운 보안 솔루션을 도입하기 전에 비용 대비 효과를 평가하려고 한다. 평가 기준에 포함해야 할 요소가 아닌 것은?

① 도입 비용
② 예상되는 손실 감소량
③ 기존 보안 솔루션과의 호환성
④ 솔루션 제공업체의 시장 점유율

해설

솔루션 제공업체의 시장 점유율은 선택의 참고 요소일 수 있지만, 비용 대비 효과 평가의 주요 기준에는 포함되지 않는다.

17 다음 중 개인정보보호법의 개인정보의 국외 이전에 관한 설명으로 올바르지 않은 것은?

① 개인정보처리자는 정보주체로부터 국외 이전에 관한 별도의 동의를 받은 경우 개인정보의 국외 이전이 가능하다.
② 개인정보처리자는 정보주체로부터 국외 이전에 관한 별도의 동의를 받을 때 이전되는 개인정보 항목, 개인정보가 이전되는 국가, 시기 및 방법, 개인정보를 이전받는 자의 성명, 개인정보를 이전받는 자의 개인정보 이용목적 및 보유 · 이용 기간 4가지 동의를 받아야 한다.
③ 법률, 대한민국을 당사자로 하는 조약 또는 그 밖의 국제협정에 개인정보의 국외 이전에 관한 특별한 규정이 있는 경우 국외 이전이 가능하다.
④ 정보주체와의 계약의 체결 및 이행을 위하여 개인정보의 처리위탁 · 보관이 필요한 경우로서 개인정보 처리방침에 이전되는 개인정보 항목, 개인정보가 이전되는 국가, 시기 및 방법 등을 공개한 경우

해설

개인정보보호법 제28조의8(개인정보의 국외 이전)
② 개인정보처리자는 제1항제1호에 따른 동의를 받을 때에는 미리 다음 각 호의 사항을 정보주체에게 알려야 한다.
1. 이전되는 개인정보 항목
2. 개인정보가 이전되는 국가, 시기 및 방법
3. 개인정보를 이전받는 자의 성명(법인인 경우에는 그 명칭과 연락처를 말한다)
4. 개인정보를 이전받는 자의 개인정보 이용목적 및 보유 · 이용 기간
5. 개인정보의 이전을 거부하는 방법, 절차 및 거부의 효과

정답 15 ② 16 ④ 17 ②

18 **다음 중 개인정보 처리방침 평가제도의 평가 지표 중 적정성 지표에 해당하는 것은?**

① 처리방침에 기재된 문장 및 어휘가 정보주체 누구나 쉽게 이해할 수 있도록 쉽고 간결하게 구성되어 있는가?

② 기재 항목 간 구분, 문단 구분, 줄 간격 등을 적절하게 활용하여 정보주체가 처리방침을 읽기 쉽도록 구성하였는가?

③ 제3자가 개인정보 자동수집 장치를 통해 행태정보를 수집하도록 허용하는 경우 정보주체가 이에 관한 사항을 쉽게 확인할 수 있도록 효과적인 방법으로 공개하고 있는가?

④ 웹, 앱 등 서비스 환경을 고려하여 정보주체가 쉽게 확인할 수 있는 위치에 개인정보 처리방침을 공개하고 있는가?

해설

①,②는 가독성 지표, ④는 접근성 지표이다.

19 **정보보호 업무 수행과 관련된 조직의 특성을 고려하여 관련 책임자와 담당자의 역할 및 책임을 시행문서에 정의하여야 하며, 법적 요구사항 등을 반영한 수행 업무 중 정보보호 최고책임자의 업무 수행이 아닌 것은?**

① 정보보호 관리체계의 수립 시행 및 개선

② 정보보호 실태와 관행의 정기적인 감사 및 개선

③ 처리목적이 달성되거나 보유기간이 경과한 개인정보의 파기

④ 정보통신망법 또는 관계 법령에 따라 정보보호를 위하여 필요한 조치의 이행

해설

정보보호 최고책임자 업무
- 정보보호 관리체계의 수립 시행 및 개선
- 정보보호 실태와 관행의 정기적인 감사 및 개선
- 정보보호 위험의 식별 평가 및 정보보호 대책 마련
- 정보보호 교육과 모의 훈련 계획의 수립 및 시행
- 그밖에 정보통신망법 또는 관계 법령에 따라 정보보호를 위하여 필요한 조치의 이행

20 **조직의 정보처리 업무를 외부자에게 위탁하거나 외부 서비스를 이용하는 경우 보안 요구사항을 정의하여 계약 시 반영해야 하는 항목으로 옳지 않은 것은?**

① 정보보호 및 개인정보보호 관련 법률 준수, 정보보호 및 개인정보보호 서약서 제출

② 위탁 업무 수행 직원 대상 주기적인 정보보호 교육 수행 및 주기적 보안점검 수행

③ 외부자 인터넷 접속, 무선 네트워크 사용 허가 등 보호 조치

④ 보안 요구사항 위반 시 처벌, 손해배상 책임, 보안사고 발생에 따른 보고 의무 등

해설

조직의 정보처리 업무를 외부자에게 위탁하거나 외부 서비스를 이용하는 경우 다음과 같은 보안 요구사항을 정의하여 계약 시 반영하여야 한다.
- 정보보호 및 개인정보보호 관련 법률 준수, 정보보호 및 개인정보보호 서약서 제출
- 위탁 업무 수행 직원 대상 주기적인 정보보호 교육 수행 및 주기적 보안점검 수행
- 업무수행 관련 취득한 중요정보 유출 방지 대책
- 외부자 인터넷 접속 제한, 물리적 보호조치, 단말 보안, 무선 네트워크 사용 제한
- 정보시스템 접근 허용 시 과도한 권한이 부여되지 않도록 접근권한 부여 및 해지 절차
- 재위탁 제한 및 재위탁이 필요한 경우의 절차와 보안 요구사항 정의
- 보안 요구사항 위반 시 처벌, 손해배상 책임, 보안사고 발생에 따른 보고 의무 등

정답 18 ③ 19 ③ 20 ③

21 **개인정보처리자의 개인정보의 유출 등을 방지하기 위해 물리적 안전조치의 내용으로 옳지 않은 것은?**

① 개인정보처리자는 전산실, 자료보관실 등 개인정보를 보관하고 있는 물리적 보관 장소를 별도로 두고 있는 경우에는 이에 대한 출입통제 절차를 수립 운영하여야 한다.

② 개인정보처리자는 개인정보가 포함된 서류, 보조저장매체 등을 잠금장치가 있는 안전한 장소에 보관하여야 한다.

③ 개인정보처리자는 개인정보가 포함된 보조저장매체의 반출입 통제를 위한 보안대책을 마련하여야 한다.

④ 개인정보처리자는 별도의 개인정보처리시스템을 운영하지 아니하고 업무용 컴퓨터 또는 모바일 기기를 이용하여 개인정보를 처리하는 경우에도 동일한 수준의 보안대책을 마련하여야 한다.

해설

개인정보처리자는 개인정보가 포함된 보조저장매체의 반출입 통제를 위한 보안대책을 마련하여야 한다. 다만, 별도의 개인정보처리시스템을 운영하지 아니하고 업무용 컴퓨터 또는 모바일 기기를 이용하여 개인정보를 처리하는 경우에는 이를 적용하지 아니할 수 있다.

22 **정보시스템 및 개인정보처리시스템 개발을 위탁하는 경우 개발 시 준수하여야 할 정보보호 및 개인정보보호 요구사항 중 계약서에 명시하여야 하는 항목으로 옳지 않은 것은?**

① 정보보호 및 개인정보보호 관련 법적 요구사항 준수

② 안전한 코딩 표준 준수 등 개발보안 절차 적용

③ 개발 과정에서 취득한 정보에 대한 공개 절차

④ 개발 완료된 정보시스템 및 개인정보처리시스템에 대한 취약점 점검 및 조치

해설

계약서에 명시하여야 하는 요구사항
- 정보보호 및 개인정보보호 관련 법적 요구사항 준수
- 안전한 코딩 표준 준수 등 개발보안 절차 적용
- 개발 완료된 정보시스템 및 개인정보처리시스템에 대한 취약점 점검 및 조치
- 개발 관련 산출물, 소스 프로그램, 개발용 데이터 등 개발환경에 대한 보안관리
- 개발 과정에서 취득한 정보에 대한 비밀유지 의무
- 위반 시 이에 따른 법적 책임 및 손해배상 조치를 명시

23 **개인정보처리자의 출력복사 시 안전조치에 해당되는 내용으로 옳지 않은 것은?**

① 개인정보처리자는 개인정보처리시스템에서 개인정보를 출력(인쇄, 화면표시, 파일생성 등) 할 때에는 용도를 특정하여야 하며, 용도에 따라 출력 항목을 최소화하여야 한다.

② 개인정보처리자는 출력 항목을 최소화하기 위해 용도에 따라 출력항목을 차등화하여 표시하거나, 개인정보를 마스킹 하는 등의 방법을 활용할 수 있다.

③ 개인정보처리자는 개인정보가 포함된 종이 인쇄물, 개인정보가 복사된 외부 저장매체 등 개인정보의 출력복사물을 안전하게 관리하기 위해 필요한 안전조치를 해야 한다.

④ 개인정보처리자는 개인정보가 포함된 외부 저장매체 등의 복사물을 통한 개인정보의 분실 · 도난 · 유출 등 방지 및 복사물의 안전한 관리를 위해 문서보안 등의 보안솔루션을 적용해서는 아니 된다.

해설

개인정보가 포함된 외부 저장매체 등의 복사물을 통한 개인정보의 분실 · 도난 · 유출 등 방지 및 복사물의 안전한 관리를 위해 문서보안(DRM), 보안USB, DLP(Data Loss Prevention) 등의 보안솔루션을 적용할 수 있다.

정답 21 ④ 22 ③ 23 ④

- 개인정보가 포함된 파일에 문서보안(DRM)을 적용하는 경우, 외부 저장매체에 복사한 이후에도 파일의 열람, 편집, 인쇄 등의 권한을 관리할 수 있다.
- 개인정보취급자의 컴퓨터에 DLP(데이터 유출 방지), 매체 제어 등 보안프로그램을 설치하여 외부 저장매체에 개인정보가 포함된 파일을 복사할 수 없도록 통제하고, 업무상 복사가 필요한 경우 승인 절차를 거쳐 허용하거나 로그기록을 남기도록 하는 방법으로 관리할 수 있다.

24 **각 보호구역에 대한 내 · 외부자 출입기록을 일정 기간 보존하고, 출입기록 및 출입 권한을 주기적으로 검토하여야 한다. 출입통제 방안 중 옳지 않은 것은?**

① 출입기록을 일정 기간 동안 문서 또는 전자 형태로 보관하여 사후 모니터링이 가능하도록 한다.

② 장기간 출입하지 않은 자, 비정상적인 출입 시도, 과도하게 부여된 출입권한 여부 등을 점검한다.

③ 출입기록은 검토하지 않고 자동으로 삭제해야 한다.

④ 시스템에서 출입 로그를 기록할 수 없는 경우, 출입대장을 작성하여 출입 기록을 관리한다.

해설

출입기록은 보안 관리의 중요한 요소로, 주기적으로 검토하고 보존해야 한다. 따라서 ③번은 옳지 않은 내용이다.

25 **각 보호구역에 대한 내 · 외부자 출입기록을 일정 기간 보존하고, 출입기록 및 출입 권한을 주기적으로 검토하여야 한다. 출입통제 방안 중 옳지 않은 것은?**

① 주기적으로 점검하여 퇴직자의 출입증을 회수하고 출입 권한을 삭제하며, 직무 변경 시 출입 권한을 조정한다.

② 비인가자의 출입 시도나 장기 미출입자를 확인하여, 그 사유를 파악하고 적절한 조치를 취한다.

③ 시스템에서 출입 로그를 남길 수 없는 경우, 출입대장을 통해 출입 기록을 확인한다.

④ 출입기록은 삭제하여 보안성을 높인다.

해설

출입기록은 보안 관리에 있어 중요한 요소이며, 이를 삭제하는 것은 오히려 보안성을 저하시킬 수 있다. 따라서 ④번은 옳지 않은 내용이다.

26 **다음 중 출입통제를 위한 보안 관리 방법으로 옳은 설명은?**

① 통제구역을 정의하고 출입 가능한 임직원을 관리하고 있으나, 출입기록을 주기적으로 검토하지 않아 퇴직자나 전배자 등 장기 미출입자가 다수 발생하고 있다.

② 보호구역별로 허가된 자만이 출입할 수 있도록 내 · 외부자 출입통제 절차를 마련하고, 출입 가능한 인원 현황을 관리한다.

③ 전산실, 문서고 등 통제구역에 출입통제 장치는 설치되어 있으나, 정당한 사유나 승인 없이 장시간 개방된 상태로 유지되고 있다.

④ 일부 외부 협력업체 직원에게 모든 구역에 상시 출입이 가능한 출입카드를 과도하게 부여하고 있다.

해설

보호구역별로 허가된 자만이 출입할 수 있도록 내 · 외부자 출입통제 절차를 마련하고, 출입 가능한 인원 현황을 관리하는 것은 옳은 설명으로 정답은 ②번이다.

24 ③ 25 ④ 26 ②

27 **물리적으로 정보시스템을 보호하기 위한 보안조치로서 옳지 않은 것은?**

① 정보시스템, 개인정보처리시스템, 네트워크 장비, 보안시스템, 백업 장비 등 정보시스템의 특성에 따라 전산랙을 이용하여 시스템을 외부로부터 보호하고 있다.

② 정보시스템의 보호는 불필요하며, 모든 접근을 허용해야 한다.

③ 개인정보처리시스템 등 중요도가 높은 경우에는 최소한의 인원만 접근이 가능하도록 전산랙에 잠금장치 설치, 별도의 물리적 안전장치가 있는 케이지(cage) 등에서 관리한다.

④ 자산목록 등에 물리적 위치 항목을 포함하고 현행화하여 최신본을 유지한다.

해설

정보시스템 보호는 필수적인 조치이며, 모든 접근을 허용하는 것은 보안상 매우 위험한다. 따라서 ②는 정보시스템 보호를 위한 조치 사항이 아닌 것으로 옳지 않은 내용이다.

28 **정보시스템은 환경적 위협과 유해요소, 비인가 접근 가능성을 감소시킬 수 있도록 중요도와 특성을 고려하여 배치하고, 통신 및 전력 케이블이 손상을 입지 않도록 보호하여야 한다. 정보시스템 보호 방안 중 옳은 것은?**

① 시스템 배치도가 최신 변경사항을 반영하지 않아, 장애 발생 시 해당 정보시스템을 신속하게 파악할 수 없다.

② 자산목록 등에 물리적 위치 항목을 포함하고 현행화하여 최신본을 유지한다.

③ 전력 및 통신 케이블이 물리적 손상이나 전기적 영향으로부터 안전하게 보호되고 있지 않다.

④ 서버실 바닥이나 랙에 케이블이 정리되지 않고 뒤엉켜 있어 전기적 간섭, 손상, 누수, 부주의 등으로 인한 장애 발생이 우려된다.

해설

정보시스템 보호를 위해서는 자산 목록에 물리적 위치를 포함하고 이를 최신 상태로 유지하는 것이 중요하다. 이는 시스템의 신속한 확인과 장애 대응을 돕기 때문으로 옳은 것은 ②번이다.

29 **다음 중 정보시스템 보호를 위한 조치 사항이 아닌 것은?**

① 물리적으로 구분 · 배선, 식별 표시, 상호 간섭받지 않도록 거리 유지, 케이블 매설 등을 조치해야 한다.

② 정보시스템에 대한 보호 조치는 필요하지 않으며, 모든 사용자가 자유롭게 접근해야 한다.

③ 보안사고, 장애 발생 시 신속한 조치를 위한 물리적 배치도(시설 단면도, 배치도 등), 자산목록을 관리해야 한다.

④ 배전반, 강전실, 약전실 등에는 인가된 최소한의 인력만 접근할 수 있도록 접근통제해야 한다.

해설

정보시스템 보호는 매우 중요한 사항이며, 모든 사용자가 자유롭게 접근하도록 하는 것은 보안상 위험하다. 따라서 ②는 정보시스템 보호를 위한 조치 사항이 아닌 것으로 옳지 않은 내용이다.

30 **다음 중 비밀번호 관리에 대한 옳은 설명은?**

① 비밀번호 외의 인증수단(인증서, PIN, 생체인식, 보안토큰 등)을 사용할 경우 해당 인증수단이 비인가자에게 탈취되거나 도용되지 않도록 보호대책을 적용해야 한다.

② 비밀번호 생성규칙이 정책과 지침에 의해 정해져 있으나, 일부 정보시스템 및 개인정보처리시스템에서는 내부 지침과 다른 비밀번호가 사용되고 있다.

③ 초기 비밀번호를 그대로 사용하고 있다.

④ 비밀번호 변경주기에 맞춰 변경하지 않고 그대로 사용하고 있다.

정답 27 ② 28 ② 29 ② 30 ①

해설

비밀번호 외의 인증수단(인증서, PIN, 생체인식, 보안토큰 등)을 사용할 경우 해당 인증수단이 비인가자에게 탈취되거나 도용되지 않도록 보호대책 적용해야 하므로 옳은 것은 ①번이다.

31 **다음 중 특수 계정 및 권한 관리에 대한 옳은 설명은?**

① 관리자 및 특수권한 부여에 대한 승인 이력이 확인되지 않거나, 승인 이력과 실제 권한 내역이 일치하지 않는다.

② 관리자 및 특수권한의 사용 여부를 정기적으로 검토하지 않아 일부 특수권한자의 업무가 변경되었음에도 불구하고 기존 관리자 및 특수권한을 계속 보유하고 있다.

③ 내부 규정상 개인정보 관리자 및 특수권한 보유자 목록을 작성 · 관리해야 하나, 이를 이행하지 않거나 일부 특수권한이 식별 · 관리되지 않고 있다.

④ 정보시스템 유지보수 등 외부자에게 부여하는 특수권한은 필요시에만 생성, 업무 종료 후에는 즉시 삭제 또는 정지하는 절차를 적용하고 있다.

해설

정보시스템 유지보수 등 외부자에게 부여하는 특수권한은 필요시에만 생성, 업무 종료 후에는 즉시 삭제 또는 정지하는 절차를 적용하는 것은 옳은 보기로 정답은 ④번이다.

32 **다음 중 접근권한 검토에 대한 옳은 설명은?**

① 접근권한 검토의 방법, 주기, 보고체계, 오 · 남용 기준 등이 지침에 구체적으로 정의되어 있지 않아 정기적인 접근권한 검토가 이루어지지 않았다.

② 내부 정책에 따라 장기 미사용자 계정은 잠금 또는 삭제해야 하나, 6개월 이상 미접속한 계정이 활성화된 상태로 남아 있다.

③ 정보시스템과 개인정보 및 중요정보에 대한 사용자 계정 및 접근권한 생성 · 등록 · 부여 · 이용 · 변경 · 말소 등의 이력을 남기고 있다.

④ 접근권한 검토에서 과다 부여나 오 · 남용 의심 사례가 발견됐지만, 후속 조치가 이루어지지 않았다.

해설

정보시스템과 개인정보 및 중요정보에 대한 사용자 계정 및 접근권한 생성 · 등록 · 부여 · 이용 · 변경 · 말소 등의 이력을 남기는 것은 옳은 보기로 정답은 ③번이다.

33 **다음 중 네트워크 접근에 대한 옳은 설명은?**

① 외부 지점과 IDC 서버 간 데이터 송수신이 내부 규정과 달리 VPN이나 전용망이 아닌 일반 인터넷 회선을 통해 이루어지고 있다.

② 내부망에 위치한 일부 중요 서버의 IP주소가 내부 규정과 달리 공인 IP로 설정되어 있으며, 네트워크 접근 차단도 적용되지 않았다.

③ 물리적으로 떨어진 IDC, 지사, 대리점, 협력업체, 고객센터 등과의 네트워크 연결 시 전용회선 또는 VPN(가상사설망) 등을 활용하여 안전한 접속환경을 구성한다.

④ 내부 규정과 달리 MAC 주소 인증 및 필수 보안 소프트웨어 설치 등의 보호조치가 적용되지 않아, 네트워크 케이블 연결만으로 사내 네트워크에 접근하거나 이용할 수 있다.

정답 31 ④ 32 ③ 33 ③

해설

물리적으로 떨어진 IDC, 지사, 대리점, 협력업체, 고객센터 등과의 네트워크 연결 시 전용회선 또는 VPN(가상사설망) 등을 활용하여 안전한 접속환경을 구성하는 것은 옳은 보기로 정답은 ③번이다.

34 다음 중 응용프로그램 접근에 대한 옳은 설명은?

① 일부 개인정보 처리 화면의 권한 제어 오류로 인해, 열람 권한이 없는 사용자에게 개인정보가 노출되고 있다.
② 응용프로그램에서 별다른 사유 없이 세션 타임아웃 설정이나 동일 계정의 동시 접속 제한이 적용되지 않고 있다.
③ 응용프로그램의 개인정보 조회 화면에서 과도한 like 검색이 허용되어, 모든 사용자가 자신의 업무 범위를 넘어 전체 고객 정보를 조회할 수 있다.
④ 관리자 전용 응용프로그램(관리자 웹페이지, 관리콘솔 등)은 비인가자가 접근할 수 없도록 접근을 통제한다.

해설

관리자 전용 응용프로그램(관리자 웹페이지, 관리콘솔 등)은 비인가자가 접근할 수 없도록 접근을 통제하는 것은 옳은 보기로 정답은 ④번이다.

35 다음 중 네트워크 접근에 대한 옳은 설명은?

① 서버팜이 구성되어 있으나, 네트워크 접근제어 설정 미흡으로 내부망에서 서버팜으로의 접근이 과도하게 허용되어 있다.
② 네트워크 대역별로 IP주소 부여 기준을 정하고, 외부 연결이 불필요한 데이터베이스 서버 등 중요 시스템에는 사설 IP를 할당하여 외부에서 직접 접근할 수 없도록 설정하였다.
③ 외부자(외부 개발자, 방문자 등)에게 제공되는 네트워크를 별도의 통제 없이 내부 업무 네트워크와 분리하지 않았다.
④ 내부 규정과 달리 MAC 주소 인증이나 필수 보안 소프트웨어 설치 등의 보호대책이 적용되지 않아, 네트워크 케이블만 연결하면 사내 네트워크에 접근하고 이용할 수 있다.

해설

네트워크 대역별 IP주소 부여 기준을 마련하고 데이터베이스 서버 등 중요 시스템이 외부와의 연결을 필요로 하지 않은 경우 사설 IP로 할당하여 외부에서 직접 접근이 불가능하도록 설정하는 것은 옳은 보기로 정답은 ②번이다.

36 다음 중 정보시스템 접근에 대한 옳은 설명은?

① 사무실에서 서버관리자가 IDC의 윈도우 서버에 터미널 서비스로 접속할 때, 세션 타임아웃 설정이 없어 장시간 미사용 시에도 세션이 자동으로 차단되지 않는다.
② 정보시스템의 사용 목적과 관련이 없거나 침해사고를 유발할 수 있는 서비스 또는 포트를 확인하여 제거 또는 차단한다.
③ 서버 간 접속 제한이 미흡하여 특정 사용자가 인가된 서버에 접속한 뒤 이를 통해 인가받지 않은 다른 서버에도 접근할 수 있다.
④ 타당한 사유나 보안 대책 없이 telnet, ftp 등 안전하지 않은 접속 프로토콜을 사용하고, 불필요한 서비스와 포트가 오픈된 상태이다.

해설

정보시스템의 사용 목적과 관련이 없거나 침해사고를 유발할 수 있는 서비스 또는 포트를 확인하여 제거 또는 차단하는 것은 옳은 보기로 정답은 ②번이다.

정답 34 ④ 35 ② 36 ②

37 **다음 중 데이터베이스 접근에 대한 옳은 설명은?**

① 대량의 개인정보를 저장 · 처리하는 데이터베이스가 인터넷을 통해 접근 가능한 웹 응용프로그램과 분리되지 않고, 물리적으로 동일한 서버에서 함께 운영되고 있다.

② 개발자와 운영자가 응용프로그램에서 동일한 계정을 공유하여 운영 데이터베이스에 접속하고 있다.

③ 사용하지 않는 계정, 테스트용 계정, 기본 계정 등을 삭제한다.

④ 데이터베이스 접근제어 솔루션을 운영 중이나, 접속자 IP주소 등의 제한이 제대로 적용되지 않아 솔루션을 우회하여 데이터베이스에 접속할 수 있다.

해설

사용하지 않는 계정, 테스트용 계정, 기본 계정 등을 삭제하는 것은 옳은 보기로 정답은 ③번이다.

38 **다음 중 무선 네트워크 접근에 대한 옳은 설명은?**

① 외부인용 무선 네트워크와 내부 무선 네트워크가 동일한 대역을 사용해, 외부인도 별도의 통제 없이 무선 네트워크를 통해 내부 네트워크에 접근할 수 있다.

② 무선 AP의 정보 송수신 암호화 기능을 설정했으나, 안전하지 않은 방식으로 구성되어 있다.

③ 외부인에게 제공하는 무선 네트워크는 임직원이 사용하는 무선 네트워크와 분리하였다.

④ 업무용 내부망에 연결된 무선 AP에 대해 SSID 브로드캐스팅 허용, 관리자 비밀번호 노출(기본 비밀번호 사용), 접근제어 미적용 등 보안 설정이 미흡하다.

해설

외부인에게 제공하는 무선 네트워크는 임직원이 사용하는 무선 네트워크와 분리하는 것은 옳은 보기로 정답은 ③번이다.

39 **다음 중 원격접근 통제에 대한 옳은 설명은?**

① 인가받지 않은 사람이 관리용 단말기에 접근하여 임의로 조작하지 못하도록 조치하였다.

② 내부 규정과 달리, 시스템 원격 데스크톱 및 SSH 접속이 IP주소 등으로 제한되지 않아 모든 PC에서 원격 접속이 가능하다.

③ 원격 운영 관리를 위해 VPN을 구축했으나, 사용 승인이나 접속 기간 제한 없이 항상 접속이 허용되고 있다.

④ 외부 근무자의 업무용 모바일 앱에 대해 악성코드, 분실 · 도난 등으로 인한 개인정보 유출 방지 대책이 적용되지 않고 있다.

해설

인가받지 않은 사람이 관리용 단말기에 접근하여 임의로 조작하지 못하도록 조치하는 것은 옳은 보기로 정답은 ①번이다.

40 **다음 중 인터넷 접속 통제에 대한 옳은 설명은?**

① 개인정보보호법상 정보통신서비스 제공자 특례조항 등 관련 법규에 따라 망 분리를 적용하였으나, 개인정보처리시스템의 접근권한 설정 가능자 등 일부 의무대상자에 대하여 망 분리 적용이 누락되었다.

② 망 분리를 의무적으로 적용했으나, 다른 서버를 경유한 우회 접속이 가능해 망 분리되지 않은 환경에서 개인정보처리시스템 접속 및 개인정보 다운로드 · 파기 등이 가능하다.

정답 37 ③ 38 ③ 39 ① 40 ③

③ 악성코드 유입, 정보 유출, 역방향 접속 등이 차단되도록 내부 서버(데이터베이스 서버, 파일서버 등)에서 외부 인터넷 접속을 제한한다.

④ DMZ 및 내부망에 위치한 일부 서버가 불필요하게 인터넷에 직접 접속할 수 있도록 설정되어 있다.

해설

악성코드 유입, 정보 유출, 역방향 접속 등이 차단되도록 내부 서버(데이터베이스 서버, 파일서버 등)에서 외부 인터넷 접속을 제한하는 것은 옳은 보기로 정답은 ③번이다.

41 다음 중 정보시스템 도입 및 개발보안에 대한 옳은 설명은?

① 새로운 정보시스템(서버, 네트워크 장비, 상용 소프트웨어 패키지) 및 보안시스템 도입 시, 도입 타당성 분석 등의 내용이 포함된 도입계획을 수립하였다.

② 신규 시스템 도입 시 보안 검토가 규정되어 있으나, 최근 도입된 일부 시스템에 대해 취약점 점검 등의 보안성 검토 절차가 확인되지 않았다.

③ 개발 관련 내부 지침에 개발과 관련된 주요 보안 요구사항(인증 및 암호화, 보안로그 등)이 정의되어 있지 않았다.

④ '개발표준정의서'에서 사용자 패스워드에 안전하지 않은 암호화 알고리즘(MD5, SHA1) 사용을 명시하고 있어, 관련 법적 요구사항이 제대로 반영되지 않았다.

해설

새로운 정보시스템(서버, 네트워크 장비, 상용 소프트웨어 패키지) 및 보안시스템 도입 시 도입 타당성 분석 등의 내용이 포함된 도입계획을 수립하는 것은 옳은 보기로 정답은 ①번이다.

42 다음 중 시험 데이터 보안에 대한 옳은 설명은?

① 불가피하게 운영데이터를 시험 환경에서 사용할 경우 책임자 승인, 접근 및 유출 모니터링, 시험 후 데이터 삭제 등의 통제 절차를 수립·이행하였다.

② 개발 서버용 시험 데이터 생성에 대한 구체적인 기준과 절차가 마련되어 있지 않았다.

③ 정당한 사유나 책임자 승인 없이 실 운영 데이터를 가공하지 않은 채 시험 데이터로 사용하고 있다.

④ 불가피한 사유로 사전 승인을 받아 실 운영데이터를 시험 용도로 사용하면서, 테스트 데이터베이스에 대하여 운영 데이터베이스와 동일한 수준의 접근통제를 적용하고 있지 않았다.

해설

불가피하게 운영데이터를 시험 환경에서 사용할 경우 책임자 승인, 접근 및 유출 모니터링, 시험 후 데이터 삭제 등의 통제 절차를 수립·이행하는 것은 옳은 보기로 정답은 ①번이다.

43 다음 중 소스 프로그램 관리에 대한 옳은 설명은?

① 소스 프로그램 백업 및 형상관리 시스템이 없고, 이전 버전의 소스 코드를 승인이나 이력 관리 없이 운영 서버나 개발자 PC에 보관하고 있다.

② 형상관리시스템을 운영 중이나, 소스코드에 대한 접근 제한과 접근·변경 이력 관리가 적절히 이루어지지 않았다.

③ 내부 규정과 달리, 최신 소스 프로그램이 개발자 PC에만 보관되고 별도의 백업이 이루어지지 않고 있다.

④ 최신 소스 프로그램 및 이전 소스 프로그램을 백업 보관한다.

정답 41 ① 42 ① 43 ④

해설

최신 소스 프로그램 및 이전 소스 프로그램에 대한 백업 보관하는 것은 옳은 보기로 정답은 ④번이다.

44 다음 중 운영환경 이관에 대한 옳은 설명은?

① 개발 또는 변경이 완료된 소스 프로그램을 운영 환경으로 이관할 때, 검토 및 승인 절차가 마련되어 있지 않았다.

② 운영환경에는 승인되지 않은 개발도구(편집기 등), 소스 프로그램 및 백업본, 업무 문서 등 서비스 실행에 불필요한 파일이 존재하지 않도록 관리하고 있다.

③ 운영서버에 서비스 실행에 불필요한 파일(소스코드 또는 배포모듈, 백업본, 개발 관련 문서, 매뉴얼 등)이 존재한다.

④ 내부 지침에 따라 운영환경 이관 시 변경작업 요청서와 결과서를 작성하도록 되어 있으나, 해당 문서가 확인되지 않았다.

해설

운영환경에는 승인되지 않은 개발도구(편집기 등), 소스 프로그램 및 백업본, 업무 문서 등 서비스 실행에 불필요한 파일이 존재하지 않도록 관리하는 것은 옳은 보기로 정답은 ②번이다.

45 다음 중 변경관리에 대한 옳은 설명은?

① 정보시스템 관련 자산(하드웨어, 운영체제, 상용 소프트웨어 패키지 등) 변경에 관한 절차를 수립·이행한다.

② 최근 DMZ 구간 이중화 변경 작업을 진행했으나, 변경 후 보안 위험성과 성능 평가에 대한 수행 및 승인 증적이 확인되지 않았다.

③ 최근 네트워크 변경 작업이 충분한 검토와 공지 없이 이루어져, 네트워크 구성도와 일부 접근통제시스템(침입차단시스템, 데이터베이스 접근제어시스템 등)의 ACL에 변경 사항이 적절히 반영되지 않았다.

④ 변경관리시스템을 통해 정보시스템 입고나 변경 시 성능 및 보안 영향 분석과 이력 관리를 하도록 되어 있으나, 시스템을 거치지 않고 변경이 이루어질 수 있어 관련 변경사항이 제대로 검토되지 않았다.

해설

정보시스템 관련 자산(하드웨어, 운영체제, 상용 소프트웨어 패키지 등) 변경에 관한 절차를 수립·이행하는 것은 옳은 보기로 정답은 ①번이다.

46 다음 중 성능 및 장애관리에 대한 옳은 설명은?

① 장애 발생 시 절차에 따라 조치하고, 장애조치보고서 등을 통하여 장애조치내역을 기록하여 관리하고 있다.

② 성능 및 용량 관리를 위한 대상별 요구사항(임계치 등)을 정의하고 있지 않거나 정기 점검 보고서 등에 기록하고 있지 않아 현황을 파악할 수 없다.

③ 전산장비 장애대응절차를 수립하고 있으나 네트워크 구성 및 외주업체 변경 등의 내·외부 환경변화가 적절히 반영되어 있지 않았다.

④ 장애처리절차와 장애유형별 조치방법 간 일관성이 없거나 예상소요시간 산정에 대한 근거가 부족하여 신속·정확하고 체계적인 대응이 어렵다.

해설

장애 발생 시 절차에 따라 조치하고, 장애조치보고서 등을 통하여 장애조치내역을 기록하여 관리하는 것은 옳은 보기로 정답은 ①번이다.

정답 44 ② 45 ① 46 ①

47 다음 중 백업 및 복구관리에 대한 옳은 설명은?

① 중요정보가 저장된 백업매체는 운영 중인 정보시스템 또는 백업시스템이 위치한 장소로부터 물리적으로 거리가 있는 곳에 소산 보관하고 관리대장으로 소산 이력을 관리하고 있다.

② 백업 대상, 주기, 방법, 절차 등이 포함된 백업 및 복구 절차가 수립되어 있지 않았다.

③ 백업정책을 수립하고 있으나 법적 요구사항에 따라 장기간(6개월, 3년, 5년 등) 보관이 필요한 백업 대상 정보가 백업 정책에 따라 보관되고 있지 않았다.

④ 상위 지침 또는 내부 지침에는 주기적으로 백업매체에 대한 복구 테스트를 수행하도록 정하고 있으나 복구테스트를 장기간 실시하지 않았다.

해설

중요정보가 저장된 백업매체는 운영 중인 정보시스템 또는 백업시스템이 위치한 장소로부터 물리적으로 거리가 있는 곳에 소산 보관하고, 관리대장으로 소산 이력을 관리하는 것은 옳은 보기로 정답은 ①번이다.

48 다음 중 시간 동기화에 대한 옳은 설명은?

① 일부 중요 시스템(보안시스템, CCTV 등)의 시각이 표준시와 동기화되어 있지 않으며, 관련 동기화 여부에 대한 주기적 점검이 이행되고 있지 않았다.

② 내부 NTP 서버와 시각을 동기화하도록 설정하고 있으나 일부 시스템의 시각이 동기화되지 않고 있고, 이에 대한 원인 분석 및 대응이 이루어지고 있지 않았다.

③ 시간 동기화가 정상적으로 이루어지고 있는지 주기적으로 점검한다.

④ 시간 정확성이 요구되는 정보시스템에 동기화를 하지 않았다.

해설

시간 동기화가 정상적으로 이루어지고 있는지 주기적으로 점검하는 것은 옳은 보기로 정답은 ③번이다.

49 다음 중 정보자산의 재사용 및 폐기에 대한 옳은 설명은?

① 개인정보취급자 PC 재사용 시 데이터 완전 삭제 정책이 마련되어 있지만, 실제로는 완전 삭제 없이 재사용하거나 기본 포맷만 하고 있다.

② 외부 업체에 저장매체 폐기를 맡기면서 안전한 폐기 절차와 보호대책이 계약에 포함되지 않았고, 폐기 이행 확인 및 관리 · 감독도 이루어지지 않았다.

③ 폐기된 HDD의 일련번호 대신 시스템명을 기록하거나 폐기 대장을 작성하지 않아, 폐기 이력과 추적 증적을 확인할 수 없다.

④ 정보시스템, PC 등 유지보수, 수리 과정에서 저장매체 교체, 복구 등 발생 시 저장매체 내 정보를 보호하기 위한 대책을 마련하였다.

해설

정보시스템, PC 등 유지보수, 수리 과정에서 저장매체 교체, 복구 등 발생 시 저장매체 내 정보를 보호하기 위한 대책을 마련하는 것은 옳은 보기로 정답은 ④번이다.

50 다음 중 보안시스템 운영에 대한 옳은 설명은?

① 침입차단시스템 보안정책에 대한 정기적인 검토가 이루어지지 않아, 불필요하거나 과도하게 허용된 정책이 다수 남아 있다.

② 강화된 사용자 인증(OTP 등), 관리자 단말 IP 또는 MAC 접근통제 등의 보호대책을 적용하여 보안 시스템 관리자 등 접근이 허용된 인원 이외의 비인가자 접근을 엄격히 통제하고 있다.

정답 47 ① 48 ③ 49 ④ 50 ②

③ 보안시스템의 관리자 지정과 권한 부여 현황에 대한 관리 · 감독이 제대로 이루어지지 않았다.

④ 정보보호담당자가 보안정책 변경 이력을 기록 · 보관해야 하나, 정책관리대장이 주기적으로 작성되지 않거나 실제 보안정책과 내용이 일치하지 않는다.

해설

강화된 사용자 인증(OTP 등), 관리자 단말 IP 또는 MAC 접근통제 등의 보호대책을 적용하여 보안 시스템 관리자 등 접근이 허용된 인원 이외의 비인가자 접근을 엄격히 통제하는 것은 옳은 보기로 정답은 ②번이다.

51 다음 중 클라우드 보안에 대한 옳은 설명은?

① 클라우드 서비스 계약서 내에 보안에 대한 책임 및 역할 등에 대한 사항이 포함되어 있지 않았다.

② 내부 지침상 클라우드 사설 네트워크의 접근통제 룰 변경 시 보안책임자 승인을 받아야 하지만, 승인 없이 등록 · 변경된 접근제어 룰이 다수 확인되었다.

③ 클라우드 서비스 이용 시 서비스 유형에 따른 보안위험을 평가하여 비인가 접근, 설정 오류 등을 방지할 수 있도록 보안 구성 및 설정 기준, 보안 설정 변경 및 승인 절차, 안전한 접속 방법, 권한 체계 등 보안 통제 정책을 수립 · 이행하고 있다.

④ 클라우드 서비스의 보안 설정 오류로 인해 내부 로그 파일이 인터넷에 노출되어 있다.

해설

클라우드 서비스 이용 시 서비스 유형에 따른 보안위험을 평가하여 비인가 접근, 설정 오류 등을 방지할 수 있도록 보안 구성 및 설정 기준, 보안 설정 변경 및 승인 절차, 안전한 접속 방법, 권한 체계 등 보안 통제 정책을 수립 · 이행하는 것은 옳은 보기로 정답은 ③번이다.

52 다음 중 공개서버 보안에 대한 옳은 설명은?

① 중요정보 노출을 인지한 경우 웹사이트에서 차단조치 및 해당 검색엔진 사업자에게 요청하여 캐시 등을 통하여 계속적으로 노출되지 않도록 조치하였다.

② 웹사이트의 취약점으로 인해, 구글 검색을 통해 열람 권한이 없는 타인의 개인정보에 접근할 수 있는 문제가 발생하고 있다.

③ 웹사이트에 개인정보를 게시하는 경우 승인 절차를 거치도록 내부 규정이 마련되어 있으나, 이를 준수하지 않고 개인정보가 게시된 사례가 다수 존재한다.

④ 게시판 등 웹 응용프로그램에서 타인의 게시글을 무단으로 수정 · 삭제하거나, 비밀번호로 보호된 글을 열람할 수 있다.

해설

중요정보 노출을 인지한 경우 웹사이트에서 차단조치 및 해당 검색엔진 사업자에게 요청하여 캐시 등을 통하여 계속적으로 노출되지 않도록 조치하는 것은 옳은 보기로 정답은 ①번이다.

53 다음 중 전자거래 및 핀테크 보안에 대한 옳은 설명은?

① 전자결제대행업체와 연계 시 인증 및 접근 제한 없이 특정 URL을 통해 결제 정보가 평문으로 전송되고 있다.

② 전자거래 및 핀테크 서비스를 제공하는 경우 거래의 안전성과 신뢰성 확보를 위한 보호대책을 수립 · 이행하고 있다.

③ 전자결제대행업체와의 외부 연계 시스템이 전용망으로 연결되어 있지만, 해당 연계 시스템에서 내부 업무 시스템으로의 접근이 침입차단시스템 등으로 적절하게 통제되지 않고 있다.

정답 51 ③ 52 ① 53 ②

④ 내부 지침에 따라 외부 핀테크 서비스 연계 시 정보보호팀의 보안성 검토를 받아야 하지만, 최근 신규 핀테크 서비스 연계 시 일정상의 이유로 보안성 검토가 이루어지지 않았다.

해설

전자거래 및 핀테크 서비스를 제공하는 경우 거래의 안전성과 신뢰성 확보를 위한 보호대책을 수립·이행하는 것은 옳은 보기로 정답은 ②번이다.

54 다음 중 패치관리에 대한 옳은 설명은?

① 일부 시스템에서 타당한 사유나 책임자 승인 없이 OS패치가 장기간 적용되고 있지 않았다.

② 일부 시스템에 서비스 지원이 종료(EOS)된 OS버전을 사용 중이나, 이에 따른 대응계획이나 보완대책이 수립되어 있지 않았다.

③ 상용 소프트웨어 및 OS에 대해서는 최신 패치가 적용되고 있으나, 오픈소스 프로그램(Openssl, Openssh, Apache 등)에 대해서는 최신 패치를 확인하고 적용하는 절차 및 담당자가 지정되어 있지 않아 최신 보안패치가 적용되고 있지 않았다.

④ 주요 서버, 네트워크시스템, 보안시스템 등의 경우 공개 인터넷 접속을 통한 패치를 제한하고 있다.

해설

주요 서버, 네트워크시스템, 보안시스템 등의 경우 공개 인터넷 접속을 통한 패치를 제한하는 것은 옳은 보기로 정답은 ④번이다.

55 다음 중 업무용 단말기기 보안에 대한 옳은 설명은?

① 업무용 모바일 기기의 분실, 도난 등으로 인한 개인정보 및 중요정보의 유·노출을 방지하기 위하여 비밀번호 설정 등의 보안대책을 적용하였다.

② 업무용으로 노트북, 태블릿PC 등 모바일 기기를 사용하고 있으나, 허용 기준, 사용 범위, 승인 절차, 인증 방법 등에 관한 정책이 마련되어 있지 않았다.

③ 모바일 기기 보안관리 지침에서는 모바일 기기의 업무용 사용을 원칙적으로 금지하고, 필요시 승인 절차를 통하여 제한된 기간 동안 허가된 모바일 기기만 사용하도록 정하고 있으나, 허가된 모바일 기기가 식별·관리되지 않고 승인되지 않은 모바일 기기에서도 내부 정보 시스템 접속이 가능하다.

④ 내부 규정에서는 업무용 단말기의 공유폴더 사용을 금지하고 있으나, 이에 대한 주기적인 점검이 이루어지고 있지 않아 다수의 업무용 단말기에서 과도하게 공유폴더를 설정하여 사용하고 있다.

해설

업무용 모바일 기기의 분실, 도난 등으로 인한 개인정보 및 중요정보의 유·노출을 방지하기 위하여 비밀번호 설정 등의 보안대책을 적용하는 것은 옳은 보기로 정답은 ①번이다.

정답 54 ④ 55 ①

56 다음 중 보조저장매체 관리에 대한 옳은 설명은?

① 개인정보 또는 중요정보가 포함된 보조저장매체를 잠금장치가 있는 안전한 장소에 보관하고 있다.

② 통제구역인 서버실에서의 보조저장매체 사용을 제한하는 정책을 수립하여 운영하고 있으나, 예외 승인 절차를 준수하지 않고 보조저장매체를 사용한 이력이 다수 확인되었으며, 보조 저장매체 관리실태에 대한 주기적 점검이 실시되지 않아 보조저장매체 관리대장의 현행화가 미흡하다.

③ 보조저장매체 통제 솔루션을 도입·운영하고 있으나, 일부 사용자에 대하여 적절한 승인 절차 없이 예외처리되어 쓰기 등이 허용되었다.

④ 전산실에 위치한 일부 공용 PC 및 전산장비에서 일반 USB에 대한 쓰기가 가능한 상황이나 매체 반입 및 사용 제한, 사용이력 기록 및 검토 등 통제가 적용되고 있지 않았다.

해설

개인정보 또는 중요정보가 포함된 보조저장매체를 잠금장치가 있는 안전한 장소에 보관하는 것은 옳은 보기로 정답은 ①번이다.

57 다음 중 악성코드 통제에 대한 옳은 설명은?

① 백신 소프트웨어 등 보안프로그램은 최신의 상태로 유지하고, 필요시 긴급 보안업데이트를 수행하였다.

② 이용자가 백신 프로그램의 환경설정(실시간 검사, 예약 검사, 업데이트 설정 등)을 임의로 변경할 수 있지만, 이에 대한 추가 보호대책이 마련되어 있지 않았다.

③ 백신 중앙관리시스템의 접근통제 등 보호대책이 미흡해, 중앙관리시스템을 통한 침해사고가 발생할 수 있으며, 백신 패턴 무결성 검증이 이루어지지 않아 악의적 사용자가 악성코드를 전파할 가능성이 있다.

④ 일부 내부망 PC 및 서버에서 여러 건의 악성코드 감염 이력이 확인되었지만, 감염 현황, 경로 및 원인 분석, 조치 내역 등이 확인되지 않았다.

해설

백신 소프트웨어 등 보안프로그램은 최신의 상태로 유지하고, 필요시 긴급 보안업데이트를 수행하는 것은 옳은 보기로 정답은 ①번이다.

정답 56 ① 57 ①

MEMO

독자 문의&답변 및 자격증 시험 대비 정보 제공

- 최적합 정보보안위험관리사 수험서로 시험을 준비하는 응시생들에게 정보를 제공하기 위해 네이버 카페를 이용한 커뮤니티를 제공합니다.
- 임베스트 정보보안기사(https://cafe.naver.com/limbestboan) 카페에 접속한 후 [정보보호위험관리사(ISRM)] 카테고리에서 문의하시거나 시험 관련 자료를 학습할 수 있습니다.

PART 05

최종 점검 모의고사

INFORMATION SECURITY RISK MANAGER

1회 최종 점검 모의고사

01 정보보호 관리의 주요 구성 요소에 포함되지 않는 항목은?

① 정보보호 정책 수립 및 관리보안사고 예방 및 대응
② 정보보호 조직 구성 및 운영비즈니스 연속성 보장
③ 마케팅 계획 수립
④ 보안 통제 구현 및 운영

해설
정보보호 관리의 주요 구성 요소는 조직의 정보자산 보호와 관련된 정책, 위험 관리, 통제 및 조직 운영과 같은 요소들이다. 마케팅 계획 수립은 정보보호 관리의 구성 요소와 무관하다.

02 정보보호 관리체계(ISMS)의 주요 목적이 아닌 것은 무엇인가?

① 조직의 비즈니스 연속성 확보
② 개인의 자산 가치 상승
③ 정보의 기밀성, 무결성, 가용성 보호
④ 조직의 정보자산 보호

해설
정보보호 관리체계(ISMS)는 조직의 정보자산을 보호하고, 기밀성, 무결성, 가용성을 유지하며, 비즈니스 연속성을 보장하는 데 목적이 있다. 개인의 자산 가치는 ISMS의 범위와 목적에 포함되지 않는다.

03 정보보호 정책의 주기적인 검토 및 개정이 필요한 이유로 적절하지 않은 것은?

① 최신 보안 위협을 반영하기 위해
② 규제 요구사항 변경에 대응하기 위해
③ 정책의 효과성을 유지하기 위해
④ 보안 예산을 줄이기 위해

해설
정보보호 정책의 주기적인 검토는 새로운 위협과 환경 변화에 대응하고 정책의 효과성을 유지하기 위해 필수적이다. 예산 절감은 정책 검토와 개정의 목적에 해당하지 않는다.

04 정보보호 관리에서 '접근 통제'와 관련된 활동은 무엇인가?

① 물리적 출입통제
② 정기적인 내부 감사 수행
③ 사용자 인증 및 권한 관리
④ 정보보호 교육 제공

해설
접근 통제는 정보보호의 핵심 요소로, 시스템 및 데이터 접근을 제어하는 활동이다. 사용자 인증과 권한 관리가 대표적인 접근 통제 방법이며, 이를 통해 정보 유출 및 오남용을 방지할 수 있다

05 정보보호 관리체계(ISMS) 운영을 효과적으로 하기 위한 방안으로 적절하지 않은 것은?

① 경영진의 적극적인 참여와 지원
② 보안 감사의 폐지
③ 지속적인 모니터링과 개선
④ 정책 및 절차 수립과 이행

해설
정보보호 관리체계(ISMS)는 정기적인 내부 감사와 점검을 통해 관리 체계를 유지하고 개선한다. 감사의 폐지는 지속적 개선과 모니터링 활동에 반하며 부적절하다.

 01 ③ 02 ② 03 ④ 04 ③ 05 ②

06 다음 중 정보보호 관리체계의 모니터링 활동에 해당하지 않는 것은?

① 보안 로그 수집 및 분석
② 정보보호 통제의 효과성 모니터링
③ 정기적인 내부 감사 수행
④ 조직 내 연례 직원 복지 점검

해설

모니터링 활동은 보안 로그 분석, 통제 효과성 확인, 내부 및 외부 감사 등을 포함한다. 직원 복지 점검은 정보보호 관리체계와 무관하다.

07 다음 중 임직원 정보보호 교육 프로그램 설계 시 포함해야 할 요소로 가장 적합하지 않은 것은?

① 피싱 이메일 대응 방법
② 강력한 비밀번호 생성 원칙
③ 정보보호 관련 규정 위반 사례 공유
④ 사내 동료 평판 관리 전략

해설

정보보호 교육 프로그램에는 피싱 이메일 대응, 비밀번호 관리, 위반 사례, 데이터 암호화와 같은 실질적 보안 능력을 강화하는 요소가 포함된다. 동료 평판 관리는 교육 프로그램과 관련이 없다.

08 위험 관리의 주요 단계로 알맞은 것을 고르시오.

① 위험 식별 → 위험 평가 → 위험 처리 → 잔여 위험 관리
② 위험 평가 → 위험 식별 → 위험 처리 → 잔여 위험 관리
③ 위험 평가 → 위험 처리 → 위험 식별 → 잔여 위험 관리
④ 위험 처리 → 위험 식별 → 잔여 위험 관리 → 위험 평가

해설

위험 관리는 체계적인 절차에 따라 진행되며, 각각의 단계는 다음과 같이 이루어진다.

1. 위험 식별
   - 조직의 정보자산에 대해 발생 가능한 위협과 취약성을 식별한다.

     예 사이버 공격, 내부 직원 실수, 자연 재해 등
2. 위험 평가
   - 식별된 위험 요소를 분석하고, 자산의 중요도와 위협 발생 가능성을 평가하여 위험 수준을 산정한다.
   - 주로 정량적 평가(수치 기반) 또는 정성적 평가(설문, 인터뷰 등)를 활용한다.

     예 높은 위험, 중간 위험, 낮은 위험으로 분류
3. 위험 처리
   - 평가 결과를 바탕으로 적절한 대응 방안을 선택한다.
     - 회피(Avoidance): 위험 발생 가능성을 완전히 제거
     - 완화(Mitigation): 보호 대책을 통해 위험 수준 감소
     - 수용(Acceptance): 위험 수준이 허용 가능하다면 수용
     - 이전(Transfer): 보험 또는 외주를 통해 위험 전가
4. 잔여 위험 관리
   - 처리 이후에도 남아 있는 위험(잔여 위험)을 지속적으로 관리한다.
   - 잔여 위험이 조직의 수용 가능한 범위에 들어가는지 검토하며, 필요시 추가적인 대책을 마련한다.

09 정보보호 정책 수립의 필요성으로 가장 옳지 않은 것은 무엇인가?

① 법적 및 규제 준수
② 보안사고 예방 및 대응
③ 업무 효율성 개선
④ 비즈니스 연속성 보장

해설

업무 효율성 개선은 정보보호 정책 수립과는 거리가 멀다.

정답 06 ④ 07 ④ 08 ① 09 ③

10 **임직원 정보보호 교육의 중요성으로 가장 옳지 않은 것은 무엇인가?**

① 내부 보안 위협 예방
② 사이버 공격 대응 능력 향상
③ 업무 부담 및 비용 경감
④ 조직의 신뢰성 강화

해설

업무 부담 및 비용 경감은 정보보호 교육의 중요성과 거리가 멀다.

11 **다음에서 설명하는 정보보호 관리의 주요 구성요소는?**

- 보안 로그 수집 및 분석
- 정기적인 내부 감사 수행
- 외부 감사 대응

① 지속적 개선
② 준거성 관리
③ 보안통제 구현 및 운영
④ 모니터링 및 검사

해설

모니터링 및 검사는 보안 로그 수집 및 분석, 정보보호 통제의 효과성 모니터링, 정기적인 내부 감사 수행, 외부 감사 대응 등이 세부 항목으로 들어있는 구성요소로, 정보보호 관리의 주요 구성요소 중 하나이다.

12 **다음은 보호대상 선정 프로세스 중 하나이다. 어떤 프로세스인가?**

- 법적 요구사항, 사업영향도, 위험 수준 등을 고려한 선정 기준 마련
- 예) 개인정보 처리 시스템, 연간 매출 100억 이상 관련 시스템 등

① 법적 요구사항 파악
② 보호대상 선정
③ 보호대상 목록 관리
④ 보호대상 선정 기준 수립

해설

보호대상 선정 기준 수립 프로세스는 법적 요구사항, 사업 영향도, 위험 수준 등을 고려하여 선정 기준을 마련하는 프로세스로, 보호대상 선정 프로세스에는 정보자산 식별, 법적 요구사항 파악, 보안 요구사항 분석, 보호대상 선정 기준 수립, 보호대상 선정, 보호대상 목록 관리 등이 있다. 문제에서 설명하는 프로세스는 보호대상 선정 기준 수립 프로세스이다.

13 **다음은 보호대상의 정보보호 요구사항 파악 과정 중 하나이다. 어떤 과정인가?**

- 조직의 정보보호 목표에 맞는 정보보호 정책과 시행 문서를 작성한다.
- 수립한 보안 목표를 만족하는 필요 조치를 도출한다.
- 법적 요구사항 준수, 개인정보 영향 평가 등의 검토 기준과 절차를 수립한다.

① 정보자산 식별
② 보안 요구사항 분석
③ 보안 요구사항 정의
④ 지속적인 관리 및 개선

해설

보안 요구사항 정의에서는 보안정책 수립, 보안요구사항 도출, 보안 요구사항 검토 기준 수립 등이 이루어지는 과정으로, 전체 과정은 보호대상 식별, 보안 요구사항 분석, 보안 요구사항 정의, 지속적인 관리 및 개선 순으로 이루어진다.

정답 10 ③ 11 ④ 12 ④ 13 ③

14 다음은 정보보호 거버넌스 조직 구성원에 대한 설명이다. 해당되는 조직원은?

- 정보보호 거버넌스 이행
- 비즈니스를 고려하여 보안 정책 개발
- 위협과 취약점 식별

① 데이터 관리자
② 정보시스템 감사자
③ 프로세스 관리자
④ 경영진

해설

문제에서 설명하는 구성원은 경영진에 대한 설명이다. 경영진은 책임 및 역할을 정의하고 이에 대한 의사소통 진행, 보안 인프라 구축, 보안 정책에 대한 통제 프레임워크 구축 등의 역할을 하고 있다.

15 정보보호 최고책임자(CISO)의 특수 자격 요건으로 옳은 것은?

① 정보보호 분야와 정보기술 분야의 업무 경력 합산 4년 이상
② 정보보호 분야와 정보기술 분야의 업무 경력 합산 5년 이상
③ 정보보호 분야와 정보기술 분야의 업무 경력 합산 6년 이상
④ 정보보호 분야와 정보기술 분야의 업무 경력 합산 7년 이상

해설

특수 자격 요건은 정보보호 분야와 정보기술 분야의 업무 경력 합산이 5년 이상 되어야 한다.

16 다음에 들어갈 알맞은 말은?

(　　)은/는 개인정보보호법에 따라 개인정보보호 계획의 수립 및 시행, 개인정보 처리 실태 및 관행의 정기적인 조사 및 개선, 개인정보 처리와 관련한 불만 처리 및 피해 구제 등 개인정보의 적절한 처리를 필요로 하는 업무를 담당하는 사람이다.

① CPO　　② CISO
③ 최고 경영진　　④ IT PMO

해설

CPO에 대한 설명이다.

17 CISO와 CPO에 대한 설명으로 틀린 것은?

① CISO는 임원급으로 선임을 하며, CPO는 팀장급으로 선임이 가능하다.
② CISO와 CPO는 겸직할 수 있다.
③ CISO는 기술적 보호조치에, CPO는 관리적 보호조치에 집중한다.
④ CISO는 개인정보보호법에 근거한다.

해설

CISO는 정보통신망법에 근거한다.

18 정보보호 조직 구성 원칙으로 틀린 것은 무엇인가?

① 각 구성원이 수행해야 할 업무와 보고 체계를 명확히 정의한다.
② 변화하는 법적 기준에 맞춰 법적 전문성을 갖춘 인력의 비율을 높인다.
③ 정보보호와 관련된 의사소통을 원활히 할 수 있는 구조를 만든다.
④ 기업의 요구사항에 맞게 유연하게 구성한다.

정답 14 ④　15 ②　16 ①　17 ④　18 ②

해설

법적 전문성을 갖춘 인력뿐 아니라 기술적, 관리적 전문성을 갖춘 인력을 골고루 배치해야 한다.

19 다음 중 정보보호위원회의 역할 및 구성원이 아닌 것은?

① CISO 및 CPO가 제안한 정책과 전략을 검토하고 승인한다.

② 구성원은 CEO 및 경영진으로, CISO, CPO는 포함되지 않는다.

③ 보안 사고 발생 시 대응 방안을 논의하고 의사결정을 내린다.

④ 정보보호 감사 결과를 검토하고, 개선 방안을 도출한다.

해설

정보보호위원회의 구성원으로 CEO 및 경영진, 주요 부서 책임자들이 포함된다. CISO 및 CPO 또한 구성원으로 포함될 수 있다.

20 정보보호 법규 준수 점검의 필요성이 아닌 것은?

① 법규 위반 시 조직은 막대한 벌금과 법적 제재를 받을 수 있다.

② 법규 준수를 통해 고객의 데이터를 안전하게 관리하고 있다는 신뢰를 제공할 수 있다.

③ ISO27001은 국제적으로 인정받는 국제 표준으로 정보보안 정책, 조직 내 개인정보보호, 인적 자원 보안 등을 보안 도메인으로 정하고 있다.

④ 조직이 최신 규제 요구사항에 적응할 수 있도록 돕는다.

해설

ISO27001의 14개 주요 도메인에는 조직 내 개인정보보호가 아닌 조직 내 정보보안 도메인이 포함되어 있다.

21 ISO/IEC 13335-1에 기반한 위험 분석 접근 방법 중, 최소 보안 요구사항을 기준으로 위험을 평가하는 방법은 무엇인가?

① 베이스라인 접근법

② 비정형 접근법

③ 상세 위험 분석

④ 복합 접근법

해설

베이스라인 접근법은 모든 시스템에 대해 최소 보안 요구사항을 기준으로 위험을 평가하고, 이에 따른 보안 대책을 제시한다.

22 베이스라인 접근법의 주된 특징으로 모두 올바른 것은?

① 모든 시스템에 대해 개별화된 보안 대책을 제공한다.

② 자원의 제한이 있는 소규모 조직에 적합하다.

③ 조직의 독특한 위협 환경을 반영하기에 적합하다.

④ 체크리스트에 있는 보안 대책이 구현되어 있는지를 판단한다.

해설

베이스라인 접근법은 자원이 제한된 소규모 조직이나 기초적인 보안 수준을 요구하는 경우에 적합하며, 체크리스트에 있는 보안 대책이 구현돼 있는지를 판단하고, 없는 것은 구현한다.

23 상세 위험 분석에서 자산, 위협, 취약성 분석을 통해 무엇을 평가하는가?

① 조직의 기본적인 보안 상태

② 위험의 잔존 위험

③ 고위험 요소

④ 비용 절감 방안

정답 19 ② 20 ③ 21 ① 22 ②,④ 23 ③

해설

상세 위험 분석은 자산, 위협, 취약성 등을 면밀히 분석하여 고위험 요소를 평가하고 대응 방안을 마련하는 데 중점을 둔다.

24 정량적 위험 평가에서 SLE(Single Loss Expectancy)의 정의는 무엇인가?

① 매년 특정한 위협이 발생할 가능성에 대한 빈도수
② 특정 위협이 발생하여 예상되는 1회 손실액
③ 특정 위협이 1년에 발생할 예상 빈도수
④ 특정 예상 손실액에 대한 평균

해설

SLE는 특정 위협이 발생했을 때 예상되는 1회의 손실액을 의미한다.

25 위험 평가 방법론 중 가장 적합한 방법을 선택할 때 고려해야 할 요소는 무엇인가?

① 조직의 요구사항과 수행 기간
② 다른 조직의 방법론을 그대로 적용
③ 평가 도구의 비용 고려
④ 외부 전문가의 평가 결과

해설

위험 평가 방법론을 선택할 때는 조직의 특성과 요구사항, 수행 기간을 고려해야 적합한 방법을 선택할 수 있다.

26 상세 위험분석의 특징으로 적절하지 않은 것은?

① 자산 분석, 위협 및 취약성 분석, 보안 대책 평가의 각 단계를 수행한다.
② 시간과 비용이 많이 소요되며, 고급 인적 자원이 요구된다.
③ 초기 평가의 정확성과 전문성에 따라 전체 분석의 신뢰도가 크게 좌우된다.
④ 분석 이후 자산, 위협 등이 변경되었을 때는 재분석이 필요하여 시간과 비용이 많이 소요된다.

해설

자산, 위협, 취약성의 목록이 작성, 검토되었으므로 이후 변경이 발생하였을 때는 해당 변경에 관련된 사항만을 변경함으로써 보안 환경의 변화에 적절히 대처할 수 있다.

27 정보자산의 중요도 평가 기준으로 적절하지 않은 것은?

① 기밀성 ② 무결성
③ 가용성 ④ 신뢰성

해설

일반적으로 정보자산의 중요도 평가 시 기밀성, 무결성, 가용성을 고려한다.

28 복합 접근법의 특징으로 적절하지 않은 것은?

① 고위험 영역에 대해 상세 위험분석을 수행하고, 나머지 영역에는 베이스라인 접근법을 적용하는 방식이다.
② ISO/IEC 13335-1에 기반한 위험분석 접근방법 2가지를 혼합한 것으로 가장 좋은 방법이다.
③ 초기 평가의 정확성과 전문성에 따라 전체 분석의 신뢰도가 크게 좌우된다.
④ 조직의 모든 위험 요소를 초기 평가한 뒤, 높은 위험도를 가진 영역을 선별한다.

해설

위험분석 방법으로는 ISO/IEC 13335-1에 기반하여 크게 1) 베이스라인 접근법, 2) 비정형 접근법, 3) 상세위험분석, 4) 복합 접근법이 있다. 복합 접근법은 고위험 요소를 선별적으로 집중관리 하면서도, 전체적인 위험 평가를 효과적으로 수행할 수 있다는 점에서 널리 활용되지만, 각 접근 방법의 특징을 비교하여 조직의 환경에 맞는 접근 방법을 선정해야 한다.

정답 24 ② 25 ① 26 ④ 27 ④ 28 ②

29 **위험분석에 관련된 내용 중 가장 적절하지 않은 것은?**

① 위험수준 감소를 위해 보호대책은 위험처리의 시급성, 예산 등에 따라 우선순위를 정하고 계획을 수립하여 지속적으로 관리한다.
② 위험처리 방안으로 위험수용, 위험감소, 위험전가, 위험회피가 있다.
③ 자산의 용도, 가치, 관리부서 등이 모두 동일하다면 효율적인 위험분석 및 평가를 위해 대상을 그룹핑보다는 개별로 하는 것도 좋다.
④ 정보보안, 리스크 관리, 또는 관련 분야에서 전문성을 가진 인력으로 구성된 팀이 수행한다.

해설

자산의 용도, 가치 등이 모두 동일하다면, 이를 그룹핑하여 위험분석의 대상을 줄이는 것은 위험분석 및 평가를 효율적으로 하기 위한 좋은 방법이다.

30 **정량적 기법과 정성적 기법의 차이점에 대한 설명으로 옳지 않은 것은 무엇인가?**

① 정량적 기법은 수치 데이터를 활용하여 신뢰도 높은 분석 결과를 도출한다.
② 정성적 기법은 전문가 의견을 기반으로 하기 때문에 결과가 주관적일 수 있다.
③ 정량적 기법은 데이터를 기반으로 정확성이 높지만, 분석 시간이 짧고 간단하다.
④ 정성적 기법은 초기 위험 분석 및 데이터가 부족한 환경에서 유용하다.

해설

정량적 기법은 수치 데이터를 기반으로 높은 신뢰도와 정확성을 제공하지만, 분석 과정이 복잡하고 시간이 많이 소요된다.
반면, 정성적 기법은 데이터를 필요로 하지 않아 빠르고 간단하게 수행할 수 있다. 이 차이는 두 기법의 주요 장단점에서 비롯된다

31 **위험분석 평가 방법 중 정성적 평가에 해당하는 것이 아닌 것은?**

① 베이스라인 접근법
② 비정형 접근법
③ 수학공식 접근법
④ 복합접근법

해설

위험평가 방법의 정성적 평가에는 크게 베이스라인 접근법, 비정형 접근법, 상세위험분석, 복합접근법 네 가지가 있다. 수학공식 접근법은 위험의 발생 가능성과 영향을 수치, 객관적인 단위로 평가하는 정량적 위험분석 기법이다.

32 **다음 설명에 해당하는 정량적 위험평가 지표는 무엇인가?**

> 특정 사건이 발생했을 때 해당 사건으로 인해 발생할 손실의 금액을 나타내는 단일 손실 예상치이다.

① 연간 예상 손실액(ALE)
② 단일 손실 예상액(SLE)
③ 위협 발생률(ARO)
④ 복합 위험 평가(Composite Risk Assessment)

해설

단일 손실 예상액(SLE: Single Loss Expectancy)은 특정 사건이 발생했을 때 예상되는 단일 손실의 금액이다.
ALE(Annual Loss Expectancy)는 SLE와 ARO를 곱하여 계산하며, SLE는 ALE 계산의 주요 요소 중 하나이다.

33 **정량적 위험분석 기법의 활용 예로 가장 적합한 상황은 무엇인가?**

① 데이터가 부족하고 초기 단계에서 수행할 분석
② 전문가의 직관과 경험을 중요시하는 경우

정답 29 ③ 30 ③ 31 ③ 32 ② 33 ③

③ 위험 확률을 정교하게 계산하고 영향을 수치로 나타낼 필요가 있는 경우
④ 조직의 자원과 인력이 제한적인 경우

해설

정량적 위험분석 기법은 정확한 위험 확률, 잠재적 피해, 영향을 수치로 나타낼 수 있는 분석이다.
활용 예: 신뢰성 있는 투자 결정, 주요 시스템의 실패 분석, 대규모 프로젝트에서의 위험 모니터링 등
반면, 자원이 제한적이거나 초기 분석 단계에서는 체계적이지만 간단한 정성적 기법이 더 적합하다.

34 **정보보호 위험평가를 수행할 때 정보자산 식별의 주요 목적은 무엇인가?**

① 조직 보유 자산의 총 가치를 금전적으로 평가하기 위함
② 정보자산에 대한 법적 소유권을 확인하기 위함
③ 조직 내 모든 정보자산을 파악하고, 중요도를 평가하기 위함
④ 정보자산의 암호화 방법을 결정하기 위한 기초 데이터 수집

해설

정보자산 식별은 위험평가의 첫 단계로, 조직 내 모든 정보자산(서버, 네트워크 장비, 데이터베이스 등)을 정확히 파악하고, 자산별로 기밀성, 무결성, 가용성(CIA) 기준을 통해 중요도를 평가하기 위함이다. 이 과정을 통해 보호가 필요한 자산의 우선순위를 결정하고, 적절한 보안 대책을 수립할 수 있다.

35 **다음 중 위험처리 전략에 대한 설명으로 틀린 것은?**

① 보험 가입은 위험 전가 전략이다.
② 특정 사업을 포기하는 것은 위험 회피 전략이다.
③ 현재의 위험을 그대로 받아들이는 것은 위험 제거 전략이다.
④ 보안 대책 실행으로 위험 수준을 낮추는 것은 위험 감소 전략이다.

해설

현재의 위험을 그대로 받아들이는 것은 위험 수용 전략이다. 위험 제거 전략은 특정 프로세스나 자산에서 위험 요소를 완전히 제거하는 것을 의미한다.

36 **복합 접근법을 활용하여 위험평가를 수행할 때 발생할 수 있는 주요 한계는 무엇인가?**

① 고위험 영역 식별이 부정확할 경우 자원이 낭비될 수 있다.
② 상세위험 분석법만 사용하므로 평가 시간이 길어진다.
③ 비용 대비 효과를 고려하지 않는다.
④ 저위험 영역에서 과도한 분석이 이루어진다.

해설

복합 접근법은 고위험 영역과 저위험 영역을 구분하여 자원을 효율적으로 활용하지만, 고위험 영역 식별이 부정확하면 중요한 위험이 간과되거나 불필요한 자원이 낭비될 수 있다. 따라서 정확한 식별 과정이 필수적이다.

37 **다음 중 정보보호 최고책임자(CISO)의 자격 요건으로 적절하지 않은 항목은 무엇인가요?**

① 정보보호 및 정보기술 업무 경력 10년 이상
② 정보보호 관리체계 인증심사원 자격 보유
③ 비상근으로 정보보호 업무를 수행하는 경우에도 자격 충족
④ CIO와 겸직하여 정보기술 및 정보보호를 총괄

해설

CIO와 CISO의 겸직은 불가능하다. 이는 직무의 독립성과 이해충돌 방지를 위해 금지되어 있다.

정답 34 ③ 35 ③ 36 ① 37 ④

38 다음은 정성적 위험분석 방법 중 하나에 대한 설명이다. 어떤 방법인가?

> 위험관리 기법 중에서 위험을 인지하였으나 별도의 통제를 수행하지 않고 위험을 받아들이고 진행하는 위험관리 기법을 (   )이라 한다.

① 위험 회피
② 위험 감소
③ 위험 수용
④ 위험 전가

해설

위험 수용(Risk Acceptance)은 발생 가능한 위험을 인지했음에도 불구하고, 그 위험을 감수하기로 결정하는 위험관리 기법이다. 이는 위험을 줄이기 위한 추가적인 통제를 수행하지 않아도, 해당 위험으로 인한 비용이나 손실이 조직이 받아들일 수 있는 수준(허용 가능한 위험 수준)이라고 판단될 때 선택한다.

39 취약점 진단 수행 방법으로 틀린 것은?

① 취약점 진단은 크게 수동 진단과 자동 진단 방법이 존재한다.
② 웹 취약점 진단은 자동화 툴이 아닌 모의해킹 수행인력이 수행하는 방식이 좋다.
③ 관리적인 취약점 진단은 인터뷰를 통해 진행한다.
④ 물리적인 취약점 진단은 실사 등을 통해 진행한다.

해설

취약점 진단 수행 일정, 예산 등을 고려하여 방법을 선택하는 것이며, 꼭 자동화 툴이 아닌 모의해킹 수행 인력이 진단하는 것이 더 좋은 수행 방법은 아니다.

40 위험처리 전략 내용으로 적절하지 않은 것은?

> **위험 회피:** 회사 홍보용 인터넷 홈페이지에서는 회원 관리에 따른 위험이 크므로 회원 가입을 받지 않는 것으로 변경하고 기존 회원정보는 모두 파기한다.
>
> **위험 감소:** 유지보수 등 협력업체, 개인정보 처리 수탁자 중 당사에서 직접 관리 · 감독할 수 없는 PG사 본인확인기관 등과 대형 수탁자에 대하여는 해당 수탁자가 법령에 의한 정부감독을 받거나 정부로부터 보안인증을 획득한 경우에는 개인정보보호법에 따른 문서 체결 이외의 별도 관리 · 감독은 생략할 수 있도록 한다.
>
> **위험 전가:** 중요정보 및 개인정보 유출 시 손해배상 소송 등에 따른 비용 손실을 줄이기 위하여 관련 보험에 가입한다.
>
> **위험 수용:** 중요 자산들이 회사 서버실에 존재하고 소방시설 등이 미흡하여 화재 발생 시 데이터 훼손 및 가용성의 문제가 발생할 수 있다. 다만, IDC로 자산을 이동하는 것은 비용이 많이 들고 현재 차세대 프로젝트를 계획 중으로 소화기를 비치하는 것으로 대체하였다.

① 위험 회피
② 위험 감소
③ 위험 전가
④ 위험 수용

해설

법적 근거 없이 제외하는 것은 위험 감소가 아닌 위험 수용 전략이다.

정답 38 ③ 39 ② 40 ②

41 위험 분석의 기본 원칙에 대한 설명으로 옳지 않은 것은?

① 위험 분석의 첫 단계는 자산을 식별하고 그 가치를 평가하는 것이다.
② 위험의 원인을 분석하여 잠재적 위험 요소를 사전에 식별해야 한다.
③ 위험 처리 방안에는 위험 회피, 위험 감소, 위험 전가, 위험 무시 등이 포함된다.
④ 위험 분석 결과는 자산 보호 전략 수립에 필수적인 정보를 제공한다.

해설

위험 처리 방안은 위험 무시가 아닌 위험 수용을 포함해야 하므로 옳지 않은 것은 ③번이다.

42 정보 보안 거버넌스의 주요 구현 요건에 대한 설명으로 옳지 않은 것은?

① 전략적 연계: 정보 보안 전략은 조직의 비즈니스 목표와 일치해야 하며, 이를 위해 최고 경영진의 지원이 필수적이다.
② 리스크 관리: 조직의 정보 보안을 강화하기 위해 외부 위협뿐만 아니라 내부 취약성에 대한 평가를 정기적으로 수행해야 한다.
③ 자원 할당: 정보 보안 프로그램의 성공을 위해 필요한 자원을 확보하고 적절하게 분배해야 한다.
④ 성과 평가: 정보 보안 거버넌스의 효과를 측정하기 위해 정량적 지표만을 사용해야 한다.

해설

성과 평가는 정량적 지표뿐만 아니라 정성적 지표도 함께 고려해야 효과적인 평가가 가능하므로 옳지 않은 것은 ④번이다.

43 정보 보호를 위한 관리 프로세스에서 위협과 취약성을 분석하여 적절한 보호 대책을 수립하고, 이를 통해 위험을 관리하는 일련의 과정은 무엇인가?

① 보안 감시 및 대응
② 정보 보호 정책
③ 위험 관리
④ 비즈니스 연속성 전략

해설

위험 관리는 위협과 취약성을 분석하고 적절한 대책을 마련하여 위험을 관리하는 프로세스를 포함하므로 정답은 ③번이다.

44 정보보호 위험관리에 대한 설명으로 가장 적절하지 않은 것은?

① 위험 분석의 첫 단계는 자산을 식별하고, 각 자산의 중요성과 그에 대한 위협을 평가하는 것이다.
② 위험 처리 방법에는 위험 회피, 위험 감소, 위험 전가, 위험 수용 등이 포함된다.
③ 연간예상손실액(ALE)은 평균적으로 발생할 수 있는 손실을 예측하기 위한 중요한 지표로, 단일손실예상액(SLE)과 연간 발생 빈도(ARO)의 곱으로 계산된다.
④ 위험 분석에서 사용되는 모든 지표는 반드시 정량적 데이터에만 의존해야 한다.

해설

위험 분석에서는 정량적 데이터뿐만 아니라 정성적 데이터도 함께 고려하여 포괄적인 분석을 수행해야 하므로 가장 적절하지 않은 것은 ④번이다.

정답 41 ③ 42 ④ 43 ③ 44 ④

45 정보보호관리체계 구축 운영으로 옳지 않은 것은?

① 전 직원의 보안의식 강화
② 보호기술 유출 감시
③ 보안정책 이원화
④ 보안관리기준/솔루션 구축

해설

정보보호관리체계 구축 운영 시 보안정책의 일원화를 통해 누구나 동일하게 지킬수 있도록 하여야 한다.

46 위험분석 결과 식별된 위험에 대한 처리 전략과 위험별 위험처리를 위한 적절한 (개인)정보보호 대책을 선정한 내용 중에서 올바르지 않은 것은?

① 위험 감소: 비밀번호 도용의 위험을 줄이기 위해 개인정보처리시스템 등 중요한 시스템의 로그인 비밀번호 복잡도 길이를 3가지 문자 조합, 8글자 이상 강제 설정하도록 비밀번호 설정 모듈을 개발하여 적용한다.
② 위험 수용: 유지보수 등 협력업체, 개인정보 처리 수탁자 중에서 직접 모두 관리 · 감독할 수 없어 개인정보를 대량으로 처리하고 있는 IT 수탁사를 대상으로 관리 · 감독하고, 나머지 수탁자는 이슈가 발생될 경우에만 관리 · 감독한다.
③ 위험 전가: 중요정보 및 개인정보 유출 시 손해 배상 소송 등에 따른 비용 손실을 줄이기 위해 관련 보험에 가입한다.
④ 위험 회피: 회사 홍보용 인터넷 홈페이지에서는 회원관리에 따른 위험이 존재하므로 회원 가입을 받지 않는 것으로 변경하고 기존 회원 정보는 모두 파기 처리한다.

해설

일부 수탁자만 관리 · 감독하는 것은 위험 수용이라고 볼 수 없으며, 개인정보보호법 제 26조 위반에 해당하므로 올바르지 않은 것은 ②번이다.

47 위험 관리 단계 과정에 대한 설명으로 가장 적절하지 않은 것은?

① 위험 식별 단계: 조직의 자산, 위협, 취약성을 식별하여 잠재적인 위험 요소를 파악하는 과정이다.
② 위험 분석 단계: 식별된 위험을 분석하여 그 심각성과 발생 가능성을 평가하고, 위험의 규모를 정량화한다.
③ 위험 평가 단계: 분석 결과를 바탕으로 위험의 우선순위를 정하고, 조직의 목표 위험 수준을 설정하는 과정이다.
④ 위험 처리 단계: 모든 위험을 제거하기 위한 조치를 강구하는 단계로, 위험을 완전히 제거해야 한다.

해설

위험 처리 단계는 위험을 완전히 제거하는 것이 아니라, 위험을 수용 가능한 수준으로 줄이기 위한 조치를 취하는 단계이므로 가장 적절하지 않은 것은 ④번이다.

48 정보보호 대책 구현에 관한 설명으로 옳지 않은 것은?

① 효율적인 대책 선정을 위해서는 위험분석 결과를 고려하여야 한다.
② 대책 선정에 있어 고려해야 할 중요한 요소 중 하나는 비용이다.
③ 대부분 대책들이 복합적인 기능, 즉 감지, 억제, 방어, 제한, 교정 등을 수행할 수 있기 때문에 복수의 기능을 만족시키는 대책을 선택하는 것이 비용 측면에서 효율적이다.
④ 대책이 사용될 수 있는 영역은 물리적, 기술적 환경에 한정한다.

해설

대책이 사용될 수 있는 영역은 물리적, 기술적 환경에 한정하여야 하며, 관리적 분야, 즉 인적, 행정 분야 등에는 적용하지 않는다.

45 ③ 46 ② 47 ④ 48 ④

49 정보보호대책 구현 항목으로 옳은 것은?

① 환경적 정보보호 대책 구현 및 운영
② 범용적 정보보호 대책 구현 및 운영
③ 실용적 정보보호 대책 구현 및 운영
④ 관리적 정보보호 대책 구현 및 운영

해설

정보보호대책 구현 항목으로는 관리적, 기술적, 물리적 정보보호 대책 구현 및 운영이 있다.

50 조직의 위험평가 수립 및 운영에 대한 사항으로 가장 적절하지 않은 것은?

① 위험관리 계획에 따라 위험평가를 연 1회 이상 정기적으로 또는 필요한 시점에 수행하여야 한다. 매년 위험평가 대상에 변동이 없어도 위험평가는 수행되어야 한다.
② 위험관리를 위한 수행인력, 기간, 대상, 방법, 예산 등의 방법 및 절차를 구체화한 위험관리 계획을 수립하여야 하며, 위험평가 참여자는 위험관리를 운영하는 IT 부서 또는 정보보호 부서 인력으로 구성된다.
③ 위험관리를 위한 위험평가 방법 선정은 베이스라인 접근법, 상세위험 분석법, 복합 접근법, 위협 및 시나리오 기반 등의 다양한 방법론 중에서 해당 조직에 맞는 방법론을 선정하고 유지하여야 한다. 선정한 방법론을 운영하는 과정에서 해당 조직에 적절하지 않다고 판단하여 위험분석 방법론을 변경하여도 상관없다.
④ 조직에서 수용 가능한 목표 위험수준을 정하고 그 수준을 초과하는 위험을 식별하여야 한다. 수용 가능한 목표 위험수준(DoA: Degree of Assurance)을 정보보호 최고책임자 등 경영진 의사결정에 의하여 결정하여야 한다.

해설

위험평가는 조직의 전반적인 정보보호 수준을 평가하는 활동이므로, IT 부서 또는 정보보호 부서뿐만 아니라, 경영진, 업무 담당자, 외부 전문가 등 다양한 이해관계자가 참여하여야 하므로 가장 적절하지 않은 것은 ②번이다.

51 정보통신망법과 정보통신기반보호법의 공통점으로 틀린 것은?

① 정보통신 서비스와 보안에 관한 법률
② 사이버 공격 및 위협 대응
③ 업무 및 책임 규정
④ 적용 대상 정의

해설

정보통신망법은 모든 정보통신서비스 제공자와 그들의 정보통신망에 적용되며, 정보통신기반보호법은 핵심 정보통신기반시설에 주로 적용되며, 국가의 중요 인프라나 산업 기반에 관련된 정보시스템을 보호한다.

52 개인정보보호법의 주요 내용으로 아닌 것은?

① 개인정보의 수집, 이용, 제공에 관한 원칙
② 개인정보 처리방침 수립
③ 이용자의 권리 보장
④ 개인정보보호를 위한 관리적 조치

해설

주요 내용으로 개인정보보호를 위한 관리적 조치는 없다.

53 정보보호 및 개인정보보호 관리체계 인증(ISMS-P)의 심사 종류 중 올바른 것은?

① 기본 심사 ② 상세 심사
③ 최초 심사 ④ 사전 심사

해설

심사의 종류에는 최초 심사, 사후 심사, 갱신 심사가 있다.

49 ④ 50 ② 51 ④ 52 ④ 53 ③

54 전기통신사업법에 의해 본인확인기관은 금융기간 또는 정부가 인정한 신뢰성 높은 기관이다. 본인확인기관이 되기 위한 요건의 종류가 아닌 것은?

① 기술적 요건 ② 물리적 요건
③ 사업적 요건 ④ 법적 요건

해설

본인확인기관이 되기 위한 요건으로 물리적 요건은 없다.

55 신용정보의 이용 및 보호에 관한 법률에 따라 신용정보회사, 본인신용정보관리회사, 채권추심회사, 신용정보집중기관 및 신용정보제공 이용자는 제3자의 불법적인 접근, 입력된 정보의 변경 훼손 및 파괴, 그밖의 위험에 대하여 대통령령으로 정하는 바에 따라 기술적 · 물리적 · 관리적 보안대책을 수립 · 시행하여야 하는 항목으로 옳지 않은 것은?

① 접근통제
② 접속기록 위변조 방지
③ 개인신용정보의 암호화
④ 개인신용정보의 생성권한 구분

해설

기술적 · 물리적 · 관리적 보안대책에는 접근통제, 접속기록의 위 · 변조 방지, 개인신용정보의 암호화, 컴퓨터바이러스 방지, 출력 복사 시 보호조치, 개인신용정보의 조회권한 구분, 개인신용정보의 이용제한 등 제제 기준 마련이 있다.

56 본인확인기관이 되기 위한 기술적 요건으로 옳지 않은 것은?

① 안전한 본인확인 기술 보유
② 개인정보보호 조치
③ 서비스의 안정성
④ 서비스의 기밀성

해설

본인확인기관의 기술적 요건으로 서비스의 기밀성은 없다.

57 신용정보의 이용 및 보호에 관한 법률에 따른 적용 대상 중 신용정보회사가 아닌 곳은?

① 본인신용정보관리회사
② 신용조사회사
③ 개인신용평가회사
④ 개인사업자신용평가회사

해설

신용정보법 제2조(정의)제5호 "신용정보회사"란 제4호 각 목의 신용정보업에 대하여 금융위원회의 허가를 받은 자로서 다음 각 목의 어느 하나에 해당하는 자를 말한다.

가. 개인신용평가회사: 개인신용평가업 허가를 받은 자
나. 개인사업자신용평가회사: 개인사업자신용평가업 허가를 받은 자
다. 기업신용조회회사: 기업신용조회업 허가를 받은 자
라. 신용조사회사: 신용조사업 허가를 받은 자

58 개인정보 보호책임자 지정에 따른 자격요건으로 옳지 않은 것은?

① 국회, 법원, 헌법재판소, 중앙선거관리위원회의 행정사무를 처리하는 기관 및 중앙행정기관: 고위공무원단에 속하는 공무원 또는 그에 상당하는 공무원
② 정무직공무원을 장으로 하는 국가기관: 3급 이상 공무원 또는 그에 상당하는 공무원
③ 시 · 도 및 시 · 도 교육청: 4급 이상 공무원 또는 그에 상당하는 공무원
④ 시 군 및 자치구: 4급 공무원 또는 그에 상당하는 공무원

해설

개인정보 보호책임자 지정에 따른 자격요건으로 시 · 도 및 시 · 도 교육청: 3급 이상 공무원 또는 그에 상당하는 공무원이다.

 54 ② 55 ④ 56 ④ 57 ① 58 ③

59 **정보보호산업 준수 제도에 따라 정보보호 공시 의무대상으로 아닌 곳은?**

① 회선설비 보유 기간통신사업자
② 집적정보통신시설 사업자
③ 상급종합병원
④ 공기업

해설

공기업 및 준정부기관 등은 공공기관 운영법에 따라 정보보호 공시 의무대상에서 예외된다.

60 **다음 중 정보보호 관리의 주요 구성 요소와 그 활동의 연결이 올바른 것을 모두 고르시오.**

(1) 보안통제 구현 및 운영 – 접근 통제, 암호화 적용
(2) 사고 대응 및 업무 연속성 관리 – 보안 로그 수집 및 분석
(3) 정보자산 관리 – 정보자산 목록 작성 및 관리
(4) 인적 보안 – 퇴직자 및 직무 변경자 관리

① (1), (3) ② (2), (4)
③ (1), (3), (4) ④ 모두 맞음

해설

(1) 보안통제 구현 및 운영은 접근 통제, 암호화, 네트워크 보안 등 기술적 조치를 포함한다.
(3) 정보자산 관리는 자산 목록 작성 및 관리, 중요도 평가가 핵심이다.
(4) 인적 보안은 퇴직자 및 직무 변경자 관리를 포함한다.
(2) 사고 대응과 업무 연속성 관리에서는 사고 대응 체계 구축, 훈련, 재해복구 등이 포함되며, 보안 로그 수집 및 분석은 모니터링 및 검사 활동에 해당하므로 ②번이 정답이다.

61 **위험 평가 후 도출된 위험 중 수용 가능한 목표 위험 수준(DoA)을 초과하는 경우 적절한 대응 방법은?**

① 위험을 방치하고 보고서로만 남긴다.
② 모든 위험을 동일한 우선순위로 처리한다.
③ 위험 처리 전략에 따라 위험을 감소시키거나 수용한다.
④ 법적 준수와 무관한 위험은 무시한다.

해설

수용 가능한 목표 위험 수준(DoA)을 초과한 위험은 적절한 처리 전략(감소, 수용, 전가, 회피)을 통해 대응해야 하며, 방치나 무조건 위임은 부적절하다.

62 **조직의 정보보호 법규 준수 여부 점검 단계 순서로 옳은 것은?**

ㄱ. 법적 요구사항 파악
ㄴ. 현재 상황 분석
ㄷ. 기술적 보호조치 도입
ㄹ. 교육 및 인식 제고
ㅁ. 준수 여부 감사

① ㄱ → ㄴ → ㄷ → ㄹ → ㅁ
② ㄱ → ㅁ → ㄷ → ㄹ → ㄴ
③ ㄱ → ㅁ → ㄷ → ㄴ → ㄹ
④ ㄱ → ㄴ → ㄷ → ㅁ → ㄹ

해설

정보보호 법규 준수 여부 점검 단계는 법적 요구사항 파악, 현재 상황 분석, 정책 및 절차 수립, 기술적 보호조치 도입, 교육 및 인식 제고, 준수 여부 감사, 개선조치 실행, 지속적인 모니터링, 문서화 및 증빙 관리, 외부 커뮤니케이션 순으로 이루어진다.

정답 59 ④ 60 ③ 61 ③ 62 ①

63 B 기업은 최근 정보보호 관리체계를 강화하고자 ISMS 인증을 준비하고 있다. B 기업은 법적 요구사항 준수에 대한 검토 절차를 마련하고 있지만, 아래와 같은 문제들이 발생했다.

- B 기업은 개인정보보호법과 저작권법을 준수하기 위해 관련 법률을 내부 보안 정책에 반영했다. 그러나, 일부 부서에서는 법률 변경 사항을 제대로 검토하지 않고 있어 최신 법적 요구사항이 반영되지 않은 정책이 일부 존재한다.
- B 기업의 보안팀은 법적 요구사항 준수 여부를 1년에 한 번 외부 법률 전문가와 협의하여 점검하고 있다. 하지만 법적 요구사항에 대한 주요 변경 사항은 반영되지 않으며, 검토 결과에 대한 후속 조치가 제대로 이루어지지 않았다.
- B 기업은 법적 요구사항을 반영한 보안 정책을 전사적으로 배포했으나, 일부 부서에서는 법적 요구사항이 실제 업무 절차에 적절하게 적용되지 않아 업무 중 규제 위반이 발생할 위험이 있다.
- B 기업은 법적 요구사항을 준수하기 위한 내부 관리체계를 마련했지만, 변경된 법률 사항에 대해 직원들이 업데이트된 정보를 신속하게 반영하지 않고 있는 상황이다.
- B 기업은 법적 요구사항 준수 점검을 철저히 하기로 하고, 내부 점검과 외부 법률 전문가의 협의를 통해 법적 요구사항의 변경 사항을 즉시 반영할 수 있는 체계를 마련할 예정이다.

위 사례를 바탕으로 B 기업의 법적 요구사항 준수 검토와 관련된 문제점으로 가장 적합한 것은 무엇인가?

① 법적 요구사항에 대한 검토가 주기적으로 이루어지지 않고 있으며, 법적 변경 사항이 제대로 반영되지 않은 상태이다.
② 법적 요구사항에 대한 검토 주기가 너무 자주 설정되어 자원 낭비가 발생하고 있다.
③ 법적 요구사항의 변경 사항에 대한 반영이 지나치게 늦어져 조직의 법적 책임이 늘어날 위험이 있다.
④ 법적 요구사항 준수를 위해 필요한 법률 전문가와의 협의가 과도하게 이루어지고 있으며, 실제 법적 변경 사항 반영에 어려움이 있다.

해설

법적 요구사항에 대한 검토 주기가 불규칙적이고, 법률 변경 사항이 반영되지 않은 상태로, 법적 요구사항을 반영하여 주기적인 검토가 필요하다.

64 한 금융 기업의 보안팀은 회사의 주요 정보 시스템에 대한 위험 분석을 수행하고 있다. 해당 시스템에 대해 다음과 같은 정보가 제공되었다.

- 단일 손실 예상(SLE): 데이터 유출이 발생할 경우, 한 번의 사고로 예상되는 경제적 손실은 5,000만원이다.
- 연간 발생률(ARO): 데이터 유출 사고는 연간 3번 발생할 가능성이 있다고 평가되었다.

이 정보를 바탕으로 해당 시스템의 연간 예상 손실액(ALE)을 계산한 값은 얼마인가?

정답 63 ① 64 ①

① 1억5,000만원
② 5,000만원
③ 1,666만원
④ 예상 손실액을 측정할 수 없다.

해설

ALE를 계산할 때는 위협 발생 가능성(ARO)과 예상 손실(SLE)을 고려하여 연간 손실 기대치를 구한다.
ALE=SL×ARO 여기서 SLE(단일 손실 예상)=5,000만원, ARO(연간 발생률) 3번
ALE= 50,000,000×3=150,000,000원
즉 이 시스템의 연간 예상 손실액(ALE)는 1억 5,000만원이다.

65 위험평가 후 다음과 같은 우려사항이 발견되었을 때 조치사항이 가장 적절하지 않은 것은?

> ⓐ 개인정보 처리업무 위탁 회사와의 계약 시 보안요구사항을 명시하지 않아 위탁 운영되는 자산에 대한 보안이 필요 수준에 미흡할 수 있다.
> ⓑ 계약직 등 정보시스템에 접근이 허가된 제3자에 대한 보안 규정 부족으로 자산에 대한 보안 책임을 물을 수 없다.
> ⓒ 서버 로그를 분석하거나 보관하지 않아 보안 위반의 발생 여부나 책임자 확인이 불가능할 수 있다.
> ⓓ 자산의 중요도 및 특성이 분류되지 않아 통제가 부족하거나 과도한 통제로 비용과 노력이 낭비될 수 있다.

① SNS이벤트 대행 업무를 수행하는 A회사에게 자사 고객정보의 안전한 보관을 위해 개인정보 파일 보관 시 오피스 암호화를 설정하여 보관하도록 계약 관련 서류에 반영하고, 이를 어기고 사고 발생 시 책임을 묻는다는 내용을 반영한다.
② 정보시스템에 접근하는 인력 대상으로 보안서약서를 징구하여 관리한다.
③ 보안 사고, 보안 위반 발생 시 추적을 위해 서버 관련 로그를 보관 및 백업한다.
④ 적절한 보호대책 적용을 위해 자산의 중요도 평가 기준을 수립하여 자산별 중요도를 평가하여 관리한다.

해설

개인정보 처리 업무를 위탁하는 경우 개인정보보호법 제26조(업무위탁에 따른 개인정보의 처리 제한)에서 요구하는 내용을 문서로 하여야 한다.
1. 위탁업무 수행 목적 외 개인정보의 처리 금지에 관한 사항
2. 개인정보의 기술적 · 관리적 보호조치에 관한 사항
3. 위탁업무의 목적 및 범위
4. 재위탁 제한에 관한 사항
5. 개인정보에 대한 접근 제한 등 안전성 확보 조치에 관한 사항
6. 위탁업무와 관련하여 보유하고 있는 개인정보의 관리 현황 점검 등 감독에 관한 사항
7. 수탁자가 준수하여야 할 의무를 위반한 경우의 손해배상 등 책임에 관한 사항

66 정량적 위험지표와 관련하여 다음 빈칸에 들어갈 말을 쓰시오.

> • SLE(단일 예상 손실액)=AV(자산가치)×(A)
> • ALE(연간 예상 손실액)=SLE(단일 예상 손실액)×(B)

	A	B
①	손실률	위협발생가능성
②	노출계수	연간손실횟수
③	자산중요도	위협발생빈도
④	노출계수	연간발생률

정답 65 ① 66 ④

해설

1. SLE=AV×EF
   - 자산가치(AV): 위협에 노출된 자산의 금전적 가치
   - 노출계수(EF): 특정 위협이 발생했을 때 자산에 미치는 손실 비율
2. ALE=SLE×ARO
   - 연간 발생률(ARO): 위협이 1년에 얼마나 자주 발생할 가능성이 있는지를 나타내는 수치

67 (A), (B), (C), (D)에 알맞은 용어를 작성하시오.

(A): 국내외 표준, 기존에 마련되어 있는 법령, 가이드 등으로 기준을 정하여 위험을 관리하는 것이다.

(B): 구조적인 방법론에 기반하지 않고 경험자의 지식을 사용하여 위험분석을 수행하는 것이다.

(C): 정립된 모델에 기초하여 자산분석, 위협분석, 취약성분석 각 단계를 수행하여 위험을 평가하는 것이다.

(D): 위 세 가지 방법을 혼합하여 접근하는 방식을 말한다.

① A: 베이스라인접근법 B: 경험분석법 C: 취약점분석 D: 정량적접근법
② A: 가이드라인접근법 B: 정량적방법 C: 정성적방법 D: 복합접근법
③ A: 베이스라인접근법 B: 비정형접근법 C: 상세위험분석 D: 복합접근법
④ A: 베이스라인접근법 B: 비정형접근법 C: 복합접근법 D: 상세위험분석

68 다음은 특정 정보자산의 취약점, 위협 및 자산 등급 평가 결과이다. 해당 자산의 위험도를 계산하라.

구분	등급	점수
자산등급	나	3
취약점등급	가	5
위협등급	나	3
법적준거성	N	1

① 11 ② 9
③ 15 ④ 7

해설

위험도 계산식: (자산 등급+취약점 등급+위협 등급)×법적 준거성 점수
- 자산 등급=3
- 취약점 등급=5
- 위협 등급=3
- 법적 준거성 점수(N)=1

위험도=(3+5+3)×1=11

69 다음 중 조직의 특성과 자원의 제약을 고려하여 위험평가 방법론을 선택하는 과정에서 적절하지 않은 설명은 무엇인가?

(a) 베이스라인 접근법은 모든 자산에 대해 동일한 표준 보안 대책을 적용하므로 분석 비용과 시간이 절약된다.
(b) 비정형 접근법은 경험에 의존하므로 작은 규모의 조직이나 간단한 시스템에 적합하다.
(c) 상세 위험분석은 자산, 위협, 취약성을 구체적으로 분석하여 가장 적절한 대책을 수립할 수 있다.
(d) 복합 접근법은 고위험 영역에 베이스라인 접근법을 적용하고, 나머지 영역에는 상세 위험분석을 수행한다.

정답 67 ③ 68 ① 69 ④

① (a), (b)　　② (b), (c)
③ (c), (d)　　④ (d)

해설

복합 접근법은 고위험 영역에 상세 위험분석을 적용하고, 나머지 영역에는 베이스라인 접근법을 사용하는 방식이다.

70 **정성적 위험평가에서 5점 척도와 같은 점수화 방식을 추가로 적용한다고 가정하자. 각 위험 요소의 발생 가능성과 영향을 5점 만점으로 점수화한 결과는 다음과 같다.**

점수화된 결과를 기반으로 보안 자원을 우선적으로 배치해야 할 위험 요소는 무엇인가?

위험요소	발생 가능성 점수	영향 점수	결합점수 (발생가능성 영향)
랜섬웨어 공격	4	4	16
내부 직원의 실수	3	5	15
APT 공격	5	2	10
DDOS 공격	2	3	6

① 랜섬웨어 공격
② APT 공격
③ 내부 직원의 실수
④ DDoS 공격

해설

정성적 위험평가에서는 평가된 발생 가능성과 영향도의 조합을 바탕으로 우선순위를 설정한다.
- APT 공격의 경우, 발생 가능성이 "높음"이고 영향도가 "매우 높음"으로 평가되어 다른 위험 요소보다 종합적으로 가장 심각하다.
- 랜섬웨어 공격도 "높음"으로 평가되었지만, APT 공격의 중대성(매우 높음)에 비해 상대적으로 낮다.
- 내부 직원의 실수와 DDoS 공격은 상대적으로 낮은 우선순위를 가진다.

71 **㉠, ㉡에 들어갈 정보보안 위험의 처리방식을 바르게 연결한 것은? [2018년 국가 7급]**

> (㉠)은(는) 사업 목적상 위험을 처리하는 데 들어가는 과도한 비용 또는 시간 때문에 일정 수준의 위험을 받아 들이는 것으로, 그 위험이 조직에 발생시키는 결과에 대한 책임을 관리층이 지는 방식이다.
> (㉡)은(는) 위험에 대한 책임을 제3자와 공유하는 것으로, 보험을 들거나 다른 기관과의 계약을 통하여 잠재적 손실을 제3자에게 이전하거나 할당하는 방식이다.

	㉠	㉡
①	위험 회피	위험 전가
②	위험 회피	위험 감소
③	위험 수용	위험 전가
④	위험 수용	위험 감소

㉠ 위험 수용: 현재의 위험을 받아들이고 잠재적 비용 손실 비용을 감수하는 것.
㉡ 위험 전가: 위험으로 인한 잠재적 비용을 보험이나 외주 등 제3자에게 이전하는 것.
- 위험 회피: 위험이 존재하는 프로세스나 사업을 수행하지 않고 포기 하는 것. 위험 분석 결과, 해결을 하기 어렵거나 보호대책을 세우는 데 지나치게 많은 비용이 들어갈 경우 해당 사업을 수행하지 않는다.
- 위험 감소: 위험으로 인한 피해를 감소하기 위해 정보보호 대책을 구현하는 것. 수용 가능한 위험수준을 넘어서는 위험에 대해 취약성을 해결하거나 위험의 빈도를 낮출 수 있는 통제를 적용한다.

PART 05 최종 점검 모의고사

정답 70 ② 71 ③

72 **도출된 위험에 대하여 보안 대책 마련을 위한 추가적인 비용의 투입이나 외부와의 연계 · 협력을 고려하지 않고, 잠재적 위험을 자체적으로 감수하거나 일부 시스템 기능의 사용 포기에 따른 불편함을 감수하는 방식의 위험 대처에 해당하는 것만을 모두 고르면? [2022 서울 7급]**

ㄱ. 위험 수용
ㄴ. 위험 회피
ㄷ. 위험 감소
ㄹ. 위험 전가

① ㄱ, ㄴ　② ㄱ, ㄹ
③ ㄴ, ㄷ　④ ㄷ, ㄹ

잠재적 위험을 자체적으로 감수하는 방식은 '위험 수용', 일부 시스템 기능의 사용 포기에 따른 불편함을 감수하는 방식은 '위험 회피'로 정답은 ①번이다.

73 **다음 중 보안 사고 대응 체계 구축 시 우선적으로 고려해야 할 작업을 고르시오.**

a. 사고 발생 시 필요한 대응 절차를 명확히 문서화한다.
b. 사고 발생 후 모든 부서에 동일한 역할을 부여한다.
c. 사고 대응 프로세스에 포함될 외부 이해관계자의 역할을 정의한다.
d. 사고 복구 절차를 사고 발생 후에 논의한다.
e. 사고 발생 시 명확한 보고 체계를 수립한다.

① b, d　② a, c
③ a, e　④ a, c, e

해설

보안 사고 대응 체계를 구축할 때는 다음 세 가지 작업이 필수적으로 수행되어야 한다.

1. 대응 절차 문서화(a): 보안 사고 발생 시 신속하고 체계적으로 대응하기 위해 필요한 모든 절차를 명확히 정의하고 문서화해야 한다. 이는 사고 탐지, 분석, 대응, 복구 및 사후 분석까지 전 과정을 포함한다.
2. 외부 이해관계자의 역할 정의(c): 사고 대응은 조직 내부뿐만 아니라 외부 이해관계자(예 법적 기관, 클라우드 제공업체)와의 협력이 필수적이다. 이를 위해 외부 이해관계자의 역할과 책임을 명확히 정의해야 한다.
3. 보고 체계 수립(e): 사고 발생 시 누구에게, 언제, 어떤 방식으로 보고할지에 대한 체계를 수립해야 한다. 보고 체계는 사고의 심각도에 따라 다르게 설정될 수 있다(예 내부 부서 보고 vs. 법적 기관 보고).

오답:

b. 모든 부서에 동일한 역할 부여: 각 부서의 역할은 사고 대응 요구사항에 따라 다르다. 동일한 역할 부여는 비효율적이다.
d. 복구 절차를 사고 후 논의: 복구 절차는 사고 발생 전에 명확히 정의되어야 한다. 사고 후에 논의하면 대응이 지연되고 피해가 커질 수 있다.

74 **다음 중 "침입 탐지 시스템(IDS)과 침입 방지 시스템(IPS)"의 차이점에 대한 설명으로 가장 적절한 것은?**

① IDS는 공격을 탐지하고 자동으로 차단하며, IPS는 공격을 단순히 기록만 한다.
② IDS는 네트워크 패킷을 검사하지만, IPS는 로그 파일만 분석한다.
③ IDS는 실시간으로 공격을 탐지하지만, IPS는 공격을 탐지하고 차단할 수 있다.
④ IDS와 IPS 모두 네트워크 성능에 영향을 주지 않는다.

정답 72 ① 73 ④ 74 ③

해설

IDS는 실시간으로 공격을 탐지하지만, 차단 기능이 없으며, IPS는 공격을 탐지한 후 차단까지 수행할 수 있다.

75 신용정보법상 개인신용정보의 제공, 활용에 관한 동의로 틀린 것은 무엇인가?

① 신용정보제공 · 이용자가 개인신용정보를 타인에게 제공하려는 경우에는 해당 신용정보주체로부터 개인신용정보를 제공할 때마다 미리 개별적으로 동의를 받아야 한다.

② 기존에 동의한 목적 또는 이용 범위에서 개인신용정보의 정확성 · 최신성을 유지하기 위한 경우에는 개별적으로 동의를 받지 않아도 된다.

③ 개인신용정보의 제공 및 활용과 관련하여 동의를 받을 때에는 서비스 제공을 위하여 필수적 동의사항과 그 밖의 선택적 동의사항을 구분하여 설명한 후 각각 동의를 받아야 한다.

④ 영업 양도 · 분할 · 합병 등의 이유로 권리 · 의무의 전부 또는 일부를 이전하면서 그와 관련된 개인신용정보를 제공하는 경우 신용정보주체로부터 동의를 받아 제공해야 한다.

해설

신용정보법 제32조(개인신용정보의 제공 · 활용에 대한 동의)

⑤ 신용정보회사 등(제9호의3을 적용하는 경우에는 데이터전문기관을 포함한다)이 개인신용정보를 제공하는 경우로서 다음 각 호의 어느 하나에 해당하는 경우에는 제1항부터 제5항까지를 적용하지 아니한다.

3. 영업 양도 · 분할 · 합병 등의 이유로 권리 · 의무의 전부 또는 일부를 이전하면서 그와 관련된 개인신용정보를 제공하는 경우

76 다음 중 고정형 영상정보처리기기를 운영하기 위한 사항으로 적절하지 않은 것은?

① 고정형영상정보처리기기운영자는 고정형 영상정보처리기기의 설치 목적과 다른 목적으로 고정형 영상정보처리기기를 임의로 조작하거나 다른 곳을 비춰서는 아니 되며, 특정한 상황의 경우 녹음기능을 사용할 수 있다.

② 고정형 영상정보처리기기를 설치, 운영하려는 자는 정보주체가 쉽게 인식할 수 있도록 안내판을 설치하는 등 필요한 조치를 하여야 한다.

③ 안내판 설치 시 설치 목적 및 장소, 촬영 범위 및 시간, 관리책임자의 연락처 등이 포함되어야 한다.

④ 누구든지 불특정 다수가 이용하는 목욕실, 화장실, 발한실(發汗室), 탈의실 등 개인의 사생활을 현저히 침해할 우려가 있는 장소의 내부를 볼 수 있도록 고정형 영상정보처리기기를 설치 · 운영하여서는 아니 된다. 다만, 교도소, 정신보건 시설 등 법령에 근거하여 사람을 구금하거나 보호하는 시설로서 대통령령으로 정하는 시설에 대하여는 그러하지 아니하다.

해설

녹음기능은 사용할 수 없다.

77 사이버 킬 체인(Cyber Kill Chain) 모델에서 초기 공격자가 수행하는 단계로 적절하지 않은 것은?

① 정찰(Reconnaissance)

② 무기화(Weaponization)

③ 배포(Delivery)

④ 보안 패치 적용(Security Patching)

정답 75 ④ 76 ① 77 ④

해설

사이버 킬 체인 모델에서 공격자는 보안 패치를 적용하는 것이 아니라 취약점을 악용하여 시스템에 접근하려 한다.

78 **다음 중 개인정보보호법의 업무 위탁에 따른 개인정보의 처리 제한사항으로 올바르지 않은 것은?**

① 개인정보처리자가 제3자에게 개인정보의 처리 업무를 위탁하는 경우에는 문서로 하여야 한다.

② 개인정보처리자(이하 "위탁자"라 한다)는 위탁하는 업무의 내용과 개인정보 처리 업무를 위탁받아 처리하는 자를 정보주체가 언제든지 쉽게 확인할 수 있도록 인터넷 홈페이지에 지속적으로 게재하는 방법으로 공개하여야 한다.

③ 수탁자는 개인정보처리자로부터 위탁받은 해당 업무 범위를 초과하여 개인정보를 이용하거나 제3자에게 제공하여서는 아니 된다.

④ 수탁자는 위탁받은 개인정보의 처리 업무를 제3자에게 다시 위탁하려는 경우에는 위탁자에게 통보하여야 한다.

해설

수탁자는 위탁받은 개인정보의 처리 업무를 제3자에게 다시 위탁하려는 경우에는 위탁자의 동의를 받아야 한다.

79 **개인정보처리자가 개인정보취급자의 개인정보처리시스템에 대하여 2년 이상 보관 관리해야 하는 경우가 아닌 것은?**

① 5만명 이상의 정보주체에 관한 개인정보를 처리하는 개인정보처리시스템에 해당하는 경우

② 고유식별정보 또는 민감정보를 처리하는 개인정보처리시스템에 해당하는 경우

③ 개인정보처리자로서 전기통신사업법 제6조제1항에 따라 등록을 하거나 같은 항 단서에 따라 신고한 기간통신사업자에 해당하는 경우

④ 개인정보취급자가 개인정보처리시스템에 접속하여 처리한 업무내역 등의 접속기록의 경우

해설

개인정보처리자는 개인정보취급자가 개인정보처리시스템에 접속하여 처리한 업무내역 등의 접속기록을 1년 이상 보관 관리하여야 한다.

80 **개인정보파일의 운용으로 인하여 정보주체의 개인정보 침해가 우려되는 경우에는 그 위험요인의 분석과 개선 사항 도출을 위한 평가를 하고 그 결과를 보호위원회에 제출해야 하는데, 이러한 개인정보 영향평가의 대상으로 옳지 않은 것은?**

① 구축 운용 또는 변경하려는 개인정보파일로서 5만명 이상의 정보주체에 관한 민감정보 또는 고유식별 정보의 처리가 수반되는 개인정보파일

② 구축 운용하고 있는 개인정보파일을 해당 공공기관 내부 또는 외부에서 구축 운용하고 있는 다른 개인정보파일과 연계하려는 경우로서 연계 결과 50만명 이상의 정보주체에 관한 개인정보가 포함되는 개인정보파일

③ 구축 운용 또는 변경하려는 개인정보파일로서 50만명 이상의 정보주체에 관한 개인정보파일

④ 개인정보 영향평가를 받은 후에 개인정보 검색체계 등 개인정보파일의 운용체계를 변경하려는 경우 그 개인정보파일

해설

구축 운용 또는 변경하려는 개인정보파일로서 100만명 이상의 정보주체에 관한 개인정보파일이 대상이다.

정답 78 ④ 79 ④ 80 ③

2회 최종 점검 모의고사

01 위험 평가의 필수 단계가 아닌 것은?

① 위협 분석 ② 취약점 분석
③ 자산 매각 ④ 자산 식별

해설

위험 평가의 핵심 단계는 자산 식별, 위협 및 취약점 분석, 위험 수준 산정 등이다. 자산 매각은 위험 평가와 직접적인 관련이 없다.

02 위험 관리를 위한 절차 중 가장 먼저 수행해야 할 단계는?

① 위험 처리 계획 수립
② 자산 식별
③ 보안 통제 구현
④ 사고 대응 체계 구축

해설

위험 관리를 시작하기 위해서는 먼저 보호해야 할 자산을 식별하고, 이를 기반으로 위협과 취약점을 평가해야 한다. 자산 식별은 가장 초기 단계이다.

03 정보보호 관리체계의 주요 구성 요소 중 '사고 대응 및 업무 연속성 관리'에 포함되지 않는 활동은?

① 사고 대응 절차 수립
② 재해복구 계획 수립 및 훈련
③ 보안 로그 분석
④ 비즈니스 전략 수립

해설

사고 대응 및 업무 연속성 관리는 보안 사고 대응, 재해복구 계획 등 보안 관련 활동을 포함한다. 비즈니스 전략 수립은 정보보호 관리와 간접적으로 연관될 수 있지만, 직접적인 활동은 아니다.

04 CISO(정보보호 최고책임자)의 주요 역할에 해당하지 않는 것은?

① 정보보호 계획 수립 및 시행
② 개인정보보호 정책 수립
③ 보안 사고 대응 및 복구
④ 신입 직원 채용 면접

해설

CISO의 주요 역할은 정보보호 계획 수립, 보안 사고 대응, 규제 준수 관리 등이다. 신입 직원 채용은 인사 부서의 역할로 CISO의 직접적인 업무와는 관련이 없다.

05 정보자산 관리에서 자산별 중요도를 평가하는 주요 목적은 무엇인가?

① 자산의 가치를 재조정하기 위해
② 적절한 보호 대책을 선택하기 위해
③ 자산 매각 시 활용하기 위해
④ 모든 자산을 동일하게 보호하기 위해

해설

자산별 중요도 평가는 각 자산이 비즈니스와 조직에 미치는 영향을 기준으로 이루어지며, 이를 통해 자산에 적합한 보호 대책을 결정하는 데 사용된다.

06 보안 통제 구현 활동 중 '네트워크 보안'에 해당하는 조치는?

① 사용자 교육 프로그램 운영
② 가상사설망(VPN) 구현
③ 암호화 키 관리 체계 구축
④ 물리적 출입통제

정답 01 ③ 02 ② 03 ④ 04 ④ 05 ② 06 ②

해설

네트워크 보안은 방화벽, IDS/IPS, VPN 등의 기술을 통해 네트워크를 보호하는 활동이다. VPN은 안전한 통신을 위해 네트워크를 암호화하여 보안을 강화한다.

07 **정보보호 관리체계 성과 평가에서 활용되는 도구가 아닌 것은?**

① 균형성과표(BSC)
② 핵심성과지표(KPI)
③ 위험 수준 평가표
④ 직원 만족도 조사

해설

정보보호 성과 평가에는 균형성과표(BSC), KPI, 감사 결과 등이 포함된다. 직원 만족도 조사는 정보보호 활동의 직접적인 평가 지표로 사용되지 않는다.

08 **보안 사고 대응 절차의 첫 번째 단계로 가장 적절한 것은?**

① 피해 복구
② 사고 보고
③ 침해 원인 분석
④ 예방 조치

해설

보안 사고 대응 절차는 사고 발생 사실을 보고하는 단계에서 시작된다. 적절한 보고가 이루어져야 이후 단계인 분석, 대응, 복구 등이 원활히 진행될 수 있다.

09 **다음 중 정보보호 관리체계(ISMS)의 "위험 관리" 활동에 포함되지 않는 것은?**

① 위험 평가 방법론 수립
② 정기적인 위험 평가 수행
③ 위험 처리 계획 수립 및 이행
④ 자산 매각 계획 수립

해설

위험 관리는 자산의 보호를 위한 위험 평가 및 처리 계획 수립 등을 포함한다. 자산 매각 계획은 정보보호 활동과 직접적으로 관련이 없다.

10 **다음 중 정보보호 거버넌스 실행체계의 구성 요소로 올바른 것을 고르시오.**

① 경영진의 참여와 지원
② 정보보호 조직 내 직무 스트레스 관리
③ 보안 기술의 외주화 의무화
④ 모든 보안 활동의 책임을 외부 업체에 전가

해설

정보보호 거버넌스 실행체계는 경영진의 적극적인 참여와 지원을 통해 정책과 절차를 효과적으로 운영한다. 나머지 선택지는 거버넌스 실행체계와 무관하거나 부적절하다.

11 **다음에서 설명하는 정보보호 관리의 주요 구성요소는?**

- 정보보호 최고책임자 지정
- 정보보호 전담 조직 구성
- 정보보호 위원회 운영

① 위험 관리
② 정보자산 관리
③ 정보보호 조직 구성 및 운영
④ 보안통제 구현 및 운영

해설

정보보호 조직 구성 및 운영에는 정보보호 최고책임자(CISO) 지정, 정보보호 전담 조직 구성, 정보보호 위원회 운영, 부서별 정보보호 담당자 지정 및 역할 부여 등이 세부 항목으로 들어 있다.

07 ④ **08** ② **09** ④ **10** ① **11** ③

12 **다음은 보호대상 선정 프로세스 중 하나이다. 어떤 프로세스인가?**

- 기밀성, 무결성, 가용성 등 보안 목표 구체화
- 위험 평가를 통한 자산별 중요도 평가

① 법적 요구사항 파악
② 보호대상 선정
③ 보호대상 목록 관리
④ 보안 요구사항 분석

해설

보호대상 선정 기준 수립 프로세스는 법적 요구사항, 사업 영향도, 위험 수준 등을 고려하여 선정 기준을 마련하는 프로세스로, 보호대상 선정 프로세스에는 정보자산 식별, 법적 요구사항 파악, 보안 요구사항 분석, 보호대상 선정 기준 수립, 보호대상 선정, 보호대상 목록 관리 등이 있다. 문제에서 설명하는 프로세스는 보안 요구사항 분석 프로세스이다.

13 **다음은 보호대상의 정보보호 요구사항 파악 과정 중 하나이다. 어떤 과정인가?**

- 정보통신망법, 개인정보보호법 등 조직이 준수해야할 관련 법규를 식별한다.
- ISMS-P 인증 기준에 따른 법적 요구사항 준수 검토를 수행한다.
- 각 자산별로 요구되는 보안 수준을 정의한다.

① 정보자산 식별
② 보안 요구사항 분석
③ 보안 요구사항 정의
④ 지속적인 관리 및 개선

해설

보안 요구사항 분석에서는 법적 요구사항 파악, 보안 목표 식별, 위험평가 등이 이루어지는 과정으로, 전체 과정은 보호대상 식별, 보안 요구사항 분석, 보안 요구사항 정의, 지속적인 관리 및 개선 순으로 이루어진다.

14 **다음은 정보보호 거버넌스 조직 구성원에 대한 설명이다. 해당되는 조직원은?**

- 정보보호를 위한 총괄 책임
- 보안 정책과 절차에 대한 방향 설정
- 위험 관리 문화 조성

① 최고 경영진
② 정보시스템 감사자
③ 프로세스 관리자
④ 경영진

해설

문제에서 설명하는 구성원은 최고 경영진에 대한 설명이다. 최고 경영진은 보안 활동을 위한 자원 제공, 책임 할당을 지휘하고 우선순위 결정, 내외부 감사를 통한 보증활동 수행 등의 역할을 하고 있다.

15 **정보보호 최고책임자(CISO)의 일반 자격 요건이 아닌 것은?**

① 정보보호 또는 정보기술 분야의 석사학위 이상 취득
② 정보보호 또는 정보기술 분야의 학사학위 취득 후 3년 이상 관련 업무 경력
③ 정보보호 또는 정보기술 분야의 전문학사학위 취득 후 6년 이상 관련 업무 경력
④ 정보보호 또는 정보기술 분야에서 10년 이상 업무 경력

해설

정보보호 또는 정보기술 분야의 전문학사학위 취득 후 5년 이상 관련 업무 경력이 필요하다.

정답 12 ④ 13 ② 14 ① 15 ③

16 개인정보 보호책임자(CPO)의 자격 요건으로 옳은 것은?

① 개인정보보호, 정보보호, 정보기술 경력을 합하여 총 3년 이상을 보유
② 개인정보보호, 정보보호, 정보기술 경력을 합하여 총 4년 이상을 보유
③ 개인정보보호, 정보보호, 정보기술 경력을 합하여 총 5년 이상을 보유
④ 개인정보보호, 정보보호, 정보기술 경력을 합하여 총 6년 이상을 보유

해설

개인정보 보호책임자는 개인정보보호, 정보보호, 정보기술 경력을 합하여 총 4년 이상을 보유하여야 한다. 그중 개인정보보호 경력을 2년 이상 필수로 보유하여야 한다.

17 CISO, CPO의 의사결정 체계 수립을 위해 필요한 사항이 아닌 것은?

① CISO와 CPO를 임원급으로 지정하여 인력 등 자원을 할당할 수 있는 권한을 부여한다.
② 독립적인 조직 구성이 필요하다.
③ 정보보호위원회 구성 시 CISO를 위원장으로, CPO를 위원으로 구성한다.
④ 연간 정보보호 및 개인정보보호 예산 수립 권한을 부여한다.

해설

정보보호위원회 구성 시 CISO를 위원장으로, 각 부서 업무팀장을 위원으로 구성해야 한다.

18 임직원의 정보보호 교육 프로그램 구성 방법으로 틀린 것은?

① 교육 대상자의 직무와 역할에 상관없이 같은 내용으로 교육한다.
② 구체적인 학습 목표를 설정하여 교육 효과를 극대화한다.
③ 기본 정보보호 개념을 포함하여 교육한다.
④ 교육 대상자의 교육 여건에 맞게 온라인 교육과 오프라인 교육을 병행한다.

해설

임직원의 정보보호 교육은 교육 대상자의 직무와 역할에 따라 내용이 달라져야 한다.

19 다음 중 정보보안팀의 역할 및 구성원이 아닌 것은?

① 방화벽, SIEM 등 보안 장비와 솔루션을 관리한다.
② 실시간으로 시스템과 네트워크를 모니터링하여 이상 징후를 탐지한다.
③ 시스템과 애플리케이션의 취약점을 정기적으로 점검하고 수정한다.
④ 보안 사고 발생 시 초동 대응을 수행하고, CPO와 협력하여 문제를 해결한다.

해설

정보보안팀은 보안 사고 발생 시 초동 대응을 수행하고, CISO와 협력하여 문제를 해결한다.

20 다음에서 설명하는 정보보호 관련 법규는?

> 정보통신의 건전한 발전을 도모하기 위한 법으로, 정보통신망을 이용하는 과정에서 개인의 정보와 권리를 보호하고, 공정하고 투명한 데이터 활용 환경을 조성하는 것이 목적이다.

① 개인정보보호법
② 전자금융거래법
③ 정보통신망 이용촉진 및 정보보호 등에 관한 법률
④ 국가정보화기본법

16 ② 17 ③ 18 ① 19 ④ 20 ③

해설

정보통신망 이용촉진 및 정보보호 등에 관한 법률(정보통신망법)의 주요 목적을 설명한 것으로, 기업이 합법적인 데이터 처리 방식을 채택하도록 강제하는 장치로 작용한다.

21 상세 위험 분석의 주요 장점을 모두 고르시오.

① 위험을 정성적 방식으로만 분석한다.
② 조직이 직면한 위험의 원인과 영향을 상세히 파악하여 대응 방안을 설계한다.
③ 분석에 소요되는 비용과 시간이 최소화된다.
④ 위험 우선순위를 통해 중요한 문제에 자원을 집중적으로 사용할 수 있다.

해설

상세 위험 분석은 각 위험 요소의 원인과 영향을 정확하게 파악하고 이에 따른 대응 방안을 세우는 데 유용하다.
위험 우선순위를 통해 가장 중요한 문제에 자원을 집중함으로써 관리 효율성을 높인다.

22 복합 접근법에서 고위험 영역에 대해 수행하는 위험 분석은 무엇인가?

① 베이스라인 접근법
② 비정형 접근법
③ 상세 위험 분석
④ 예측 분석

해설

복합 접근법은 고위험 영역에 대해 상세 위험 분석을 수행하여, 각 위험 요소에 대해 세밀한 분석과 대처 방안을 마련한다.

23 상세위험분석(Detailed Risk Analysis)의 단점으로 적합한 것은 무엇인가?

① 분석 과정이 간단하여 정확도가 떨어진다.
② 다양한 접근 방법을 결합하므로 복잡성이 낮다.
③ 분석에 많은 시간과 비용이 소요될 수 있다.
④ 모든 자산에 같은 수준의 보호를 제공한다.

해설

상세위험분석은 가장 심층적이고 정교한 위험 분석 방법으로, 자산, 위협, 취약점 등을 정밀히 분석한다.
- 장점: 신뢰도와 정확도가 매우 높다. 조직의 특수한 상황에 맞춘 분석이 가능하다.
- 단점: 분석 과정이 복잡하고, 전문 인력과 도구가 필요하며, 시간과 비용이 많이 소요될 수 있다.

24 정량적 위험 분석에서 ALE(Annual Loss Expectancy) 계산의 주요 구성 요소는 무엇인가?

① 자산의 기밀성, 무결성, 가용성
② 손실액(SLE)과 위협 발생률(ARO)
③ 위협의 발생 가능성 및 취약성
④ 보안 대책의 구현 여부

해설

ALE는 손실액(SLE)과 연간 위협 발생률(ARO)을 곱하여 계산한다. 이를 통해 예상되는 연간 손실을 구할 수 있다.

25 정성적 기법의 특징으로 적합하지 않은 것은?

① 용어의 이해가 쉬움
② 전문가의 직관과 판단
③ 과거 데이터 기반 분석
④ 델파이법, 시나리오법, 순위결정법의 방법을 사용한다.

정답 21 ②,④ 22 ③ 23 ③ 24 ② 25 ③

해설

과거 데이터 기반 분석의 경우는 정량적 기법에 해당하며, 정성적 기법은 분석자의 경험 및 지식에 기초한 위험분석 방법에 해당한다.

26 **위험평가에 관련된 내용으로 적절하지 않은 것은?**

① 식별된 위험과 위험도를 검토하여 수용 가능한 목표 위험수준(DoA)을 결정한 뒤 초과하는 위험을 식별한다.

② 식별된 위험을 관리하기 위해 실무자 선에서 공유하고 보호대책을 수립한다.

③ 법적 요구사항 준수 여부에 대한 위험을 식별한다.

④ 식별된 위험이 실제 조직에 미치는 영향을 고려하여 위험도를 산정한다.

해설

정보보호 최고책임자를 포함한 경영진에게 보고하여야 한다.

27 **위험의 구성 요소에 대한 설명으로 올바르게 짝지어진 것은?**

> ㉠: 조직이 보호해야 할 대상으로 하드웨어, 시설 등을 의미한다.
> ㉡: ㉠의 취약점을 이용해 피해를 줄 수 있는 잠재적인 가능성을 의미한다.
> ㉢: ㉠의 잠재적 속성으로 ㉡의 이용 대상으로 정의한다.

① ㉠: 자산, ㉡: 위협, ㉢: 취약성(취약점)

② ㉠: 자산, ㉡: 위험, ㉢: 취약성(취약점)

③ ㉠: 자산, ㉡: 발생가능성, ㉢: 위험

④ ㉠: 자산, ㉡: 발생가능성, ㉢: 취약성(취약점)

해설

조직이 보호해야 할 유·무형의 대상을 자산이라 하며, 자산에 손실을 초래할 수 있는 원인이나 행위를 위협이라 한다. 위협의 이용 대상이 되는 자산의 잠재적 속성(약점)을 취약성이라고 한다.

28 **보기가 설명하는 위험 평가 방법에 해당하는 것은?**

> – 구조적인 방법론을 사용하지 않고 수행자의 경험과 지식을 기반으로 위험을 분석
> – 특정 위험분석 모델 기법을 선정하여 수행하지 않고 수행자의 경험에 따라 중요한 위험을 중심으로 분석

① 베이스라인 접근법

② 비정형 접근법

③ 상세위험분석

④ 복합접근법

해설

비정형 접근법은 수행자의 경험과 지식을 기반으로 위험을 분석한다. 따라서 비정형 접근법의 단점으로 수행자가 사업 분야 및 정보보호에 대한 전문성이 낮을 경우 실패할 확률이 높다.

29 **다음의 지문이 설명하고 있는 위험처리 방식은?**

> 보험이나 외주 등으로 위험 처리에 소요될 잠재적 비용을 제3자에게 이전하거나 할당하는 위험처리 방식이다.

① 위험 수용 ② 위험 감소

③ 위험 회피 ④ 위험 전가

해설

위험에 대비하여 보험을 들거나, 다른 기관과 계약을 맺거나 등의 위험처리 방식은 위험 전가이다.

30 **위험의 구성요소가 아닌 것은?**

① 자산 ② 손실

③ 위협 ④ 취약성

26 ② 27 ① 28 ② 29 ④ 30 ②

해설

일반적으로 자산, 위협, 취약성을 위험의 3요소라고 한다.

31 다음 중 ISO/IEC 13335-1에서 제시하는 위험분석 접근 방법에 해당하지 않는 것은 무엇인가?

① 베이스라인 접근법(Baseline Approach)
② 비정형 접근법(Informal Approach)
③ 상세위험분석(Detailed Risk Analysis)
④ 몬테카를로 시뮬레이션(Monte Carlo Simulation)

해설

ISO/IEC 13335-1은 정보보호에서 위험 분석을 수행하는 네 가지 주요 접근 방법을 제시한다.

- 베이스라인 접근법: 미리 정의된 최소 보안 요구사항을 기준으로 위험을 분석하는 간소화된 방법이다.
- 비정형 접근법: 전문가의 직관과 경험을 기반으로 분석하며, 체계적인 프로세스 없이 수행한다.
- 상세위험분석: 자산, 위협, 취약점 등을 정밀히 분석하며, 가장 심층적이고 정확한 방법이다.
- 복합 접근법: 위의 세 가지 방법을 조합하여 조직의 요구에 맞는 유연한 분석을 수행한다.
- 몬테카를로 시뮬레이션: 여러 시나리오에서 무작위 샘플 데이터를 기반으로 정량적 위험 분석을 수행하는 기법으로, ISO/IEC 13335-1에서 제시하는 접근 방법에는 포함되지 않는다. 정량적 분석에 가까운 이 기법은 위험 확률을 수치화하고 모델링하는 데 적합하다.

32 다음 중 베이스라인 접근법(Baseline Approach)에 대한 설명으로 가장 적합한 것은 무엇인가?

① 전문가의 직관과 경험에 의존하여 위험을 분석한다.
② 최소한의 보안 요구사항을 기반으로 접목하여 분석을 수행한다.
③ 다양한 위험을 심층적으로 분석하고 자산별로 정밀한 결과를 도출한다.
④ 여러 접근 방법을 결합하여 조직의 특성에 맞는 위험분석을 수행한다.

해설

베이스라인 접근법은 사전에 정의된 최소 보안 요구사항을 기준으로 위험 분석을 수행하는 방법이다.

- 장점: 간단하고 빠르며 효율적이다. 조직의 공통적인 보안 기준을 충족하기 위해 유용하게 활용될 수 있다.
- 단점: 조직의 특수한 요구사항을 반영할 수 없고 탄력성이 부족하다. 따라서 조직의 개별적인 보안 필요성을 감안한 맞춤형 위험 분석에는 적합하지 않다.

이 접근법은 제한된 자원으로 기본적인 보호를 신속히 구축해야 하는 환경에서 매우 유용하다.

33 다음 중 비정형 접근법(Informal Approach)에 대한 설명으로 가장 적합한 것은 무엇인가?

① 표준화된 지침과 프로세스에 따라 수행한다.
② 전문가의 경험과 직관에 의존하여 수행한다.
③ 다양한 위험 요소를 정량적으로 분석하고 측정한다.
④ 복합적인 위험 요소를 고려하며 포괄적인 분석을 수행한다.

해설

비정형 접근법은 전문가의 경험과 직관을 바탕으로 위험을 분석하는 비공식적인 방법이다.

- 장점: 유연하고 신속하게 수행할 수 있다. 특정한 공식 지침 없이 전문가의 판단에 의존하기 때문에 시간과 비용이 절약된다.
- 단점: 분석 과정이 주관적이고 일관성이 부족할 수 있으므로, 반복 가능성이 낮고 체계적인 기록이 어렵다.

이 방식은 소규모 프로젝트나 긴급한 분석 상황에서 유용하지만, 대규모 조직의 체계적인 위험평가로는 적합하지 않다.

정답 31 ④ 32 ② 33 ②

34 **연간 예상 손실액(ALE)을 계산하기 위한 요소로 적합하지 않은 것은 무엇인가?**

① 단일 손실 예상액(SLE)
② 위협의 연간 발생률(ARO)
③ 자산 가치(Asset Value)
④ 손실 발생 이후의 보안 조치 비용

해설

ALE를 계산하는 데 필요한 요소는 단일 손실 예상액(SLE)과 연간 발생률(ARO)이다. 자산 가치와 위협으로 인한 손실 범위는 SLE 계산의 일부이며, ALE 계산에 포함된다. 그러나 보안 조치 비용은 ALE 자체의 계산에 포함되지 않는다. 이는 ALE 결과를 기반으로 추가로 논의되는 항목이다.

35 **다음 중 정보자산의 중요도 평가 기준으로 일반적으로 사용되는 요소는 무엇인가?**

① 사용 빈도, 접근성, 유지보수비용
② 기밀성, 무결성, 가용성
③ 데이터의 크기, 저장 위치, 보존 기간
④ 법적 요구사항, 지리적 위치, 데이터 압축률

36 **다음 중 CISO의 겸직금지 대상 기업에 해당하지 않는 경우를 고르시오.**

① 직전 사업연도 말 기준 자산총액이 5조 원 이상인 기업
② 정보보호 관리체계 인증 의무 대상자 중 자산총액이 5천억 원 이상인 정보통신서비스 제공자
③ 전년도 매출액이 100억 원 이상인 중소기업
④ 개인정보처리자로서 일일평균 이용자 수가 100만 명 이상인 전기통신사업자

해설

겸직금지 대상은 자산총액 기준(5조 원 이상 또는 5천억 원 이상)을 충족하거나, 대규모 개인정보를 처리하는 정보통신서비스 제공자에 해당한다. 매출액이 100억 원인 중소기업은 해당하지 않는다.

37 **다음 중 위험처리 전략에 대한 설명으로 틀린 것은?**

① 보험 가입은 위험 전가 전략이다.
② 특정 사업을 포기하는 것은 위험 회피 전략이다.
③ 현재의 위험을 그대로 받아들이는 것은 위험 제거 전략이다.
④ 보안 대책 실행으로 위험 수준을 낮추는 것은 위험 감소 전략이다.

해설

현재의 위험을 그대로 받아들이는 것은 위험 수용 전략에 해당한다. 위험 제거 전략은 특정 프로세스나 자산에서 위험 요소를 완전히 제거하는 것을 의미한다

38 **버퍼 오버플로우 취약점의 통제 방법으로 가장 적절하지 않은 것은?**

① 보안 취약점 조치를 위해 웹 서버의 제품 버전을 안전한 버전으로 유지하며, 보안 패치를 항상 최신으로 유지한다.
② 가용성을 위해 웹 메모리 공간을 확보하여 애플리케이션에 전달되는 인수 값을 받아들인다.
③ 외부에서 접속이 필요한 경우 안전한 접속수단(VPN)을 통해 연결하도록 설정한다.
④ 버퍼를 점검하는 안전한 함수를 사용한다.

해설

메모리 공간을 초과하지 않도록 하려면, 크기를 먼저 확인하고 그에 맞는 버퍼를 할당해야 한다. 메모리 공간을 충분히 할당하더라도 입력 값의 크기를 제어하는 것은 여전히 취약점이 존재한다고 볼 수 있다.

(1) 웹 서버의 제품 버전을 안전한 버전으로 유지하며, 보안 패치를 항상 최신으로 유지한다.
(2) 자체 제작한 애플리케이션의 경우 HTTP 요청을 통하여 입력을 받아들이는 코드를 검토한다.
(3) 웹 애플리케이션에 전달되는 인수 값을 필요한 크기만큼만 받아들인다.
(4) 버퍼를 점검하는 안전한 함수를 사용한다.

 **34** ④ **35** ② **36** ③ **37** ③ **38** ②

(5) 버퍼 오버플로우를 점검하는 웹 스캐닝 툴을 이용하여 주기적으로 점검한다.

39 수용 가능한 목표 위험수준(DoA)을 정하고 그 수준을 초과하는 위험을 식별하는 방법으로 틀린 것은?

① 각종 위험이 조직에 미치는 영향을 고려하여 위험도 산정기준을 마련한다.

② 위험도 산정기준에 따라 식별된 위험에 대하여 위험도를 산정한다.

③ 수용 가능한 목표 위험수준(DoA)을 조치 담당자, 정보보호 담당자, 개인정보 담당자 등의 의사결정에 의하여 결정한다.

④ 수용 가능한 목표 위험 수준을 초과하는 위험을 식별하고 문서화하여 관리한다.

해설

위험도가 높거나 자원을 다른 분야에 투자하기를 원할 수 있으며, 어떤 조직은 매우 신중하게 모든 위험을 최소화하기를 원할 수도 있다. 따라서 분석 결과를 경영진에게 제시하고 최고 경영진이 목표 위험 수준을 결정하도록 하여야 한다.

40 취약한 인증 및 세션 관리 취약점의 통제 방법으로 틀린 것은?

① 강력한 패스워드 정책을 시행한다.

② 전송 중의 자격 증명을 보호한다.

③ 클라이언트 측 인증 기술을 사용한다.

④ 세션 타임아웃을 10분으로 설정한다.

해설

취약한 인증 및 세션 관리 취약점을 통제하기 위한 방법으로 '서버' 측 인증 기술을 사용하는 방법이 있다.

(1) 강력한 패스워드 정책을 시행한다.

(2) 전송 중의 자격 증명을 보호한다.

– SSL과 같은 로그인 트랜잭션 전체를 암호화한다.

(3) 서버 측 인증 기술을 사용한다.

– Hidden Field, Client Side Cookie보다는 Server Side의 Session ID를 사용한다.

(4) 쿠키 인증 시 쿠키 값을 암호화한다.

(5) 세션 타임아웃을 설정한다.

– 활동 부재 시 10분~30분 경과 후에는 강제로 서버에서 세션을 파기한다.

(6) 세션 인증 시 주기적인 세션 값 변화로 일정 시간 후 폐기한다.

(7) 인증 및 세션 관련 정보는 Get 방식이 아닌 Post 방식으로 요청한다.

(8) 동시 로그인 금지 및 암호화 채널을 사용한다.

(9) 강력한 세션 생성기를 사용하고 부수적인 인증 기능을 활용한다.

41 다음 문장이 설명하는 보안시스템은?

> 패턴화돼 이미 알려져 있는 악성코드를 잡아내는 백신과 달리 신종 악성코드나 기존 바이러스가 변종돼 백신이 잡아낼 수 없는 악성코드까지 인지하고 이를 차단하는 보안 솔루션

① APT(Advanced Persistent Threat)

② EDR(Endpoint Detection and Response)

③ IPS(Intrusion Prevention Systems)

④ NAC(Network Access Control)

해설

① APT(Advanced Persistent Threat): 특정 대상에게 장기간 은밀히 침투해 정보를 수집하거나 공격하는 지속적 위협 행위를 의미하며, 보안 시스템이 아닌 공격 방식이다.

② EDR(Endpoint Detection and Response): 엔드포인트(PC, 서버 등)에서 발생하는 행위를 기반으로 실시간 감시 및 위협을 탐지하고, 대응까지 수행하는 솔루션이다.

③ IPS(Intrusion Prevention Systems): 네트워크 기반의 침입을 탐지 및 차단하는 장비로, 시그니처 기반 탐지가 주 방식이므로 신종 악성코드 대응엔 한계가 있다.

④ NAC(Network Access Control): 네트워크 접속을 제어하는 시스템으로, 악성코드 탐지와는 거리가 있다.

정답 39 ③ 40 ③ 41 ②

42 다음 문장이 설명하는 정보유출 방지 솔루션은?

> 웹을 통해 유통되는 각종 디지털 콘텐츠의 안전 분배와 불법 복제 방지를 위한 보안 솔루션. 파일 교환 프로그램을 통해 전파되는 상업적 자료의 온라인 불법 복제로부터 디지털 콘텐츠를 보호하기 위한 것으로, 관련 법령이나 위반자 단속만으로는 예방이 어렵기 때문에 사후 단속보다는 사전에 문제점을 파악해 첫 단계에서 내용 복제가 불가하도록 한다.

① APT(Advanced Persistent Threat)
② EDR(Endpoint Detection and Response)
③ IPS(Intrusion Prevention Systems)
④ DRM(Digital Right Management)

④번 DRM에 대한 설명이다.

43 다음 문장이 설명하는 위험처리 방식은?

> 어떤 조직이 인터넷을 이용하여 고액의 전자거래 시스템을 운여하고자 위험 분석을 수행하였다. 위험분석의 결과는 고액의 온라인 전송에 따른 거래 금액 노출, 변조, 거래 사실 부인의 위험이 매우 높았다. 해당 조직은 이 위험을 처리하기 위해 전자서명, 암호화, 송신자 부인방지를 위한 공증 시스템과 같은 대책을 도입하였다.

① 위험 수용 ② 위험 감소
③ 위험 회피 ④ 위험 전가

해설

위험을 처리하기 위해 전자서명, 암호화, 송신자 부인방지를 위한 공증 시스템과 같은 대책을 도입하는 위험처리 방식은 '위험 감소'로 정답은 ②번이다.

44 위험관리에 대한 설명으로 적절하지 않은 것은?

① 정보보호를 위한 기술적, 관리적, 물리적 분야 등에 다양한 측면으로 발생할 수 있는 위험을 식별하고 평가할 수 있는 방법을 정의한다.
② 조직의 위험을 식별하고 이에 대한 적절한 보호 대책을 수립하기 위하여 정기 또는 수시로 위험에 대처할 수 있도록 위험관리 계획을 수립한다.
③ 위험관리 수행 인력은 위험관리 방법, 조직의 업무 및 시스템에 대한 전문성을 갖춘 내부 인력만으로 위험관리를 수행한다.
④ 위험관리 방법론은 베이스라인 접근법, 복합 접근법 등의 다양한 조직에 적합한 방법을 찾을 때까지 위험관리 방법론을 개선할 수 있다.

해설

위험관리는 내부 인력뿐만 아니라 외부 전문가와 협력하여 수행할 수도 있으며, 다양한 전문성을 가진 인력이 함께 참여할 수 있으므로 적절하지 않은 것은 ③번이다.

45 다음 지문에 해당하는 위험관리 방법으로 옳은 것은?

> 정보보호 점검 과정에서 기업 내 자료 전송 간 유출 위험이 탐지되었다. 이에 암호화 솔루션을 구매하여 전송 구간을 암호화하였다.

① 위험 수용 ② 위험 감소
③ 위험 회피 ④ 위험 전가

해설

위험이 발생할 가능성을 낮추고, 위험이 발생할 경우의 피해를 줄이는 방법으로, 위험 감소에 해당하므로 옳은 것은 ②번이다.

42 ④ 43 ② 44 ③ 45 ②

46 위험 관리에 대한 설명으로 적절하지 않은 것은?

① 위험 관리는 조직의 자산을 보호하기 위해 잠재적인 위협과 취약성을 평가하는 과정이다.
② 모든 위험은 동일한 중요성을 가지므로, 위험의 우선순위를 정할 필요는 없다.
③ 위험 관리 계획은 위험 식별, 평가, 처리 방법을 포함해야 하며, 정기적으로 업데이트되어야 한다.
④ 위험 관리 방법론은 다양한 접근 방식을 포함하며, 상황에 맞게 적절한 방법을 선택할 수 있다.

해설

모든 위험은 중요성이 다르므로, 위험의 우선순위를 정하는 것이 필요하다. 이를 통해 자원을 효율적으로 배분하고 중요한 위험에 집중할 수 있다.

47 위험관리 과정의 순서로 옳은 것은?

① 위험 평가 → 전략과 계획 수립 → 위험 분석 → 구현 계획 수립 → 정보보호대책 선정
② 위험 평가 → 위험 분석 → 전략과 계획 수립 → 구현 계획 수립 → 정보보호대책 선정
③ 전략과 계획 수립 → 위험 분석 → 위험 평가 → 정보보호대책 선정 → 구현 계획 수립
④ 전략과 계획 수립 → 위험 평가 → 위험 분석 → 정보보호대책 선정 → 구현 계획 수립

해설

위험관리 과정은 첫째, 전략과 계획을 수립하고 둘째, 위험을 구성하는 요소들을 분석하고 셋째, 이러한 분석에 기초하여 위험을 평가하여 넷째, 필요한 정보보호대책을 선정하고 다섯째, 이들을 구현할 계획을 수립하는 5가지 세부 과정으로 이루어진다.

48 개인정보처리자가 이용자의 개인정보에 대해 안전한 암호 알고리즘으로 암호화하여 저장해야 하는 항목으로 옳지 않은 것은?

① 외국인등록번호
② 신용카드번호
③ 생체인식정보
④ 계좌비밀번호

해설

주민등록번호, 여권번호, 운전면허번호, 외국인등록번호, 신용카드번호, 계좌번호, 생체인식정보에 대해서는 안전한 암호 알고리즘으로 암호화하여 저장하여야 한다.

49 위험분석 방법론으로 정보기술 보안 관리를 위한 국제 표준 지침인 ISO/IEC 13335-1의 위험분석 전략으로 틀린 것은?

① 베이스라인 접근법
② 정형 접근법
③ 상세 위험분석
④ 복합 접근법

해설

위험분석 방법론의 위험분석 전략으로 베이스라인 접근법, 비정형 접근법, 상세 위험분석, 복합 접근법 4가지가 있다.

50 다음 중 가명처리의 목적으로 틀린 것을 모두 고르시오.

① 과학적 연구
② 맞춤형 광고 및 마케팅
③ 공익적 기록 보존
④ 사용자 신원 식별 및 데이터 추적

해설

가명처리의 목적은 통계작성, 공익적 기록 보존, 과학적 연구 3가지이다.

정답 46 ② 47 ③ 48 ④ 49 ② 50 ②, ④

51 다음 중 민감정보가 아닌 것은 무엇인가?

① 사상, 신념
② 노동조합, 정당의 가입, 탈퇴
③ 정치적 견해
④ 혈액형 정보

해설

혈액형 정보는 민감정보에 해당하지 않는다.

52 다음 중 개인정보 영향평가제도에 관한 설명으로 틀린 것을 모두 고르시오.

① 영향평가는 크게 사업준비단계, 영향평가수행단계, 이행단계로 나뉜다.
② 영향평가는 개인정보보호위원회가 지정한 영향평가기관에 의뢰하여 영향평가를 수행해야 한다.
③ 영향평가 결과 및 요약본을 최종 제출받은 날로부터 1개월 이내에 개인정보보호위원회에 제출해야 한다.
④ 평가절차 중 사업자 선정은 영향평가 수행단계에 해당한다.

해설

영향평가 결과 및 요약본을 최종 제출받은 날로부터 2개월 이내에 개인정보보호위원회에 제출해야 한다. 사업자 선정은 사업준비단계에 해당한다.

53 위험 평가에서 "수용 가능한 목표 위험 수준(DoA)"을 초과하는 경우, 가장 적절한 조치는?

① 모든 보호대책을 동시에 실행하여 즉각적인 위험 해소를 시도한다.
② 조직의 예산을 고려하지 않고 최상의 보호대책을 도입한다.
③ DoA를 기준으로 보호대책의 우선순위를 정하고 실행한다.
④ DoA가 초과되더라도 위험 수용을 최우선으로 고려한다.

해설

DoA 초과 위험은 즉각적인 대응보다는 보호대책의 우선순위를 설정하여 단계적으로 실행해야 한다.

54 위험 전가(Risk Transfer) 전략을 활용하는 가장 효과적인 방법은?

① 모든 위험을 보험사에 전가하여 보호대책 비용을 절감한다.
② 외주업체에 보안 운영을 위탁하되 계약서에 책임을 명확히 규정한다.
③ 조직 내부에서만 위험을 관리하여 외부 개입을 최소화한다.
④ 위험이 존재하는 사업을 중단하여 근본적인 해결을 시도한다.

해설

위험 전가는 단순히 외부에 맡기는 것이 아니라, 계약을 통해 책임과 대응 방안을 명확히 규정하는 것이 중요하다.

55 다음 중 GDPR(유럽 일반 개인정보보호법)에서 요구하는 조직의 의무사항이 아닌 것은?

① 개인정보보호를 위한 암호화 및 가명처리 적용
② 개인정보 유출 발생 시 72시간 내에 보고
③ 데이터 보호책임자(DPO) 지정
④ 조직의 내부 감사 의무 완전 폐지

해설

GDPR은 내부 감사를 포함한 지속적인 개인정보보호 관리를 요구하며, 내부 감사 의무를 폐지하는 것이 아니다.

51 ④ 52 ③,④ 53 ③ 54 ② 55 ④

56 다음 중 방화벽(Firewall)의 역할로 적절하지 않은 것은?

① 네트워크 트래픽을 필터링하여 승인된 트래픽만 허용
② 네트워크의 내부와 외부를 구분하여 보안 정책 적용
③ DDoS(분산 서비스 거부) 공격을 완벽하게 차단
④ IP, 포트, 프로토콜 기반의 트래픽 제어 수행

해설

방화벽은 기본적으로 네트워크 트래픽을 필터링하지만, DDoS 공격을 완벽하게 차단하지 못하며, DDoS 방어 솔루션과 함께 사용해야 효과적이다.

57 현재 존재하는 위험이 조직에서 수용할 수 있는 수준을 넘어선다면, 이 위험을 어떤 방식으로든 처리하여야 한다. 위험의 처리 방식과 설명으로 옳지 않은 것은?

① 위험 수용 – 현재의 위험을 받아들이고 잠재적 손실 비용을 감수하는 것을 말한다.
② 위험 감소 – 위험을 감소시킬 수 있는 대책을 채택하여 구현하는 것이다.
③ 위험 회피 – 위험이 존재하는 프로세스나 사업을 수행하지 않고 포기하는 것이다.
④ 위험 전이 – 보험이나 외주 등으로 잠재적 비용을 제3자에게 전이하는 것이다.

해설

위험의 처리 방식은 위험 회피, 위험 전가, 위험 감소, 위험 수용의 네 가지로 나눌 수 있다. 위험 전가란 보험이나 외주 등으로 잠재적 비용을 제3자에게 이전하거나 할당하는 것이다.

58 정보보호 계획 수립 시 프로젝트 구성 단계에서 수행해야 할 항목으로 옳지 않은 것은?

① 즉시 교정 가능한 취약점 제거
② 정책 및 절차 수립
③ 정보보호 시스템 간소화 및 교육
④ 모니터링 및 감사

해설

프로젝트 구성은 높은 수준의 위험을 수용할 수 있는 수준으로 감소시킬 수 있는 대책이 마련된 후에는 유사한 대책들을 효과적으로 구현할 수 있는 프로젝트들로 통합한 후 이들에 대한 우선순위를 설정하고 이에 따라 일정계획을 수립하여야 한다.
유사한 대책들은 즉시 교정 가능한 취약점 제거, 정책 및 절차 수립, 분야별 정보보호 시스템 도입 및 관련 교육 수행, 모니터링 및 감사 관련 사항 등으로 통합, 분류될 수 있다.

59 조직 전반에 걸친 중요한 정보보호 및 개인정보보호 관련사항에 대하여 검토, 승인 및 의사결정을 할 수 있는 위원회를 구성하여 운영하는 경우, 위원회에서 검토 및 의사결정이 필요한 주요 사안이 아닌 것은?

① 정보보호 및 개인정보보호 정책 지침의 제 개정
② 정보보호 및 개인정보보호 예산 및 자원 할당
③ 내부 보안사고 및 주요 위반사항에 대한 조치
④ 위험수용 결과

해설

위험평가 결과에 대해서는 위원회에서 검토 및 의사결정이 필요한 주요 사안이다.

정답 56 ③ 57 ④ 58 ③ 59 ④

60 **정보보호 대책 선택 후 모든 통제사항에 대해 선택한 내용과 선택하지 않은 이유를 명시한 정보보호 대책 명세서 작성 시 포함되어야 하는 사항으로 아닌 것은?**

① 선정된 정보보호대책의 명세
② 선정된 정보보호대책 목록
③ 선정되지 않은 근거
④ 구현 확인 근거

해설

정보보호대책 명세서에는 다음과 같은 사항이 포함되어야 한다.
- 선정된 정보보호대책의 명세
- 구현 확인 근거
- 선정되지 않은 정보보호대책 목록
- 선정되지 않은 근거

61 **다음 중 정보보호 관리 활동과 구성 요소의 연결이 올바른 것을 모두 고르시오.**

(1) 정보보호 정책 수립 – 정보보호 정책의 주기적인 검토 및 개정
(2) 보안 통제 구현 및 운영 – 네트워크 세그멘테이션 및 암호화 관리
(3) 인적 보안 – 물리적 보안 강화 및 접근 통제
(4) 사고 대응 및 업무 연속성 관리 – 재해복구 계획 수립 및 테스트

① (1), (2) ② (2), (3), (4)
③ (1), (2), (4) ④ 모두 맞음

해설

(1) 정보보호 정책 수립은 정책의 주기적인 검토 및 개정을 포함한다.
(2) 네트워크 세그멘테이션과 암호화는 보안 통제의 기술적 조치 중 하나이다.
(4) 사고 대응 및 업무 연속성 관리는 재해복구 계획 수립과 테스트를 포함한다.

오답: (3) 인적 보안은 보안 교육, 퇴직자 관리와 같은 인적 요소를 다루며, 물리적 보안과는 직접적으로 연결되지 않는다.

62 **아래의 식을 참고하여 위험의 구성요소 3가지를 적으시오.**

위험=(A) × (B) × (C) – 정보보호대책

	A	B	C
①	자산	위협	영향도
②	자산	위협	취약점
③	데이터	위협	취약점
④	자산	시스템	위협

해설

- 자산(Asset): 조직이 보호해야 할 가치 있는 정보, 시스템, 데이터 등
- 위협(Threat): 자산에 손상을 일으킬 수 있는 잠재적 요소(예 해킹, 악성코드, 자연재해 등)
- 취약점(Vulnerability): 위협이 자산에 영향을 미칠 수 있게 만드는 약점(예 보안 설정 오류, 소프트웨어 결함 등)

이 3가지 요소를 곱하여 위험 수준을 산정하며, 이를 기반으로 정보보호대책을 통해 위험을 줄일 수 있다.

63 **다음은 정보보호 거버넌스의 주요 절차이다. 아래 설명하는 절차로 옳은 것은?**

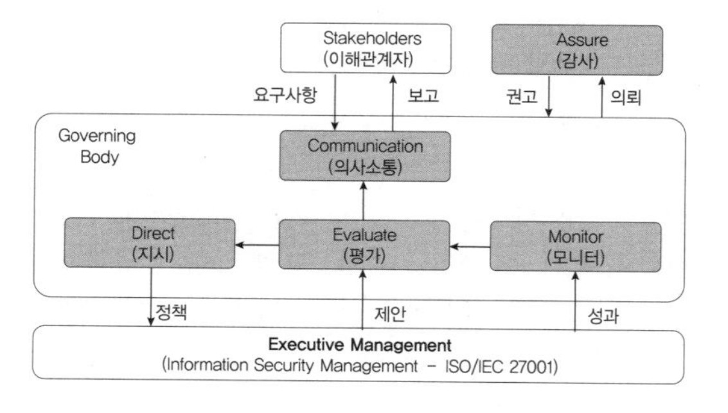

보안 활동을 진단하고, 요구사항을 반영하며, 성과 지표를 관리한다. 또한, 주요 지표를 통해 정량적 목표 달성 여부를 확인한다.

① 의사소통 ② 감사
③ 평가 ④ 모니터링

모니터링은 보안 활동을 진단하고, 요구사항을 반영하며, 성과 지표를 관리한다. 또한, 지속적으로 프로세스를 모니터링하고 주요 지표를 통해 정량적 목표 달성 여부를 확인한다.

64 C 기업은 임직원의 정보보호 의식 강화를 위해 정기적인 교육을 시행하고 있다. 최근 교육 후, C 기업의 정보보호 담당자는 교육 효과를 점검하기 위해 실태 조사와 피드백을 진행했다. 그 결과, 다음과 같은 문제가 발생했다.

- 교육 후 직원들이 정보보호 정책 및 법적 요구사항에 대해 기본적인 이해는 했으나, 교육 내용이 업무에 어떻게 적용되는지에 대해 명확히 이해하지 못하고 있었다.
- 사회 공학 공격에 대한 교육을 진행했으나, 직원들이 피싱 이메일을 받았을 때 별다른 의심 없이 응답한 사례가 있었다.
- 교육 중 보안 사고 대응 절차에 대한 실습 훈련을 진행했지만, 일부 직원들은 사고 발생 시 정보보호 조직에 신고하지 않았다.

위의 C 기업 사례에서 나타난 문제를 해결하기 위해 가장 적합한 조치는 무엇인가?

① 보안 사고 대응 절차에 대한 교육을 이론 중심으로 강화하고, 실습은 비상시 사고 대응에 집중하여 역할 분담을 최소화한다.
② 교육을 연간 2회로 확대하여, 교육 내용을 자주 반복함으로써 직원들이 더 잘 기억하고 업무에 적용하도록 한다.
③ 사회 공학 공격 및 피싱 이메일에 대한 교육을 모의 훈련 방식으로 진행하여, 직원들이 실제 상황에서 즉시 대응할 수 있는 훈련을 강화한다.
④ 교육 후, 실시간 평가를 통해 직원들의 교육 내용 이해도를 점검하고, 이를 서면 평가로 보충한다.

해설

교육을 모의 훈련 방식으로 진행하여, 직원들이 실제 상황에서 즉시 대응할 수 있는 훈련을 강화해야 한다.

65 한 대형 소매업체의 IT 부서는 중요한 고객 데이터베이스 시스템에 대한 위험 분석을 수행하고 있다. 이 시스템은 고객의 개인 정보와 결제 정보를 저장하고 있으며, 데이터 유출이나 시스템 장애가 발생할 경우 큰 금전적 손실을 초래할 수 있다. 이 시스템의 주요 자산에 대해 다음과 같은 정보가 제공되었다.

- 고객 데이터베이스 시스템의 AV(Asset Value)는 5억이다.
- 고객 데이터베이스에 대한 외부 공격자들의 접근 가능성을 고려하여 EF(Exposure Factor)는 0.4로 평가되었으며 위협에 노출될 확률은 40%이다.

이 정보를 바탕으로 해당 시스템의 단일손실예상(SLE)을 계산한 값은 얼마인가?

① 2억원 ② 20억원
③ 1억 2천만원 ④ 5억원

64 ③ 65 ①

해설

SLE(단일손실예상)는 다음 공식을 사용하여 계산할 수 있다.

SLE = AV × EF

여기서 AV(자산가치)=5억원/EF(노출계수)=0.4
따라서, SLE= 500,000,000 × 0.4=200,000,000원
정답은 2억원이다.

66 위험처리 절차 그림의 괄호에 들어갈 내용이 올바르게 짝지어진 것은?

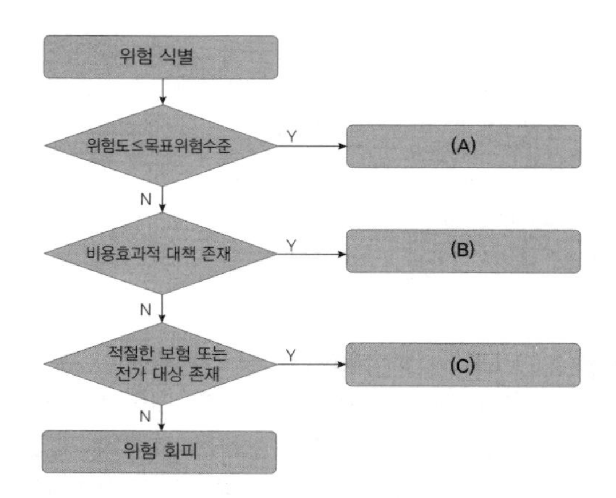

① (A): 위험 수용, (B): 위험 전가, (C): 위험 감소
② (A): 위험 감소, (B): 위험 전가, (C): 위험 수용
③ (A): 위험 전가, (B): 위험 수용, (C): 위험 감소
④ (A): 위험 수용, (B): 위험 감소, (C): 위험 전가

67 (A), (B), (C)에 알맞은 용어를 작성하시오.

> 정보자산에 대한 잠재적 및 알려진 (A)과 (B)으로 나타날 수 있는 조직의 피해와 현재 구현된 통제의 실패 가능성 및 영향을 평가 시 (C)(DOA)을 포함하여야 한다. 이를 통해 정보자산의 위험을 관리할 수 있는 적절한 정보보호대책 선택 및 우선순위의 확보를 지원하여야 한다.

	A	B	C
①	자산	위협	보안기준
②	자산	위협	취약점
③	위험	취약점	수용가능위험수준
④	취약점	위협	수용가능 위험수준

해설

정보자산과 관련하여 위협과 취약점이 발생할 수 있으며, 이러한 위험을 평가할 때 조직이 설정한 허용 가능한 위험 수준(DOA)을 기준으로 대책을 수립함으로써 효과적인 위험 관리를 수행할 수 있다.

68 다음 조건을 기준으로 정보자산의 중요도를 평가하시오.

> – 자산 A는 기밀성이 높음, 무결성이 중간, 가용성이 낮음으로 평가됨.
> – 자산 B는 기밀성이 중간, 무결성이 높음, 가용성이 중간으로 평가됨.
> – 자산 C는 기밀성이 낮음, 무결성이 낮음, 가용성이 높음으로 평가됨.
>
> 각 자산의 중요도를 다음 기준에 따라 산출하시오.
>
> – 기밀성(C), 무결성(I), 가용성(A)의 점수는 각각 "높음=3점", "중간=2점", "낮음=1점"으로 부여된다.
> – 중요도=C+I+A

정답 66 ④ 67 ④ 68 ①

① 자산 A: 6점 / 자산 B: 7점 / 자산 C: 5점
② 자산 A: 7점 / 자산 B: 8점 / 자산 C: 6점
③ 자산 A: 8점 / 자산 B: 9점 / 자산 C: 7점
④ 자산 A: 9점 / 자산 B: 10점 / 자산 C: 8점

해설

– 자산 A=3(기밀성)+2(무결성)+1(가용성)=6
– 자산 B=2(기밀성)+3(무결성)+2(가용성)=7
– 자산 C=1(기밀성)+1(무결성)+3(가용성)=5

69 **다음 중 정보보호 위험분석과 위험평가의 차이를 가장 적절히 설명한 것은 무엇인가?**

(a) 위험분석은 자산, 위협, 취약성, 기존 보호대책 등을 분석하여 위험의 종류와 규모를 결정하는 과정이다.
(b) 위험평가는 분석된 위험을 수용 가능한 위험수준과 대비하여 대응 여부와 우선순위를 결정하는 과정이다.
(c) 위험분석은 주로 정량적 방법론에 의존하며, 위험평가는 정성적 방법론에 의존한다.
(d) 위험평가는 조직의 모든 자산에 대해 동일한 기준으로 우선순위를 결정하는 과정이다.

① (a), (b)　② (b), (c)
③ (a), (d)　④ (c), (d)

해설

- (a)는 위험분석의 정의로 적절하다.
- (b)는 위험평가의 정의로 적절하다.
- (c)는 잘못된 설명이다. 위험분석과 평가 모두 정량적 · 정성적 방법론을 병행할 수 있다.
- (d)는 잘못된 설명이다. 위험평가는 자산별로 차별화된 기준을 적용하여 우선순위를 결정한다.

70 **다음은 한 조직의 정성적 위험평가 결과이다. 이 조직이 우선적으로 대응해야 할 위험요소는 무엇이며, 그 이유는 무엇인가?**

위험요소	발생 가능성	영향도	종합 평가
랜섬웨어 공격	높음	높음	높음
내부 직원의 실수	중간	낮음	중간
APT 공격	높음	매우 높음	매우 높음
DDOS 공격	낮음	중간	낮음

① 랜섬웨어 공격: 발생 가능성과 영향도가 둘 다 "높음"이기 때문이다.
② 내부 직원의 실수: 발생 가능성이 "중간"으로 표시되어 종합 점수가 비교적 안정적이다.
③ APT 공격: 예상 영향도가 "매우 높음"으로, 위험 요소 중 가장 심각하다.
④ DDoS 공격: 발생 가능성은 낮지만, 영향이 상대적으로 크다.

해설

점수화 방식(발생 가능성×영향)에서는 결합 점수가 가장 높은 위험 요소가 우선순위를 갖는다.
- 랜섬웨어 공격(16점)이 가장 높은 점수를 받아 보안 자원을 우선 배치해야 한다.
- APT 공격(15점)은 상대적으로 두 번째로 높은 점수를 가지며, 매우 높은 영향도를 보인다.
- 내부 직원의 실수(10점)와 DDoS 공격(6점)은 상대적으로 낮은 우선순위를 가진다.

PART 05 최종 점검 모의고사

정답 69 ① 70 ①

71 **정보보호 대책 마련과 관련된 절차이다. 올바른 순서대로 나열한 것은?**

ㄱ. 위험관리
ㄴ. 경영진 책임 및 조직 구성
ㄷ. 사후관리
ㄹ. 정보보호대책 수립
ㅁ. 정책 수립 및 범위 설정

① ㄱ－ㄴ－ㄷ－ㄹ－ㅁ
② ㄴ－ㄱ－ㄹ－ㅁ－ㄷ
③ ㄷ－ㄱ－ㄴ－ㅁ－ㄹ
④ ㅁ－ㄴ－ㄱ－ㄹ－ㄷ

해설

정보보호 대책 마련은 '정책 수립 및 범위 설정', '경영진 책임 및 조직 구성', '위험관리', '정보보호대책 수립', '사후관리' 순으로 이루어지므로 올바른 순서는 ④번이다.

72 **다음 문장의 정보보호대책 선정 시 영향을 주는 제약사항으로 옳은 것은?**

많은 기술적 대책들이 직원의 능동적인 지원에 의존하기 때문에 이러한 제약사항을 고려하여야 한다. 만약 직원이 대책에 대한 필요성을 이해하지 못하고 문화적으로 수용할 만하다는 것을 알지 못한다면 대책은 시간이 지날수록 비효율적인 것이 된다.

① 환경적 제약　② 법적 제약
③ 시간적 제약　④ 사회적 제약

해설

사회적 제약은 성공적인 보호대책을 위해 임직원의 실천의지와 관련되어 있으므로 옳은 것은 ④번이다.

정보보호대책 선정 시 영향을 주는 제약사항

- 시간적 제약: 관리를 위하여 허용하는 기간 내에 이루어질 수 있도록 수립해야 한다. 즉, 주요 자산이 장기간 위험에 노출되지 않도록 적절한 시간 내 이루어져야 한다. 위험에 노출되는 시간이 길어질수록 위험이 발생할 가능성이 높아지기 때문이다.
- 재정적 제약: 보호 대책의 구현에 필요한 비용이 자산의 가치보다 높아서는 안된다는 제약이다.
- 기술적 제약: 프로그램 및 H/W의 호환성 기술구현 용이성과 같은 기술적인 문제를 고려해야 한다. 이 역시 고려되지 않을 경우 비용의 증가와 관련이 있다.
- 사회적 제약: 조직의 목표와 업무 특성 등 조직의 사회적 환경을 고려한 보호대책이 나와야 한다. 보호대책의 실현과 관리는 조직의 임직원이 이행한다. 직원들의 이해가 없이는 성공적인 보호대책을 적용하기는 어렵다. 모든 대책은 이론으로 그칠 게 아니라 현실적으로 실현 가능하도록 세울 필요가 있다.
- 법적인 제약: 관련 법규는 사회적 책임을 지는 최소한의 이행 규범이다. 갈수록 많은 사고가 발생할수록 그에 맞게 정보보호에 관련된 법률이 강화되고 있으며, 이를 어길 경우에 대한 책임 소재가 강해지고 있다. 따라서 법규에 대한 제약을 만족하는 정보보호 대책을 마련해야 한다.

73 **㉠, ㉡에 들어갈 위험 관리 과정을 바르게 연결한 것은?**

(㉠)은(는) 자산의 위협과 취약점을 분석하여 보안 위험의 내용과 정도를 결정하는 과정이다.
(㉡)은(는) 분석결과를 기초로 현황을 평가하고 적절한 방법을 선택하여 효과적으로 위협 수준을 낮추기 위한 과정으로 적절한 보안대책을 결정하는 단계이다.

	㉠	㉡
①	위험 분석	대책 설정
②	위험 분석	위험 평가
③	위험 평가	위험 분석
④	위험 평가	대책 설정

 71 ④　72 ④　73 ②

해설

- 위험 분석: 보호해야 할 대상인 정보시스템과 조직의 위험을 측정하고 위험이 허용 가능한 수준인지 판단할 수 있는 근거를 제공
- 위험 평가: 위험분석 결과를 기초로 현황을 평가하고 위협 수준을 낮추기 위해 적절한 보호대책을 결정하는 단계로 자산, 위협, 취약점을 기준으로 위험도를 산출
- 대책 설정: 허용 가능 수준으로 위험을 줄이기 위해서 정보보호 대책을 선정하고 이행계획을 구축

74 위험관리와 관련하여 ㉠, ㉡, ㉢ 안에 들어갈 용어를 올바르게 연결한 것은?

(㉠): 내외부 위협과 취약점으로 인해 자산에서 발생 가능한 위험을 감소시키기 위한 관리적, 물리적, 기술적 대책이다.
(㉡): (㉠)을 적용한 이후에 잔재하는 위험이다.
(㉢): 조직에서 수용 가능한 목표 위험 수준을 의미하며 경영진의 승인을 받아서 관리해야 한다.

① ㉠: 정보보호 대책
㉡: DoA(수용 가능한 위험수준)
㉢: 잔여 위험

② ㉠: 정보보호 대책
㉡: 잔여 위험
㉢: DoA(수용 가능한 위험수준)

③ ㉠: DoA(수용 가능한 위험수준)
㉡: 잔여 위험
㉢: DoA(수용 가능한 위험수준)

④ ㉠: DoA(수용 가능한 위험수준)
㉡: DoA(수용 가능한 위험수준)
㉢: 잔여 위험

해설

정보보호 대책이란 위험을 감소시키기 위한 대책으로 방화벽, IDS, 암호화 등의 기술적, ISMS, 보안교육 등의 관리적, 출입통제, 소지품 검사 등의 물리적 보호 대책으로 구분된다. 전체 위험에서 정보보호 대책으로 수용 가능한 위험수준으로 감소시킨 뒤 남은 위험 요소를 잔여 위험이라 한다.

75 개인정보의 안전성 확보조치를 위한 접근통제에 관한 사항으로 옳지 않은 것은?

① 개인정보처리자는 정보통신망을 통한 불법적인 접근 및 침해사고 방지를 위해 IP 주소 등으로 제한하여 안전조치를 해야 한다.

② 개인정보처리자는 개인정보취급자가 정보통신망을 통해 외부에서 개인정보처리시스템에 접속하려는 경우 인증서, 보안토큰, 일회용 비밀번호 등 안전한 인증수단을 적용하여야 한다.

③ 개인정보처리자는 처리하는 개인정보가 인터넷 홈페이지, P2P, 공유 설정 등을 통하여 권한이 없는 자에게 공개되거나 유출되지 않도록 개인정보처리시스템, 개인정보취급자의 컴퓨터 및 모바일 기기 등에 조치를 하여야 한다.

④ 개인정보처리자는 개인정보처리시스템에 대한 불법적인 접근 및 침해사고 방지를 위하여 개인정보취급자가 일정 시간 이상 업무처리를 하지 않는 경우에는 기기의 전원을 차단하여야 한다.

해설

개인정보처리자는 개인정보처리시스템에 대한 불법적인 접근 및 침해사고 방지를 위하여 개인정보취급자가 일정 시간 이상 업무처리를 하지 않는 경우에는 자동으로 접속이 차단되도록 하는 등 필요한 조치를 하여야 한다.

정답 74 ② 75 ④

76 개인정보의 안전성 확보조치를 위한 접근 권한의 관리에 대한 설명으로 틀린 것은?

① 개인정보처리자는 개인정보처리시스템에 대한 접근 권한을 개인정보취급자에게만 업무 수행에 필요한 최대한의 범위로 동등하게 부여하여야 한다.

② 개인정보처리자는 개인정보취급자 또는 개인정보취급자의 업무가 변경되었을 경우 지체 없이 개인정보처리시스템의 접근 권한을 변경 또는 말소하여야 한다.

③ 개인정보처리자는 권한 부여, 변경 또는 말소에 대한 내역을 기록하고 그 기록을 최소 3년간 보관하여야 한다.

④ 개인정보처리자는 개인정보처리시스템에 접근한 수 있는 계정을 발급하는 경우 정당한 사유가 없는 한 개인정보취급자별로 계정을 발급하고 공유되지 않도록 한다.

해설

개인정보처리자는 개인정보처리시스템에 대한 접근 권한을 개인정보 취급자에게만 업무 수행에 필요한 최소한의 범위로 차등 부여하여야 한다.

77 다음 중 위험 평가 단계에서 반드시 수행해야 하는 작업을 고르시오.

a. 자산의 경제적 가치를 기준으로 모든 위험을 동일하게 평가한다.
b. 위협과 취약점을 식별하고, 그 결합으로 인한 위험을 평가한다.
c. 조직 내 모든 자산을 포함해 일괄적으로 높은 우선순위를 부여한다.
d. 자산의 기밀성, 무결성, 가용성(CIA) 요구사항을 분석한다.
e. 위협을 무시하고 취약점만 분석하여 위험 수준을 결정한다.

① a,e ② b,d
③ b,c ④ b,c,d

위험 평가는 위협과 취약점을 식별하고, 자산의 CIA 요구사항을 기준으로 위험을 분석해야 한다. 경제적 가치나 우선순위는 분석의 결과로 나타나는 요소이다.

78 다음 중 개인정보보호법의 영업양도 등에 따른 개인정보의 이전 제한에 관한 설명으로 올바르지 않은 것은?

① 개인정보처리자는 영업의 전부 또는 일부의 양도·합병 등으로 개인정보를 다른 사람에게 이전하는 경우에는 해당 정보주체에게 알려야 한다.

② 정보주체에게 알려야 할 사항으로 개인정보를 이전하려는 사실, 개인정보를 이전받는 자, 주소, 전화번호 및 그 밖의 연락처, 정보주체가 개인정보의 이전을 원하지 아니하는 경우 조치할 수 있는 방법 및 절차를 반드시 포함해야 한다.

③ 영업양수자는 영업의 양도·합병 등으로 개인정보를 이전받은 경우에는 영업양수자의 새로운 서비스를 목적으로 개인정보를 이용하거나 제3자에게 제공할 수 있다.

④ 영업양수자 등은 개인정보를 이전받았을 때에는 지체 없이 그 사실을 정보주체에게 알려야 한다.

해설

영업양수자 등은 영업의 양도·합병 등으로 개인정보를 이전받은 경우에는 이전 당시의 본래 목적으로만 개인정보를 이용하거나 제3자에게 제공할 수 있다.

76 ① 77 ② 78 ③

79 **다음 중 개인정보보호법에 명시된 내용을 모두 고르시오.**

a. 개인정보 처리방침 수립 및 공개
b. 개인정보 안전조치
c. 정보보호 공시
d. 인터넷 서비스 품질 개선
e. 정보주체 권리보장
f. 정보보호최고책임자 지정
g. 청소년 보호
h. 영리 목적의 광고성 정보 전송 제한

① a,b,c,d,e
② a,b,c,e,g
③ b,c,d,e,f,g,h
④ a,b,e

해설

정보보호 공시는 정보보호산업진흥법에 명시되어 있고, 인터넷 서비스 품질 개선, 정보보호최고책임자 지정, 청소년 보호, 영리 목적의 광고성 정보 전송 제한은 정보통신망법에 명시되어 있다.

80 **정보보호 최고책임자 및 개인정보 보호책임자의 업무를 지원하고 조직의 정보보호 및 개인정보보호 활동을 체계적으로 이행하기 위하여 전문성을 갖춘 실무조직을 구성하여 운영하는 방식으로 옳지 않은 것은?**

① 정보보호 최고책임자, 개인정보 보호책임자, 개인정보보호 실무조직, 위원회 등 정보보호 및 개인정보보호 조직의 구성 운영에 대한 사항을 정책서, 내부 관리계획 등에 명시한다.
② 실무조직의 구성 형태 및 규모는 전사 조직의 규모, 업무, 서비스의 특성, 처리하는 정보 및 개인정보의 중요도, 민감도, 법 규제 등을 고려한다.
③ 실무조직은 전담조직 또는 겸임조직으로 구성해서는 안되며, 부득이하게 구성하게 될 경우 실질적인 역할 수행이 가능하도록 역할 및 책임이 공식적으로 부여되어야 한다.
④ 실무조직의 구성원은 정보보호 및 개인정보보호 전문성과 다양한 서비스에 대한 이해도와 경험이 많은 직원으로 구성한다.

해설

실무조직은 전담조직 또는 겸임조직으로 구성할 수 있으나, 겸임조직으로 구성하더라도 실질적인 역할 수행이 가능하도록 역할 및 책임이 공식적으로 부여되어야 한다.

정답 79 ④ 80 ③

3회 최종 점검 모의고사

01 정보보호의 3가지 핵심 요소로 가장 적절한 것은?

① 안티 바이러스, IPS, IDS
② 개인정보보호, 메모리 보안, 시스템 보안
③ 책임추적성, 인증성, 기밀성
④ 기밀성, 무결성, 가용성

해설

보정보보호의 3대 요소는 기밀성(Confidentiality), 무결성(Integrity), 가용성(Availability)으로, 정보보호의 핵심 컨셉이다.

02 다음 중 정보보호 관리의 목적으로 틀린 것은?

① 정보의 기밀성, 무결성, 가용성 보호
② 조직의 데이터와 자산을 잠재적 위협으로부터 보호
③ 정보의 위험을 식별, 평가 및 관리
④ 네트워크의 안정적인 속도를 관리

해설

정보보호 관리는 조직의 정보자산을 잠재적인 위협과 취약성으로부터 보호하기 위한 체계적인 프로세스로, 네트워크의 안정적인 속도를 관리하는 것은 아니다.

03 다음에서 설명하는 정보보호 관리의 주요 구성요소는?

> • 암호화 적용
> • 네트워크 보안, 시스템 보안, 애플리케이션 보안, 물리적 보안

① 인적 보안
② 사고 대응 및 업무 연속성 관리
③ 보안통제 구현 및 운영
④ 모니터링 및 검사

해설

보안통제 구현 및 운영은 접근 통제, 암호화 적용, 네트워크 보안, 시스템 보안, 애플리케이션 보안, 물리적 보안이 들어 있는 구성요소로, 정보보호 관리의 주요 구성요소 중 하나이다.

04 다음 중 정보보호 관리의 주요 구성 요소가 아닌 것은?

① 정보보호 정책 수립 및 관리
② 정보보호 조직 구성 및 운영
③ 정보자산 관리
④ 기술적 보안

해설

정보보호 관리의 주요 구성 요소에는 인적 보안이 포함되어 있다. 기술적 보안은 포함되어 있지 않다.

05 다음에서 설명하는 정보보호 관리의 주요 구성요소는?

> • 관련 법규 및 규제 요구사항 식별
> • 정보보호 관련 법규 준수 현황 점검
> • 개인정보보호법 등 특정 법규에 대한 대응 체계 구축

① 정보보호 정책 수립 및 관리
② 인적 보안
③ 지속적 개선
④ 준거성 관리

해설

준거성 관리에는 관련 법규 및 규제 요구사항 식별, 정보보호 관련 법규 준수 현황 점검, 개인정보보호법 등 특정 법규에 대한 대응 체계 구축 등이 세부 항목으로 들어 있다.

01 ④ 02 ④ 03 ③ 04 ④ 05 ④

06 다음 중 '잔여 위험(Residual Risk)'의 개념에 대한 설명으로 가장 적절한 것은?

① 조직이 보안 정책을 적용한 후에도 완전히 제거되지 않고 남아 있는 위험
② 보호대책이 없는 상태에서 존재하는 모든 위험 요소
③ 법적으로 요구되는 모든 보호대책을 적용한 경우 남아 있는 위험이 없는 상태
④ 위험 평가 과정에서 중요성이 낮아 무시할 수 있는 위험 요소

해설

잔여 위험은 보호대책을 적용한 후에도 완전히 제거되지 않고 남아 있는 위험을 의미한다.

07 다음은 보호대상의 정보보호 요구사항을 파악 과정 중 하나이다. 어떤 과정인가?

- 정보자산 목록에는 자산의 관리 책임자, 형태, 업무상 가치를 포함한다.
- 제공하는 정보통신서비스를 분류하고, 해당 서비스를 위한 자산 및 조직을 모두 식별한다.
- 관리체계 적용 범위를 명확히 정의한다.

① 보호대상 식별
② 법적 요구사항 파악
③ 보안 요구사항 분석
④ 지속적인 관리 및 개선

해설

보호대상 식별은 정보자산 식별, 범위 설정 등이 이루어지는 과정으로, 전체 과정은 보호대상 식별, 보안 요구사항 분석, 보안 요구사항 정의, 지속적인 관리 및 개선 순으로 이루어진다.

08 기업에서 보안 통제를 효과적으로 적용하기 위한 전략으로 가장 적절하지 않은 것은?

① 최소 권한 원칙(Least Privilege)을 적용하여 필요 최소한의 접근 권한만 부여한다.
② 정기적인 보안 감사를 통해 보안 정책의 준수 여부를 점검한다.
③ 보안 정책을 수립하되, 실질적인 적용 여부는 각 부서의 재량에 맡긴다.
④ 보안 인식 교육을 통해 전 직원이 보안 정책을 이해하고 준수하도록 유도한다.

해설

보안 정책의 실질적인 적용 여부를 부서의 재량에 맡기면 정책이 일관되게 운영되지 못할 가능성이 높다.

09 다음에서 설명하는 정보보호 관리의 주요 구성요소는?

- 암호화 적용
- 네트워크 보안
- 물리적 보안

① 인적 보안
② 사고 대응 및 업무 연속성 관리
③ 보안통제 구현 및 운영
④ 위험 관리

해설

보안통제 구현 및 운영에는 암호화 적용, 네트워크 보안, 시스템 보안, 애플리케이션 보안 등이 세부 항목으로 들어 있다.

정답 06 ① 07 ① 08 ③ 09 ③

10 **다음 중 정보보호 관리체계 운영 방안으로 적절하지 않은 것은?**

① 정보보호 활동에 대한 보고 및 의사 결정 체계를 수립하고 운영
② 정보자산을 식별하고 현황 및 흐름을 분석
③ 조직의 특성에 맞는 정보보호 정책과 지침을 수립
④ 정보보호 정책 및 계획에 대한 부서장 검토 및 승인

해설

정보보호체계 운영 방안으로 정보보호 정책 및 계획은 부서장이 아닌 경영진의 검토와 승인이 있어야 한다.

11 **다음은 보호대상의 정보보호 요구사항을 파악 과정 중 지속적인 관리 및 개선 과정에 대한 설명이다. 빈칸에 들어갈 말은 무엇인가?**

> 지속적인 관리 및 개선 단계에서는 (   )이 제대로 이행되었는지 검토하는 과정이 필요하다. 사전 정의된 (   )에 따라 정보시스템이 도입 또는 구현되었는지 검토하는데 정기적인 보안 감사를 통해 (   ) 준수 여부를 확인한다.

① 보호대상 식별
② 법적 요구사항
③ 보안 요구사항
④ 기술 요구사항

해설

정보보호 요구사항 파악 과정의 전체 과정은 보호대상 식별, 보안 요구사항 분석, 보안 요구사항 정의, 지속적인 관리 및 개선 순으로 이루어진다. 문제에서는 보안 요구사항이 제대로 구현되었는지 확인하는 지속적인 관리 및 개선 단계에 대한 설명이다.

12 **다음은 정보보호 거버넌스의 목표 중 무엇에 대한 설명인가?**

> • 정보보호 활동이 원칙과 기준에 따라 수행되는지 확인
> • 정보보호 활동이 법과 각종 규제에 따라 이행되고 있는지 점검
> • 관련 법규 및 규제 요구사항을 준수하도록 보장

① 비즈니스 연계성
② 준거성
③ Accountability
④ Alignment

해설

정보보호 거버넌스의 목표는 책임성(Accountability), 비즈니스 연계성(Business Alignment), 준거성(Compliance)을 목표로 한다. 문제의 설명은 준거성을 설명하고 있다.

13 **다음은 정보보호 거버넌스 조직 구성원에 대한 설명이다. 해당되는 조직원은?**

> • 정보보안 정책에 대한 실무적 개발과 보증을 담당
> • 보안 자원에 대한 모니터링 실무
> • 정책, 표준, 대책, 실무 절차를 설계, 구현, 관리 조사

① 데이터 관리자
② 정보시스템 감사자
③ 프로세스 관리자
④ 정보보안 책임자

해설

문제에서 설명하는 구성원은 정보보안 책임자에 대한 설명이다.

 10 ④ 11 ③ 12 ② 13 ④

14 다음 중 정보보호 거버넌스 조직 구성에 해당하지 않는 것은?

① 최고 경영진
② 경영진
③ 정보보안 책임자
④ 정보시스템 관리자

해설

정보보호 거버넌스 조직 구성에는 최고 경영진, 경영진, 정보보안 책임자, 데이터 관리자, 프로세서 관리자, 기술지원 인력, 사용자, 정보시스템 감사자 등이 있다.

15 정보보호 최고책임자(CISO)의 역할이 아닌 것은?

① 조직의 정보보호 전략 및 정책 수립
② 정보보호 위험의 식별, 평가 및 대책 마련
③ 침해사고 대응 계획 수립 및 관리
④ 개인정보보호 계획 수립 및 시행

해설

개인정보보호 계획 수립 및 시행은 개인정보보호 책임자(CPO)의 역할이다.

16 개인정보 보호책임자(CPO)의 역할이 아닌 것은?

① 개인정보보호 계획 수립 및 시행
② 개인정보 관련 위험의 식별, 평가 및 대책 마련
③ 개인정보보호 정책 및 지침 수립
④ 정보보호 관리체계 인증 관리

해설

정보보호 관리체계 인증 관리는 정보보호 최고책임자(CISO)의 역할이다.

17 다음에 들어갈 알맞은 말은?

(　　　) 은/는 기업의 정보통신시스템 등에 대한 보안 및 정보의 안전한 관리 등에 대하여 정보보호 업무를 총괄하는 사람을 의미한다. 정보통신망법 제45조의 3 제4항에 따라 정보보호 관련 업무에 대한 최종 결정권 및 책임, 정보보호 업무관련 예산 및 인사에 대한 직접적인 권한을 갖는다.

① 개인정보 보호책임자
② 정보보호 최고책임자
③ 최고 경영진
④ IT PMO

해설

정보보호 최고책임자(CISO)에 대한 설명이다.

18 다음 중 ISO 27001에 해당하는 주요 도메인이 아닌 것은?

① 준법성(Compliance)
② 비즈니스 연속성 관리
③ 접근통제
④ 시스템 보안 사고 대응

해설

ISO 27001의 주요 도메인에는 시스템 보안 사고 대응은 포함되어 있지 않다.

19 정보통신망법의 주요 목적이 아닌 것은?

① 정보통신망의 안정성과 신뢰성 확보
② 개인정보보호 및 불법정보 유통 방지
③ 정보통신망 이용 촉진과 공정한 경쟁 도모
④ 정보통신기술의 발전과 활용 촉진

정답 14 ④ 15 ④ 16 ④ 17 ② 18 ④ 19 ④

해설

정보통신기술의 발전과 활용 촉진은 국가정보화 기본법에 포함된 내용으로, 국가정보화 기본법은 주로 국가와 지방자치단체가 정보화를 추진할 때 필요한 기본 사항을 규정하고 있다.

20 다음 중 정보보호 법규 준수 점검단계에 포함되지 않은 단계는?

① 개선 조치 실행
② 준수 여부 감사
③ 관리적 보호조치 도입
④ 현재 상황 분석

해설

정보보호 법규 준수 점검단계 내에 관리적 보호조치 도입은 포함되어 있지 않다. 관리적 보호조치 도입이 아닌 기술적 보호조치 도입이 포함되어 있다. 기술적 보호조치 도입에는 접근 제어, 데이터 암호화, 침입 탐지 및 방지 등의 내용이 포함되어 있다.

21 다음에서 설명하는 정성적 위험분석 방법은?

> 미랜드 연구소에서 1950년 허만 칸(Herman Kahn)을 중심으로 무기발전과 군사전략 간의 관계를 분석하기 위해 개발되었다. 어떠한 사건도 예상대로 실행되지 않는다는 사실에 근거하여 위험을 추정하고 이에 대비하기 위한 방법이다. 먼 미래의 위험까지 예측할 수 있지만 정량적인 분석 방법들에 비해 정확도는 낮다.

① 시나리오법 ② 델파이 기법
③ 브레인스토밍 ④ 체크리스트법

해설

시나리오법은 허만 칸(Herman Kahn)을 중심으로 1950년대 개발된 정성적 위험분석 기법으로, 미래의 다양한 상황과 가능성을 예측하여 잠재적인 위험을 평가하는 데 사용한다. 예상 가능한 사건들을 조합하여 다양한 시나리오를 도출하고, 이에 따라 대처 방안을 마련하는 데 중점을 둔다. 그러나 이 기법은 정량적 분석보다 주관성이 강하고 정확도가 다소 낮다는 한계점이 있다.

22 다음에서 설명하는 위험분석 접근법은 무엇인가?

> 이 방법은 국내외 표준이나 법령, 가이드 등을 기준으로 최소한의 기준 수준을 정한다. 조직에서 공통적으로 필요한 보호 대책을 정할 수 있어 시간 및 비용이 절약되지만, 조직의 특성이 미반영되어 적정 보안 수준 초과 또는 미달될 가능성도 있다.

① 베이스라인 접근법
② 비정형 접근법
③ 상세위험분석
④ 복합 접근법

해설

베이스라인 접근법(Baseline Approach)은 국내외 표준, 법령, 가이드라인 등을 기준으로 조직의 보안 수준을 최소 요구 사항에 맞춰 설정하는 방법이다.

- 장점: 시간과 비용이 절약되며, 산업별 공통적으로 필요한 기본 보안 대책을 도출하기 쉽다.
- 단점:
  - 조직의 특성과 환경이 반영되지 않아, 일부 대책이 과도하거나 부족할 수 있다.
  - 세부적인 맞춤형 보안 요구사항을 만족하지 못할 가능성이 있다.

(다른 접근법)
- 비정형 접근법(②): 전문가의 직관과 경험을 바탕으로 위험을 분석하는 방식으로, 표준 프로세스 없이 수행된다(유연하지만 일관성 부족).
- 상세위험분석(③): 위험 요소와 자산을 정밀히 분석하는 가장 세부적인 방식으로, 시간과 자원이 많이 소요된다.
- 복합 접근법(④): 베이스라인, 비정형, 상세위험

정답 20 ③ 21 ① 22 ①

분석을 조합하여 조직의 특성에 맞춘 분석을 수행한다.

23 다음에서 설명하는 위험 관리 방법은?

- 자산에 대해 보험을 들어 손실에 대비
- 위험 부담이 큰 일에 대해 아웃소싱을 통해 책임 계약 체결

① 위험 전가 ② 위험 회피
③ 위험 수용 ④ 위험 완화

해설

위험 전가(Risk Transfer)는 조직이 스스로 위험을 관리하기 어려운 경우, 보험, 아웃소싱, 계약 등을 통해 책임을 외부로 이전하는 위험 관리 전략이다.

- 예시: 특정 자산에 대해 손실 발생 시 보험사를 통해 보상받거나, 위험 부담이 큰 업무를 외부의 전문 업체에 아웃소싱하는 방식

반면, 다른 선택지는 다음과 같은 위험 관리 방식이다.

- 위험 회피(Risk Avoidance): 특정 위험을 회피하기 위해 해당 활동을 중단하거나 피하는 방식
- 위험 수용(Risk Acceptance): 발생 가능한 위험을 그대로 감수하는 방식
- 위험 완화(Risk Mitigation): 위험을 줄이기 위해 보안 대책을 강화하거나 개선하는 방식
- 위험 제거(Risk Elimination): 위험 요소를 완전히 제거하여 위험 자체를 없애는 방식

24 위험관리 방법과 관련하여 아래 빈칸에 들어갈 말을 적으시오.

위험관리 방법에는 위험 감소, 위험 수용, 위험 회피, 위험(　　　)가 있다. 위험 (　　)를 위해 보험에 들거나 아웃소싱을 하는 방법이 있다.

① 회피 ② 제거
③ 완화 ④ 전가

해설

위험 전가(Risk Transfer)는 조직이 직접 관리하기 어려운 위험을 보험, 아웃소싱, 또는 계약을 통해 외부로 이전하는 위험관리 방법이다. 이를 통해 조직은 위험이 실현되더라도 손실을 최소화하거나, 책임을 외부 기관이나 업체로 전가할 수 있다.

25 다음은 정성적 위험분석 방법 중 하나에 대한 설명이다. 어떤 방법인가?

시스템에 관한 전문적인 지식을 가진 전문가 집단을 구성하고, 정보시스템이 직면한 다양한 위협과 취약성을 토론을 통해 분석하는 방법

① 브레인스토밍
② 시나리오법
③ 체크리스트법
④ 델파이법

26 상세 위험 분석에서 위험 우선순위를 정하는 이유는 무엇인가?

① 조직의 상황에 최적화된 대응 방안 마련을 위해
② 자원을 효율적으로 배분하고 중요한 위험에 우선 대응하기 위해
③ 위험을 순차적으로 처리하기 위해
④ 보안 대책을 구현하기 위해

해설

상세 위험 분석에서 위험 우선순위를 정하면 자원을 효율적으로 배분하고 중요한 위험에 우선적으로 대응할 수 있다.

 23 ① 24 ④ 25 ④ 26 ②

27 **위험 평가에서 '위험 평가 결과 보고' 단계의 주요 목적은 무엇인가?**

① 경영진과 관련 부서에게 결과를 공유하고 의사결정을 돕는 것
② 위험을 수용하고 진행하는 것
③ 평가 과정을 문서화하는 것
④ 위험 분석을 더 진행하는 것

해설

결과 보고는 경영진과 관련 부서에게 평가 결과를 공유하고 의사결정을 돕는 중요한 단계이다.

28 **복합 접근법을 사용할 때, 고위험 영역을 선택하는 기준은 무엇인가?**

① 조직의 자원 및 예산
② 위험 요소의 발생 가능성과 영향을 기준으로 선정
③ 외부 전문가의 분석 결과
④ 평가 대상 시스템의 중요도

해설

복합 접근법에서 고위험 영역을 선택할 때는 위협의 발생 가능성과 영향을 기준으로 우선순위를 정한다.

29 **위험 분석에서 '위험 대응' 전략을 세울 때 중요한 점은 무엇인가?**

① 위험을 가능한 한 제거하는 것
② 위험을 전가하거나 수용하는 방법을 고려하는 것
③ 위험을 무시하고 진행하는 것
④ 위험 분석을 단순화하는 것

해설

위험 대응 전략은 가능한 한 위험을 제거하거나 최소화하는 방법을 찾아야 한다.

30 **위험 평가를 위한 외부 전문가의 역할은 무엇인가?**

① 위험 분석을 수행하고 결과를 보고한다.
② 분석에 필요한 자원을 제공한다.
③ 평가 결과를 신뢰할 수 있도록 보증한다.
④ 특정 부문에 대한 전문적인 의견을 제공한다.

해설

외부 전문가들은 특정 부문에 대해 전문적인 의견과 조언을 제공하여 보다 정확한 위험 분석을 돕는다.

31 **다음 중 위험 평가 절차에 대한 설명으로 틀린 것은 무엇인가?**

① 위험 평가는 자산의 가치, 위협, 취약성을 분석하여 위험의 규모를 평가한다.
② 위험 평가는 연 1회 이상 정기적으로 수행되어야 한다.
③ 모든 자산에 대해 동일한 보호 대책을 적용해야 한다.
④ 위험 평가 결과는 경영진이 이해할 수 있는 형태로 보고되어야 한다.

해설

모든 자산에 동일한 보호 대책을 적용하는 것은 비효율적이다. 자산별로 중요도와 특성에 따라 차별화된 대책이 필요하다.

32 **다음 중 보안등급을 산정할 때 고려해야 할 요소로 적절하지 않은 것은 무엇인가?**

① 서비스 중단 시 조직에 미치는 영향
② 고객 데이터 유출로 인한 대외 이미지 손상
③ 자산을 사용하는 부서장의 연봉 수준
④ 법적 요구사항 준수 여부

해설

보안등급 산정은 서비스 영향, 법적 요구사항, 고객 신뢰 등과 관련되며, 부서장의 연봉은 고려 대상이 아니다.

 27 ① 28 ② 29 ① 30 ④ 31 ③ 32 ③

33 다음 중 개인정보보호 정책 수립 시 고려해야 할 사항으로 적절하지 않은 것은 무엇인가요?

① 개인정보보호법 개정 사항을 반영하여 정책을 최신화한다.
② 정책은 조직 내부에서만 열람 가능하도록 제한한다.
③ 개인정보 처리방침은 정보주체가 쉽게 열람할 수 있도록 공개한다.
④ 개인정보보호 정책은 법적 요구사항과 조직의 비즈니스 목표를 반영한다.

해설

개인정보보호 정책은 전 직원이 쉽게 열람할 수 있도록 공개되어야 하며, 내부 부서에만 제한해서는 안된다.

34 다음 중 ISMS의 운영 기반이 되는 사이클을 올바르게 나열한 것은 무엇인가?

① 식별, 분석, 평가, 대응
② 계획, 실행, 점검, 개선
③ 감시, 평가, 보고, 대응
④ 예방, 복구, 개선, 감사

해설

ISMS는 PDCA(Plan-Do-Check-Act) 사이클을 기반으로 운영된다. 이는 계획(Plan), 실행(Do), 점검(Check), 개선(Act)의 단계로 이루어진다.

35 D 회사는 랜섬웨어 공격에 대비하기 위해 백업 시스템을 구축하려고 한다. 이 경우 적용 가능한 위험 대응 전략은 무엇인가?

① 위험 회피 ② 위험 감소
③ 위험 전가 ④ 위험 수용

해설

백업 시스템 구축은 랜섬웨어 공격 시 데이터 복구를 통해 손실을 줄이는 "위험 감소" 전략에 해당한다.

36 다음 중 법적 준거성이 "Y(Yes)"로 평가된 항목을 우선적으로 처리해야 하는 이유로 가장 적절한 것은 무엇인가?

① 법적 요구사항은 보안 사고 발생 시 법적 책임을 피할 수 없기 때문이다.
② 법적 준거성이 "N(No)"인 항목은 처리할 필요가 없기 때문이다.
③ 법적 준거성이 있는 항목을 먼저 처리하면 전체 보안 수준이 향상된다.
④ 법적 요구사항을 충족하지 않으면 규제 위반으로 인해 벌금 등 법적 제재를 받을 수 있기 때문이다.

해설

법적 준거성은 관련 법령과 규정을 준수하기 위해 필수적으로 관리해야 하는 항목이다. 이를 준수하지 않으면 벌금, 과태료, 법적 분쟁 등이 발생할 수 있으므로 우선적으로 처리해야 한다.

37 다음은 조직이 정보보호 대책을 선정하는 과정에서 고려해야 할 사항이다. 괄호 안에 들어갈 가장 적합한 용어는 무엇인가?

> 조직은 (   )을/를 기준으로 보호대책의 구현 및 유지 비용과 감소되는 위험의 규모를 비교하여 대책의 타당성을 검토해야 한다.

① 비용-효과 분석
② 정량적 평가
③ 보안 감사 결과
④ 법적 요구사항

해설

비용-효과 분석(Cost-Benefit Analysis)은 보호대책 선택 시 필수적인 과정으로, 대책의 경제적 타당성을 판단하는 데 사용된다.

정답 33 ② 34 ② 35 ② 36 ④ 37 ①

38 **다음 문장이 설명하는 보안시스템은?**

> 네트워크에 접근하는 접속단말의 보안성을 강제화할 수 있는 보안 인프라로, 허가되지 않거나 웜 · 바이러스 등 악성코드에 감염된 PC 또는 노트북, 모바일 단말기 등이 회사 네트워크에 접속되는 것을 원천적으로 차단해 시스템 전체를 보호하는 보안 솔루션

① UTM(Unified Threat Management)
② VPN(Virtual Private Network)
③ IPS(Intrusion Prevention Systems)
④ NAC(Network Access Control)

NAC는 네트워크에 접속하려는 단말기의 보안 상태를 확인하고, 허가되지 않은 기기나 악성코드에 감염된 기기가 네트워크에 접근하지 못하도록 차단하는 보안 솔루션이다. 이를 통해 조직의 네트워크를 보호한다.

39 **다음 중 복합 접근법(Combined Approach)에 대한 설명으로 틀린 것은 무엇인가?**

① 고위험 영역은 상세 위험분석을 수행하고, 나머지 영역은 베이스라인 접근법을 사용한다.
② 비용과 자원을 효과적으로 활용할 수 있는 장점이 있다.
③ 고위험 영역을 잘못 식별하면 분석 비용이 낭비되거나 대응이 부적절할 수 있다.
④ 모든 자산에 동일한 보안 대책을 적용하여 분석의 일관성을 유지한다.

복합 접근법은 자산별로 위험도를 구분하여 적합한 분석 방법을 선택하는 방식으로, 모든 자산에 동일한 대책을 적용하지 않는다.

40 **ALE를 계산하기 위한 수식을 올바르게 표현한 것은 무엇인가?**

① ALE=SLE×자산 가치
② ALE=ARO÷SLE
③ ALE=SLE×ARO
④ ALE=(SLE+자산 가치)÷2

해설

ALE(Annual Loss Expectancy)는 단일 손실 예상액(SLE)과 위협의 연간 발생률(ARO)을 곱하여 계산한다.
예를 들어, 특정 사건의 SLE가 100만원이고, ARO가 0.5(1년에 2번 발생 가능)라면, ALE=100만원×0.5 =50만원으로 계산된다.

41 **다음 중 정보보호 위험관리에서 "위험 전가" 전략에 해당하는 사례로 가장 적절한 것은?**

① 고위험 시스템을 폐기하여 사용하지 않는다.
② 침입 탐지 시스템(IDS)을 설치하여 보안 사고를 줄인다.
③ 사이버 보험에 가입하여 손실 발생 시 보상을 받는다.
④ 기존 시스템의 보안 정책을 강화한다.

해설

위험 전가는 보험 가입이나 외주를 통해 잠재적 손실 비용을 제3자에게 이전하는 것을 의미한다.

42 **위험 처리 방안 중 보안 솔루션을 도입하여 보안 통제를 수립하는 방안에 해당하는 것은?**

① 위험 감소 ② 위험 수용
③ 위험 회피 ④ 위험 전가

해설

보안 솔루션을 도입하여 보안 통제를 수립하는 방안은 '위험 감소'로 정답은 ①번이다.

정답 38 ④ 39 ④ 40 ③ 41 ③ 42 ①

43 다음 문장이 설명하는 공격을 뜻하는 용어는?

> 의도가 분명한 악의적인 경제적 또는 정치적인 동기를 가지고 있고, 특정 기업이나 국가, 공공을 타깃으로 실행되는 은밀하고 지속적인 컴퓨터 공격 행위를 의미

① APT(Advanced Persistent Threat)
② VPN(Virtual Private Network)
③ IPS(Intrusion Prevention Systems)
④ NAC(Network Access Control)

해설

①번 APT에 대한 설명이다.

44 해당 고객이 잔여 위험을 피하기 위하여 보험가입 등을 하는 형태의 위험을 무엇이라 하는가?

① 위험 방지 ② 위험 회피
③ 위험 전가 ④ 위험 감소

해설

위험 전가는 잠재적 손실을 제3자(예 보험사)에게 전가하거나 할당하는 것을 의미하므로 정답은 ③번이다.

45 위험 분석 결과 식별된 위험에 대한 처리 전략과 적절한 정보 보호 대책을 선정한 내용 중에서 올바르지 않은 것은?

① 위험 감소: 직원들이 접근할 수 있는 주요 데이터베이스에 대한 접근 통제를 강화하기 위해, 다단계 인증 시스템을 도입하여 인증 절차를 추가함으로써 보안을 강화한다.
② 위험 수용: 특정 시스템에서 발생할 수 있는 데이터 유출 위험을 감수하기로 결정하고, 발생 시의 피해를 감수하기 위해 별도의 대책을 마련하지 않는다.
③ 위험 전가: 시스템 장애로 인한 서비스 중단에 대비해 클라우드 서비스 제공업체와 SLA(서비스 수준 협약)를 체결하여 책임을 일부 전가한다.
④ 위험 회피: 특정 애플리케이션에서 발견된 보안 취약점을 제거하기 위해 해당 애플리케이션의 사용을 중단하고, 대체 시스템으로 전환한다.

해설

위험 수용은 위험을 감수하는 것이지만, 발생 시 피해를 감수하기 위한 대책을 마련하지 않는 것은 올바른 위험 관리 접근법이 아니므로 정답은 ②번이다.

46 식별된 위험에 대한 처리 전략으로 알맞은 것은?

① 위험 거부 ② 위험 회피
③ 위험 전이 ④ 위험 증가

해설

식별된 위험에 대한 처리 전략으로는 위험 수용, 위험 감소, 위험 회피, 위험 전가가 있다.

47 정보보호대책 구현 단계 중 내부 공유 및 교육에 대한 요구사항의 내용으로 옳지 않은 것은?

① 조직의 임직원 및 최종사용자에게 정보보호에 대한 필요성을 이해시키고, 인식과 행동을 변화시키기 위해서는 인식 제고를 위한 지속적인 교육 프로그램이 필요하다.
② 연간 교육을 구축할 때, 위험관리를 통한 이행계획이 도출되는 시기에 교육 과정을 개설하고 이행에 관계된 부서 및 담당자들을 참석시키는 것도 좋은 방법이다.
③ 교육에는 보안 요구사항, 법적인 책임, 관리 통제 등이 포함되어야 한다.
④ 프로그램의 내용은 교육 대상자의 수준보다 조직을 위해 높은 수준으로 설계한다.

정답 43 ① 44 ③ 45 ② 46 ② 47 ④

해설

프로그램의 내용은 교육 대상자의 수준과 필요에 맞게 설계되어야 한다.

48 **정보보호대책 구현 완료 후 이행점검 절차의 순서로 알맞은 것은?**

① 점검 계획 수립 – 항목 정의 – 수행 – 결과 분석 – 모니터링 – 개선 조치
② 점검 계획 수립 – 수행 – 항목 정의 – 결과 분석 – 개선 조치 – 모니터링
③ 점검 계획 수립 – 항목 정의 – 수행 – 결과 분석 – 개선 조치 – 모니터링
④ 점검 항목 정의 – 계획 수립 – 수행 – 결과 분석 – 개선 조치 – 모니터링

49 **개인정보처리자가 개인정보의 분실 도난 유출 위조 변조 또는 훼손되지 아니하도록 내부 의사결정 절차를 통하여 포함하여야 하는 사항이 아닌 것은?**

① 접근 권한의 관리에 관한 사항
② 접근 허용에 관한 사항
③ 접속기록 보관 및 점검에 관한 사항
④ 악성프로그램 등 방지에 관한 사항

해설

접근 통제에 관한 사항이 포함된다.

50 **개인정보의 안전성 확보조치를 위해 개인정보처리자가 개인정보에 대해 안전한 암호 알고리즘으로 암호화하여 저장하지 않아도 되는 것은?**

① 주민등록번호
② 운전면허번호
③ 국가기술자격번호
④ 외국인등록번호

해설

주민등록번호, 여권번호, 운전면허번호, 외국인등록번호, 신용카드번호, 계좌번호, 생체인식정보를 암호화하여 저장하여야 한다.

51 **개인정보의 안전성 확보조치를 위한 기준으로 해당되지 않는 것은?**

① 접근 권한의 관리
② 개인정보의 암호화
③ 접속기록의 보관 및 점검
④ 개인정보의 생성

해설

개인정보의 안전성 확보조치의 항목으로는 안전조치의 적용 원칙, 내부 관리계획의 수립 시행 및 점검, 접근 권한의 관리, 접근통제, 개인정보의 암호화, 접속기록의 보관 및 점검, 악성프로그램 등 방지, 물리적 안전조치, 재해 재난 대비 안전조치, 출력 복사 시 안전조치, 개인정보의 파기가 있다.

52 **개인정보의 안전성 확보조치를 위해 접속기록의 보관 및 점검에 대해 기록해야 하는 사항이 아닌 것은?**

① 식별자
② 접속일시
③ 수행기간
④ 처리한 정보주체 정보

해설

식별자, 접속일시, 접속지 정보, 처리한 정보주체 정보, 수행업무 등의 사항을 포함하여 기록해야 한다.

53 **정보통신망 이용 촉진 및 정보보호 등에 관한 법률의 주요 내용이 아닌 것은?**

① 개인정보보호 의무
② 통신 열람 및 공개
③ 정보통신망 보안 관리 의무
④ 사이버 공격 대응 및 사고 처리

정답 48 ③ 49 ② 50 ③ 51 ④ 52 ③ 53 ②

해설

통신 열람 및 공개가 아닌 통신 비밀 보호이다.

54 정보보호 및 개인정보보호 관리체계 인증(ISMS-P)의 인증 구분 중 보호대책 요구사항의 분야가 아닌 것은?

① 정책, 조직, 자산관리
② 인적보안
③ 위험관리
④ 물리보안

해설

위험관리는 관리체계 수립 및 운영의 분야이다.

55 본인확인기관이 되기 위한 사업적 요건으로 옳지 않은 것은?

① 충분한 사업 능력
② 지속 가능성
③ 문장 및 어휘의 적정성
④ 신뢰성 및 전문성

해설

본인확인기관의 사업적 요건으로 문장 및 어휘의 적정성은 없다.

56 신용정보의 이용 및 보호에 관한 법률에 따른 신용정보제공이용자가 아닌 곳은?

① 금융결제원
② 신용정보원
③ 상호저축은행중앙회
④ 벤처투자회사 및 벤처투자조합 및 개인투자조합

해설

신용정보원은 신용정보 집중기관이다.

57 개인정보보호법의 항목 중 옳지 않은 것은?

① 개인정보 수집, 이용, 제공 기준
② 개인정보의 처리 제한
③ 개인정보 유출 관리 및 신고제 폐지
④ 정보주체의 권리 보장

해설

개인정보 유출 통지 및 신고제 도입이 있다.

58 다음 중 정보통신서비스 제공자의 보호대책으로 가장 적절한 것은?

① 보안 조직 강화
② 전사적 보안 교육 실시
③ 시스템 접근 통제
④ 외부 네트워크 분리

해설

정보통신서비스 제공자는 시스템 접근 통제를 통해 외부로부터의 위협을 방지해야 한다.

59 위험 평가의 주요 단계를 순서대로 나열한 것은?

① 자산 식별 → 취약점 분석 → 위협 분석 → 위험 결정
② 자산 식별 → 위협 분석 → 취약점 분석 → 위험 결정
③ 취약점 분석 → 자산 식별 → 위협 분석 → 위험 결정
④ 위협 분석 → 자산 식별 → 취약점 분석 → 위험 결정

해설

위험 평가는 자산 식별 후 위협과 취약점을 분석하여 위험 수준을 산출하는 순서로 이루어진다.

정답 54 ③ 55 ③ 56 ② 57 ③ 58 ③ 59 ②

60 보호대책 평가에서 고려하지 않아도 되는 항목은?

① 실행 가능성 ② 비용 효율성
③ 사용자 편의성 ④ 대책의 단기적 효과

해설

보호대책 평가는 대책의 실행 가능성, 비용 효율성, 법률 준수 여부 등을 평가하며, 단기적 효과는 주요 평가 항목이 아니다.

61 다음 사례에서 발생한 문제점은 무엇인가?

A 기업은 새로운 클라우드 서비스를 도입했지만, 보안 설정 미흡으로 인해 해킹 사고가 발생했다. 조사 결과, 클라우드 서비스 제공업체의 보안 설정이 미흡했고, 내부 직원들이 보안 교육을 제대로 받지 못한 것으로 드러났다.

① 클라우드 서비스 제공업체 선정 실패
② 내부 직원의 보안 의식 부족
③ 정보보호 정책 부재
④ 위의 모든 항목

해설

여러 가지 종합적인 문제로 발생했다고 볼 수 있다.

62 다음 중 보호대상의 정보보호 요구사항의 파악 과정이 올바른 것은?

ㄱ. 보안 요구사항 분석
ㄴ. 지속적인 관리 및 개선
ㄷ. 보안 요구사항 정의
ㄹ. 보호대상 식별

① ㄹ → ㄱ → ㄷ → ㄴ
② ㄹ → ㄴ → ㄷ → ㄱ
③ ㄹ → ㄱ → ㄴ → ㄷ
④ ㄱ → ㄴ → ㄷ → ㄹ

해설

요구사항 파악의 전체 과정은 보호대상 식별, 보안 요구사항 분석, 보안 요구사항 정의, 지속적인 관리 및 개선 순으로 이루어진다.

63 정보보호 정책 수립 과정으로 옳은 것은?

ㄱ. 정책 목적 및 범위 설정
ㄴ. 정책 승인 및 배포
ㄷ. 지속적인 유지 및 개선
ㄹ. 세부 내용 작성
ㅁ. 현재 보안 상태 분석

① ㅁ → ㄱ → ㄹ → ㄴ → ㄷ
② ㅁ → ㄹ → ㄱ → ㄴ → ㄷ
③ ㅁ → ㄴ → ㄹ → ㄱ → ㄷ
④ ㅁ → ㄷ → ㄹ → ㄴ → ㄱ

해설

정보보호 정책의 수립은 현재 보안 상태 분석, 정책 목적 및 범위 설정, 세부 내용 작성, 정책 승인 및 배포, 지속적인 유지 및 개선 순으로 정보보호 정책이 수립된다.

64 다음은 위험분석 결과에 따른 통제 방안 적용 시 소요 비용 간의 비용편익을 분석하는 과정이다. 단일 손실 예상 금액과 연간 손실 예상 금액을 산출하여 맞는 것으로 짝지어진 것은?

정보시스템에 100억원 가치의 자료가 보관되어 있다. 10년에 한 번 화재로 인하여 발생하는 위험 발생 시에는 ARO=0.1, AV=100억원, EF=0.2로 나타낼 수 있다.

① 10억, 1억 ② 20억, 2억
③ 10억, 2억 ④ 20억, 1억

정답 60 ④ 61 ④ 62 ① 63 ① 64 ②

해설

단일 손실 예상 금액(SLE)=AV×EF=20억
연간 손실 예상 금액(ALE)=SLE×ARO=2억

65 **정보시스템 취약점 점검 절차에 포함되어야 할 사항으로 올바른 것의 개수는?**

ⓐ 취약점 점검 대상
ⓑ 취약점 점검 주기
ⓒ 취약점 점검 담당자 및 책임자 지정
ⓓ 취약점 점검 절차 및 방법 등
ⓔ 취약점 조치 담당자
ⓕ 중요도에 따른 조치 기준
ⓖ 취약점 점검 결과 보고 절차
ⓗ 미조치 취약점에 대한 보안성 검토 등
ⓘ 취약점 점검 대상의 영향도 파악

① 9개 ② 8개
③ 7개 ④ 5개

해설

취약점 점검 절차에 포함되어야 할 사항 [ISMS-P 인증기준 안내서(2023.11.23)]
- 취약점 점검 대상(예 서버, 네트워크 장비 등)
- 취약점 점검 주기(법적 요구사항, 중요도 등 고려)
- 취약점 점검 담당자 및 책임자 지정
- 취약점 점검 절차 및 방법 등
- 중요도에 따른 조치 기준
- 취약점 점검 결과 보고 절차
- 미조치 취약점에 대한 보안성 검토 등
- 기타 보안사고 예방 및 복구를 위하여 필요한 사항 등

66 **위험관리 방법과 관련하여 아래 빈칸에 들어갈 말을 적으시오.**

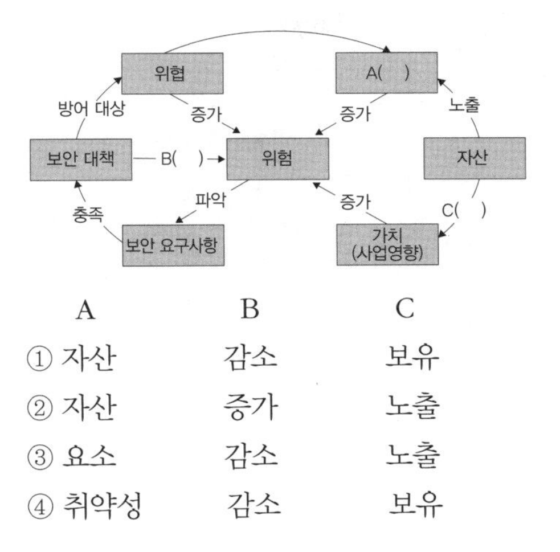

	A	B	C
①	자산	감소	보유
②	자산	증가	노출
③	요소	감소	노출
④	취약성	감소	보유

67 **다음은 특정 정보자산의 취약점, 위협 및 자산 등급 평가 결과이다. 해당 자산의 위험도를 계산하라.**

구분	등급	점수
자산등급	가	5
취약점등급	나	3
위협등급	다	1
법적준거성	Y	2

① 9 ② 12
③ 18 ④ 16

해설

위험도 계산식: (자산 등급+취약점 등급+위협 등급)×법적 준거성 점수
- 자산 등급=5
- 취약점 등급=3
- 위협 등급=1
- 법적 준거성 점수(Y)=2

정답 65 ③ 66 ④ 67 ③

68 위험 관리와 관련하여 보기에서 설명하는 용어를 쓰시오.

> A) 조직이 보호해야 할 대상으로 정보, 하드웨어, 소프트웨어, 시설 등을 말하며 관련 인력, 기업 이미지 등 무형의 것도 포함
> B) 보호 대상에 대한 잠재적 속성이나 처한 환경으로, 관리적 · 기술적 · 물리적 약점
> C) 보호 대상에 손실을 초래할 수 있는 원치 않는 사건의 잠재적 원인이나 행위자

	A	B	C
①	자산	취약점	위협
②	자산	위협	취약점
③	위협	취약점	자산
④	취약성	위험	위협

해설

- A: 자산(Asset)
- B: 취약점(Vulnerability)
- C: 위협(Threat)

69 다음 중 정보보호 최고책임자(CISO)의 자격 요건으로 적절하지 않은 항목을 모두 고르시오.

> (a) 정보보호 및 IT 관련 업무 경력 5년 이상 보유
> (b) 정보보호 관리체계(ISMS-P) 인증심사원 자격 보유 필수
> (c) 해당 정보통신서비스 제공자의 소속인 정보보호 관련 업무를 담당하는 부서의 장으로 1년 이상 근무한 경력이 있는 사람
> (d) 정보보호 업무와 관련 없는 부서의 장을 겸직 가능
> (e) 임원급 이상의 직위에서 직무 독립성을 보장받아야 함

① (a), (b), (d) ② (b), (c), (d)
③ (b), (d), (e) ④ (a), (c), (e)

해설

- (a): 정보보호 및 IT 관련 업무 경력 10년 이상 보유하여야 한다.
- (b): ISMS-P 인증심사원 자격 보유는 필수가 아니라 선택사항이다.
- (d): 정보보호 업무와 관련 없는 부서의 장을 겸직할 수 없다.

70 국가기관 A에서 스마트 국방 시스템을 구축하고 있다. 이 시스템은 다음과 같은 주요 인프라로 구성된다.

> 1. 중앙 전산망: 국가 기밀을 저장하는 데이터베이스
> 2. 군사 통신망: 전술 작전 수행을 위한 실시간 암호화 통신 시스템
> 3. 자율 무기 시스템: AI 기반 무인기, 자동 방어 체계 등
> 4. 보급망 물류 시스템: 군사 장비 및 자원의 실시간 관리 및 배급
> 5. 공공 교통망 연계 시스템: 군사 작전 시 민간 교통망과의 협업을 위한 네트워크
>
> 국방부는 보안 인력과 예산이 제한되어 있어 모든 시스템에 동등한 수준의 보안 조치를 적용할 수 없는 상황이다. 따라서 복합 접근법을 활용하여 보안 전략을 수립하기로 결정했다.

정답 68 ① 69 ① 70 ③

현재, 보안 전문가들이 다음과 같은 조치를 고려하고 있다.

- A. 중앙 전산망과 군사 통신망에는 상세 위험 분석을 수행하고, 정밀한 보안 대책을 적용한다.
- B. 보급망 물류 시스템과 공공 교통망 연계 시스템에는 베이스라인 접근법을 적용하여 기본적인 보안 요구사항을 준수하도록 한다.
- C. 자율 무기 시스템은 AI 기반으로 작동하므로, 지속적인 실시간 이상 행위 탐지 시스템을 도입한다.
- D. 초기 위험 평가를 통해 각 시스템의 보안 등급을 정하고, 주기적으로 등급을 재평가하여 필요하면 보안 수준을 상향 조정한다.
- E. 모든 시스템에 대해 일정 수준의 상세 위험 분석을 수행하되, 보안 예산을 균등하게 배분하여 특정 시스템에 자원이 집중되지 않도록 한다.

복합 접근법을 가장 효과적으로 활용하기 위해, 다음 중 가장 적절한 선택은 무엇인가?

① A, B, C를 수행하되, D를 생략하여 초기 분석 결과에 따라 보안 수준을 확정한다.

② B, D를 수행하되, A와 C를 생략하여 예산을 절감하고 최소한의 보안 조치를 적용한다.

③ A, B, C, D를 수행하되, E와 같은 균등 배분 방식은 사용하지 않는다.

④ E를 수행하여 모든 시스템에 동일한 수준의 상세 위험 분석을 적용하고, 특정 시스템만 집중 보호하는 것은 피한다.

복합 접근법의 핵심 원칙은 "고위험 영역에 상세 위험 분석을 통해 심층적으로 평가하고 집중하여 자원을 효과적으로 사용할 수 있다는 점"이다.

이는 다시 말해 고위험 요소를 선별적으로 집중 관리하면서도, 전체적인 위험 평가를 효과적으로 수행할 수 있다는 점이다.

따라서, ③번 항목과 같은 전략이 가장 이상적인 복합 접근법 적용 방식이다.

- A, B, C는 복합 접근법의 기본 원칙을 충실히 따르는 조치이다.
- D를 추가하면, 지속적인 위험 평가를 통해 동적인 위협 환경에 맞춰 보안 전략을 조정할 수 있다.
- E처럼 예산을 균등하게 배분하는 것은 비효율적이며, 복합 접근법의 원칙과 정면으로 배치된다.

①번 항목의 경우 D를 생략하여 보안 수준을 고정해 버리는 단점이 있다.

②번 항목의 경우 A와 C를 제외하여 핵심 시스템(중앙 전산망, 자율 무기 시스템)에 대한 보호를 소홀히 하는 전략이다.

④번 항목의 경우 모든 시스템에 균등한 보안 적용을 요구하는 것으로, 고위험 영역에 집중하여 자원을 효과적으로 사용할 수 없게 되어 복합 접근법의 핵심 원칙을 위배한다.

71 다음 문장의 정보보호 대책 선정 시 영향을 주는 제약사항으로 옳은 것은?

> 정보보호 대책은 조직의 예산 내에서 수립되어야 하며, 대책의 비용이 자산의 가치보다 높아서는 안 된다. 또한, 보호 대책은 관련 법규를 준수해야 하며, 기술적 호환성과 구현 가능성도 반드시 고려해야 한다.

① 시간적 제약

② 법적 제약

③ 기술적 제약

④ 재정적 제약

PART 05 최종 점검 모의고사

정답 71 ④

해설

재정적 제약은 보호 대책의 구현 비용이 자산의 가치보다 높지 않도록 해야 한다는 제약사항을 의미하므로 정답은 ④번이다.

72 위험평가의 자산분석 프로세스는 ㉠, ㉡, ㉢으로 구분할 수 있다. 올바르게 연결한 것은?

> (㉠)은(는) 보호받을 가치가 있는 자산을 식별하고 정보자산의 형태, 소유자, 관리자 등을 포함하여 자산목록을 작성한다.
>
> (㉡)은(는) 식별된 정보자산에 대해서 책임자와 관리자를 지정한다.
>
> (㉢)은(는) 식별한 정보자산에 대해서 기밀성, 무결성, 가용성 측면에서 자산의 중요도를 산정한다.

① ㉠: 자산의 조사 및 식별
　㉡: 자산관리 지정
　㉢: 자산의 가치 평가

② ㉠: 자산의 조사 및 식별
　㉡: 자산의 가치 평가
　㉢: 자산관리 지정

③ ㉠: 자산의 가치 평가
　㉡: 자산의 조사 및 식별
　㉢: 자산관리 지정

④ ㉠: 자산의 가치 평가
　㉡: 자산관리 지정
　㉢: 자산의 조사 및 식별

해설

- 자산의 조사 및 식별: 위험을 분석하기 위한 자산 목록을 작성한다.
- 자산의 가치 평가: 기밀성, 무결성, 가용성에 대해서 평가하며 세부적으로 장애복구를 위한 목표시간, 침해 발생 시 피해 규모, 위험발생 가능성에 따라 평가한다.

73 A 기업은 고객의 개인정보를 안전하게 관리하기 위해 다양한 보안 조치를 시행하고 있다. 그러나 최근 내부 감사에서 몇 가지 문제점이 발견되었다. 아래 사례를 바탕으로 판단할 때 A기업이 개인정보보호법에서 규정한 안전성 확보조치를 위반한 내용을 모두 고르시오.

> 1. 고객의 비밀번호를 저장할 때 AES-256 알고리즘으로 암호화를 적용하고, 암호화 키는 별도의 안전한 키 관리 시스템에서 관리하고 있다.
> 2. 개인정보 처리 시스템의 접근 권한은 최소 권한 원칙에 따라 부여했고, 권한 부여 기록을 1년간 보관·관리하고 있다.
> 3. 개인정보가 포함된 문서를 사무실 내 잠금장치가 있는 캐비닛에 보관하며, 폐기 시 세절기를 이용하여 파쇄하고 있다.
> 4. 개인정보 유출 사고에 대비해 내부관리계획을 수립하고, 반기별로 보안 점검과 직원 대상 교육을 실시하고 있다.
> 5. 비인가 접근을 방지하기 위해 개인정보 처리 시스템에 방화벽과 침입 탐지 시스템을 설치하고 정기적으로 점검하고 있다.

① 1번, 2번　　② 2번, 3번
③ 3번, 4번　　④ 2번, 5번

비밀번호는 단방향 암호화 알고리즘(SHA-256 등)을 적용해 저장해야 한다. 개인정보처리시스템 접근권한은 최소 3년간 보관, 관리해야 한다.

정답 72 ① 73 ①

74 **다음 중 위협 모델링 수행 시 적합한 작업을 고르시오.**

a. 조직 내 모든 자산을 동일한 위험 수준으로 간주한다.
b. 잠재적 위협 행위자와 그 의도를 분석한다.
c. 위협이 발생할 가능성과 영향을 평가한다.
d. 과거 발생한 위협만을 분석 대상으로 한다.
e. 위협의 심각도를 기준으로 우선순위를 부여한다.

① b, c　　② a, d
③ b, c, e　　④ c, d, e

해설

위협 모델링에서는 위협 행위자와 의도를 분석하고, 위협의 가능성과 영향을 평가하며, 심각도를 기준으로 우선순위를 정해야 한다. a와 d는 부적절한 접근 방식이다.

75 **정보시스템과 개인정보 및 중요정보에 접근할 수 있는 사용자 계정 및 접근권한 생성 등록 변경 시 직무별 접근권한 분류 체계에 따라 업무상 필요한 최소한의 권한만을 부여하는 원칙의 설명으로 옳지 않은 것은?**

① 정보시스템 및 개인정보처리시스템에 대한 접근권한은 업무 수행 목적에 따라 최소한의 범위로 업무 담당자에게 차등 부여
② 중요 정보 및 개인정보에 대한 접근권한은 알 필요(need-to-know), 할 필요(need-to-do)의 원칙에 따라 업무적으로 꼭 필요한 범위에 한하여 부여
③ 불필요하거나 과도하게 중요 정보 또는 개인정보에 접근하지 못하도록 동일 권한 부여
④ 권한 부여 또는 변경 시 승인절차 등을 통하여 적절성 검토

해설

불필요하거나 과도하게 중요 정보 또는 개인정보에 접근하지 못하도록 권한을 세분화하여 관리해야 한다.

76 **개인정보처리자는 악성프로그램 등을 방지 치료할 수 있는 보안 프로그램을 설치 운영해야 하는데, 악성프로그램 등을 방지하기 위한 준수사항으로 옳지 않은 것은?**

① 보안 프로그램은 그 목적과 기능에 따라 다양한 종류의 제품이 있으므로, 개인정보처리자는 스스로의 환경에 맞는 보안 프로그램을 설치한다.
② 웹서버나 파일서버 등 외부에서 파일 다운로드 시 파일 내용을 검사하여 악성 코드가 포함되었는지를 검사하고 감염을 예방할 수 있도록 개인정보처리시스템에 조치한다.
③ 클라우드컴퓨팅서비스를 이용하여 개인정보처리시스템을 구성 · 운영하는 경우 해당 클라우드컴퓨팅서비스제공자가 지원하는 기능을 이용하여 보안 프로그램에 필요한 조치를 할 수 있다.
④ 보안 프로그램은 자동 업데이트 기능을 사용하거나 월 1회 이상 업데이트를 실시하여 최신의 상태로 유지해야 한다.

해설

보안 프로그램은 자동 업데이트 기능을 사용하거나 일 1회 이상 업데이트를 실시하여 최신의 상태로 유지해야 한다.

- 실시간으로 신종 변종 악성 프로그램이 유포됨에 따라 백신 상태를 최신의 업데이트 상태로 적용하여 유지해야 한다.
- 특히 대량의 개인정보를 처리하거나 민감한 정보 등 중요도가 높은 개인정보를 처리하는 경우에는 키보드 해킹, 메모리 해킹, 랜섬웨어 등 신종 악성 프로그램에 대해 대응할 수 있도록 보안 프로그램을 운영할 필요가 있으며, 항상 최신의 상태로 유지하여야 한다.

정답 74 ③ 75 ③ 76 ④

77 **다음 중 보호구역 지정을 위한 보안 조치로서 옳은 것은?**

① 내부 물리보안 지침에는 개인정보 보관 시설 및 시스템 구역을 통제구역으로 지정한다고 명시되어 있으나, 핸드폰 가입신청 서류가 보관되어 있는 문서고 등 일부 대상 구역이 통제구역에서 누락하였다.

② 내부 물리보안 지침에 통제구역에 대해서는 지정된 양식의 통제구역 표지판을 설치하도록 명시하고 있으나, 일부 통제구역에 표시판을 설치하지 않았다.

③ 구역별로 출입통제 방식(ID카드, 생체인식 등), 출입 가능자, 출입 절차, 영상감시 등 보호대책을 적용하지 않았다.

④ 통제구역은 조직 내부에서도 출입 인가자를 최소한으로 제한하고 있으므로 필요시 통제구역임을 표시하여 접근시도 자체를 원천적으로 차단하고 불법적인 접근시도 여부를 주기적으로 검토하였다.

해설

통제구역은 조직 내부에서도 출입 인가자를 최소한으로 제한하고 있으므로 필요시 통제구역임을 표시하여 접근시도 자체를 원천적으로 차단하고 불법적인 접근시도 여부를 주기적으로 검토는 옳은 것으로 정답은 ④번이다.

78 **다음 중 보호구역 내 작업 내용 중 옳은 설명은?**

① 전산실 출입로그에는 외부 유지보수 업체 직원의 출입기록이 남아 있으나, 이에 대한 보호구역 작업 신청 및 승인 내역이 존재하지 않고 있다.

② 보호구역 내 작업이 통제 절차에 따라 적절히 수행되었는지 여부를 확인하기 위하여 작업 기록을 주기적으로 검토하여야 한다.

③ 내부 규정에는 보호구역 내 작업 기록에 대하여 분기별 1회 이상 점검하도록 되어 있으나, 특별한 사유 없이 장기간 동안 보호구역 내 작업 기록에 대한 점검을 누락하고 있다.

④ 정보시스템 도입, 유지보수 등으로 보호구역 내 작업이 필요한 경우에 대한 비공식적으로 작업을 진행해야 한다.

해설

정보시스템 도입, 유지보수 등으로 보호구역 내 작업이 필요한 경우에 대한 공식적인 작업신청 및 수행 절차를 수립 · 이행해야 하며, 옳은 내용은 ②번이다.

79 **다음 중 정보시스템 및 개인정보처리시스템에 대한 사용자 등록 시 설정 내용으로 옳지 않은 것은?**

① 1인 1계정 발급을 원칙으로 하여 사용자에 대한 책임추적성을 확보한다.

② 시스템 설치 후 제조사 또는 판매사의 기본계정 및 시험계정은 제거 또는 추측이 어려운 계정으로 변경하여 사용(디폴트 패스워드 변경 포함)한다.

③ 계정 공유 및 공용 계정 사용을 제한한다.

④ 관리자 및 특수권한 계정은 쉽게 추측 가능한 식별자(root, admin, administrator 등)의 사용을 허용한다.

해설

관리자 및 특수권한 계정은 쉽게 추측 가능한 식별자(root, admin, administrator 등)의 사용을 제한해야 하므로 옳지 않은 것은 ④번이다.

정답 77 ④ 78 ② 79 ④

80 **다음 중 사용자 식별에 대한 옳은 설명은?**

① 정보시스템(서버, 네트워크, 침입차단 시스템, DBMS 등)의 접근 시 기본 관리자 계정을 변경하지 않고 그대로 사용해도 된다.

② 업무상 불가피하게 동일한 식별자를 공유하여 사용하는 경우 그 사유와 타당성을 검토하고 책임자의 승인을 받아야 한다.

③ 개발자가 개인정보처리시스템 계정 사용 시, 타당성 검토 또는 책임자의 승인 없이 사용해도 된다.

④ 외부 직원이 유지보수하고 있는 정보시스템의 운영계정을 별도의 승인 절차 없이 개인 계정처럼 사용해도 된다.

해설

업무상 불가피하게 동일한 식별자를 공유하여 사용하는 경우 그 사유와 타당성을 검토하고 책임자의 승인을 받아야 하므로 옳은 것은 ②번이다.

정답 80 ②

정보보호위험관리사

2025. 4. 28. 초 판 1쇄 인쇄
2025. 5. 7. 초 판 1쇄 발행

저자와의
협의하에
검인생략

지은이 | 김동환, 김택현, 박현우, 양환근, 오경준,
윤재국, 이수지, 임동훈, 최민규
펴낸이 | 이종춘
펴낸곳 | BM (주)도서출판 성안당
주소 | 04032 서울시 마포구 양화로 127 첨단빌딩 3층(출판기획 R&D 센터)
10881 경기도 파주시 문발로 112 파주 출판 문화도시(제작 및 물류)
전화 | 02) 3142-0036
031) 950-6300
팩스 | 031) 955-0510
등록 | 1973. 2. 1. 제406-2005-000046호
출판사 홈페이지 | **www.cyber.co.kr**
ISBN | 978-89-315-2427-7 (13000)
정가 | 24,000원

이 책을 만든 사람들
책임 | 최옥현
진행 | 최창동
본문 디자인 | 인투
표지 디자인 | 박원석
홍보 | 김계향, 임진성, 김주승, 최정민
국제부 | 이선민, 조혜란
마케팅 | 구본철, 차정욱, 오영일, 나진호, 강호묵
마케팅 지원 | 장상범
제작 | 김유석